Hans-Georg Glaser

Ein Leben für die Politische Bildung

Hans-Georg Glaser

Ein Leben für die Politische Bildung

Gegen das Geschäft mit der Angst

Shaker Media
Aachen 2009

Bibliografische Information der Deutschen Nationalbibliothek
Die Deutsche Nationalbibliothek verzeichnet diese Publikation in der
Deutschen Nationalbibliografie; detaillierte bibliografische Daten sind im Internet
über http://dnb.d-nb.de abrufbar.

ISBN 978-3-86858-134-8

Shaker Media GmbH • Postfach 101818 • 52018 Aachen
Telefon: 02407 / 95964 - 0 • Telefax: 02407 / 95964 - 9
Internet: www.shaker-media.de • E-Mail: info@shaker-media.de

Danksagung

Zu großem Dank bin ich verpflichtet:

Meinem Völkerrechtslehrer, Diplomaten und Widerstandskämpfer Erich Kordt für die Lehre, Probleme der internationalen Politik stets differenziert zu analysieren.

Meinem Verleger und Widerstandskämpfer Erich Brost, der mir den Einstieg in den Journalismus ermöglichte.

Meinem Chefredakteur, Förderer und Freund Siegfried Maruhn, der mir für meine zahlreichen Auslandsreisen immer „grünes Licht" gegeben hat.

Meinen Freunden Akademiedirektor Volker Hergenhan und Dr. Manfred Foerster für eine langjährige freundschaftliche und anregende Zusammenarbeit.

Herrn Dr. Shaker und Herrn Lammertz vom Shaker Media Verlag für ihre wertvolle Hilfe bei der Herausgabe des Buches.

Meiner geliebten Tochter Sonja für die hilfreiche Unterstützung bei der Bearbeitung meiner Manuskripte.

Vor allem aber meiner geliebten Frau, die ein langes Journalisten-Leben interessiert, geduldig und aufopferungsvoll mit mir teilte.

Inhalt

Erinnerungen – Erfahrungen – Erlebnisse
40 Jahre als Referent in Friedewald

Es waren bewegte, erlebnis- und erkenntnisreiche Jahre, vier Jahrzehnte, die Deutschland und die Welt veränderten, die die Lehrgänge, Seminare und Diskussionen auf der Evangelischen Sozialakademie in Friedewald bestimmten.

Zum ersten Mal kam ich im Sommer 1967 als Gasthörer nach Friedewald. Die Thematik eines von Prof. Brakelmann geleiteten China-Seminars hatte mein Interesse geweckt, da ich mich, als verantwortlicher außenpolitischer Redakteur der WAZ, in Berichten und Kommentaren mit China und speziell mit dem sowjetisch-chinesischen Konflikt beschäftigt hatte, und zu diesen Themen auch Beiträge für das „Europa-Archiv", der Zeitschrift der „Deutschen Gesellschaft für Auswärtige Politik" sowie den „Schweizer Monatsheften" und den „Wirtschaftspolitischen Blättern" in Wien geschrieben hatte.

Prof. Brakelmann, Theologe und Historiker, hatte sich damals schon als exzellenter China-Experte ausgewiesen und vertrat ähnlich wie ich in meinen Analysen und Kommentaren die Auffassung, dass das kommunistische China einen völlig anderen Weg gegangen war und ging als die damalige Sowjetunion und dass die so genannte „monolithische Geschlossenheit" des kommunistischen „Blocks" eine irrige Vorstellung war, die mit den wirklichen Verhältnissen im kommunistischen „Lager" nicht das Geringste zu tun hatte.

In China war die so genannte Kulturrevolution 1967 auf einem Höhepunkt, die mit scharfen Angriffen auf die „sowjetischen Revisionisten" verbunden war, die mit einem Artikel des chinesischen Parteiorgans „Rote Fahne" zum 90. Geburtstag Lenins am 16. April 1960 eingesetzt hatten. Im Sommer 1967 waren die Attacken auf die sowjetische Führung nicht mehr zu übersehen, fanden aber im Westen nicht die notwendige Beachtung, obwohl dieses „Zweite Schisma" im Kommunismus deutlich machte, dass die so genannte „monolithische Einheit" des kommunistischen „Lagers" endgültig zerbrochen war, wenn sie überhaupt jemals bestanden hatte.

Das „Erste Schisma" des Kommunismus, der Bruch Tito-Jugoslawiens mit Stalin und der Sowjetunion hatte ich im Sommer 1948 in der Kriegsgefangenschaft auf einer „Antifa-Schule" bei Moskau erlebt. Ich werde nie vergessen, wie derselbe Referent (ein sowjetischer Historiker), der am Tage zuvor noch Titos Befreiungskampf gegen den Faschismus gelobt hatte und von einem bevorstehenden Beitritt Jugoslawiens zur Sowjetunion schwärmte, wenige Tage später – nach der Verurteilung Titos durch das so genannte „Kominform-Büro" – den jugoslawischen Staats- und Parteichef als „Agenten des britischen Imperialismus und Trotzkisten" verurteilte. Wenn ich später an die Behandlung der Jugoslawien-Frage auf der Antifa-Schule zurück dachte, fiel mir immer der Satz des polnischen Philosophen Leszek Kolakowski ein:

Sozialistisch ist kein Land, dessen Regierung an einem Tag das Gegenteil von dem behauptet, was sie gestern verkündet hat und dabei meint, das sei ein und dasselbe.

Das Fazit dieses China-Seminars im Sommer 1967 wurde von Professor Brakelmann in etwa so zusammengefasst: Es wäre falsch, den sowjetisch-chinesischen Konflikt allein unter dem Gesichtspunkt einer ideologischen Auseinandersetzung zu betrachten, denn die Wurzeln dieses Konfliktes reichen weit zurück in die Geschichte beider Länder. Es sei ein Machtkampf zwischen zwei kommunistischen Großmächten, der sich vor allem auch an der Grenzfrage entzündet hatte, als Folge der China im 19. Jahrhundert vom russischen Zarismus aufgezwungenen „ungleichen Verträge". Die schweren Zwischenfälle im so genannten „Ussuri-Konflikt" an der Sowjetisch-Chinesischen-Grenze im März 1969 sollten unsere Einschätzung im Seminar von 1967 eindrucksvoll bestätigen.

Es gehört zur bewährten Tradition Friedewalds, dass die Themen des Tages abends im Schlosskeller bei einem Glas Wein oder Bier fortgesetzt und nicht selten noch weiter vertieft werden. Diese gute Sitte lernte ich auch bei meinem ersten Besuch in Friedewald 1967 kennen und meine Begegnung mit dem damaligen und leider früh verstorbenen Sozialsekretär der Akademie, Arnold Noppe, führte zu einer engen freundschaftlichen Zusammenarbeit. Arnold Noppe engagierte mich noch im gleichen Jahr als Referent für seine „Ost-West-Lehrgänge", die er in Friedewald organisierte und leitete.

Die China-Frage beschäftigte uns in den kommenden Jahren weiter und sie war eng verbunden mit dem amerikanischen Krieg in Vietnam, der damals stark in der öffentlichen Diskussion stand. Es lag darum nahe, zwischen der China-Frage und dem Vietnam-Krieg Vergleiche zu ziehen, insbesondere auch darum, weil der damalige US-Außenminister Dulles in seiner so genannten „Domino-Theorie" nach wie vor von einem Zusammenspiel Chinas und der Sowjetunion in Vietnam ausging und in Vietnam den Eckpfeiler einer chinesisch-sowjetischen Expansion in Asien sah, durch die in einer „Domino-Theorie" die ganze Region „vom Kommunismus bedroht" sei.

Die amerikanische Publizistin und Pulitzer-Preisträgerin Barbara Tuchmann, die in ihrem Buch „Sand gegen den Wind" die amerikanische China-Politik einer scharfen Kritik unterzogen hatte, verurteilte die Dulles-Konzeption und schrieb zu recht in ihrem Buch „Die Torheit der Regierenden": „Die USA waren nach dem zweiten Weltkrieg die einzige Macht, die von ihrer antikolonialen Tradition her die Möglichkeit hatten, den jungen asiatischen Nationalismus zu unterstützen".

Der Vergleich mit der verfehlten amerikanischen China-Politik nach dem 2. Weltkrieg drängt sich auf. Auch hier hatten es die USA mit einem „kommunistischen Nationalismus" zu tun, wie später in Vietnam. Vergeblich hatte Warren Stillwell, der als US-Berater in China war und das Land besser kannte als die Verantwortlichen in der amerikanischen Regierungsadministration in Washington, vor einer einseitigen Bindung der USA an Tschiang Kai-schek gewarnt: „Die Kommunisten werden hier bleiben. Chinas Zukunft gehört ihnen und nicht Tschiang Kai-schek".

Überholte Zusammenhänge und blinde Vorurteile haben allzu oft das Denken jener geprägt, die die verhängnisvollen Entscheidungen trafen, schreibt Barbara Tuchmann in ihrem Standardwerk „Sand gegen den Wind" über diese verfehlte Asienpolitik der USA und kommt zu dem Ergebnis: „War nicht der Mythos eines kommunistischen Monolithen unser kostspieligster Irrtum seit dem Mythos Hitler durch Anpassung zu bremsen?"

Wir sind in unseren Ost-West-Lehrgängen in Friedewald diesem Mythos nie erlegen, sondern haben immer zu differenzieren versucht in der Beurteilung der einzelnen kommunistischen Länder. Eine starre und blinde antikommunistische Abwehrstrategie, die im Mythos von einem kommunistischen Monolithen gefangen war, ging von der irrigen Vorstellung aus, dass alle antikolonialen und sozialrevolutionären Bewegungen in der so genannten „Dritten Welt" das Werk einer „kommunistischen Weltverschwörung" seien. Gefangen in dieser Abwehrstrategie waren die Verantwortlichen in Washington nicht in der Lage, die nationalen und antikolonialen Bewegungen in ihrer Eigenständigkeit zu erkennen, was sie aber sowohl in China und Vietnam wie auch in Lateinamerika waren. Die totale Niederlage Tschiang Kaischeks in China 1949 und das Fiasko der französischen Kolonialmacht in Indochina 1954 wurden in Washington nicht in ihrer wirklichen Bedeutung erkannt. Die Tet-Offensive des Vietcong 1968, deren Auswirkungen ich selbst bei meinem Besuch in Vietnam beobachten konnte, machte deutlich, dass die USA nicht in der Lage waren, den Vietnam-Krieg zu ihren Gunsten zu entscheiden.

In der führenden amerikanischen außenpolitischen Zeitschrift „Foreign Affairs" zog Barbara Tuchmann im Oktober 1972 die Folgerungen aus der Tet-Offensive des Vietcong: „Wenn die Chinesen nicht durch Misstrauen gegen Amerika an die Seite der Sowjetunion getrieben worden wären, ist es durchaus vorstellbar, dass es keinen Korea-Krieg mit all seinen üblen Folgen gegeben hätte. Aus dem Krieg erhob sich das doppelte Schreckgespenst eines expansiven chinesischen Kommunismus und einer untrennbaren sino-sowjetischen Partnerschaft. Ohne diese beiden Zwangsvorstellungen, die Staatsmänner verwirrten und Demagogen ernährten, wäre unsere Geschichte anders verlaufen, unsere Gegenwart und Zukunft sähen anders aus. Wahrscheinlich wären wir nicht nach Vietnam gegangen … Der kostspieligste Mythos dieser Zeit war der Mythos vom Monolithentum des Kommunismus. Wir entdecken jetzt zufrieden, wenn auch verspätet, dass die angebliche sino-sowjetische Einheit sich als bitterer Antagonismus zweier Rivalen entpuppt, die einander in viel Hass, Furcht und Misstrauen gegenüberstehen. Unsere ursprüngliche Einschätzung hatte nie viel mit den Fakten zu tun, sondern war eher eine Spiegelung von Ängsten und Vorurteilen".

Neben der China-Frage und dem Vietnam-Krieg beschäftigte uns im Jahre 1968 natürlich vor allem auch der Reformprozess des „Prager Frühlings" in der Tschechoslowakei in zahlreichen Seminaren im Rahmen der Ost-West-Tagungen, die wir zusammen auch mit tschechoslowakischen Journalisten in Friedewald durchführen konnten. Ich selbst bin in der Zeit von Januar bis zum Sowjeteinmarsch im August 1968 mehrfach in der Tschechoslowakei gewesen und konnte so aus eigenem Erleben aktuell berichten. Auch die Ereignisse des Prager Frühlings gaben uns in unserer Einschätzung recht, dass wir die Entwicklung im kommunistischen Machtbereich differenziert betrachten mussten.

Der Reformprozess in der Tschechoslowakei machte erneut deutlich, dass sich seit dem Zerwürfnis zwischen Stalin und Tito 1948 in den so genannten Ostblockländern eine Tendenz abzeichnete, „eigene Wege zum Sozialismus" zu gehen, die sich über den polnischen Oktober von 1956 mit dem Machtantritt Gomulkas und dem ungarischen Aufstand im Herbst des gleichen Jahres, über den Aufstand der Posener Arbeiter bis zum Prager Frühling des Jahres 1968, fortsetzte.

Das Besondere des Reformprozesses in der CSSR, das wir in Friedewald zusammen mit den tschechoslowakischen Journalisten herausarbeiteten, war die Tatsache, dass hier von der Reformergruppe um Dubcek, Smerkowski und dem Ökonomen Prof. Ota Sik ein geschlossenes Programm für einen „Sozialismus mit menschlichem Antlitz", einer pluralistischen Demokratie und einer sozialistischen Marktwirtschaft entwickelt wurde, an das Gorbatschow einige Jahrzehnte später anknüpfte, wenn man das Programm des Prager Frühlings vom April 1968 mit Gorbatschows Thesen in seinem bekannten Buch „Perestroika" vergleicht.

Die dramatischen Ereignisse in der Tschechoslowakei im Jahre 1968 bestätigten uns auch in unserem Grundsatz, dass wir in allen unseren Ost-West-Lehrgängen nie von den „sozialistischen Ländern" gesprochen haben, sondern immer nur von den „sich sozialistisch nennenden Ländern", weil wir nicht bereit waren, die sowjetische These vom „einzig richtigen Weg zum Sozialismus" kritiklos zu übernehmen, sondern immer gesagt haben: das „Sowjet-Modell" ist kein Sozialismus.

Treffend schrieb der französische Historiker Francois Furet in seinem grundlegenden Werk „Das Ende der Illusionen – Der Kommunismus im 20. Jahrhundert" zu dieser sowjetischen Anmaßung: „Die Fähigkeit, die eigene Geschichte zum Mythos zu machen, war eine der herausragenden Leistungen des Sowjetregimes. Aber diese Fähigkeit wäre weniger wirkungsvoll gewesen, wenn sie nicht mit einer Neigung zur Leichtgläubigkeit einhergegangen wäre".

Die Leichtgläubigkeit kam unter anderem auch darin zum Ausdruck, dass man auch im Westen den sowjetischen Begriff „Sozialismus" oft zum Teil kritiklos übernahm und von „sozialistischen Ländern" sprach, obwohl in diesen Ländern alles real gewesen sein mag, nur nicht der Sozialismus. So leichtgläubig waren wir in Friedewald nicht.

Eine weitere Schlussfolgerung, die wir zusammen mit unseren tschechoslowakischen Gästen aus unseren Seminaren zogen, lautete: Sollten die sowjetischen Panzer diesen Reformprozess auch gewaltsam niederschlagen wie 1956 in Ungarn, dann wird dies die letzte Chance gewesen sein, das System im Osten zu reformieren, dann kann dieses System des so genannten „real existierenden Sozialismus" nur noch an seinen eigenen inneren Widersprüchen zerbrechen.

Wie die Niederschlagung des ungarischen Aufstandes von 1956 hatte aber auch der „Prager Frühling" gezeigt, dass ein Wandel in den kommunistischen Ländern nur möglich war, wenn sich in der beherrschenden Führungsschicht ein Wandel in Richtung auf Reformen vollziehen würde. Auch der „Prager Frühling" war durch eine „Revolution von oben", durch eine radikale Änderung in der Parteiführung, nach dem Sturz der Altstalinisten, eingeleitet worden. Ein ähnlicher Umbruch in der sowjetischen Parteispitze blieb damit auch im Rahmen des Möglichen und sollte sich 30 Jahre später mit dem Machtantritt Gorbatschows dann auch tatsächlich einstellen.

Die Niederschlagung des „Prager Frühlings" war kein Zeichen der Stärke der Sowjetunion, sondern ein Ausdruck der Schwäche des Systems. Treffend stellte der amerikanische Diplomat, Historiker und Sowjetexperte George F. Kennan, der 1947 die amerikanische „Containment Policy" (Eindämmungspolitik) entwickelt hatte, fest: „Ich sehe in der Sowjetführung eine Gruppe geplagter, meist älterer Herren, deren Wahlmöglichkeiten und Handlungsoptionen sehr eingeengt sind. Ich sehe sie als Gefangene von vielerlei Umständen: Gefangene ihrer eigenen Vergangenheit und der ihres Landes; Gefangene einer antiquierten Ideologie, an die ihre eigene Orthodoxie sie fesselt; Gefangene eines starren Machtsystems, dem sie ihre Autorität verdanken; Gefangene aber auch gewisser eingefleischter Eigenheiten, die Russlands Politik schon in früheren Zeiten geprägt haben: angeborenes Unsicherheitsgefühl, Misstrauen gegenüber Ausländern und der Welt des Auslandes, leidenschaftliche Geheimniskrämerei, neurotische Furcht vor dem Eindringen anderer Mächte in Gebiete nahe der sowjetischen Grenze".

Darum – so Kennan – werde die russische Gefahr überschätzt und sei „viel Einbildung". Aus seiner langjährigen Praxis als Diplomat in Moskau kannte George F. Kennan die Widersprüche des sich sozialistisch nennenden Sowjetsystems aus eigener Anschauung und hatte richtig erkannt, dass sich diese Widersprüche ständig verschärften und entweder zu einer grundlegenden Reform des Systems oder zu seinem Zusammenbruch führen mussten. In seinem „langen Telegramm", das der Moskauer Botschaftsrat Kennan 1946 an das US-Außenministerium sandte und in seinem historisch gewordenen Artikel „The Sources of Soviet Conduct" unter dem Pseudonym „Mr. X" in der Zeitschrift „Foreign Affairs", gab Kennan das Stichwort der „Eindämmung" (Containment), das zum Richtmaß der amerikanischen und westlichen Nachkriegspolitik gegenüber der Sowjetunion und dem Kommunismus wurde.

Doch diese „Eindämmung" wurde vielleicht zu dem größten Missverständnis der Nachkriegspolitik des Westens. Kennans subtiler Entwurf für eine „politische Eindämmung", für eine westliche Politik, die sich die Widersprüche des Sowjetsystems zu Nutze machen würde, wurde umgedeutet in eine Strategie der militärischen Konfrontation, zum „Kalten Krieg" und einem Finanzen- und Ressourcen verschlingenden Wettrüsten.

Kennan hat dieses Missverständnis immer wieder bedauert und er ist als Diplomat und Historiker nie müde geworden, auf Fehlentscheidungen hinzuweisen, die sich aus diesem Missverständnis ergaben. George F. Kennan sah in der Niederschlagung des „Prager Frühlings" ein weiteres Zeichen für ein von ihm so genanntes „graduelles Schmelzen der Macht" der Sowjetunion. Kennans Schriften haben mich nach meiner Rückkehr aus sowjetischer Kriegsgefangenschaft 1949 immer wieder fasziniert und für meine Arbeit als Journalist angeregt. Seine These vom „graduellen Schmelzen der Macht" des Sowjetsystems sollte sich im Wendejahr 1989/90 eindrucksvoll bestätigen.

Als ein Jahr nach dem Ende des „Prager Frühlings" am 28. September 1969 der sechste Deutsche Bundestag gewählt wurde, veränderte sich die Geschichte der Bundesrepublik nachhaltig. Entschlossen nahmen Willy Brandt und Walter Scheel die Bildung einer sozial-liberalen Koalition in Angriff, trotz relativ knapper Mehrheit. Brandt ging es vor allem um die Durchsetzung seiner Ostpolitik, die er auf jeden Fall, „notfalls auch mit einer Stimme Mehrheit" durchbringen wollte, wie Egon Bahr ihn zitierte, der selbst wesentlichen Anteil an der Konzipierung eines neuen ostpolitischen Kurses der Bundesregierung hatte.

In den Ost-West-Seminaren in Friedewald ging es in den folgenden Jahren bis zur Verabschiedung der Ostverträge 1971/72 vor allem um diese Ostpolitik. Über die auf der Akademie ebenso leidenschaftlich diskutiert wurde, wie in der Öffentlichkeit. Doch an unserer Unterstützung für die Ostpolitik ließen wir keinen Zweifel aufkommen, sahen wir doch darin die Fortsetzung einer notwendigen Politik, die die Evangelische Kirche in Deutschland bereits in ihrer Ost-Denkschrift zu Beginn der 60er Jahre gefordert hatte und die wir damals auf der Akademie ausführlich diskutiert hatten.

Schon früher hatten wir uns mit der Konzeption „Wandel durch Annäherung" beschäftigt, die Egon Bahr am 15. Juli 1963 vor der Evangelischen Akademie in Tutzing entwickelt hatte. Egon Bahr zog damals aus der veränderten Politik der USA, die der neue Präsident John F. Kennedy in seiner „Strategie des Friedens" vom 10. Juni 1963 entwickelt hatte, seine Folgerungen für die deutsche Politik.

Ähnlich wie George F. Kennan sah auch Egon Bahr die Sowjetführer als Gefangene eines fehlgeschlagenen und verbrauchten Systems. Auch er war davon überzeugt, dass sich die politische, wirtschaftliche und soziale Überlegenheit der westlichen Demokratie in den Beziehungen zu den kommunistischen Ländern allmählich durchsetzen würden. Nach seiner Ansicht war bloße „Abwehrstrategie gegen den Kommunismus" keine Politik; auch er glaubte, dass eine Politik des „Wandels durch Annäherung" den Prozess des „graduellen Schmelzens der Macht" im Sowjetsystem verstärken würde. Für mich war es faszinierend, zu sehen, wie sich die Konzepte von George F. Kennan und Egon Bahr ähnelten, und ich war von der Richtigkeit ihrer Konzepte überzeugt.

Wohl keiner der Akteure der Entspannungspolitik war in der Bundesrepublik so umstritten wie Egon Bahr, aber wohl auch keiner so interessant. Während die CDU/CSU sein Konzept entschieden ablehnte und bekämpfte, zollte ihm der frühere Bundespräsident Richard von Weizsäcker in seinen Erinnerungen „Vier Zeiten" höchste Anerkennung, wenn er schreibt: „Wer ihn des mangelnden Willens zur Einheit und Freiheit der Deutschen zieh, tat es, ohne ihn in der Aktion miterlebt zu haben. Deutschlands Selbstbestimmung war sein zentrales Thema. Bei den westlichen Verbündeten, nicht zuletzt auch bei Henry Kissinger, galt er oft als deutscher Nationalist von geradezu bedenklichem Ausmaß. Er hatte das seltene Glück, einen Auftrag zu erhalten, bei dem er persönlich die Verhältnisse seines Landes wirklich bewegen und verändern konnte. Wie wäre es, ihm heute für seine Leistung mit Respekt zu begegnen, wie es ihm gebührt".

In dieser Phase der Ratifikation der Ostverträge mit der Sowjetunion, Polen, der DDR und der CSSR, der Durchsetzung der Entspannungspolitik, die im Prozess der „Konferenz für Sicherheit und Zusammenarbeit in Europa" (KSZE) ihre Fortsetzung und einen weiteren Höhepunkt fand, kam Volker Hergenhan nach Friedewald und übernahm die Leitung der Ost-West-Lehrgänge. Wir stellten sehr schnell fest, dass wir in unseren politischen Analysen eine weitgehende Übereinstimmung hatten und es entwickelte sich daraus eine sehr enge Freundschaft, die nun schon über 40 Jahre andauert. Diplom-Volkswirt Volker Hergenhan ist seit vielen Jahren Direktor der Akademie und hat als Geschäftsführer der „Stiftung Sozialer Protestantismus" eine weitere verantwortungsvolle Rolle übernommen.

Auch nach Abschluss der Ostverträge blieb die Entspannungspolitik in der alten Bundesrepublik weiterhin heftig umstritten. Dies zeigte sich vor allem im KSZE-Prozess, der uns auch in unseren Seminaren in Friedewald in den folgenden Jahren beschäftigte. Der Vorschlag für eine „Konferenz über Sicherheit und Zusammenarbeit in Europa" ging ursprünglich von der Sowjetunion aus. Der damalige sowjetische Parteichef Breschnew wollte auf einer solchen Konferenz den Status quo in Europa auf der Grundlage der bestehenden Grenzen, wie sie in Jalta und Potsdam gezogen worden waren, festschreiben lassen und der Sowjetunion die im 2. Weltkrieg eroberten Gebiete und Einflusssphären sichern.

Auch Polen war an einer Sicherung seiner Westgrenze durch eine solche Konferenz interessiert, betrachtete aber ebenso wie Rumänien und Ungarn den KSZE-Prozess gleichzeitig als Hebel zur Lockerung ihrer Abhängigkeit von der Sowjetunion. Neutrale Länder und nicht Pakt gebundene Staaten, wie Österreich, Jugoslawien und die skandinavischen Länder sahen in diesem Prozess eine Chance, auch ihre Stimme im Konzert der größeren Mächte zur Geltung zu bringen.

Während der Westen dem sowjetischen Vorschlag zunächst ablehnend gegenüberstand, versuchte vor allem die sozial-liberale Bundesregierung in den Diskussionen um eine gemeinsame Schlussakte der Konferenz den so genannten „Korb 3" einzubringen, der Grundsätze über einen Informationsaustausch, menschliche Kontakte, Familienzusammenführung und Reiserleichterungen enthielt. In zähen Verhandlungen gelang es dem Westen, den Sowjets diesen „Korb 3" abzutrotzen, der sich später zu einer Berufungsinstanz für die sich im „Ostblock" bildenden Bürgerrechtsbewegungen entwickeln sollte.

Die CDU/CSU-Opposition lehnte den KSZE-Prozess entschieden ab und beschuldigte die Bundesregierung der sowjetischen Expansionspolitik durch eine solche Konferenz Vorschub zu leisten. Der Bayern-Kurier schrieb am 2. Dezember 1972: Es sei das sowjetische Konzept der KSZE, mit Hilfe der Sozialdemokraten eine europäische Neuordnung auf der Grundlage des Status quo zu schaffen, um den sowjetischen Besitzstand vertraglich zu sichern und von dieser Basis ausgehend das sowjetische Einflussgebiet bis an den Atlantik auszudehnen.

Welch eine Verkennung der wirklichen Situation, die eigentlich für jeden sichtbar von einem zunehmenden Prozess der Auflockerung und Differenzierung im kommunistischen „Lager" gekennzeichnet war, wofür der damalige italienische KP-Chef Togliatti den Ausdruck „Polyzentrismus" geprägt hatte.

Die KSZE, die am 1. August 1975 in Helsinki mit einer „Schlussakte" endete, war in ihren Auswirkungen auf den Liberalisierungsprozess in Osteuropa ohne Zweifel der größte Erfolg der Entspannungspolitik und der Bahr-Konzeption des „Wandels durch Annäherung". Die Sowjetunion musste dem „Korb 3" mit seinen Bestimmungen über menschliche Erleichterungen zustimmen und alle kommunistischen Länder mussten sich verpflichten, den vollen Wortlaut der „Schlussakte" in ihren Zeitungen zu veröffentlichen.

Im Rückblick wird man feststellen müssen, dass weder die „Helsinki-Komitees" und „Sacharow-Komitees" in der Sowjetunion, noch die Bewegung der „Charta 77" in der CSSR, die unabhängige Gewerkschaftsbewegung „Solidarnosc" in Polen oder die

Bürgerrechts-Bewegungen in Ungarn und der DDR sich so entwickelt hätten, wenn ihnen die „Schlussakte" von Helsinki nicht die Möglichkeit eröffnet hätte, sich auf die hier festgeschriebenen Grundsätze in den Fragen der Menschenrechte zu berufen.

So sieht es auch Richard von Weizsäcker in seinen Erinnerungen: „Die Verhandlungen über die KSZE führten zu dem merkwürdigen Ergebnis, dass schließlich die Russen darüber besorgt sein mussten, mit dem, was sie so viele Jahre hindurch angestrebt hatten, etwas ganz anderes, ihnen Unerwünschtes erreicht zu haben, während der Westen, der sich so lange gesträubt hatte, die Konferenz überhaupt zustande kommen zu lassen, am Ende Grund hatte, froh und dankbar zu sein ... Auch wenn die Schlussakte von Helsinki nur Absichtsbekundungen enthielt, die nicht völkerrechtlich einklagbar waren, so war es schließlich doch der Korb 3, der den Grundstein für die Freiheitsbewegungen im Bereich des Warschauer Paktes legte. Keine Solidarnosc in Polen, keine Charta 77 in Prag und keine Dissidentengruppen in der DDR hätten sich ohne die Bestimmungen von Helsinki über Meinungsfreiheit, Informationsaustausch und Reiseerleichterungen so entfalten können, wie es später geschah. Der Prozess der inneren Aufweichung nahm nun seinen allmählichen Verlauf ... So wurde die Konferenz von Helsinki im Jahre 1975 der Höhepunkt der Ostpolitik ... Noch einmal bäumte sich das Gros der Unionsfraktion dagegen auf ... Wegen einer Tagung des Weltkirchenrates in Übersee war ich abwesend, was meine Frustration über diesen Vorgang nur noch steigerte".

Parallel zur KSZE-Konferenz verstärkte sich in den westeuropäischen kommunistischen Parteien der in den Anfängen bereits nach dem 20. Parteitag der KPdSU vom Februar 1956 mit seiner Verurteilung Stalins durch Chruschtschow sichtbar gewordene Prozess einer Abwendung von Moskau und einer Distanzierung vom „sowjetischen Modell", eine Bewegung für die Frane Barbieri im Mailänder „Giornale Nuovo" am 26. Juni 1975 den Begriff „Euro-Kommunismus" prägte und das „Dritte Schisma" des Kommunismus markierte.

Neben dem KSZE-Prozess und seinen Folgen für die Herausbildung von Bürgerrechts-Bewegungen in den kommunistischen Ländern beschäftigte uns das Problem des „Euro-Kommunismus" in der zweiten Hälfte der 70er Jahre in unseren Ost-West-Lehrgängen, wobei wir auch Tagungen mit Offizieren der Bundeswehr in Friedewald durchführten, die auf Initiative von Volker Hergenhan zustande kamen. Während auch diesmal Vertreter der CDU/CSU das Problem des Euro-Kommunismus als „Trojanisches Pferd zur Machtergreifung" bezeichneten, versuchten wir in unseren Seminaren klarzustellen, dass es sich hier um einen weiteren Schritt im Sinne des von George F. Kennan analysierten Prozesses des „graduellen Schmelzens der Macht" der Sowjetführung handelte.

Beispielhaft für die Haltung konservativer Kreise, die in einem blinden Anti-Kommunismus befangen waren, war der Artikel des CDU-Politikers Kai-Uwe von

Hassel, „Was muss denn noch passieren?" in „Weltbild" vom 3. Januar 1977: Beim Euro-Kommunismus handele es sich „lediglich um eine veränderte Taktik". An den Zielen des Kommunismus habe sich nichts geändert. „Sie wollen nur auf diese Weise leichter an die Macht kommen".

Ähnlich Franz-Josef Strauß in einem Interview mit der „Welt" vom 16. Dezember 1976: Moskau lasse den Euro-Kommunismus nur insoweit laufen, wie er geeignet sei, die Sozialdemokraten „für eine Volksfrontpolitik zu gewinnen. Es kann keine Rede davon sein, dass sich im Westen ein selbständiger Kommunismus entwickelt".

Wieder einmal wurde von konservativen Kreisen im Westen eine tief greifende Veränderung in der „kommunistischen Bewegung" verkannt, die das Sowjetsystem grundsätzlich in Frage stellte.

In unseren Seminaren versuchten wir aus den authentischen Quellen der verantwortlichen Vertreter des Euro-Kommunismus eine objektive Analyse zu erarbeiten. Im Grunde ging der Euro-Kommunismus auf ein Interview des damaligen italienischen KP-Chefs Palmiro Togliatti vom 16. Juni 1956 mit der Zeitschrift „Nuovi Argumenti" zurück, in dem er Chruschtschows Stalin-Kritik auf dem 20. Parteitag der KPdSU als völlig unzureichend bezeichnete und grundlegende Strukturreformen des sowjetischen Systems verlangte.

Folgerichtig verurteilte die KP Italiens am 23. August 1968 in aller Schärfe den Einmarsch der sowjetischen Panzer in die CSSR. Im gleichen Sinne operierten die Führer der spanischen KP. In seinem Buch „Euro-Kommunismus und Staat" vollzog der spanische KP-Chef Santiago Carillo eine Generalabrechnung mit dem Sowjetsystem und wies den Führungsanspruch der sowjetischen Partei mit aller Entschiedenheit zurück.

Die Kremlführung hatte die Gefahr des Euro-Kommunismus für ihr Herrschaftssystem durchaus erkannt und versuchte, durch die Einberufung einer „Konferenz europäischer kommunistischer Parteien" für den 29./30. Juni 1976 nach Ost-Berlin die Wogen in ihrem Sinne zu glätten und die europäischen KP`s wieder auf ihre Linie zu bringen. Aber diese Konferenz wurde für die Sowjetführung eine schwere Niederlage. Die Chefs der kommunistischen Parteien Italiens, Frankreichs, Spaniens und anderer Länder distanzierten sich eindeutig von jedem „Führungsanspruch" der sowjetischen Partei und verlangten, dass ihre Ansichten in einer gemeinsamen Erklärung zum Ausdruck gebracht wurden. Italiens KP-Chef Enrico Berlinguer fasste die Forderungen so zusammen: „Wir kämpfen für eine sozialistische Gesellschaft, die sich gründet auf Bekräftigung des Wertes der persönlichen und kollektiven Freiheiten und ihrer Garantie; der Prinzipien des weltlichen, nicht ideologischen Charakters des Staates; der Pluralität der Parteien und der Möglichkeit sich entsprechend der Mehrheitsverhältnisse in der Regierung abzuwechseln; der Autonomie der Gewerkschaften, der Kultur, der Kunst und der Wissenschaften".

Die Vertreter der euro-kommunistischen Parteien waren nur unter der Bedingung zur Konferenz nach Ost-Berlin gekommen, dass ihre Reden und die gemeinsame Schlusserklärung in den Parteiorganen der einzelnen Länder – auch in den Ländern des so genannten Ostblocks – in vollem Wortlaut veröffentlicht wurden. Und so geschah es auch. Zum ersten Mal wurden auf einer internationalen Konferenz kommunistischer Parteien die offen vorhandenen Differenzen und Gegensätze nicht mehr unter den Teppich gekehrt, sondern in aller Öffentlichkeit erörtert und publiziert. Das SED-Organ „Neues Deutschland" verdiente damit vielleicht zum ersten Mal in seiner Geschichte seinen Namen, denn mit der Veröffentlichung aller Reden und Dokumente stand wirklich einmal etwas „Neues" auf seinen Seiten. Und man kann sich unschwer vorstellen, wie sich die dogmatischen Funktionäre gefühlt haben, wenn sie derartige „Ketzereien" in ihrem Parteiorgan lasen.

Die Ausstrahlung, die von der Berliner KP-Konferenz und dem Euro-Kommunismus auf die Länder der „Ostblocks" ausging, betraf vor allem auf drei Punkte: Erstens, die eindeutige Ablehnung jedes organisatorischen Zentrums einer kommunistischen „Bewegung" und die entschiedene Ablehnung des sowjetischen Führungsanspruchs. Zweitens, in der Anerkennung eines Mehrparteiensystems und des demokratischen Machtwechsels zwischen Regierung und Opposition. Die Ablehnung jeder Form einer „Staatspartei" und einer staatlich verordneten Ideologie. Drittens, in der Anerkennung und Verteidigung bürgerlich-demokratischer Freiheiten.

Damit wurden in den sich sozialistisch nennenden Ländern jene Kräfte gestärkt, die für Reformen im Sinne einer Liberalisierung und Demokratisierung kämpften und den kritischen Bürgern in diesen Ländern gangbare Alternativen aufgezeigt. Mit Recht stellte der bekannte jugoslawische Regimekritiker Milovan Djilas zum Ergebnis der Berliner Konferenz fest: „Ich glaube, dass der Einfluss der Sowjetunion in Europa zum jetzigen Zeitpunkt seinen niedrigsten Stand erreicht hat, niedriger als je zuvor. Und die entscheidende Rolle beim Verfall des sowjetischen Einflusses spielte gerade der Euro-Kommunismus. Ich glaube, dass sich dieser geschwundene Einfluss der Sowjetunion nicht ändern wird und nicht wieder aufgebaut werden kann".

Ähnlich äußerte sich George F. Kennan in seinem Artikel „Kann der Westen bestehen?" in Nr. 1 von 1977 der Wiener „Europäischen Rundschau": „In dem Maße, in dem die westeuropäischen kommunistischen Parteien unabhängig werden, müssen die osteuropäischen Parteien neue Orientierungspunkte gewinnen. Dies werden sehr bedeutsame Konsequenzen für die künftige Entwicklung im Osten sein".

Es konnte kein Zweifel daran bestehen, dass neben der Charta der KSZE von Helsinki 1975 auch die KP-Konferenz von Ost-Berlin 1976 die dogmatischen Führungen in den Ostblock-Ländern in die Defensive brachte. Die Reformkräfte in diesen Ländern erfuhren durch beide Ereignisse eine immense Unterstützung. Dies sollte sich vor allem in der Frage des Kampfes um eine unabhängige Gewerkschaftsbewegung zeigen, die zur Kernfrage des Wandels in Polen in den Jahren 1976 bis 1980 wurde, denn auch die Forderung nach unabhängigen Gewerkschaften war ein Kernanliegen der Euro-Kommunisten, die sie auf der Berliner Konferenz mit allem Nachdruck erhoben hatten.

Die Forderung nach unabhängigen Gewerkschaften zieht sich durch die gesamte Geschichte der kommunistischen „Bewegung" von der „Arbeiteropposition" in der Sowjetunion 1919, über den Kronstädter Aufstand gegen die bolschewistische Parteiherrschaft 1921, dem polnischen Oktober und dem ungarischen Aufstand von 1956 bis zur Bildung der Gewerkschaft „Solidarnosc" in Polen 1980 war dies eine zentrale Forderung der Gegner des Leninismus-Stalinismus.

Der Kampf für eine unabhängige Gewerkschaft wurde auch zum zentralen Thema der Opposition in Polen zu Beginn der 80er Jahre, die ein Hauptthema der Ost-West-Lehrgänge in Friedewald in dieser Zeit war: „Von Zeit zu Zeit siegen die Arbeiter ... Das eigentliche Resultat ihrer Kämpfe ist nicht der unmittelbare Erfolg, sondern die immer weiter um sich greifende Vereinigung der Arbeiter. Sie wird befördert durch die wachsenden Kommunikationsmittel, die von großen Industrien erzeugt werden und die Arbeiter der verschiedenen Lokalitäten miteinander in Verbindung setzen. Es bedarf bloß der Verbindung, um die vielen lokalen Kämpfe von überall gleichem Charakter zu einer nationalen zu machen".

So könnte eine Analyse der großen Streikwelle des polnischen Sommers von 1980 beginnen. Doch das Zitat stammt aus dem „Kommunistischen Manifest" von Marx und Engels aus dem Jahre 1948. Es beschreibt aber fast genau einen Prozess, der sich eben nicht in einem kapitalistischen Land, sondern in einem Land des „real existierenden Sozialismus" abgespielt hat.

Und es war in der Tat ein Prozess, denn in Polen hat es seit den Arbeiterunruhen in Posen von 1956 eine sich ständig wiederholende und verstärkende Streikwelle der Arbeiter gegeben. 1968 nach der Niederschlagung des „Prager Frühlings" im so genannten „Dezember-Sturm" des Jahres 1970 mit seinen Arbeiter-Aufständen in den Häfen der Ostsee-Küste, der zum Sturz Gomulkas führte, und 1976, nicht zuletzt unter dem Einfluss der Schlussakte der Konferenz von Helsinki 1975. Im gleichen Jahr 1976 vollzog sich durch das „Komitee zur Verteidigung der Arbeiter" (KOR) ein Schulterschluss der oppositionellen polnischen Intelligenz und der Studenten mit der Arbeiterschaft.

Die Bedeutung des polnischen Kampfes um eine unabhängige Gewerkschaft kann im nach hinein für den Zusammenbruch des Kommunismus nicht hoch genug eingeschätzt werden. Ohne Übertreibung muss man sagen, dass mit der Bildung der unabhängigen Gewerkschaft „Solidarnosc" Polen schon kein kommunistischer Staat im leninistischen Sinne mehr war und der Kampf der polnischen Arbeiter das Ende des Kommunismus überhaupt eingeleitet hat.

Ein rascher und andauernder wirtschaftlicher Verfall, der nur zeitweilig durch Auslandskredite überdeckt werden konnte, der völlige Verlust der Glaubwürdigkeit der offiziellen „Staatsideologie" hatte in Polen einen unüberschreitbaren Abgrund zwischen der Fassade der Macht und der Gesellschaft aufgetan, schrieb der polnische Philosoph Leszek Kolakowski: „Es war die erste Arbeiterrevolution in der Geschichte, denn der bolschewistische Handstreich von 1917 verdient keineswegs diesen Namen. Folglich wandte sich die erste Arbeiterrevolution auf der Welt gegen einen sich sozialistisch nennenden Staat, und zwar im Zeichen des Kreuzes und mit päpstlichem Segen".

Aus den Erfahrungen der Streiks von 1956, 1968, 1970 und 1976 hatten die Arbeiter in Polen ihre Lehren gezogen und Formen einer disziplinierten Protestbewegung entwickelt, die der Parteiführung wenig Anlass zum brutalen Einsatz staatlicher Machtmittel gab. Zwar konnte General Jaruzelski durch die Verhängung des Kriegsrechts vorübergehend eine trügerische „Ruhe" im Lande wieder herstellen, aber es konnte nicht mehr gelingen, die Opposition zum Schweigen zu bringen.

Auch Jaruzelski musste in seinen Erinnerungen „Mein Leben für Polen" zugeben: „Das Ausmaß der Unruhen überraschte uns alle. In der Tat handelte es sich nicht mehr um Demonstrationen auf der Straße wie 1956, 1970 oder 1976, sondern um ‚klassische Streiks' mit der Besetzung von Fabriken. Das alles in einem Klima des Ernstes, der Ruhe und der Entschlossenheit, was wir nicht begriffen. Die Vereinigte polnische Arbeiterpartei hatte den Kontakt mit der Arbeiterklasse verloren …Wir wussten nicht, wie wir auf diese Streiks reagieren sollten".

Dass die polnischen Arbeiter der kommunistischen Macht mit dem Abkommen von Gdansk (Danzig) ihren Forderungskatalog abtrotzten und eine unabhängige Gewerkschaft gründeten, war ein entscheidender Durchbruch und nach unserer Überzeugung bereits der Anfang vom Ende des real existierenden Sozialismus. Zum ersten Mal in der Geschichte des Kommunismus mussten die im leninistischen System nicht vorgesehenen freien Gewerkschaften unter dem Druck der Arbeiter ebenso akzeptiert werden wie das Streikrecht. Das war der Todesstoß für das alte leninistisch-stalinistische System. Die ohnmächtige Partei war nicht mehr Herr im „eigenen Haus". Mit der unabhängigen Gewerkschaft „Solidarnosc" war eine Art „Doppelherrschaft" im Lande entstanden. Im Grunde war Polen nach dem „Gesellschaftsvertrag" von Danzig kein Staat im kommunistischen Sinne mehr. Mit Recht fragte der italienische Reformkommunist Sergio Segre: „Wenn die Gewerkschaft Solidarnosc die Interessen der Arbeiter in Polen vertritt – wen vertritt dann eigentlich noch die Polnische Vereinigte Arbeiterpartei?"

Stärker als der Aufstand in Ungarn 1956 und stärker als der „Prager Frühling" von 1968 hatte die Massen-Rebellion der polnischen Arbeiter die tief greifende Krise des sowjetischen Modells des „Sozialismus" deutlich gemacht.

Zum dritten Mal hatte die polnische Oppositionsbewegung seit 1956 einen Wechsel in der Partei- und Staatsführung des Landes erzwungen. Für Gierek mit einer gewissen Tragik verbunden: Von einem Aufstand der Arbeiter an der Ostsee-Küste 1970 in den Sattel des Generalsekretärs gehoben, wurde er von einem ebensolchen Aufstand der Arbeiter zehn Jahre später gestürzt. Aber anders als 1956 und 1970 ließen sich die Arbeiter diesmal nicht mehr durch Versprechungen mit einem erneuten Machtwechsel in der Parteiführung abspeisen, sondern verlangten eine grundlegende Reform des stalinistischen Systems.

Die Herrschaftsideologie des Marxismus-Leninismus war damit endgültig gescheitert, denn sie hatte in der Bevölkerung jede Glaubwürdigkeit verloren. Darüber konnten die Polen, wie es Leszek Kolakowski ausdrückte, „nur noch lachen".

Dass wir in unseren Friedewälder Seminaren über Polen diesen grundsätzlichen Prozess des Wandels herausgearbeitet hatten, versetzte uns auch in die Lage, den Wechsel in der sowjetischen Parteiführung im Jahre 1985 durch den Machtantritt von Gorbatschow richtig einzuschätzen. Weil es in der Sowjetunion – wie in allen Ländern des so genannten „real existierenden Sozialismus" – keine freien Wahlen, keine miteinander konkurrierenden Parteien und darum auch keinen demokratischen Machtwechsel geben konnte, blieb die Machtübernahme durch einen neuen Generalsekretär, einen neuen Chef der alles beherrschenden Partei, der einzige Weg für eine mögliche Änderung des Systems und des politischen Kurses.

Mit Gorbatschow – 1931 geboren – trat eine neue Generation auf die politische Bühne der Sowjetunion, deren Karrieren erst zu höheren Partei- und Staatsämtern führte in der Periode der „relativen Entstalinisierung" unter Chruschtschow, einer Generation, die selbst nicht mehr in die Verbrechen der Stalin-Ära verstrickt waren, aber den Niedergang der Sowjetwirtschaft und den Glaubwürdigkeitsverlust der kommunistischen Staatsideologie sowie das Aufbegehren der Völker in Ungarn, der Tschechoslowakei, der DDR und Polens miterlebt und daraus ihre politischen Folgerungen gezogen hatten. Ähnlich wie in der CSSR im Jahre 1968 bot sich damit auch in der Sowjetunion, dem zentralen Machtzentrum des Kommunismus, die Möglichkeit eines prinzipiellen Kurswechsels.

Ich hatte Gelegenheit, nur zwei Monate nach dem Machtantritt Gorbatschows eine SPD-Delegation mit Willy Brandt und Egon Bahr nach Moskau im Mai 1985 zu begleiten. Der Wechsel in der sowjetischen Parteiführung zum jüngeren Gorbatschow war zu dieser Zeit schon für jeden aufmerksamen Beobachter atmosphärisch deutlich spürbar. Jeder, der in den letzten Jahren der Ära von Breschnew bis Tschernenko Moskau besucht hatte, konnte den Wandel im Stil und Atmosphäre deutlich spüren. Nach seinen Unterredungen im Kreml betonte auch Egon Bahr vor Pressevertretern diesen entscheidenden Wandel: „Gorbatschow meint es ernst mit seinen Reformideen. Er weiß, was er will und ich glaube, dass er härter ist, als mancher glaubt".

Und Willy Brandt ergänzte: „Ich wäre froh, wenn auch die Regierung meines Landes sieht und versteht, welche Chancen sich daraus zum beiderseitigen Nutzen ergeben".

Aber die Meinungen in der Regierung Kohl waren geteilt. Helmut Kohl sah in Gorbatschows Reformkonzept zunächst nur Taktik. In einem Interview mit dem amerikanischen Nachrichtenmagazin „Newsweek" bezeichnete er Gorbatschow als Propagandist und verglich ihn mit Goebbels. Im Gegensatz dazu war Außenminister Genscher nach seinem ersten Gespräch mit Gorbatschow im Juli 1986 davon überzeugt, es mit „einer völlig neuen sowjetischen Führung zu tun" zu haben, die sich zum Ziel gesetzt habe – wie Genscher in seinen „Erinnerungen" schrieb – „die Sowjetunion von innen her grundlegend zu verändern".

In seiner Rede vor dem Weltwirtschaftsforum in Davos am 1. Februar 1987 forderte Genscher den Westen auf: „Wenn es heute die Chance geben sollte, dass nach 40 Jahren Konfrontation im Ost-West-Verhältnis ein Wendepunkt erreicht werden könnte, dann wäre es ein Fehler von historischem Ausmaß, wenn der Westen die Chance vorübergehen ließe, nur weil er sich nicht aus einem Denken lösen kann, das beim Blick auf die Sowjetunion immer nur einzig und allein den schlimmsten Fall anzunehmen vermag".

Die Reaktion aus dem konservativen Lager, das sich in seinem blinden Antikommunismus nicht aus dem alten Denken lösen konnte, war bezeichnend. Das Schlagwort vom „Genscherismus" machte die Runde: Genscher mache sich Illusionen und unterschätze die kommunistische Gefahr.

Natürlich war Gorbatschow auch das zentrale Thema unserer Seminare in Friedewald in der zweiten Hälfte der 80er Jahre. Auch dabei beschränkten wir uns nicht auf die unterschiedlichen Einschätzungen bei einigen Politikern und Publizisten, sondern versuchten uns aus den zugänglichen Quellen ein eigenes, unabhängiges Bild zu machen. Dabei stand das auf Anregung des amerikanischen Verlegers Michael Bessie im Verlag Harper & Row erschienene Buch Gorbatschows „Perestroika – Die zweite russische Revolution", das 1987 auch in deutscher Übersetzung erschien und in dem Gorbatschow seine „neue Politik für Europa und die Welt" entwickelte, im Mittelpunkt. Wir diskutierten die Thesen Gorbatschows vor allem auch vor dem Hintergrund der Entwicklung in der Sowjetunion in der Nach-Stalin-Ära und den Ereignissen in Ungarn, der Tschechoslowakei und Polen.

Wer das Buch Gorbatschows aufmerksam studiert hatte, konnte eigentlich keinen Zweifel mehr daran haben, dass hier zum ersten Mal in der Geschichte der Sowjetunion ein Machtwechsel stattgefunden hatte, der mehr bedeutete als nur den Antritt eines neuen Generalsekretärs der Staatspartei, ein Machtwechsel, der in seiner Bedeutung für die europäische und die Weltpolitik nicht hoch genug eingeschätzt werden konnte. Gorbatschow hatte begriffen, dass die wirtschaftliche und politische Krisensituation in der Sowjetunion und im „sozialistischen Lager" grundlegende Reformen dringend erforderten, wenn er schrieb: „Perestroika ist eine unumgängliche Notwendigkeit, die aus den tiefer liegenden Entwicklungsprozessen in unserer Gesellschaft hervorgegangen ist. Diese Gesellschaft ist reif für Veränderungen. Sie hat sich lange danach gesehnt. Jeder Aufschub der Perestroika hätte in naher Zukunft zu einer Verschlechterung der Situation im Inneren führen können und, um es unverblümt zu sagen, eine ernste soziale, wirtschaftliche und politische Krise heraufbeschworen. Wir haben diese Schlussfolgerungen auf der Grundlage einer umfassenden und schonungslosen Analyse der Situation gezogen, die sich bis Mitte der achtziger Jahre in unserer Gesellschaft herausgebildet hat".

Wir verglichen in Friedewald diese Analyse Gorbatschows mit den mahnenden Analysen sowjetischer Dissidenten wie Sacharow und Amalrik, die schon in den 60er und 70er Jahren auf die krisenhafte Entwicklung in der Sowjetunion hingewiesen hatten und die wir in unseren Ost-West-Lehrgängen behandelt hatten.

Eingehend hatten wir in den 70er Jahren in Friedewald die Schriften von Andrej D. Sacharow, Andrej A. Amalrik, Roy Medwedjew, Valentin Moros und anderen behandelt, die die Widersprüche des Sowjetsystems schonungslos offen legten, seine wirtschaftliche Rückständigkeit analysierten und den Glaubwürdigkeitsverlust der offiziellen Staatsideologie offenbarten.

In einem „Offenen Brief" an Breschnew, Kossygin und Podgornij vom 19. März 1970 hatten Sacharow, Turtschin und Medwedjew die Rückständigkeit der Sowjetwirtschaft gegenüber „dem kapitalistischen Westen" angeprangert, vor allem auf dem Gebiet der „elektronischen Revolution": „Inzwischen ist die Kapazität unserer Computeranlagen hundertmal geringer als in den Vereinigten Staaten, und was die Ausrüstung solcher Anlagen in der Volkswirtschaft betrifft, so ist die Kluft so groß, dass es unmöglich ist, sie zu messen. Wir leben ganz einfach in einer anderen Epoche".

Und die Wissenschaftler forderten: „Es gibt keinen anderen Ausweg aus den Schwierigkeiten, vor denen unser Land steht, als den Kurs in Richtung auf Demokratisierung ... Jetzt haben wir noch die Möglichkeit, den richtigen Weg zu beschreiten und unumgängliche notwendige Reformen durchzuführen. In einigen Jahren ist es womöglich schon zu spät".

In der gleichen Zeit veröffentlichte Andrej A. Amalrik sein Buch: „Kann die Sowjetunion das Jahr 1984 erleben?", indem er aufgrund der wirtschaftlichen Rückständigkeit der Sowjetunion und der wachsenden Auseinandersetzungen im kommunistischen „Lager", des Konflikts mit China und der zunehmenden Unabhängigkeitsbestrebungen der Ostblock-Länder, wie sie in den Revolten in Polen und im „Prager Frühling" zum Ausdruck gekommen waren, zu dem Schluss kommt: „Da die derzeitige Lage in Europa nur durch den ständigen Druck der Sowjetunion aufrecht erhalten wird, kann man annehmen, dass in Mittel- und Osteuropa bedeutende Veränderungen vor sich gehen werden, sobald dieser Druck nachlassen oder ganz aufhören sollte … Sobald klar ist, dass die Sowjetunion ihre Interessen in Europa nicht mehr mit Gewalt verteidigen kann, wird es vermutlich zur Wiedervereinigung Deutschlands kommen".

Welch eine Weitsicht aus Kreisen der Opposition in der Sowjetunion im Jahre 1970. Sacharow, Turtschin und Medwedjew sollten Recht behalten, als Gorbatschow 15 Jahre später mit den unumgänglichen Reformen begann, war es schon zu spät. Andrej Amalrik hatte sich, was den Zerfall der Sowjetunion anbetrifft, nur um sechs Jahre vertan und die Wiedervereinigung Deutschlands treffend vorausgesagt. Sacharow und Amalrik mussten ihre Analysen mit jahrelanger Verbannung „bezahlen", aber sie ließen sich so wenig beirren wie Valentin Moros, der seinen KGB-Richtern im Prozess am 17. November 1970 die Worte entgegen schleuderte: „Beginnend mit dem Jahr 1965 habt Ihr einige Dutzend Leute ins Gefängnis geworfen, was hat es Euch eingebracht? Habt Ihr etwa die Flut der inoffiziellen, unzensierten Literatur eingedämmt, die sich ‚Samisdat' nennt? Nein – Es hat sich gezeigt, dass dies Eure Kräfte übersteigt. Der ‚Samisdat' wächst, wird mit neuen Formen und Richtungen erweitert und bereichert, gewinnt neue Autoren und Leser, doch was noch wichtiger ist, er hat tiefe Wurzeln im Volk geschlagen. Es hat sich herausgestellt, dass Ihr nicht eingeschüchtert, sondern Interesse geweckt habt … Eure Staudämme sind stark, doch sie stehen auf dem Trockenen. Die Frühlingsgewässer sind ihnen einfach aus dem Weg gegangen und haben neue Flussbette gefunden. Eure Schlagbäume sind geschlossen. Aber sie halten niemanden mehr auf, denn die Straßen führen längst an ihnen vorbei".

Valentin Moros hatte Recht, mit der Untergrundliteratur des ‚Samisdat', die in Abschriften nach dem Prinzip der Kettenbriefe immer weitere Verbreitung fanden, haben kritische Wissenschaftler, Schriftsteller und Künstler eine „zweite Kultur" in der Sowjetunion und den kommunistischen Ländern geschaffen, die der Staatsideologie des Marxismus-Leninismus den Todesstoß versetzte und ihren schreienden Widerspruch zwischen Anspruch und Wirklichkeit offen legte.

Und die Liste des ‚Samisdat' war lang: Das verbotene Buch von Boris Pasternak „Doktor Schiwago" wanderte ebenso in selbst gefertigten Vervielfältigungen von Hand zu Hand wie Jewtuschenkos Gedichte in der forderte „Wachen vor Stalins Grab" zu stellen; die Briefe der Stalin-Tochter Swetlana „An einen Freund"; Andrej Sacharows Schrift „Wie ich mir die Zukunft vorstelle" und Amalriks Buch „Kann die Sowjetunion das Jahr 1984 erleben?" und viele andere, wie: Solschenizyns Lagerroman „Ein Tag im Leben des Iwan Denissejewitsch" und seine anderen Bücher bis zum „Archipel GULAG", die Verteidigungsreden der Schriftsteller Daniel und Moros vor ihren KGB-Richtern; die anklagenden Gedichte von Galanskow und die Proteste Jakirs und Grigorenkos gegen den Überfall sowjetischer Panzer auf die Tschechoslowakei.

Die Herausbildung dieser „zweiten Kultur" in der Sowjetunion war ein weiterer und vielleicht der entscheidende Schritt im „graduellen Schmelzen der Macht", wie es George F. Kennan vorausgesehen hatte. Für jeden, der die Dissidenten-Literatur des ‚Samisdat' in den 60er, 70er und 80er Jahren in der Sowjetunion verfolgt hatte, war klar, dass mit „Glasnost" – der Öffentlichkeitspolitik von Gorbatschow – Schleusen geöffnet wurden, die nicht mehr zu schließen waren und das gesamte Dilemma des Sowjetsystems offenbaren würden.

Es waren nicht die Raketen der Nachrüstung – wie manche Glauben machen wollen – die das Ende des Sowjetsystems eingeläutet haben, sondern die Etablierung unabhängiger Gewerkschaften durch den Kampf der polnischen Arbeiter und die Herausbildung einer „zweiten Kultur" („Am Anfang war das Wort") in der Sowjetunion und den kommunistischen Ländern, die die offizielle Staatsideologie völlig entlarvte und ihre Glaubwürdigkeit zerstörte. Wer die Schriften der so genannten Dissidenten in der Sowjetunion und den anderen kommunistischen Ländern über viele Jahre aufmerksam verfolgt und analysiert hatte, konnte eigentlich von dem „graduellen Schmelzen der Macht" und dem folgenden Zusammenbruch des Sowjetsystems nicht überrascht sein. Der Zusammenbruch dieses sich „sozialistisch nennenden Systems" kam zwar plötzlich und im Wesentlichen gewaltlos, aber unvorhersehbar war er nicht. Eigentlich kann man sich nur wundern, wie wenig Resonanz die Analysen der sowjetischen Regimekritiker in der offiziellen westlichen Politik gefunden haben.

Unter dem „kostspieligsten Mythos dieser Zeit", dem „Mythos vom Monolithentum des Kommunismus", wie ihn die amerikanische Historikerin Barbara Tuchman so treffend bezeichnete, hatten in der Zeit des „Kalten Krieges" vor allem auch die Länder der so genannten Dritten Welt zu leiden. Jede sozial-reformerische Bewegung in diesen Ländern – in Asien, Afrika oder Lateinamerika – wurde vor allem in Washington sofort mit einer expansiven Politik des „Weltkommunismus" in Zusammenhang gebracht. Dies war so in Vietnam wie später in Chile und Nicaragua, deren Entwicklung uns auch in Friedewald intensiv beschäftigte.

Wenige Monate nach dem auf demokratischem Wege durch freie Wahlen an die Regierung gekommenen sozialistischen Präsidenten Salvador Allende besuchte ich im Januar 1971 in Begleitung des Staatssekretärs im Bonner Entwicklungsministerium, Prof. Karl-Heinz Sohn, Chile. Prof. Sohn hatte die Aufgabe, Allende um Aufschub einer Anerkennung der DDR zu ersuchen, weil dadurch die Ratifikation der Ost-Verträge wegen der sehr knappen Mehrheit der sozial-liberalen Koalition im Bundestag hätte gefährdet werden können. Und Allende stellte mit Rücksicht auf die Ostpolitik von Bundeskanzler Willy Brandt die Anerkennung der DDR vorerst zurück.

In einem mehrwöchigen Aufenthalt in Chile konnte ich mich davon überzeugen, dass die Regierung Allende von breiten Schichten des Volkes unterstützt wurde und das „chilenische Experiment" in ganz Lateinamerika mit großem Interesse verfolgt wurde, das wiesen auch die Analysen von sehr sachkundigen Mitarbeitern der Friedrich-Ebert-Stiftung aus, die in Santiago über ein Büro verfügte. Aber schon im Januar/Februar 1971 wurde auch deutlich, dass Washington nicht bereit war, die Regierung Allende zu tolerieren.

Dies wurde ein Jahr später noch klarer, als ich mit Entwicklungsminister Eppler aus Anlass der „UNO-Konferenz für Handel und Entwicklung" (UNCTAD III) in Santiago im Mai 1972 erneut Chile besuchte. Inzwischen hatte der amerikanische Journalist Jack Anderson im März 1972 in der „Washington Post" Geheimdokumente veröffentlicht, die Aufschluss darüber gaben, wie große amerikanische Konzerne wie ITT und die großen Kupferkonzerne bereits im Vorfeld der Wahl versuchten, die Ernennung Allendes zum Regierungschef zu verhindern und, falls dies nicht gelang, durch wirtschaftliche Sanktionen und Boykott sowie durch großzügige Unterstützung der chilenischen Opposition, vor allem auch der Militärs, die Regierung Allende zu Fall zu bringen.

Das chilenische Informationsministerium hatte die von Anderson veröffentlichten Geheimdokumente in einer Dokumentation zusammengefasst: „Documentos Secretos de la ITT", die unter den Delegierten der UNCTAD-Konferenz große Diskussionen auslösten und viele Beobachter kamen zu dem Schluss, dass infolge des Drucks der USA die Allende-Regierung auf Dauer keine Chance haben würde, und der blutige Putsch des Militärs vom 11. September 1973 beendete das chilenische Experiment.

Eine beispiellose Welle des Terrors suchte Chile heim. Als ich im November 1977 aus Anlass eines „Referendums" für die Wiederwahl des Diktators Pinochet erneut Chile besuchte, sprach das bischöfliche Vikariat der Solidarität in Santiago – „Vicaria de la Solidaridad" –, das vom Erzbischof von Santiago, Kardinal Silva Henriquez, eingerichtet worden war, von 130 000 Verhafteten, 15 bis 20 000 ermordeten Häftlingen und 1 800 Verschollenen. Auch das Solidaritäts-Vikariat blieb von Verfolgungen nicht verschont und am 16. November 1977 stürmte Pinochets Soldateska ein Kloster der Dominikaner, weil sich dort angeblich „prominente Vertreter der verbotenen christlich-demokratischen Partei Chiles versteckt" hätten.

Das hinderte den damaligen CSU-Vorsitzenden Franz-Josef Strauß aber nicht, bei seinem Besuch in Chile vom 18. bis 22. November 1977 den Einsatz der chilenischen Armee und Pinochets als Kämpfer gegen den Kommunismus zu loben, „angesichts des Chaos", das in Chile angeblich unter Allende geherrscht habe und führenden Christdemokraten Chiles in einem Sonderheft der Hans-Seidel-Stiftung vorgeworfen wurde, sie seien „marxistisch unterwandert".

Wenige Jahre später wurde nach dem erfolgreichen Sturz des korrupten Somoza-Regimes in Nicaragua durch die sandinistische Bewegung, die von einer breiten Unterstützung des Volkes getragen wurde und nicht das geringste mit kommunistischen Zielsetzungen zu tun hatte, von den USA nach dem gleichen Muster verfahren, wobei die militärische Unterstützung der so genannten Contra-Rebellen und die Verminung nicaraguanischer Häfen durch die US-Marine vom Internationalen Gerichtshof als Verletzung des Völkerrechts verurteilt worden war. Die amerikanische Intervention in Nicaragua lief nach der gleichen Methode ab, wie die US-Intervention in Guatemala im Jahre 1954.

Treffend analysierte der ehemalige US-Botschafter in Salvador und langjährige Vertreter Washingtons bei der „Organisation amerikanischer Staaten", Robert Edward White, der auch scharf das chilenische Militärregime verurteilt hatte, in einem Interview mit dem Nachrichten-Magazin „Der Spiegel" vom Mai 1982 die Situation: „Praktisch jede revolutionäre Bewegung in Lateinamerika begann als antikommunistische Gruppe. Und alle wurden erst pro-kommunistisch als die Vereinigten Staaten kein Verständnis für ihre gerechten Anliegen aufbrachten und weiterhin die bestehenden ungerechten Herrschaftsverhältnisse stützten ... Es handelt sich um ein grundsätzliches Versagen der Reagan-Regierung. Sie hat aufgehört, in Lateinamerika Menschenrechte und demokratische Institutionen zu unterstützen. Wenn man aber dort die Unterdrückung unterstützt, nimmt man sich selbst die Glaubwürdigkeit, in Polen und anderswo die Freiheit zu verteidigen. Ich teile die Kritik der Europäer".

Unter Präsident George W. Bush hat sich an dieser amerikanischen Außenpolitik nicht das geringste geändert.

Auch die Entwicklung in Nicaragua habe ich in zwei längeren Besuchen 1982 und 1985 vor Ort verfolgen können, wobei mir der Priester und bekannte Schriftsteller Ernesto Cardenal den Hirtenbrief der nicaraguanischen Bischöfe erläuterte, der in beeindruckender Weise festgestellt hatte: „Die Ursachen der sandinistischen Revolution liegen in den ungerechten Sozialstrukturen. Die sandinistische Revolution hat als eindeutige Bewegung für soziale Gerechtigkeit ihren eigenständigen Charakter. Motivation und Ziele der Revolution als Option für die Armen sind gerecht. Die sandinistische Revolution ist keine kommunistische Verschwörung".

Auch diese eindeutige Stellungnahme der nicaraguanischen Bischöfe konnte die USA wohl nicht beeindrucken und deren Intervention verhindern. Die Regierung Kohl stellte unmittelbar nach ihrem Regierungsantritt 1982 die Entwicklungshilfe für Nicaragua ein, wogegen die deutschen Entwicklungshelfer vor Ort, die selbst unter dem Terror der von den USA unterstützten Contra-Rebellen zu leiden hatten, vergeblich protestierten.

Wie in Vietnam zeigte sich auch in Lateinamerika, dass die USA, nach wie vor gefangen vom Mythos der kommunistischen „Weltverschwörung", sich schwer taten, eigenständige soziale oder anti-koloniale Bewegungen als Ausdruck autonomer sozialer Prozesse zu begreifen und sie nur als Ergebnis „subversiver Aktionen außeramerikanischer Mächte" verstanden. Wie in Vietnam wurde Washington so daran gehindert, komplizierte autonome Prozesse und Entwicklungen in Lateinamerika realistisch einzuschätzen. Blinder Anti-Kommunismus wurde zur „Rechtfertigungs-Ideologie" für das Bündnis mit rechtsextremistischen blutigen Diktaturen wie in Chile unter Pinochet.

Viel Raum in unseren Seminaren in Friedewald nahmen auch die Probleme im Nahen Osten ein, vor allem der seit über 60 Jahren andauernde israelisch-arabische Konflikt über den wir zweimal mit Gästen aus Israel und palästinensischen Vertretern in einem Wochen-Seminar diskutierten. Dabei haben wir nie einen Zweifel daran gelassen, dass aufgrund der eigenen Verantwortung für unsere Geschichte, die Existenz und Sicherheit des jüdischen Staates für die deutsche Politik unabdingbar ist, aber den Palästinensern das Recht auf einen eigenen Staat zugestanden werden muss.

Eine Grundlage für unsere Diskussionen war das Buch des ehemaligen Präsidenten des Jüdischen Weltkongresses, Nahum Goldmann: „Israel muss umdenken! – Die Lage der Juden 1976". Er hatte geschrieben: „Das palästinensische Problem, das sich auf der internationalen Bühne so eindrucksvoll manifestiert, ist in Wahrheit kein neues Problem ... Eine Tatsache wird Israel akzeptieren müssen; nachdem die Existenz eines palästinensischen Volkes und sein Anspruch auf einen eigenen Staat durch die gesamte Weltöffentlichkeit und auch durch eine Mehrheit der Israelis akzeptiert wird, ist es nicht die Sache der Israelis zu entscheiden, wie die Palästinenser ihren Staat etablieren wollen ... Es ist die Sache der Palästinenser, diese Entscheidung zu treffen ... Nachdem alle anderen Lösungen undurchführbar sind, bleibt nur die einzige, die darin besteht, die Existenz eines palästinensischen Volkes anzuerkennen ... Der Moment kommt daher immer näher, in dem Israel mit den Palästinensern wird verhandeln müssen, und falls die PLO die zwei Bedingungen – die Einstellung des Terrors und die Anerkennung der Existenz Israels – erfüllen würde, könnte Israel nicht verweigern, mit den Palästinensern diese Verhandlungen zu führen".

Diese Einschätzung Nahum Goldmanns aus dem Jahre 1976 ist durch die nachfolgende Entwicklung bestätigt worden und gilt in ihren Grundlagen und Konsequenzen bis heute. Wir haben uns in Friedewald dieser Auffassung Goldmanns angeschlossen, obwohl uns bewusst war, dass sich infolge des wachsenden Terrors islamistischer Extremisten in den letzten Jahren, vor allem auch durch die brutalen Anschläge vom 11. September 2001, die Situation im Nahen Osten komplizierter geworden ist.

Fast zur gleichen Zeit, als Nahum Goldman sein Buch „Israel muss umdenken" veröffentlichte, kamen die evangelischen Theologen Helmut Gollwitzer und Rolf

Rendtorff in ihren Gesprächen mit Nathan P. Levinson über „Juden – Christen – Israel" zu ähnlichen Schlussfolgerungen wie Nahum Goldmann.

Mit Recht weist Rolf Rendtorff in diesen Gesprächen auf die europäische Verantwortung hin, die vor allem das aus der jüngsten Vergangenheit begründete besondere Verhältnis Deutschlands zu Israel betrifft, aber auch auf die unselige Kolonialgeschichte Großbritanniens: „Entscheidend für die politische Entwicklung ist die Schaukelpolitik der Engländer, die den Arabern das Land und die politische Eigenständigkeit versprochen haben, um sie zum Aufstand gegen die Türken zu bewegen im 1. Weltkrieg und auf diese Weise den englischen Einfluss im Mittelmeerraum zu stärken; und die gleichzeitig den Juden die nationale Selbständigkeit versprochen haben, ohne dass es ein Konzept dafür gegeben hätte".

Und wie Nahum Goldmann trat auch Helmut Gollwitzer für das Recht der Palästinenser auf einen eigenen Staat ein: „Wenn wir aus der Geschichte Gott nicht ausklammern, dann ist doch durch Gottes Zulassung und Fügung in diesem Land noch ein anderes Volk vorhanden, dass dort ein Heimatrecht hat … Zwei Völker mit Heimatrecht in diesem Land. Wie die Juden von den Arabern Verständnis dafür beanspruchen müssen, dass die Juden nicht darauf verzichten können, so müssen sie auch die arabische Seite respektieren, deren Tradition und die Tatsache, dass auch sie nicht anderswo hinkönnen … Nicht aufgrund irgendeiner indischen oder germanischen Einwanderung leben dort zwei Völker, sondern die Söhne Ismaels sind es, die neben den Söhnen Isaaks im gelobten Land Heimat berechtigt sind". Und schon damals wandte sich Gollwitzer gegen ein angebliches Tabu, als dürften deutsche Politiker, Theologen oder Wissenschaftler „wegen Auschwitz" nicht zum israelisch-palästinensischen Konflikt Stellung beziehen, ein Schein-Tabu. Dazu führte Gollwitzer in diesem Gespräch aus: „Wir Deutschen jedenfalls sind mit dem Nahost-Konflikt verknüpft durch unsere jüngste Geschichte … Wir sind unmittelbar mitverantwortlich für die Existenz des Staates Israel; das ist das Wahrheitsmoment im arabischen Vorwurf, wir wollten die Araber für unsere Sünden büßen lassen … Das Verlangen, andere dürfen in meinen Angelegenheiten nicht mitdenken, nicht mitreden, ist ein ganz unmögliches Verlangen, und zwar gerade darum, wenn es um eine freundschaftliche Beziehung geht … Einmischung in diesem Sinn ist überhaupt unvermeidlich, gehört zum Leben einer Freundschaft. Wenn Freunde Israels, besorgt um Israels Existenz nicht mitdenken, würde das voraussetzen, dass sie überhaupt nicht darüber denken … Unsere Regierungen müssen Stellung nehmen im Nahostkonflikt … vermittelnd in irgendwelchem Sinn … Es ist also ganz unmöglich, dass ich die Israelis betrachte wie auf einer Insel und meine, die übrigen Freunde in der Welt könnten nur stumm zur Kenntnis nehmen, wofür sie sich gerade entscheiden. Das ist ausgeschlossen".

Und in seinem Resümee des Gesprächs betonte Landesrabbiner Nathan Peter Levinson: „Gollwitzer und Rendtorff zählen zu den bewährten Freunden Israels, die

die Liebe zu diesem Land und seinen Bewohnern seit Jahren unter Beweis gestellt haben. Wenn sie der Regierung Begin kritisch gegenüberstehen, dann haben sie das mit vielen Israelis gemeinsame und sind motiviert durch eine wirkliche Sorge um den Frieden in diesem Land und weil sie meinen, nur so ihren Beitrag zu einer Lösung des Konflikts leisten zu können".

Die Sorge um die Existenz des jüdischen Staates ist und bleibt für uns Deutsche immer eine existentielle Frage, auch dann, wenn wir für das Recht der Palästinenser auf einen eigenen Staat eintreten. Wer aber palästinensische Terroristen als „Freiheitskämpfer" hochstilisiert und von „zionistischer Aggression" faselt, macht sich mit dem islamistischen Terrorismus gemein und unterstützt die These rechter und linker Demagogen, die unter dem Vorwand des Anti-Zionismus in Wirklichkeit den alten Antisemitismus wieder „hoffähig" machen wollen.

In der Behandlung des Nahost-Konflikts in unseren Seminaren in Friedewald standen wir immer in einer langjährigen, guten protestantischen Tradition. Auch für uns gab es kein Tabu, aber wenn wir bestimmte Aspekte der Politik der israelischen Regierung kritisierten, geschah dies immer aus Sorge um die Existenz des israelischen Staates.

Die Nahost-Problematik stand für uns in Friedewald auch immer im Zusammenhang mit der innenpolitischen Auseinandersetzung um den Rechtsextremismus und den Versuchen zur „Relativierung" oder „Entsorgung" der Nazi-Vergangenheit: Im so genannten „Historiker- Streit", ausgelöst durch den Artikel von Ernst Nolte „Vergangenheit, die nicht vergehen will" in der FAZ vom 6. Juni 1986! In der heftigen Diskussion um Daniel Jonah Goldhagens Buch „Hitlers willige Vollstrecker – Ganz gewöhnliche Deutsche und der Holocaust" 1996 und den Gefahren eines wieder aufgelebten Rechtsextremismus und Antisemitismus.

In der scharfen Zurückweisung der Versuche von Ernst Nolte und anderen, die Nazi-Vergangenheit zu „entsorgen" und die grenzenlosen und in ihrer Barbarei singulären Verbrechen der Nazis durch unhaltbare Vergleiche mit den Verbrechen Stalins zu „relativieren"; sowie in der Verteidigung der Analyse Goldhagens über die Beteiligung der Wehrmacht an den Nazi-Verbrechen und der Mithilfe „ganz gewöhnlicher Deutscher" am Holocaust sowie dem Schweigen der Mehrheit unseres Volkes zu diesen Verbrechen, sahen wir unsere Verantwortung, durch stete Aufklärung den Gefahren eines wieder erwachten Rechtsextremismus, Neo-Nazismus und Antisemitismus entgegenzuwirken.

Als wir uns im Oktober 1998 in Friedewald in einem Wochenseminar mit dem soeben in deutscher Sprache erschienenen Buch des amerikanischen Politikwissenschaftlers und Beraters der US-Regierung Samuel P. Huntington „Kampf der Kulturen" beschäftigten, ahnten wir noch nicht, wie bald die von Huntington aufgezeigte Gefahr Realität werden konnte: im Anschlag islamistischer Terroristen am

11. September 2001 auf das World Trade Center in New York und das Pentagon in Washington.

Huntingtons Buch war wohl zunächst als Antwort auf das Buch seines amerikanischen Kollegen Francis Fukuyama „Das Ende der Geschichte" gedacht, das Ausdruck einer allgemeinen Euphorie nach dem Zusammenbruch der Sowjetunion und des Kommunismus war. Fukuyama, stellvertretender Direktor im Planungsstab des US-Außenministeriums, verkündete in seinem Buch, dass nach dem Ende des „Kalten Krieges" die Frage des antiken griechischen Philosophen Plato nach der „optimalen Regierungsform" nun endgültig ihre Lösung in der liberalen Demokratie gefunden habe, die sich nun weltweit durchsetzen werde. Die liberale Demokratie stelle „möglicherweise den Endpunkt der ideologischen Evolution der Menschheit und die endgültige menschliche Regierungsform" dar. „Während frühere Regierungsformen schwere Mängel und irrationale Züge aufwiesen, die schließlich zu ihrem Zusammenbruch führten", so Fukuyama, sei „die liberale Demokratie bemerkenswert frei von solchen fundamentalen inneren Widersprüchen ... Das Ideal der liberalen Demokratie ist nicht verbesserungsbedürftig".

Dies hat nach seiner Meinung auch eine friedfertige Welt zur Folge: „In einer Welt liberaler Demokratien müsste demzufolge die Neigung zu Kriegen viel geringer sein, da alle Nationen ihre Legitimität gegenseitig anerkennen. Und tatsächlich ist es in der Geschichte der letzten Jahrhunderte empirisch nachweisbar, dass liberale Demokratien untereinander keine imperialistische Politik betreiben, obwohl sie durchaus in der Lage sind, Staaten mit Krieg zu überziehen". Und Fukuyama kommt zum dem Schluss: „Am Ende der Geschichte gibt es keine ideologische Konkurrenz mehr zur liberalen Demokratie ... Heute besteht zumindest außerhalb der islamischen Welt ein allgemeiner Konsens darüber, dass die liberale Demokratie die vernünftigste Form der Regierung ist". Aber eben: „Außerhalb der Islamischen Welt"!

Die Druckfahnen des Buches von Fukuyama waren noch nicht trocken, da stand die Kriegsfackel schon über den Ländern des Balkans und den ehemaligen Sowjetrepubliken in Mittelasien, wo neben sozialen Fragen auch kulturelle und vor allem religiöse Motive eine entscheidende Rolle spielten, auf die Huntington später in seinem Buch Bezug nahm.

Fukuyamas Thesen sind auch sofort von anderen Politologen, Soziologen und Historikern mit Recht in Frage gestellt worden. So schrieb z. B. Werner Weidenfeld, Prof. für politische Wissenschaften an der Universität München in dem von ihm herausgegebenen Sammelband „Demokratie am Wendepunkt – Die demokratische Frage als Projekt des 21. Jahrhunderts": „Am Anfang steht eine merkwürdige Paradoxie. Die Stunde ihres größten Erfolges wird für die Demokratie zum Beginn neuer Gefährdungen. Mit dem Ende des West-Ost-Konfliktes schien es, als werde die Demokratie in eine neue, glanzvolle Epoche eintreten, sie überstand ohne

Konkurrenz und ohne Alternativen. Der Wettlauf der Systeme war entschieden, die Feinde der Demokratie besiegt. Damit begann jedoch auch ein guter Teil jenes Kitts zu zerbröckeln, der die plurale Demokratie zusammenhält. Triumph und Malaise der Demokratie bildeten zwei Seiten der gleichen Medaille. Neuer Erklärungsbedarf entstand. Der Umweg über die Abgrenzung zur potentiellen Alternative ist heute verstellt. Die demokratische Ordnung muss ihre Substanz und ihre Entscheidungen jetzt ausschließlich aus sich selbst heraus, positiv oder negativ begründen".

Auch der bekannte amerikanische Historiker John Lukacs wies die Thesen von Fukuyama entschieden zurück. In seinem 1992 erschienenen Buch „Die Geschichte geht weiter – Das Ende des 20. Jahrhunderts und die Wiederkehr des Nationalismus" wies Lukacs unter Hinweis auf Jugoslawien darauf hin, dass überall der wieder erwachte Nationalismus und Fremdenhass die Ursache zahlreicher neuer Kriege und Gewaltausbrüche bis hin zu blutigen ethnischen Säuberungen, die weitaus zahlreicher sei als in der Zeit des kalten Krieges.

Die nach dem Zusammenbruch des Kommunismus aufgeblühte Euphorie vom weltweiten Siegeszug der liberalen Demokratie und einer friedlichen Welt, wie sie von Fukuyama prognostiziert worden war, verflog rasch und ging mit den Anschlägen vom 11. September 2001 endgültig zu Ende.

In wenigen Jahren, in der Spanne von 1989 bis 2001, hatte die Welt zwei entscheidende Zäsuren erlebt, die die internationale Lage völlig veränderten und völlig neue Anforderungen an die Politik stellten, und auch in dieser Zeit natürlich unsere Seminare in Friedewald bestimmten.

In der Dezember-Ausgabe der führenden außenpolitischen Zeitungen Europas „Le Monde diplomatique", zog ihr Chefredakteur Ignacio Ramonet eine erste Bilanz: „Drei Monate nach dem Ereignis vom 11. September ist es an der Zeit, eine erste Bilanz der geopolitischen Veränderungen zu ziehen und deren Auswirkungen auf unser Leben zu überprüfen. Unbestreitbar ist, dass ein neuer historischer Abschnitt begonnen hat. Er schließt zugleich die Entwicklung ab, die durch den Fall der Berliner Mauer angestoßen wurde. Es begann an jenem schicksalsschweren Dienstag dem 11. September, als die Welt eine neue Waffe kennen lernte, das mit Kerosin voll getankte Linienflugzeug, das in eine zerstörerische Rakete verwandelt wurde ... Der Schock war von solcher Gewalt, dass praktisch die ganze Welt erzitterte. Dieser Schock veränderte zugleich die Wahrnehmung des Terrorismus. Eine zuvor unvorstellbare Schwelle war überschritten worden ... Die äußersten Grenzen der Gewalt scheinen hinaus geschoben ... Jeder weiß, dass sich die Verbrechen des 11. September wiederholen werden, an anderen Orten vielleicht und zweifellos unter anderen Bedingungen, aber sie werden sich wiederholen".

Es war für jeden klar, dass die USA reagieren müssen und zurückschlagen werden. Aber die Frage war nur, wie und mit welchen Mitteln? Genau diese Frage musste uns auch in den folgenden Jahren in unseren Seminaren beschäftigen. Nachdem US-Präsident Bush den „Krieg gegen den Terror" verkündet hatte und die NATO den Beistands- und Bündnisfall verkündet hatte, ging es dabei auch vor allem um die Frage: Was ist das eigentlich für ein Krieg?

Für jeden war sofort klar, dass dies kein Krieg im herkömmlichen Sinne war, keine Art von Krieg, wie wir sie bisher gekannt haben, kein Krieg von Staat zu Staat. Das staatliche Gewaltmonopol war hier außer Kraft gesetzt und hatte sich „privatisiert" und es fehlte ein klar und eindeutig zu definierender und auszumachender Feind.

Völkerrechtler nennen eine solche Situation einen „asymmetrischen Krieg", in dem es eben keine klare und eindeutige Feindsituation gibt. Und sie folgern daraus zu Recht, dass ein „asymmetrischer Krieg" nicht allein mit den herkömmlichen waffentechnischen Mitteln geführt werden kann.

Diese Erkenntnis musste bei aller entschiedenen Verurteilung des brutalen, feigen und menschenverachtenden Anschlags vom 11. September berücksichtigt werden. So sah es auch Norbert Birnbaum, Prof. der Georgetown-Universität in Washington in seinem Artikel „Haben wir irgendetwas gelernt?", der im September 2002 in deutscher Sprache in den „Blättern für deutsche und internationale Politik" erschien: „Nach dem 11. September verfiel das Land einem Rausch aus Kriegslüsternheit, Chauvinismus und verletztem Stolz ... Der Rüstungshaushalt wurde kräftig erhöht – für Waffensysteme ohne jeden Nutzen bei der Bekämpfung des Terrorismus ... und der außenpolitische Apparat der Bush-Administration frönte seinem Unilateralismus noch hemmungsloser, auch in Bereichen, die mit dem Angriff vom 11. September überhaupt nichts zu tun haben".

Die ersten Reaktionen weltweit erwarteten nach dem 11. September 2001 einen massiven Vergeltungsschlag der USA, was auch mit dem Angriff auf Afghanistan und der Bombardierung der Ausbildungslager der Terrororganisation des Netzwerkes von Osama bin Laden geschah und von der Öffentlichkeit auch in unserem Land mit großer Mehrheit akzeptiert wurde. Ganz anders aber sah es mit dem Angriff der USA im Bunde mit einer „Koalition der Willigen" auf den Irak aus, der wie kurze Zeit später bekannt wurde, von den Neo-Konservativen in der Bush-Administration schon unmittelbar nach dem 11. September 2001 geplant und am 20. März 2003 ausgeführt wurde, obwohl viele Experten in vielen Ländern, auch in den USA selbst, vor einem solchen Schritt gewarnt hatten.

Auch ich hatte mich in einer Themenseite der „Neuen Rhein/Ruhr Zeitung" (NRZ) vom 8. März 2003 unter dem Titel „Die Wiege der Zivilisation – Der wahrscheinliche Krieg bedroht unschätzbare kulturelle Reichtümer" gegen den Krieg ausgesprochen: „Im eskalierenden Irak-Konflikt steht die Sorge um menschliches Leid aus verständlichen Gründen im Vordergrund. Leicht übersehen wird dabei, dass ein Luft- und Bodenkrieg eines der ältesten Kulturländer der Welt träfe".

Ich hatte auf meinen zahlreichen Reisen in die Länder des Nahen Ostens in den achtziger Jahren zweimal den Irak besucht und dabei mehrfach auch das berühmte Nationalmuseum in Bagdad besucht, das einmalige Kunstschätze aus der Geschichte der Menschheit sein eigen nennt. Bei einer Führung durch das Museum erklärte mir der Direktor dieser unvergleichbaren Sammlung: „Unser Land liegt auf einem See von Öl, aber noch wichtiger sind für uns Archäologen die unschätzbaren Werte unserer Vergangenheit, die sich auf unserem Boden befinden". An diese Worte musste ich denken, als nach der Eroberung von Bagdad am 9. April 2003 in der Stadt eine Plünderungswelle ausbrach, von der auch das Nationalmuseum betroffen wurde, obwohl wenige Meter vor dem Museum amerikanische Panzer standen. Die einzige Institution, die in Bagdad während dieser Phase der Plünderungen von den US-Truppen sorgfältig geschützt wurde, war das Öl-Ministerium der Stadt.

Dank ihrer ungeheuren waffentechnischen Überlegenheit errangen die USA einen schnellen militärischen Sieg und Präsident Bush verkündete nach der Show-Inszenierung auf einem Flugzeugträger der US-Marine „Mission erfüllt". Doch in Wirklichkeit stellte sich heraus, dass die Auseinandersetzung mit dem Terrorismus durch den Irak-Krieg nur noch verschärft worden war und auch in diesem Fall die Wahrheit das erste Opfer des Krieges war.

Die Bush-Administration hatte ihren Angriff auf den Irak mit zwei Argumenten begründet: Erstens, Saddam Hussein entwickelt Massenvernichtungswaffen und zweitens, Saddam Hussein unterstütze das Netzwerk des Terroristen Osama bin Laden. Beide Begründungen erwiesen sich als Zwecklügen. Die Kontrolleure der UNO konnten bei ihren Untersuchungen keine Massenvernichtungswaffen finden und der ehemalige amerikanische Außenminister Colin Powell musste später eingestehen, dass er bei seinen diesbezüglichen Erklärungen vor dem Sicherheitsrat der UNO den manipulierten Informationen des US-Geheimdienstes Glauben geschenkt habe und getäuscht worden sei.

Alle Experten, die den Irak aus eigenen Besuchen kannten, wussten zwar, dass Saddam Hussein ein brutaler Diktator war und grausame Mittel zur Unterdrückung von Kurden und Schiiten eingesetzt hatte; aber sie wussten auch, dass die nationalistische arabische Baath-Partei, die im Irak ebenso regierte wie in Syrien, keinen islamistischen Extremismus und Terrorismus in ihren Ländern duldete und alle extremistischen Richtungen des Islam, wie die so genannten „Moslem-Brüder" unterdrückte und verfolgte.

Unter Saddam Hussein war der Irak sicher eine brutale Diktatur, aber ein Hort des Extremismus war er nicht, dass ist er erst durch den Angriff der USA geworden: Mit Recht stellte Peter Scholl-Latour in seinem 2004 erschienenen Buch: „Weltmacht im Treibsand" fest: „Die Bilanz sieht düster aus für die ,Weltmacht im Treibsand!'. Alles deutet darauf hin, dass George W. Bush seinen Eroberungskrieg in Mittel-Ost, den er 2003 unter der Losung ‚Iraqi Freedom' auslöste, bereits verloren hat. Die Frage stellt sich heute immer dringlicher, auf welche halbwegs honorige Weise die US-Army sich aus dem mesopotamischen ‚Quagmire', aus dem Morast, wie die amerikanischen Kritiker schreiben, absetzen kann".

In einem Seminar in Friedewald unter dem Titel „Eskalation statt Abbau der Gewalt – der 11. September und die Folgen" im Oktober 2002 hatten wir uns noch einmal mit der von Prof. Norman Birnbaum aufgeworfenen Frage beschäftigt: „Haben wir irgendetwas gelernt?"

Und wir kamen zu dem Schluss: Aus den bitteren Erfahrungen von Vietnam haben die so genannten Neo-Konservativen in der Bush-Administration nichts gelernt. Mit ihrer These: Die Errichtung einer Demokratie im Irak wird zur Demokratisierung des gesamten Nahen Ostens führen, haben sie eine neue „positive" Domino-Theorie erfunden, die genau so illusionär ist, wie die „negative" Domino-Theorie, mit der das amerikanische Engagement in Vietnam begründet wurde. Bei aller Kritik an Fehlentscheidungen der amerikanischen Administration haben wir aber auch immer darauf hingewiesen, dass eine solche Kritik niemals dazu führen darf, einem verbreiteten Anti-Amerikanismus extremistischer Kräfte Vorschub zu leisten.

Auch der Irak-Krieg zeigte: Ein rascher militärischer Erfolg kann zwar zeitweilig politisch vorteilhaft sein, aber langwierige, nicht nachvollziehbare und gescheiterte Interventionen und Kriege, die viele Opfer fordern, sind – das hat Vietnam in aller Deutlichkeit gezeigt – sehr gefährlich. Jede Intervention wird darüber hinaus in hohem Maße auch durch innenpolitische Reaktionen bestimmt und die Reaktion der Öffentlichkeit auf solche Interventionen ist praktisch unvorhersehbar. Auch dies hatten die Erfahrungen des Vietnam-Abenteuers deutlich gezeigt.

Auch durch die anhaltenden Kämpfe im Irak – „Die Mission ist eben nicht erfüllt" – ist die Zustimmung der amerikanischen Bevölkerung für den Krieg und für Bush drastisch gesunken. Und was für die Außenpolitik der USA vielleicht noch schlimmer ist: Ihr Ansehen in der Welt hat schweren Schaden genommen.

Literatur

Amalrik, Andrej: „Kann die Sowjetunion das Jahr 1984 erleben?", Zürich 1970

Bahr, Egon: „Der deutsche Weg – Selbstverständlich und normal", München 2003

Bahr, Egon: „Zu meiner Zeit", München 1996

Eppler, Erhard: „Vom Gewaltmonopol zum Gewaltmarkt – Die Privatisierung und Kommerzialisierung der Gewalt", Frankfurt 2002

Fukuyama, Francis: „Das Ende der Geschichte", München 1992

Furet, Francis: „Das Ende der Illusion – Der Kommunismus im 20. Jahrhundert", München 1996

Genscher, Hans-Dietrich: „Erinnerungen", Berlin 1995

Glaser, Hans-Georg: „Der sowjetische Hegemonieanspruch im Ostblock und die Auseinandersetzung um den „eigenen Weg zum Sozialismus" Ideologischer und machtpolitischer Hintergrund des Konflikts Moskau–Belgrad", in der Zeitschrift „Europa Archiv", Nr. 15/16/17 vom 5./20. August, 5. September 1958

Glaser, Hans-Georg: „Aktuelle Aspekte der chinesisch-sowjetischen Beziehungen" Europa Archiv, Nr. 1 von 1959

Glaser, Hans-Georg: „Einige Unterschiede im Partei- und Staatsaufbau zwischen der Sowjetunion und der Volksrepublik China", Europa Archiv, Nr. 1/2 von 1960

Glaser, Hans-Georg: „Koexistenz im Lichte der Leninschen Lehre von der Strategie und Taktik", in „Schweizer Monatshefte", Heft 11 vom Februar 1959, Zürich

Glaser, Hans-Georg: „Ideologische Differenzen zwischen Moskau und Peking", in „Schweizer Monatshefte", Heft 12 von März 1960, Zürich

Glaser, Hans-Georg: „Chruschtschow im Ostblock nicht unfehlbar", in „Schweizer Monatshefte", Heft 8 vom November 1960, Zürich

Glaser, Hans-Georg: „Rotchina war schon immer ein unbequemer Verbündeter Moskaus" in der WAZ vom 17. März 1962

Glaser, Hans-Georg: „Mao rüttelt an Russlands Grenzen", in der WAZ vom 21. September 1963

Glaser, Hans-Georg: „Der ‚Ostwind' beunruhigt die Kremführung – Moskau verstärkt Propaganda gegen Peking", in der WAZ vom 12. Februar 1972

Glaser, Hans-Georg: „Schüsse am Ussuri brachten Peking und Moskau an den Rand des Krieges", in der WAZ vom 22. Februar 1972

Goldmann, Nahum: „Israel muss umdenken – Die Lage der Juden 1976", Hamburg 1976

Gollwitzer/Rendtorff/Levinson: „Thema: Juden – Christen – Israel", Stuttgart 1978

Gorbatschow, Michail: „Perestroika – Die Zweite russische Revolution", München 1987

Gorbatschow, Michail: „Erinnerungen", Berlin 1995

Huntington, Samuel P.: „Kampf der Kulturen – die Neugestaltung der Weltpolitik im 20. Jahrhundert", München 1996

Kennan, George F.: „Wolken der Gefahr – Aktuelle Probleme der amerikanischen Außenpolitik", München 1978

Kennan, George F.: „Die russische Gefahr ist viel Einbildung – Wider die Welle der Angstmacherei", in der Wochenzeitung „Die Zeit" vom 4. Januar 1980

Kennan, George F.: „Warum nicht Friede?" – Die Rede des Friedensnobelpreisträgers des Deutschen Buchhandels, in FAZ vom 11. Oktober 1982

Lukacs, John: „Die Geschichte geht weiter – Das Ende des 20. Jahrhunderts und die Wiederkehr des Nationalismus", München 1992

Medwedjew, Roy: „Sowjetbürger in Opposition", Hamburg 1973

Scholl-Latour, Peter: „Weltmacht im Treibsand", Berlin 2004

Tuchman, Barbara W.: „Sand gegen den Wind – Amerika und China 1911–1945", Stuttgart 1973

Tuchman, Barbara W.: „Die Torheit der Regierenden – Von Troja bis Vietnam", Frankfurt am Main 1984

Tuchman, Barbara W.: „In Geschichte denken", Düsseldorf 1982

Weizsäcker, Richard von: „Vier Zeiten – Erinnerungen", Berlin 1997

Das große Geschäft mit der Angst
Die Rolle des emotionalen Anti-Kommunismus im Kalten Krieg

Es mag ein verwegenes Unterfangen sein, ein Buch über den Anti-Kommunismus zu schreiben, in einer Zeit, da eine weit gehende Übereinstimmung darüber besteht, dass das, was von der Sowjetunion und ihrem „Ostblock" als Sozialismus ausgegeben wurde, zu Recht untergegangen ist. Aber so wenig wie es **den** Kommunismus oder **den** Sozialismus gab, hat es **den** Anti-Kommunismus gegeben. Es geht nicht darum, einen Anti-Kommunismus zu beurteilen, der sich in sachlich berechtigter Kritik mit einem System auseinandersetzte, das sich zu Unrecht sozialistisch nannte und die Menschenrechte mit einer zur Perversion entarteten Theorie versklavte.

Es geht darum, eine berechtigte, sachliche antikommunistische Kritik abzugrenzen von einem blinden, emotionalen und militanten Anti-Kommunismus, der als innenpolitisches Werkzeug benutzt wurde, um nicht nur Kommunisten auszuschalten, sondern auch Liberale als kommunistische Sympathisanten und demokratische Sozialisten zu verteufeln, sich gegen kritische Intellektuelle richtete und zur Rechtfertigung von Bündnissen mit rechtsextremen und pro-faschistischen Diktatoren diente, die den „Kampf gegen den Kommunismus" auf ihre blutigen Fahnen geschrieben hatten.

Nicht zuletzt aber geht es auch darum, zu zeigen, dass ein blinder, emotionaler Anti-Kommunismus, der nicht differenzieren wollte oder konnte, nicht in der Lage war, rechtzeitig entscheidende Veränderungen innerhalb des kommunistischen „Lagers" zu erkennen und damit zur Verlängerung des Kalten Krieges mit seiner wahnsinnigen Super- und Überrüstung beigetragen hat, an deren finanziellen, wirtschaftlichen und Umwelt schädigenden Folgen die Welt bis heute zu leiden hat!

Rechtsextreme Diktatoren aller Schattierungen pflegten sich damit zu „rühmen", ihr Vaterland vor der „bolschewistischen Gefahr" oder der „roten Bedrohung" gerettet zuhaben. Mit der Wirklichkeit stimmte diese Behauptung noch nie überein. Eine „kommunistische Revolution" stand weder 1922 in Italien, noch 1918 oder 1933 in Deutschland, noch 1936 in Spanien, noch 1954 in Guatemala, noch 1959 in Kuba, noch 1970 in Chile oder 1979 in Nicaragua auf der Tagesordnung.

1) Die zweite Bücherverbrennung von Senator McCarthy, Hoover, das FBI und die unamerikanische Tätigkeit. Der Beginn des Kalten Krieges.

„Wieder werden Bibliotheken gesäubert, Bücher aus den Regalen gerissen und verbrannt oder ihre Autoren, Verbrechern gleich, hinter Schloss und Riegel gebracht. 20 Jahre, nachdem Goebbels am 10. Mai 1933 im Beisein der Berliner Studentenschaft die „undeutsche, volksfremde, zersetzende Fäulnis-Literatur den Flammen eines Scheiterhaufens übergab", schrieb die allseits verehrte, langjährige Chefredakteurin und Herausgeberin der Hamburger Wochenzeitung „Die Zeit", Marion Gräfin Dönhoff im Juli 1953, als der Kalte Krieg einen Höhepunkt erreicht hatte, in einem Artikel „Bücher auf dem Scheiterhaufen – Nachfahren von Goebbels in Amerika": „Werke von Arnold und Stefan Zweig, Jakob Wassermann, Thomas Mann, Tucholsky waren dabei, werden heute in den 285 amerikanischen Bibliotheken, die es außerhalb der Vereinigten Staaten in der Welt gibt, entsprechend den Wünschen McCarthys, Bücher ausgemerzt, eingestampft, verbrannt oder weggeschlossen ... Im übrigen heißt es recht wage, man möge alles Material von umstrittenen Figuren, Kommunisten, fellow travellers et cetera entfernen. Botschafter Conant hat zurück telegrafiert: ‚Please define et cetera' ... bitte um Definition von et cetera! Diese Kritik ist ihm von McCarthys übel angekreidet worden. ‚Sie haben keine gute Arbeit in Deutschland geleistet', attestierte der Vorsitzende des Senatsausschusses, McCarthy, der die Behörden auf kommunistische Umtriebe überprüft, dem Botschafter".

Im Jahre 1953, auf dem Höhepunkt des Kalten Krieges, hatte sich McCarthy, wie Marion Gräfin Dönhoff im Vorwort zu ihrem Buch „Amerikanische Wechselbäder" schreibt, „über eine von ihm erzeugte Kollektivpanik eine Machtposition aufbauen können, wie sie kaum je ein Präsident in Amerika gehabt hat. So sehr hatte er die Amerikaner in Angst und Schrecken versetzt, dass sie sogar öffentliche Bücherverbrennungen duldeten".

In der Regel wird der Beginn des Kalten Krieges mit dem kommunistischen Putsch in der Tschechoslowakei vom Februar 1948 oder mit der Rede Winston Churchills über den „Eisernen Vorhang" datiert. In Wirklichkeit begann er schon früher und zwar in der amerikanischen Innenpolitik mit der Einsetzung des „Ausschusses des Repräsentantenhauses für unamerikanische Aktivitäten" (House Un-American Activities Committee – HUAC). Vor diesem Ausschuss gab FBI-Direktor J. Edgar Hoover am 26. März 1947 das Startsignal für die Hatz auf alle Persönlichkeiten in den USA, die der Sympathie mit kommunistischen Ideen verdächtigt wurden. Es war kein Zufall, dass dieses berüchtigte Komitee mit Männern besetzt war, die als fanatische Gegner des sozialen Programms „New Deal" und der China-Politik des amerikanischen Präsidenten Roosevelt bekannt waren.

Zur Eröffnung einer jahrelangen Serie von Vernehmungen erklärte Hoover am 26. März 1947: „Der Kommunismus ist in Wahrheit gar keine politische Partei. Er ist eine Lebensweise – eine böse und bösartige Lebensweise. Er gleicht einer Krankheit, die sich wie eine Epidemie ausbreitet, und wie bei eine Epidemie müssen die Erkrankten isoliert werden, damit sie nicht die ganze Nation anstecken".

Der spektakuläre Auftritt von Hoover lieferte dem Ausschuss all die „Argumente", die er zur Mobilisierung der amerikanischen Öffentlichkeit im Kalten Krieg benötigte. Bereits unter Präsident Roosevelt hatte Hoover Dossiers von Politikern, Wissenschaftlern, Schriftstellern und Künstlern anlegen lassen, die er für „Rote" hielt und „unamerikanischer Aktivitäten" verdächtigte. So hatte er unter anderem seinen Freund George Murphy, dem Gefolgsmann des späteren Präsidenten Ronald Reagan, mitgeteilt, dass Roosevelts soziales Programm des „New Deal" von den Kommunisten inszeniert und gelenkt worden sei.

In seinem aufschlussreichen Buch „Dangerous Dossiers", das bei seinem Erscheinen 1958 in den USA großes Aufsehen erregte, weist der Historiker und Journalist Herbert Mitgang nach, dass sich in den Akten von Hoovers Geheimdienst Dossiers beinahe über alle Schriftsteller befinden, die literarische Geltung nicht nur in den USA, sondern in aller Welt besitzen. Da wird Ernest Hemingway wegen seiner Berichterstattung über den spanischen Bürgerkrieg kommunistischer Sympathien verdächtigt und John Steinbecks Loyalität zu den USA in Zweifel gezogen. Unter den FBI-Akten befinden sich anklagende Dossiers über die Literatur-Nobelpreisträger Sinclair Lewis, William Faulkner und Thomas Mann. Überwacht wurden Pearl S. Buck, Theodor Dreiser, John Dos Passos, Dorothy Parker, Truman Capote, Thornton Wilder, Lilian Hellman, Tennessee Williams, Graham Greene, Hanna Arendt, Aldous Huxley, Ignazio Silone, Bertold Brecht, Lion Feuchtwanger und der Verleger Alfred A. Knopf, um nur die Bekanntesten zu nennen.

Am 29. Mai 1946 hatte Hoover bereits in einem Bericht an das Weiße Haus behauptet, er habe durch einen „Informanten, der für zuverlässig zu halten ist", Beweise dafür, dass es in Washington einen „riesigen Spionagering" gebe. Dabei handele es sich um Personen, die für „ihre prosowjetischen Tendenzen" bekannt seien. Darunter werden nach Hoovers Angaben der stellvertretende US-Außenminister Dean Acheson, sein Assistent Herbert Marks, der ehemalige stellvertretende Kriegsminister John McCloy, US-Handelsminister Henry A. Wallace und Alger Hiss beschuldigt. Hiss und Acheson wurden für die Erfolge der chinesischen Kommunisten und die Niederlage Tschiang Kai-schecks verantwortlich gemacht. Auch General George G. Marshall, der während seiner Mission in China im Auftrag Roosevelts zwischen Mao Tse-tung und Tschiang Kai-scheck zu vermitteln versuchte, geriet unter Beschuss. Nach Ansicht von Hoover war die kommunistische Revolution in China kein Ergebnis innerchinesischer Entwicklung, sondern das Resultat einer „kommunistischen Verschwörung" im amerikanischen Außenministerium. Die Fortschritte der „Roten" seien Leuten wie Alger Hiss, Dean Acheson und George Marshall zu verdanken.

Im Zuge der Untersuchung „unamerikanischer Aktivitäten" klagte später Senator McCarthy am 14. Juni 1951 in einer langen Rede George Marshall an, er habe an einer „riesengroßen Verschwörung" teilgenommen und dabei eine „so abgrundtiefe Ehrlosigkeit an den Tag gelegt, dass das ungeheure Maß seiner Schuld alles in der Geschichte des Menschen bisher da Gewesene in den Schatten stellt". Eine Verschwörung, die darauf abziele, „uns schließlich das Opfer sowjetischer Intrigen von innen und der Militärmacht Russlands von außen werden zu lassen".

Es stellte sich bald heraus, dass diese Vorwürfe absolut haltlos waren. Acheson wurde im Januar 1949 Nachfolger von Außenminister Marshall und gründete in seiner vierjährigen Amtszeit die NATO. McCloy war von 1947 bis 1949 Präsident der Weltbank und von 1949 bis 1952 der erste amerikanische Hohe Kommissar in der Bundesrepublik.

Bei seinem spektakulären Auftritt vor dem HUAC-Ausschuss am 26. März 1947 machte Edgar Hoover Angaben über die Stärke und den Einfluss von Kommunisten in den USA, die derartig übertrieben waren, dass sich Zuhörer des Hearings ein Lächeln nicht verkneifen konnten: „In diesem Zusammenhang ist die Beobachtung von Interesse, dass im Jahre 1917, als die Kommunisten die russische Regierung stürzten, ein Kommunist auf 2 277 Menschen in Russland kam. In den Vereinigten Staaten kommt heute aber bereits ein Kommunist auf 1 814 Bürger dieses Landes".

Das Ausschussmitglied Richard Nixon kam diese Zahl „höchst erstaunlich" vor und ließ sie sich von Hoover noch einmal ausdrücklich bestätigen, um die Wirkung für die amerikanische Öffentlichkeit, die die Hearings verfolgen konnte, zu erhöhen: „Stellen wir die kommunistische Unterwanderung in Rechnung, die wir heute in Amerika haben, und nehmen wir an, dass wir weiter nichts dagegen tun, keine Aufklärung leisten, sie nicht aus den Gewerkschaften, den Regierungsämtern und den anderen Institutionen vertreiben – sehen Sie dann eine akute, tatsächliche Gefahr für dieses Land, falls es zu einem Konflikt mit den Kommunisten in Europa und in Russland kommt?" Darauf Hoover: „Mit größter Gewissheit, Herr Abgeordneter!" Am meisten fürchte er, so Hoover weiter, „den Liberalen und Progressiven, der geblendet und überlistet worden ist, mit den Kommunisten gemeinsame Sache zu machen. Die zahlenmäßige Stärke der eingeschriebenen Parteimitglieder ist unbedeutend. Aber es ist allgemein bekannt, dass es zahlreiche aktive Mitglieder gibt, die wegen ihrer Position nicht in den offiziellen Mitgliederlisten geführt werden ... denn dies sind Personen, von denen das amerikanische Leben in den verschiedenen Bereichen unterwandert und infiziert wird".

Artig bedankten sich die Mitglieder des Ausschusses für Hoovers Ausführungen. So der damalige Vorsitzende Thomas: „Ohne Frage hat die Tatsache, dass Ihre Erklärung in einer Gemeinschaftssendung landesweit ausgestrahlt wurde, uns sehr dabei geholfen, was Sie soeben als unsere wichtigste Aufgabe bezeichnet haben – zu entfernen. Wir alle hoffen, dass dies nur die Fortsetzung einer langen Ära der Zusammenarbeit zwischen dem Federal Bureau of Investigation und dem Ausschuss des Repräsentantenhauses für unamerikanische Aktivitäten ist".

Und es wurde eine lange Ära der Zusammenarbeit. Der Ausschuss durfte dankbar sein, Hoover hatte mehr als deutlich gemacht, dass er den „Kreuzzug" unterstützte, der als die „Ära McCarthys" in die Zeitgeschichte eingehen sollte, dessen Ursprünge aber in der westlichen politischen Literatur nur unzureichend analysiert und kritisch beleuchtet wurden.

Die amerikanische Historikerin und Pulitzer-Preisträgerin Barbara W. Tuchman, die in ihrem grundlegenden Werk „Sand gegen den Wind – Amerika und China 1911–1945" die verfehlte amerikanische China-Politik treffend analysierte, schrieb zu den Angriffen auf George Marshall: „Nachdem das Kriegsbündnis mit der Sowjetunion beendet war, machte sich die alte Furcht vor dem Kommunismus und der Hass gegen sie in Amerika wieder breit. An dieser finsteren Hefe konnten sich Abneigung, Ehrgeiz und Rachsucht nähren und Demagogen sich mästen ... Dasselbe geschah in ehemaligen Kolonialgebieten, wo amerikanische Truppen – entgegen den Absichten Roosevelts – aktiv daran beteiligt waren, die französische Herrschaft in Indochina gegen eine starke Unabhängigkeitsbewegung durchzusetzen. In ihren offiziellen Erklärungen waren diese Ziele der Amerikaner demokratisch, aber in der praktischen Durchführung stellte man sich auf eine Stufe mit den Grundbesitzern, den Unterdrückern, dem Steuereintreiber. Die liberalen Kräfte wurden geschwächt, und die künftigen Machthaber wurden zu erbitterten Gegnern".

Wie demagogisch der spätere Ausschussvorsitzende McCarthy die Untersuchung führte, zeigte sich vor allem in den Anhörungen von Beschuldigten, die sich auf den fünften Zusatz der amerikanischen Verfassung beriefen und die Antwort auf bestimmte Fragen verweigerten, wozu sie nach der Verfassung berechtigt waren. So hielt McCarthy zum Beispiel der Schriftstellerin Dashiell Hammet vor: „Sie haben uns gesagt, dass Sie uns nicht mitteilen wollen, ob Sie heute Mitglied der Kommunistischen Partei sind oder nicht, mit der Begründung, dass, wenn Sie es sagen würden, Sie sich möglicherweise selbst belasten könnten. Das wird normalerweise von diesem Ausschuss und dem Land insgesamt so aufgefasst, dass dies bedeutet, Sie sind Mitglied der Partei, denn wenn Sie es nicht wären, dann würden Sie einfach Nein sagen, und es würde Sie nicht belasten".

Wer sich auf seine verfassungsmäßigen Rechte berief, galt automatisch als Kommunist, und McCarthy besaß auch noch die Unverschämtheit, dies als Auffassung des ganzen Landes auszugeben. Es zählte die Verdächtigung vor der Öffentlichkeit und nicht der tatsächliche Sachverhalt. Zeugen, die sich auf den fünften Verfassungszusatz beriefen, wurden von McCarthy als „Verfassungs-Kommunisten" gebrandmarkt.

In einem anderen Fall hatte der Vorsitzende des Ausschusses, Thomas, der später wegen finanzieller Manipulationen ins Zwielicht geriet und zu einer Gefängnisstrafe verurteilt wurde, einen Zeugen mit den Worten „belehrt": „Die Rechte, die

Sie haben, sind Ihnen von diesem Ausschuss gewährten Rechte. Wir entscheiden, welche Rechte Sie hier haben und welche Sie nicht haben". In der Praxis stand der Ausschuss also über der Verfassung.

Die Verhörprotokolle des Ausschusses umfassen zehntausende von Seiten. Sie sind ein einziges Dokument der Gesinnungsschnüffelei, von Einschränkungen der bürgerlichen Freiheiten und Diffamierungen, die zu Berufsverboten und Rufmord führten. Viele Beschuldigte wehrten sich mutig und entschlossen gegen die Beschränkung ihrer demokratischen Rechte und Freiheiten. Bei anderen zeigte die systematische Einschüchterung ihre Wirkung, die natürlich nicht ohne Einfluss auf die öffentliche Meinung in den USA bleiben konnte: „Der Versuch, Einzelne anzuprangern und zu schädigen sowie der Öffentlichkeit als lehrreiche, abschreckende Beispiele vor Augen zu halten, stand sicher obenan. Das spielte sich aber in einer dramatischen Form ab, die solche Anhörungen auch als symbolische Handlung, als ein bewusst und ständig wiederholtes Ritual und als beispielhaft aufgeführte Einübung in echte amerikanische Geisteshaltung und politische Einstellung erscheinen lässt. Das Feindbild des Kommunismus gab dafür den genau definierten ideologischen Rahmen ab. Ein auf strengem religiösen Fundamentalismus basierendes manichäisches Weltbild, verstärkt durch politischen Provinzialismus und gepaart mit hysterischer Kalter-Kriegs-Mentalität, sah im Kommunismus das absolut Böse und entsprechend im repräsentativ-demokratischen Gesellschaftssystem Amerikas das unübertreffliche Gute", schreibt Hartmut Keil in seinem Buch über die Verhörprotokolle des HUAC-Ausschusses.

Die Antikommunisten-Kampagne des Ausschusses erfüllte aber nicht nur ihre propagandistische Rolle im Kalten Krieg nach außen, sondern zeigte auch ihre innenpolitische Wirkung. Zum ersten Mal seit 1928 konnten mit dieser Kampagne die Republikaner wieder Wahlen gewinnen und die Dauerherrschaft der Demokraten ablösen. Die meisten politischen Beobachter teilten damals die Meinung des Kolumnisten Marquis Childs, dass die von den Republikanern im ganzen Land ausgerufene Losung „Schlagt die Kommunisten!" beim Sieg der Republikaner eine entscheidende Rolle gespielt habe.

Selbst Präsident Truman, der von den Anhängern McCarthys und der von ihnen erzeugten Hysterie im ganzen Land betroffen war, schrieb in seinen Memoiren: „Die Demagogen, die Neunmalklugen und die Berufspatrioten hatten ihren großen Tag, als sie nach Leibeskräften Furcht und Schrecken in das amerikanische Volk hineinpumpten ... Viele biedere Leute glaubten tatsächlich, dass die Gefahr einer Machtübernahme durch die Kommunisten unmittelbar bevorstehe und dass unsere Regierung in Washington von Kommunisten durchsetzt sei. Einen solchen Umfang hatte dieser antikommunistische Feldzug angenommen, dass es schien, als sei niemand vor einem Angriff sicher. Dies war die Tragödie und die Schande unserer Zeit".

Wie stark der McCarthyismus in der US-Armee wirkte, beschrieb der langjährige Professor für Zeitgeschichte an der Universität von Harvard und Princeton, Arno J. Mayer in seinem Buch „Der Krieg als Kreuzzug". Schon während seiner Grundausbildung erlebte er in der Armee „Äußerungen eines wütenden Rassismus und Antikommunismus". Wegen seiner Deutschkenntnisse war er während des Krieges in eine Nachrichteneinheit versetzt worden, die eine doppelte Aufgabe zu erfüllen hatte: „Gefangengenommene deutsche Generale der Wehrmacht und der Waffen-SS über die militärische Strategie der Roten Armee auszufragen und führende deutsche Wissenschaftler durchzuchecken, die für die militärische Aufrüstung der USA gegen die ‚sowjetische Bedrohung' rekrutiert werden sollten. Mein besonderer Auftrag lautete, sich um die Moral dieser Ex-Feinde zu kümmern, die als wertvoll genug erachtet wurden, um auf die westliche Seite des Alantischen Ozeans geholt zu werden. Ich erhielt meine offizielle Einführung in die Ironie des Kalten Krieges, als man mir strikte Anweisung erteilte, keine der von meinen Interviewpartnern für ihre Zusammenarbeit mit dem Hitler-Regime vorgebrachte Rechtfertigung in Frage zu stellen, auch nicht ihre wohl berechnete Lieblingsbehauptung, die Nazis hätten von der Verfolgung der Juden einmal abgesehen, ihrem Land und Europa einen guten Dienst geleistet, indem sie durch ihren Kampf den Bolschewismus aus dem Kernland Europas ferngehalten hätten".

Und Professor Mayer folgert: „Die besiegten Generale und Wissenschaftler des ‚Dritten Reiches' nahmen in der Tat schon damals die Argumente vorweg, mit denen vierzig Jahre später deutsche Historiker versuchten, dem NS-Regime eine nachträgliche Daseinsberechtigung zuzusprechen, indem sie sagten, es sei seinem eigentlichen tiefsten Wesen nach zur Bekämpfung des ‚größten Übels', des sowjetischen Kommunismus, bestimmt gewesen".

So bot der Kalte Krieg die Möglichkeit, die Sowjetunion in ungebrochener Kontinuität als Gegner und als „Reich des Bösen" zu sehen. Seiner antisemitischen Komponente entkleidet, konnte der nationalsozialistische Anti-Bolschewismus nahezu bruchlos in den Anti-Bolschewismus des Kalten Krieges übergehen.

Wie die USA schon im Jahre 1945 die Verwendung von ehemaligen Nazis und Kollaborateuren für eine militärische Aufrüstung gegen die Sowjetunion rechtfertigten, beschreibt der amerikanische Journalist Christopher Simpson in seinem 1988 erschienenen Buch „Der amerikanische Bumerang – NS-Kriegsverbrecher im Sold der USA". Der spektakulärste Fall ist der des SS-Schlächters Klaus Barbie, der wegen seiner Kriegsverbrechen von den Franzosen gesucht wurde, aber unmittelbar nach Kriegsende im Dienst des amerikanischen Geheimdienstes stand. Als der Nazi-Jäger der US-Regierung, Allan Ryan, am 16. August 1983 im Presseraum des Justizministeriums in Washington den mehr als 30 Jahre zurückliegenden Fall Barbie enthüllte, schlug die Mitteilung wie eine Bombe ein. „Seit der Fall Barbie aufgeflogen ist", schreibt Simpson weiter, „hat es jedoch eine ganze Reihe von neuen Entdeckungen in Bezug auf Nazis und SS-Männer gegeben, die von US-Geheimdienstorganisationen beschützt und in einigen Fällen in die USA gebracht worden sind. Einer von ihnen war zum Beispiel der SS-Offizier Otto von Bolschwing, der Adjutant Adolf Eichmanns war". Christopher Simpson zitiert den bezeichnenden Ausspruch des ehemaligen Leiters der Geheimoperationen des CIA in Russland, der nach 1945 deutsche „Experten" angeworben hat: „Es war unbedingt notwendig, dass wir jeden Schweinehund verwendeten. Hauptsache, er war Antikommunist … Da wir unbedingt darauf aus waren, Kollaborateure anzuwerben, sahen wir uns ihre Papiere eben nicht zu genau an".

Bereits am 22. Juni 1945 hatte General Reinhard Gehlen, Leiter der Nazi-Aufklärungszentrale „Fremde Heere Ost", das von seiner Dienststelle sorgfältig aufbewahrte Material einem Team des amerikanischen Gegenspionagekorps übergeben. Gehlen und drei seiner Assistenten wurden im August 1945 in die USA gebracht, wo sie in Washington Bericht erstatteten. Im Dezember 1945 wurde die Gehlen-Fronde offiziell in amerikanische Dienste übernommen und in einem ehemaligen Ausbildungszentrum der Waffen-SS in der Nähe von Pullach untergebracht.

„Mindestens ein halbes Dutzend Männer aus Gehlens erstem ‚Stab' waren hochrangige ehemalige SS- oder SD-Offiziere, schreibt Simpson: „Darunter SS-Obersturmführer Hans Sommer, der im Oktober 1941 in Paris sieben Synagogen in Brand stecken ließ, SS-Standartenführer Willi Krichbaum, ehemaliger oberster Gestapo-Chef in Südost-Europa und SS-Sturmbannführer Fritz Schmidt, ehemaliger Gestapo-Chef von Kiel".

Sehr früh wurden auch die deutschen Raketen-Spezialisten, die die V1 und V2 entwickelt hatten, mit denen London und andere britische Städte angegriffen worden waren, in die USA geschafft, das Team von Werner von Braun und Walter Dornberger. Beide hatten in der unterirdischen Fabrik in der Nähe von Nordhausen diese Flugkörper herstellen lassen. In dieser Fabrik, in der Häftlinge aus nahe gelegenen Konzentrationslagern arbeiten mussten, kam es zu schweren Kriegsverbrechen. Die SS-Bewacher zwangen die Häftlinge zu Schwerstarbeit bei Hungerrationen.

„Mindestens 20 000 Gefangene starben im Laufe der Projekte an Unterernährung oder Krankheiten oder wurden in Dora und Nordhausen umgebracht", schreibt Simpson.

Dornberger und von Braun, der seit 1937 SS-Offizier „ehrenhalber" war, wollten von dieser unmenschlichen Behandlung der Häftlinge „nichts gewusst" haben, obwohl sie ständig „ihre Fabrik" besichtigten.

„Bei Kriegsende vertraten viele Offiziere des militärischen Geheimdienstes der USA die Ansicht, dass man eine Unterscheidung zwischen Wissenschaftlern wie von Braun, der der NSDAP und der SS aus ‚opportunistischen Gründen', wie es die

Amerikaner nannten, beigetreten war, und den verschiedenen deutschen Experten machen sollte, die den Nationalsozialismus aus ideologischen Gründen unterstützt hatten oder direkt an Gräueltaten beteiligt gewesen waren".

2.) Der Kalte Krieg in der Innen- und Außenpolitik der Bundesrepublik in der Ära Adenauer.

In den fünfziger Jahren gab es vor dem Kalten Krieg kein Entrinnen. Überall in der Welt, wo der amerikanisch-sowjetische Konflikt relevant wurde, warf der Kalte Krieg seine Schatten. Es konnte auch nicht ausbleiben, dass sich das Klima des Mc-Carthyismus, der die politische Szene der USA in dieser Zeit beherrschte, überall dort verbreitete, wo amerikanische Truppen im Gefolge des 2. Weltkrieges stationiert waren, so vor allem auch in der Bundesrepublik. Ein bezeichnendes Beispiel war die zweite „Bücherverbrennung", wie sie Marion Gräfin Dönhoff im Juli 1953 beschrieben hat.

Ein bekannter amerikanischer Historiker, John Lukacs, dessen aufklärende Geschichtsschreibung häufig mit der von Barbara Tuchman verglichen wird, schreibt in seinem 1994 in deutscher Sprache erschienenen Buch „Die Geschichte geht weiter – Das Ende des 20. Jahrhunderts und die Wiederkehr des Nationalismus": „Die Ideologie des Antikommunismus" habe zur „Verlängerung des Kalten Krieges beigetragen. Die Gleichsetzung des Antikommunismus mit dem amerikanischen Patriotismus hat gelegentlich den traditionellen amerikanischen Freiheiten Schaden zugefügt, und sie hat sehr stark zur Entstehung des militärisch-industriellen Komplexes beigetragen. Die zwanghafte Fixierung auf den Kommunismus hat den eigentlichen Anlass des Kalten Krieges, der kaum etwas mit dem Kommunismus zu tun hatte, verschleiert. Dieser Anlass bestand in der Präsenz russischer Streitkräfte dort, wo sie nicht hingehörten. Jetzt ist der Kalte Krieg zu Ende, aber viele dieser zweifelhaften Patrioten versuchen es weiter: Mit dem Rückzug der Russen nicht zufrieden, setzen sie ihre Propaganda fort und fordern die Auflösung des eigentlichen, traditionellen russischen Staates".

Diese Beschreibung von Lukacs trifft auch auf die Bundesrepublik Deutschland zu. Der Antikommunismus der McCarthy-Ära setzte sich logischerweise in allen Staaten fort, die wirtschaftlich und militärisch von den USA abhängig waren. In der Bundesrepublik kam erschwerend hinzu, dass der Antikommunismus der NS-Zeit mit seinen Parolen von der „bolschewistisch-jüdischen Weltverschwörung" seiner antisemitischen Komponente entkleidet, die nicht mehr „zeitgemäß" war, nahezu vollständig weiterleben konnte und zum Credo der Rechten, ja zeitweise zur „Staatsräson" der Bundesrepublik wurde.

Treffend schrieben Alexander und Margarete Mitscherlich in ihrem 1967 erschienenen Buch „Die Unfähigkeit zu trauern": „Die Ideologie der Nazis ist zwar nach 1945 pauschal außer Kurs geraten, was aber nicht bedeutet, dass man eine sichere innere Distanz zu ihr gefunden hätte. Dazu wäre eine kritische Auseinandersetzung ... notwendig gewesen, aber sie kam nicht zustande ... Das Folgenschwerste dürfte der emotionelle Antikommunismus sein. Er ist die offizielle staatsbürgerliche Haltung, und in ihm haben sich ideologische Elemente des Nazismus mit denen des kapitalistischen Westens amalgamiert. So ist eine differenzierte Realitätsprüfung für alles, was mit dem Begriff ‚kommunistisch' bezeichnet werden kann, ausgeblieben. Das unter Adolf Hitler eingeübte Dressat, den eigenen aggressiven Triebüberschuss auf das propagandistisch ausgenutzte Stereotyp ‚Kommunismus' zu projizieren, bleibt weiter gültig; es stellt eine Konditionierung dar, die bis heute nicht ausgelöscht wurde, da sie in der weltpolitischen Entwicklung eine Unterstützung fand. Für unsere psychische Ökonomie waren der jüdische und der bolschewistische Untermensch nahe Verwandte. Mindestens, was den Bolschewisten betrifft, ist das Bild, das von ihm im Dritten Reich entworfen wurde, in den folgenden Jahrzehnten kaum korrigiert worden".

In der Tradition der deutschen Rechten diente der Anti-Kommunismus gleichzeitig immer auch zur Diffamierung der Sozialdemokratie und anderer oppositioneller Strömungen. Man erinnert sich noch gut an das Plakat der CDU im Wahlkampf von 1953 „Alle Wege des Marxismus führen nach Moskau", an die Parole „Wer SPD wählt, wählt den Untergang Deutschlands" und das Kampfgeschrei „Freiheit oder Sozialismus". Da wurde Willy Brandt – alias Frahm – so Konrad Adenauer – wegen seiner Teilnahme am antifaschistischen Widerstandskampf in der Emigration als „Vaterlandsverräter in norwegischer Uniform" verleumdet und die Ostpolitik der sozialliberalen Koalition als „Ausverkauf an Moskau" diffamiert. So sollte der „demokratische Sozialismus" der Sozialdemokratie mit kommunistischem Rot eingefärbt und die Sozialdemokraten als Handlanger der Kommunisten verdächtigt werden.

„Die mit der Formel ‚Freiheit oder Sozialismus' verfolgte Absicht, Emotionen zu wecken, Psychosen zu erzeugen und daraus politisches Kapital zu schlagen, hat eine lange Tradition in Deutschland. An primitiven Schlagworten mit bedrohlichen politischen Inhalten fehlte es in der jüngsten deutschen Geschichte nie: ‚Viel Feind, viel Ehr', ‚Weg mit den vaterlandslosen Gesellen' oder mit den verräterischen Sozialdemokraten oder mit dem roten Dreck, Schuld an allem sind die Juden, Marxisten und Freimaurer, Freiheit oder Bolschewismus, alle Wege des Sozialismus führen nach Moskau', schrieb Willy Brandt in der Zeitschrift „europäische Ideen" Nr. 24/25 von 1975 und folgert: „Eine Anzahl von Parolen, in denen sich Dünkel und Borniertheit, Selbstüberschätzung und Hass spiegeln, in die Welt gesetzt, um die Vernunft der Menschen zu benebeln. Dass man ihnen zu oft Glauben schenkte, hat dieses Land mehr als einmal bitter büßen müssen. Von daher rührt die Sorge nicht nur der deutschen Sozialdemokratie über die Parolen der Union. Sie hat wieder einmal einen Popanz aufgebaut, in der Hoffnung, sich durch die ‚grundsätzliche' Verunglimpfung des politischen Gegners der Auseinandersetzung über die tatsächlichen Probleme und Aufgaben zu entziehen. Dabei nehmen es die Väter dieser Parolen hin – wenn sie es nicht bewusst darauf angelegt haben – Gewinn aus den schlimmen geschichtlichen Erfahrungen des deutschen Volkes zu ziehen".

Der erste Kanzler der Bundesrepublik Deutschland, Konrad Adenauer, wurde in seiner Politik von einem emotionalen Anti-Kommunismus beherrscht. Er war davon überzeugt, dass die Sowjetunion ihr Ziel der „bolschewistischen Weltrevolution" nie aufgegeben habe und Moskau nur auf eine günstige Gelegenheit warte, nach Westdeutschland und Westeuropa einzufallen. Von dieser Überzeugung bestimmt und mit diesen Parolen wurden sowohl die Innenpolitik wie die Außenpolitik in der Ära Adenauer bestimmt. Daran ließ der Kanzler auch in seinen Memoiren keinen Zweifel: „Meine Überzeugung, dass Stalin von jeher die Absicht gehabt hatte, Westdeutschland möglichst unzerstört in seine Hände zu bekommen, hatte sich immer mehr gefestigt. Wenn es Stalin gelang, die Bundesrepublik in seine Hände zu bekommen, würde er damit auch bestimmenden Einfluss auf Frankreich und Italien ausüben können. In diesen Ländern war die politische Ordnung nicht gefestigt, und es gab dort starke kommunistische Parteien. Bestimmender Einfluss der Sowjetunion auf die Bundesrepublik, Frankreich und Italien würde die Sowjetunion zur stärksten wirtschaftlichen, militärischen und politischen Macht der Erde machen. Das würde den Sieg des Kommunismus in der Welt, auch über die Vereinigten Staaten bedeuten. Die Überzeugung, dass dies das Ziel der sowjetrussischen Politik sei, bestimmte immer meine Politik", schrieb Adenauer in seinen „Erinnerungen 1950–1953".

Der Ausbruch des Korea-Krieges im Juni 1950, in einer Zeit, als der McCarthyismus in den USA die höchsten Blüten trieb, war nach Meinung Adenauers nur der Auftakt für eine Invasion Stalins auch nach Westeuropa. Er befürchtete, „dass der Widerstandswille der westdeutschen Bevölkerung gegen einen drohenden Angriff aus dem Osten, ähnlich wie in Korea, erlahmen könnte, wenn sich die Überzeugung ausbreiten würde, dass die Verteidigung des freien westdeutschen Gebietes aussichtslos sei („Lieber Rot als tot"). „Militärisch gesehen waren wir Deutsche vollkommen wehrlos: Wir waren auf die Hilfe und Unterstützung der westlichen Besatzungsmächte angewiesen", schrieb Adenauer in seinen Memoiren, was ihn zu dem Entschluss brachte, den Westmächten einen deutschen Verteidigungsbeitrag anzubieten.

Welche Hysterie beim Ausbruch des Korea-Krieges unter den verantwortlichen Politikern in Bonn im Jahre 1950 herrschte, beschrieb in drastischer Weise Charles Thayer, ein seit langem mit der deutschen Situation vertrauter amerikanischer

Diplomat, der zu dieser Zeit alliierter Verbindungsmann zum Deutschen Bundestag war, in seinem aufschlussreichen Buch von 1958 „Die unruhigen Deutschen": „Auch in Bonn stellte man sich die Frage, was sollte Stalin daran hindern, seine osteuropäischen Satelliten über die Elbe marschieren zulassen? Die Reaktion der Bonner Politiker auf diese Frage näherte sich einer Hysterie ... Ein Dutzend stürmte mein Büro und forderte eine alliierte Erlaubnis, Waffen zu tragen, um die Kommunisten oder auch, wenn nötig, sich selbst zu erschießen. Ein Parlamentarier teilte mir höchst alarmiert mit, dass man kein einziges Gramm Zyanid mehr kaufen könne. ‚Meine Kollegen haben alles aufgekauft, um sich das Leben zu nehmen, wenn die Kommunisten kommen!'. Kurt Kiesinger, ein stattlicher, viel versprechender, noch jüngerer Abgeordnete der CDU, kam ziemlich atemlos bei mir an, um mir einen Verteidigungsplan vorzuschlagen. Er sah vor, irgendwo in Frankreich – am besten in der Bretagne – einen Verteidigungswall zu errichten, wo man Proviant- und Munitionsvorräte anlegen sollte und wohin sich die alliierten Armeen im Angriffsfall zurückziehen könnten. In welchem Fall, wie er mir versicherte, alle guten Deutschen sich zum Gegenangriff sammeln werden. Sogar der Bundeskanzler war nicht immun gegen die Hysterie. Sein persönlicher Berater Blankenhorn überbrachte mir eine Mitteilung, in der der Bundeskanzler dringend um zweihundert Maschinenpistolen bat, um damit die Bundeskanzlei im Palais Schaumburg im Fall eines kommunistischen Aufstandes zu verteidigen. Ich versprach, zu sehen, was sich tun ließ. Am nächsten Tag teilte ich dem Anführer der Leibwache des Bundeskanzlers mit, dass er seine zweihundert Maschinenpistolen aus einem Lager von Beutewaffen der amerikanischen Armee haben könne".

Einige Jahre später fragte Thayer Adenauers Berater Blankenhorn, was aus den Maschinenpistolen geworden sei: „Ein wenig verlegen", antwortete Blankenhorn: „Schauen Sie bitte nicht in den Aktenschrank, der hinter Ihnen steht".

Konrad Adenauer beeilte sich, aus der Situation Nutzen zu ziehen und bot den Alliierten einen deutschen Verteidigungsbeitrag an, was zur ersten Krise seiner Regierung und zum Rücktritt des damaligen Innenministers Dr. Gustav Heinemann führte.

„Mit der drohenden Gefahr einer Staatsumwälzung", weil sich „der Kalte Krieg auch im Innern entwickelt", begründete der Berichterstatter Dr. Wahl in der 2. und 3. Lesung des „Strafrechtsänderungs- und Freiheitsschutzgesetztes" vom 30. August 1951 eine außergewöhnliche Verschärfung des so genannten politischen Strafrechts, mit der – wie in den USA – eine rigorose Verfolgung von Kommunisten und „Sympathisanten" auch in der Bundesrepublik einsetzte.

Doch die drohende „Staatsumwälzung" war ein Phantom. Eine messbare Gefahr für die Verfassungsordnung der Bundesrepublik stellten die Kommunisten in der Bundesrepublik zu keiner Zeit dar. Bei der Bundestagswahl von 1949 hatte die KPD nur 5,7 % der Stimmen erhalten, 1953 bekam sie nur noch 2,2 % und war damit zu einer politisch völlig isolierten, bedeutungslosen Minderheit geworden.

In seinem Vorwort zum Buch von Alexander von Brünneck: „Politische Justiz gegen Kommunisten in der Bundesrepublik Deutschland 1949–1968" schreibt Erhard Denniger: „Ein paar Zahlen sprechen für sich: Konnte die KPD in den Jahren der ersten Nachkriegsnot bis zu 300 000 Mitglieder mobilisieren, so war diese Zahl bis zum Verbot der KPD im Jahre 1956 schon auf ca. 70 000 geschrumpft … Rückblickend drängt sich die Frage auf, ob es des erheblichen Aufwandes der 50er und 60er Jahre überhaupt bedurft hätte, um die kommunistische Opposition auszuschalten".

Die auf der Verschärfung des politischen Strafrechts beruhende politische Justiz gegen Kommunisten und so genannten „Sympathisanten" dauerte bis 1968. Nach Schätzungen wurden zwischen 1951 und 1968 in der Bundesrepublik 6 000 bis 7 000 Personen wegen „kommunistischer Betätigung" verurteilt und nach Angaben des zuständigen Sachbearbeiters im Bundesjustizministerium soll die Zahl der Ermittlungsverfahren über 150 000 betragen haben, wie Alexander von Brünneck in seinem Buch berichtet.

Vier Jahre nach meiner Rückkehr aus sowjetischer Kriegsgefangenschaft im April 1949 wurde ich in der Nacht zum 28. März 1953 in meiner Düsseldorfer Wohnung verhaftet. Ich hatte mich nach Rückkehr aus der Gefangenschaft in der „Gesellschaft zum Studium der Kultur der Sowjetunion" engagiert, weil ich mich für russische Literatur, mit der ich mich in der Kriegsgefangenschaft beschäftigt hatte, interessierte. Diese Gesellschaft wurde später in „Gesellschaft für deutsch-sowjetische Freundschaft" umbenannt und setzte sich für einen Ausgleich mit der Sowjetunion ein, was mein Anliegen auch war. Im Kalten Krieg galt die Gesellschaft als „kommunistische Tarnorganisation", aber zum Zeitpunkt meiner Verhaftung war weder die KPD noch diese Gesellschaft verboten, für die ich zu diesem Zeitpunkt wegen politischer Differenzen auch schon nicht mehr tätig war.

Im Morgengrauen waren Kriminal- und Verfassungsschutzbeamten mit Blaulicht und einem Kleinlaster vor meiner Wohnung vorgefahren und wiesen sich mit einem Hausdurchsuchungs- und Haftbefehl aus. Wahllos beschlagnahmten die Beamten aus meiner Bibliothek zahlreiche Bücher und Aufzeichnungen, darunter natürlich alles was mit marxistischer oder sozialistischer Literatur zu tun hatte, auch Romane von Schriftstellern aus der Emigration wie Zweig, Feuchtwanger, Brecht und anderen sowie russische Belletristik, und zwar nicht nur aus der Sowjetzeit, wie Ilja Ehrenburg, sondern auch Tolstoi und Dostojewski. Kiste für Kiste füllte sich und wurde von den Beamten auf ihren mitgeführten Kleinlaster verladen. Jeder Widerspruch gegen die Beschlagnahme eines Buches wurde von dem leitenden Beamten abgelehnt und ein mit Unterschrift versehenes Verzeichnis der beschlagnahmten Bücher und Archivgegenstände wurde mir ebenfalls verweigert. Unter die Beschlagnahme fiel auch eine Sammlung von alliierten Flugblättern, die während des Krieges über dem Ruhrgebiet abgeworfen wurden, worunter sich auch das letzte Flugblatt der Widerstandsgruppe „Weiße Rose" befand. Wenn sich die Haussuchungen bei anderen so genannten „Sympathisanten" genau so abgespielt haben, musste die Asservatenkammer des politischen Strafsenats des Bundesgerichtshofes damals über eine reichhaltige Bibliothek verfügt haben.

Während meiner Untersuchungshaft bis Dezember 1953 wurde ich in strenger Einzelhaft gehalten. Jeder Verkehr mit anderen Gefangenen war strengstens untersagt und zum so genannten „Freigang" auf dem Gefängnishof wurde ich nur in Begleitung eines Vollzugsbeamten geführt. Nach zwei Tagen verlangte ich einem Haftrichter vorgeführt zu werden, der aber nicht in der Lage war, mir den Grund für meine Festnahme zu erklären. Nach einem Telefongespräch, das er außerhalb des Gesprächszimmers führte, teilte er mit, es handele sich um eine Aktion der Bundesanwaltschaft „wegen Gefahr im Verzug".

Erst nach mehreren Monaten erhielt ich eine Anklageschrift mit den Beschuldigungen von Hochverrat, Staatsgefährdung und Bildung einer kriminellen Vereinigung. Aber selbst zum Zeitpunkt des Prozesses vor dem politischen Strafsenat des Bundesgerichtshofes vom 15. Juni bis 29. Juli 1955 gegen die Gesellschaft war weder die KPD noch deren angebliche „Tarnorganisation" verboten worden.

Während der Untersuchungshaft war ich schwer erkrankt, aber trotzdem zu Verhören gebracht worden. Auf Antrag meines Pflichtverteidigers Dr. Curt Freiherr von Stackelberg, den mir der Bundesgerichtshof beigeordnet hatte, weil ich mich nicht mehr von einem Anwalt, der von der Gesellschaft gestellt wurde, aus der ich bereits ausgeschieden war, verteidigen lassen wollte, beantragte zu dieser Sache die Vernehmung des Gefängnisarztes. Der Arzt bestätigte bei seiner Vernehmung meine Erkrankung und äußerte dann einen sehr bezeichnenden Satz: „Im Gefängnislazarett gab es keine Einzelzimmer. Wenn der Angeklagte ein Krimineller gewesen wäre, hätten wir ihn ins Gefängnislazarett übernommen, so aber befürchtete man eine ‚politische Beeinflussung' anderer Gefangener".

Diese Isolationsmaßnahmen wurden auch während meiner Haftzeit im Gefängnis von Bochum fortgesetzt. Eine Gemeinschaftshaft mit anderen „Politischen" wurde mir von dem Gefängnisarzt Dr. Uffelmann mit der Begründung verweigert: „Früher wurde mit Leuten wie Ihnen noch ganz anders verfahren", womit er offensichtlich auf die Nazi-Zeit anspielte.

Im Prozess vor dem politischen Strafsenat des Bundesgerichtshofes, der paradoxerweise zur gleichen Zeit stattfand, als sich Bundeskanzlers Adenauer in Moskau befand, um im Austausch gegen die Freilassung der letzten deutschen Kriegsgefangenen über die Aufnahme diplomatischer Beziehungen zur Sowjetunion zu verhandeln (wofür sich auch die GdSF seit Jahren eingesetzt hatte), habe ich in mehreren ausführlichen Einlassungen versucht, zu erklären, was meine Motive für die Tätigkeit in dieser Gesellschaft waren. Dies vor allem auch in einem ausführlichen Schlusswort, aus dem auch der Verteidiger meiner Mitangeklagten, Rechtsanwalt Dr. Diether Posser, der spätere Justizminister von NRW, in seinem Buch „Anwalt im Kalten Krieg" zitiert: „Die Gesellschaft zum Studium der Kultur der Sowjetunion, aus der später die ‚Gesellschaft für Deutsch-Sowjetische Freundschaft' hervorging, ist nicht gegründet worden, um die verfassungsmäßige Ordnung der Bundesrepublik Deutschland zu beseitigen, zu der ich mich ausdrücklich bekenne. Sie ist gegründet worden, um dem Gedanken der Völkerversöhnung zu dienen und sie hat es sich zur Aufgabe gemacht, gegen bestimmte Formen der Hetze gegen die Sowjetunion aufzutreten, wie sie in jüngster Zeit wieder zu verzeichnen sind. Die Forderung nach Verständigung mit der Sowjetunion und nach Aufnahme wirtschaftlicher und diplomatischer Beziehungen können doch wohl nicht gegen die verfassungsmäßige Ordnung der Bundesrepublik gerichtet sein. Diese Forderung wird doch auch von anderen Organisationen erhoben".

Als Beweis für neue Anti-Sowjet-Hetze führte ich in meinem Schlusswort zwei Beispiele an: „In dem Verfahren ist von Seiten der Verteidigung das Collier`s Heft vom Oktober 1951 eingeführt worden. In diesem Heft erscheinen amerikanische Soldaten unter der Flagge der UNO als Eroberer der Sowjetunion. Die UNO-Flagge ist über Moskau gehisst und ein Bild verherrlicht einen Atombombenangriff auf die Stadt. Dieses Heft lag in den Amerika-Häusern, in den Lesesälen der Volkshochschulen und Universitäten aus. Ich bin der Überzeugung, dass ich das Völkerrecht und die Bestimmungen des Grundgesetzes auf meiner Seite gehabt habe, wenn ich mich gegen eine solche Veröffentlichung und die Verbreitung einer solchen Schrift gewandt habe. Das war primitivste Anti-Sowjet-Hetze. Ein zweites Beispiel: In seinem Buch ‚Waffen SS im Einsatz' schreibt der ehemalige SS-Offizier Hausser: ‚Es ist keine Zeit zu verlieren, um die Kräfte zu sammeln, wenn es dazu nicht schon zu spät ist, wie es Spengler fürchtete und wie es in finsteren Prognosen Hitlers vor seinem Abtreten von der Weltbühne zum Ausdruck kam. Beide waren sie Mahner und Kämpfer für den Bestand des Abendlandes. Einzig und allein deshalb kommen wir zu dem Urteil: Wir sprechen Hitler frei'. Darin sieht die Bundesanwaltschaft wohl keine Bedrohung unserer verfassungsmäßigen Ordnung und unserer Demokratie. Ehemalige Nazis können ungestraft Hitler freisprechen und zu einem neuen Kreuzzug gegen die Sowjetunion aufrufen. Ich habe es jedenfalls noch nicht erlebt, dass diese Leute unter Anklage der Staatsgefährdung und Bildung einer kriminellen Vereinigung – was die SS doch nach dem Nürnberger Urteil war – gestellt worden wären. In ihren Worten und Taten sieht die Bundesanwaltschaft wohl keine verfassungsfeindlichen Handlungen; nur bei uns wird geschlossen, dass unser Eintreten für eine Verständigung und Aussöhnung mit der Sowjetunion nur dem Ziele diene, die verfassungsmäßige Ordnung der Bundesrepublik zu beseitigen. Nicht nur für mich, sondern für jeden normal denkenden Bürger wird doch wohl damit deutlich, mit welch unterschiedlichen Ellen hier gemessen wird, aber ich fürchte, dies ist auch so gewollt, um jene auszuschalten, die sich gegen einen primitiven und militanten Antikommunismus wenden. Das ist ja auch nicht neu in der jüngsten deutschen Geschichte, schon in der Weimarer Republik strafte die Justiz hart gegen Links und war auf dem rechten Auge blind".

In eindrucksvoller Weise beschrieb Verteidiger Dr. Posser in seinem Plädoyer, das in seinem Buch nachzulesen ist, die Motive der Angeklagten „Nach Rückkehr in die Heimat", (alle Angeklagten waren in sowjetischer Kriegsgefangenschaft), „erlebten sie, wie der primitive Antikommunismus wieder mehr und mehr Oberwasser bekam und oftmals dieselben Leute die Hetze gegen die Sowjetunion betrieben, die es schon unter Hitler und Goebbels getan hatten. Diese Hetze war etwas ganz anderes als noch so harte Kritik an sowjetischen Fehlentscheidungen oder an verbrecherischen Gewalttaten, die sich auch Angehörige der Roten Armee hatten zuschulden kommen lassen. Ihre Tätigkeit in der Gesellschaft war für die Angeklagten, die diesen Erlebnishintergrund hatten, keine diktierte Parteiarbeit, sondern Verpflichtung und Herzensangelegenheit".

Auch mein Pflichtverteidiger, einer der bekanntesten Juristen der Bundesrepublik, hat mich in eindrucksvoller Weise verteidigt und forderte in seinem Schlussplädoyer, „Glaser in vollem Umfang freizusprechen". Dazu schreibt Dr. Posser in seinem Buch „Anwalt im Kalten Krieg": „Mit besonderer Spannung erwarteten wir das Plädoyer des Rechtsanwalts Dr. Curt Freiherr von Stackelberg, der auch Vorsitzender der Strafrechtskommission des Deutschen Anwalts-Vereins war. Er, aus einer baltendeutscher Familie stammend, war dem Angeklagten Hans-Georg Glaser als Pflichtverteidiger beigeordnet worden. Hans-Georg Glaser, der sich vom 28. März bis zum 5. November 1953 in Untersuchungshaft befand und unmittelbar nach dem Plädoyer des Bundesanwalts, der eine Freiheitsstrafe von drei Jahren gegen ihn forderte, im Gerichtssaal erneut wegen Fluchtverdachts verhaftet wurde, stand spätestens seit 1953 der kommunistischen Ideologie kritisch gegenüber und wünschte auch keinen von der Gesellschaft vermittelten Anwalt als Verteidiger. Während des ganzen Prozesses hatte er aber seine Tätigkeit in der Gesellschaft als notwendig und gerechtfertigt vertreten und ein ‚Geständnis' im Sinne der Anklage zurückgewiesen. Stackelberg unterstützte seinen Mandanten wirkungsvoll. Er schloss sein Plädoyer mit dem Antrag, seinen Mandanten ‚in vollem Umfang' freizusprechen".

Dr. Stackelberg hatte mir im persönlichen Gespräch auch angedeutet, dass ich bei „tätiger Reue" – das aber hätte Geständnis bedeutet – mit einem Freispruch oder mit einer sehr geringen Strafe, eventuell zur Bewährung, rechnen könne. Doch einen solchen Weg zu gehen, widersprach entschieden meinem Gewissen, denn ich fühlte mich in keiner Weise schuldig. Es spricht für die ausgesprochen faire Verteidigung von Dr. Stackelberg, dass er mich zu keinem Zeitpunkt zu einem solchen Schritt gedrängt hat. Das Urteil lautete auf eineinhalb Jahre Gefängnis.

Offensichtlich war aber, dass es der Bundesanwaltschaft bekannt war, dass ich schon lange meine Tätigkeit für die Gesellschaft eingestellt hatte. Vielleicht hatte die Bundesanwaltschaft erwartet, mich als „Kronzeuge" missbrauchen zu können. Doch zu einem solchen Werkzeug wollte ich mich auf keinen Fall machen lassen und deshalb konnte ich es mir auch nicht verkneifen, am Ende meines Schlussworts festzustellen: „Herr Bundesanwalt, wenn Sie eine andere Haltung von mir im Prozess erwartet haben, tut es mir für Sie leid, Sie enttäuscht zu haben".

In seinem Buch „Feindbild und Vorurteil" schreibt Wolfgang Benz: „Die neuen Staatsschutzparagraphen im Strafecht dienten, rigoros gehandhabt und verfahrensmäßig auf wenige Strafkammern konzentriert, bis Ende der sechziger Jahre erfolgreich dem politischen Kampf im Kalten Krieg. Die Prozesse, die unter dem Feindbild der kommunistischen Bedrohung der freiheitlich demokratischen Grundordnung geführt wurden, waren mit der Idee des Rechtsstaates nur schwer in Einklang zu bringen, es ging in zu vielen Fällen nur um die Gesinnung der Angeklagten und nicht um reale Gefährdung des Staates".

Der Prozess wies noch einige interessante Besonderheiten auf. Nach Ansicht von Dr. Posser ist dieses Urteil die einzige höchstrichterliche Entscheidung in der bundesdeutschen Strafrechtsgeschichte, die mündlich nicht zu Ende begründet worden ist. Die Urteilsverkündung verlief sehr dramatisch. Nach Verlesung des Urteilstenors musste der Vorsitzende des Senats, Dr. Baldus, seine Ausführungen abbrechen und um eine Pause bitten. Beim Hinausgehen musste er gestützt werden. Nach einer guten Stunde verkündete ein anderer Bundesrichter, Baldus könne die Urteilsbegründung nicht fortsetzen, das Urteil sei aber rechtskräftig. Dr. Baldus hatte einen Herzinfarkt erlitten und musste für mehrere Monate in ein Sanatorium.

Gegenüber Dr. Posser hatte Baldus in einem privaten Gespräch zum Ausdruck gebracht, „die politischen Prozesse stünden ihm bis zum Hals", wobei er eine entsprechende Handbewegung machte, er wolle aus dem politischen Strafsenat ausscheiden, was er nach seiner Rückkehr in den Dienst auch tat.

Auch ich hatte den Eindruck während des Prozesses, in dem Baldus zugab, antisowjetische Hetzplakate gesehen zu haben, dass er mir, entgegen dem erkennbaren Unwillen anderer Bundesrichter, mehrfach Gelegenheit gab, meine Motivation und meine Überzeugungen in ausführlichen Stellungnahmen darzulegen. Ich fand in diesem Punkt seine Prozessführung fair, aber es war wohl zu erwarten, dass in dieser Situation der 50er Jahre kein anders Ergebnis als eine Verurteilung erfolgen musste. Aber es ist wohl doch zu vermuten, dass im Senat keine einstimmige Meinung vorhanden war.

In dem Prozess wurde vom politischen Strafsenat auch ein neuer Grund für die Ablehnung eines Beweisantrages eingeführt: Der Ablehnungsgrund der so genannten „Verfahrensfremdheit". Die Gesellschaft und auch ich hatten in verschiedenen Artikeln darauf hingewiesen, dass Bundeskanzler Adenauer in der Bundestagssitzung vom 19. März 1953 falsche Angaben über die sowjetische Deutschland-Note vom 10. März 1952 gemacht, um die Öffentlichkeit über den wahren Inhalt der Note zu täuschen. Ein Antrag von Dr. Posser, dazu die Bundestagsprotokolle als Beweismittel zuzulassen, wurde vom Senat als „verfahrensfremd" abgelehnt.

Adenauer hatte vor dem Bundestag erklärt: „Ich darf Sie darauf hinweisen, dass in der ersten sowjetrussischen Note vom Herbst 1952 ein Diktatfrieden für Deutschland aufgrund des Potsdamer Abkommens verlangt worden war, dass uns dadurch ein niedriger Lebensstandard auferlegt werden sollte und eine ständige, bis in die kleinsten Einzelheiten gehende Kontrolle". Abgesehen davon, dass die Sowjetnote vom 10. März und nicht vom Herbst 1952 stammte, war die Interpretation Adenauers unzutreffend, weder war von einem Diktatfrieden noch von einem niedrigen Lebensstandard in der Note die Rede. Zutreffend schrieb der „Spiegel" in seiner Ausgabe vom 16. Mai 1956: „Das war nun in der Tat aus den Noten beim schlechtesten Willen nicht herauszulesen".

Gegen Dr. Posser wurde wegen seines Beweisantrages in unserem Prozess sogar ein „ehrengerichtliches Ermittlungsverfahren" eingeleitet, das allerdings am 16. Mai 1956 nach einstimmigem Beschluss der Rechtsanwaltskammer für den Oberlandesgerichtsbezirk Hamm eingestellt wurde, weil „Veranlassung zu standesrechtlichen Maßnahmen nicht gegeben ist. Die Darstellung des Rechtsanwalts Dr. Posser ist glaubwürdig".

Eine weitere Besonderheit der politischen Strafprozesse dieser Zeit war die Einführung der „Zeugen von Hörensagen". Den Staatsschutzorganen der Bundesrepublik war es gelungen, in allen relevanten kommunistischen Organisationen „Vertrauensleute" – V-Männer – einzuschleusen, die, um sie nicht zu enttarnen, vor Gericht in politischen Prozessen selbst nicht aussagen mussten, deren Angaben und „Informationen" aber von den vernehmenden Kriminalbeamten im Prozess vorgetragen und bezeugt werden konnten. Dazu schreibt Dr. Posser in seinem Buch: „Politische Justiz – aus der Sicht des Verteidigers": „Die Rechte eines Angeklagten können kaum stärker beschnitten werden als durch die Zulassung sog. Zeugen vom Hörensagen an Stelle des eigentlichen Zeugen. In mehreren Verfahren (auch in unserem Prozess) haben derartige Vorgänge eine erhebliche Rolle gespielt. Die Strafverfolgungsbehörde weigerte sich, V-Leute als Zeugen zur Verfügung zu stellen und beantragte, Kriminalbeamte darüber zu hören, was ihnen als Zeugen vom Hörensagen von den V-Leuten berichtet worden war. Die Vernehmungsprotokolle der V-Leute beginnen etwa wie folgt: Es erschien der Zeuge (Deckbezeichnung) und erklärte:

‚Mir ist gesagt worden, dass der Gegenstand meiner Vernehmung unter dem vorbe-
zeichneten Decknamen … erfolgt, dass daher meine Vernehmung in ihrem Inhalt
der reinen Wahrheit entsprechen muss. Mir ist gesagt worden, dass die vorgenann-
ten Beamten meine unter vorstehendem Decknamen gemachten Aussagen als ‚Zeugen vom Hörensagen‘ vor Gericht vertreten werden.‘ Der ‚Zeuge‘ weiß also schon zu
Beginn seiner Vernehmung, dass er soviel lügen kann, wie er will, da ihn niemand
zur Verantwortung ziehen kann. In der Hauptverhandlung beschwören dann zwei
oder drei Kriminalbeamte, dass ihnen ein glaubwürdiger Zeuge berichtet hat, wie er
mit dem jeweiligen Angeklagten der verschiedenen Prozesse illegal gearbeitet hat, an
Konferenzen beteiligt war usw. Alle Fragen der Verteidigung und alle Vorhaltungen
der Angeklagten an die ‚Zeugen vom Hörensagen‘ sind zwecklos, da jeder Versuch,
die Glaubwürdigkeit des Ursprungszeugen zu überprüfen, daran scheitert, dass die
Beamten auf ihre insoweit fehlende Aussagegenehmigung verweisen“.

Und Alexander von Brünneck schreibt in seinem bereits zitierten Buch: „Lock-
spitzel und V-Leute, die vor Gericht unsichtbar bleiben, sowie politische Polizisten
mit einseitig beschränktem Zeugnis, liefern die Beweise; Verfassungsschützer beschwören die Richtigkeit von Sachverhalten, die sie nur mittelbar, nämlich durch
Zuträger bekommen“.

Vergleicht man die Verhörprotokolle des „Untersuchungsausschusses für unamerikanische Aktivitäten“ mit Ermittlungen, Voruntersuchung und Verlauf der
politischen Strafprozesse in der Bundesrepublik, stellt man viele Gemeinsamkeiten
fest. Aber selbst die Exzesse des Ausschusses von McCarthy in den USA haben nicht
zur Einführung des „Zeugen vom Hörensagen“ geführt. Das hat die amerikanische
Verfassung und die darauf beruhenden strengen Beweisregeln verhindert. Ob die
„Zeugen vom Hörensagen“ durch unser Grundgesetz gedeckt waren, ist ja wohl
höchst zweifelhaft.

Aber wie wenig in jenen Jahren die Verfassung wert war, zeigte drastisch das
Verfahren vor dem Bundesverfassungsgericht von 1952 über die Aufstellung deutscher Truppenteile im Rahmen der Europäischen Verteidigungsgemeinschaft
(EVG), die Bundeskanzler Adenauer den Alliierten angeboten hatte. Damals konnte
sich der Bundesjustizminister unbekümmert zu der Erklärung versteigen, die Regierung werde einen negativen Entscheid aus Karlsruhe „nicht anerkennen und sich
nicht beugen“.

Die irreführende Darstellung von Adenauer vor dem Bundestag über die sowjetischen Deutschlandnoten von 1952 diente nicht zuletzt als Rechtfertigung dafür,
dass auf Betreiben des Kanzlers über die sowjetischen Vorschläge überhaupt nicht
verhandelt oder einer ernsten Prüfung unterzogen wurden. Bis heute ist in der politischen Literatur umstritten, ob das Angebot aus Moskau wirklich ernst gemeint
war. Viele verantwortliche Politiker, darunter Adenauers Minister für gesamtdeut-

sche Fragen, Jakob Kaiser, und Gustav Heinemann hatten sich für eine sorgfältige Prüfung ausgesprochen.

In der „Frankfurter Allgemeinen Zeitung" (FAZ) sprach sich der bekannte Publizist Paul Sethe ebenfalls für Verhandlungen aus. Er sprach von „Stalins jäher Wendung" und stellte kritische Fragen zu Adenauers Außenpolitik. Der Bundeskanzler aber war seit längerer Zeit wütend über Sethes kritische Kommentare und versuchte über die Herausgeber der FAZ Druck auf den Journalisten auszuüben, worüber Arnulf Baring in seinem Buch „Außenpolitik in Adenauers Kanzlerdemokratie" ausführlich berichtete. Als Adenauers Druck zunächst nichts fruchtete, intensivierte er seine Einflussnahme über die „industriellen Förderer" der FAZ im Anzeigengeschäft.

Über diese Affäre berichtete eine umfangreiche „Dokumentation zum Problem der Freiheit des Journalisten. Aus der Korrespondenz Fritz Erler – Paul Sethe 1956/57" in den „Vierteljahresheften zur Zeitgeschichte", Heft 1 von 1975: „Die Konsequenzen, mit der Adenauer Sethe auch weiterhin verfolgte, deutet nicht nur darauf hin, dass er – als einer der stärksten Techniker des Machtgewinns und der Machterhaltung, der er war – den Einfluss der Presse auf die Meinungsbildung ganz allgemein hoch einschätzte, sondern auch darauf, dass er in besonderem Maße die Wirkungen der von Sethe verfochtenen Konzeption einer nicht auf ideologisch überstilisiertem Freund-Feind-Denken beruhenden Außenpolitik, die den Ausgleich auch mit der Sowjetunion enthielt, auf bürgerliche Wähler fürchtete. Denn auf der im bürgerlichen Lager dominierenden Annahme, mit der Sowjetunion könne man nicht ernsthaft über die Wiedervereinigung verhandeln, beruhte in den 50er Jahren ein Gutteil auch der innenpolitischen Machtstellung Adenauers".

Das Kesseltreiben gegen Sethe führte schließlich dazu, dass der allseits bekannte und geachtete Paul Sethe das Handtuch werfen musste. Am 22. August 1955 teilte er dem Verlag der FAZ seinen Rücktritt mit. Die Affäre wirft ein bezeichnendes Licht auf die Pressefreiheit jener Jahre. In seinem Brief an den SPD-Bundestagsabgeordneten und Sicherheitsexperten Fritz Erler vom 4. Februar 1955 begründete Sethe seinen Schritt: „Der Druck des Kanzlers ist jahrelang mit geringen Unterbrechungen ausgeübt worden. Ich erinnere an seine Anregung an die Industriellen, der Frankfurter Allgemeinen meinetwegen keine Inserate mehr zu geben; an die Entsendung eines Ministers Storch (ausgerechnet eines Gewerkschaftlers) zu den Haupteigentümern, um gegen mich Stimmung zu machen; an meine Vorladung im Juni 1955 zum Bankier Pferdmenges (‚Meine Freunde und ich sind sehr unzufrieden mit Ihnen') ... Das alles hat mir viele schlaflose Nächte bereitet".

Wenn John Lukacs feststellt, dass der Antikommunismus „den traditionellen Freiheiten der USA Schaden zugefügt habe", so trifft dies in gleichem Maße auf die Bundesrepublik der 50er und 60er Jahre zu. Der Fall Paul Sethe – wie später die

„Spiegel-Affäre", demonstrieren in fataler Weise, wie Regierung und Industrie versuchten, kritische Journalisten auszuschalten.

Die politischen Prozesse vor dem Bundesgerichtshof, gegen dessen Urteile es keine Rechtsmittel gab, mit ihren höchst zweifelhaften Verfahren und die maßlose Ausweitung der „Staatsschutzgesetze", die zum Teil später vom Bundesverfassungsgericht als grundgesetzwidrig aufgehoben wurden, sind überzeugende Beispiele dafür, wie demokratische Freiheiten und Rechte eingeschränkt oder missachtet wurden und die Demokratie Schaden nahm, die man mit solchen zweifelhaften Methoden zu verteidigen vorgab.

In den „Reden über das eigene Land: Deutschland 3" schrieb Margarete Mitcherlich-Nielsen: „Identifikation mit dem Sieger, kalter Krieg, Antikommunismus gingen, wie wir alle wissen, Hand in Hand. Als der Korea-Krieg zum willkommenen Vorwand genommen wurde, die KPD zu verbieten und viele ehemalige Widerstandskämpfer, die schon in der NS-Zeit auf grausame Weise misshandelt wurden, abermals zu inhaftieren, entstand in der Bundesrepublik erneut ein Klima, in dem Opposition wieder Gefahr ausgesetzt war, kriminalisiert zu werden".

3.) Die Legende von der militärischen Überlegenheit der Sowjetunion.

„Die deutsche Armee werde im Kriegsfall durch die Sowjetarmee stoßen, wie ein Messer durch die Butter". Diese Ansicht äußerte der britische Lord Lothian, später Botschafter in Washington, 1935 bei einem Besuch in Berlin im Gespräch mit Kriegsminister von Blomberg und dem „Stellvertreter des Führers" Rudolf Heß, „was von den deutschen Herren zwar nach außen höflich abgelehnt, aber doch mit innerer Befriedigung gehört wurde".

Die Meinung von Lord Lothian gab eine weit verbreitete Auffassung in der britischen Regierung und im britischen Generalstab vor dem 2. Weltkrieg wieder. Dies war ein entscheidender Grund, warum die britische Regierung in ihrer Strategie zur Abwehr der hitlerschen Aggressionspolitik, wie es Churchill in seinen Memoiren ausdrückte, die Sowjetunion in einer Bündnispolitik „nicht auf der Landkarte hatten". In London wie in Paris war man in verantwortlichen Kreisen damals der Meinung, „die Rote Armee werde im Ernstfall der deutschen nicht gewachsen sein".

Ganz im Gegensatz dazu, wurden nach 1945 Stärke und Kampfkraft der Roten Armee im Westen maßlos überschätzt, obwohl die USA in den ersten Jahren nach dem Krieg noch das absolute Atomwaffen-Monopol besaßen. Der amerikanische Publizist und Rüstungsexperte Tom Gervasi wies in seinem Buch „Moskaus Übermacht – Eine amerikanische Legende" nach, wie und warum die wahren Kräfteverhältnisse zwischen den beiden Supermächten USA und Sowjetunion verschleiert und in ihr Gegenteil verkehrt wurden. Er zeigte, wie sich die US-Regierung bei ihren Rüstungsvergleichen frisierter Statistiken, einseitig ausgewählter Fakten und selbst offenkundiger Lügen bediente: „Die Regierung rechtfertigte einen beispiellosen Militärhaushalt mit einer Reihe beispielloser Behauptungen. Die Waffen seien dringend zur Wiederherstellung des militärischen Gleichgewichts notwendig. Eine zweite: Die Sowjetunion habe eine deutliche strategische Überlegenheit gegenüber den Vereinigten Staaten. Beide Behauptungen sind Lügen. Die zweite ist vielleicht sogar eine der größten Lügen aller Zeiten. Denn die Sowjetunion ist strategisch nicht überlegen, sie war es nie und sie wird es vermutlich auch niemals sein ... Man hat uns eine Bomberlücke, eine Raketenlücke, eine Verteidigungsausgabenlücke und ein Fenster der Verwundbarkeit vorgelogen. Aber immer erst nachdem bestimmte politische Ziele erreicht waren, erfuhren wir, dass die Lücken gar nicht existiert hatten. Nachdem die Raketenlücke Präsident Kennedy zum Wahlsieg verholfen hatte, erfuhren wir, dass es sie nie gegeben hatte. Nachdem die Verteidigungsausgabenlücke Präsident Reagan ins Amt gebracht hatte, erfuhren wir, dass es sie nie gegeben hatte. Immer wieder mussten wir Amerikaner jede neue Lücke akzeptieren, die nur das Ziel hatte, einen neuen Expansionszyklus der Rüstung in Gang zu setzen".

Zu der gleichen Auffassung kommt Robert McNamara in seinem aufschlussreichen Buch „Blindlings ins Verderben", und als Vereidigungsminister Kennedys und späterer Präsident der Weltbank wusste McNamara, wovon er sprach. Während des Wahlkampfes um die Präsidentschaft 1960 habe sich John F. Kennedy „ernste Sorgen über den strategischen Rückstand – die Raketenlücke – gegenüber den Sowjetstreitkräften" gemacht. „Er gründete seine Äußerungen auf Einschätzungen des Geheimdienstes der US-Luftwaffe. Nachdem ich im Sommer 1961 meinen Amtseid als Verteidigungsminister geleistet hatte, widmete ich mich mit Vorrang der Frage, wie groß diese Lücke sei, und ich wollte Sofortmaßnahmen einleiten, um sie zu schließen. Roswell Gilpatric, mein Stellvertreter, und ich brauchten nicht mehr als drei Wochen, um herauszufinden, dass es in der Tat eine Lücke bei den Offensivgefechtsköpfen gab, aber – so hatte der CIA dokumentiert – es handelte sich dabei um eine Lücke sehr zugunsten der USA. Die Luftstreitkräfte hatten – ohne Täuschungsabsicht – schlicht zweideutige Daten in einer Weise interpretiert, die ihre Waffenprogramme unterstützten".

Nach Angaben McNamaras besaßen die USA im Oktober 1962, zur Zeit der Kuba-Krise, 5 000 strategische Gefechtsköpfe im Vergleich zu den etwa 300 der Sowjetunion. Eine Überlegenheit von 17:1.

Obwohl Admiral William Crowe am 5. Februar 1986 erklärte, es herrsche eine „grobe Parität" zwischen den Supermächten, warnte die Reagan-Administration bei ihrem ersten Amtsantritt vor einem „Fenster der Verwundbarkeit", wonach Amerikas landgestützte Interkontinentalraketen durch einen sowjetischen Überraschungsangriff zerstört werden könnten: „Doch 1983 kam die vom Präsidenten eingesetzte Kommission zur Untersuchung der Zukunft der strategischen US-Streitmacht zu dem Ergebnis, dass die Befürchtungen der Administration unbegründet seien und ein Fenster der Verwundbarkeit nicht existiere. Es ist also klar", schreibt McNamara, „dass die Militärexperten nicht mit den Ansichten der Administration übereinstimmten, wonach die USA unterlegen sind".

Für den Oktober 1985 bezeichnet McNamara die Anzahl der Gefechtsköpfe für die USA mit 11 188 gegenüber 9 900 der Sowjetunion, wobei das Verhältnis in den Bereichen der U-Boot-gestützten mit 5 728 zu 2 887 und der Bomber mit 3 334 zu 600 besonders groß war.

Zu keinem Zeitpunkt zwischen 1965 und 1985 besaßen die Sowjetstreitkräfte demnach eine militärische Überlegenheit. Und McNamara folgert: „Wie ich bereits ausführte, besaßen die USA Anfang der 60er Jahre etwa 5 000 strategische Atomgefechtsköpfe; die Sowjets hatten ungefähr 300. Zudem verfügten die USA über einen enormen Vorsprung vor der UdSSR in jedem Bereich der Atomwaffen-Technologie ... Gibt es einen Sachkundigen, der bestreiten will, dass die USA heute in einer besseren Position wären, wenn wir das technologische Atomrüsten auf dem Niveau von Anfang der 60er Jahre eingefroren hätten? Im nach hinein ist klar, dass das fortgesetzte Atom-Testen enorme Kosten verursachen sollte".

McNamara glaubte nicht, „dass die Sowjetunion Krieg mit dem Westen will". Er bestreitet die Behauptung, dass die Sowjets stärker geworden seien, wenn er in einem Interview mit der Zeitung „The Guardian" am 9. August 1982 erklärt: „Sie sind schwächer geworden. Sie sind schwächer geworden, weil es wirtschaftlich und politisch einige sehr ernste Fehlschläge gegeben hat. Sie sind heute in einer schwächeren Position als vor 14 oder 15 Jahren. Wer wegen der ‚russischen Bedrohung' Alarm schlage, übertreibe. Wir überbewerten die sowjetische Stärke und unterbewerten unsere eigene, und deshalb stellen wir das Ungleichgewicht viel zu drastisch dar. Im übrigen ist das nichts Neues. Diese Entwicklung dauert schon einige Jahre".

Seit dem Zeitpunkt, als beide Supermächte in der Lage waren, einen Angriff mit einem Vergeltungsschlag beantworten zu können, der dem Angreifer unakzeptablen Schaden zugefügt hätte, kam es nicht mehr darauf an, wer mehr Gefechtsköpfe hatte oder wessen Raketen treffsicherer waren. („Wer als Erster schießt, stirbt als Zweiter"). Robert McNamara führt dazu das Beispiel der Kuba-Krise von 1962 an. Obwohl die USA damals eine Überlegenheit von 17:1 an atomaren Gefechtsköpfen verfügten, „glaubten wir nicht, dass wir über die Fähigkeit verfügten, einen erfolgreichen ‚Erstschlag' gegen die UdSSR zu führen".

Wie McNamara war auch Tom Gervasi der Auffassung, dass die USA „in den fünfziger Jahren die Produktion atomarer Waffen hätten einstellen" können, als sie bereits über mehrere hundert Gefechtsköpfe und die dafür erforderlichen Trägermittel verfügten. Das war mehr als genug, um einen Aggressor abzuschrecken. Ebenso hätte die Sowjetunion in den späten Sechzigern damit aufhören können, als sie das gleiche Ziel erreicht hatte. Aber beide Supermächte setzten die Produktion fort. Neue Waffen wurden entwickelt, ihre Genauigkeit verbessert und ihre Zerstörungskraft gesteigert, nicht um irgendwelchen militärischen Erfordernissen nachzukommen, sondern weil die Technik es möglich gemacht hatte".

Sicher beruhte auch die von George F. Kennan 1948 entwickelte Strategie der „Eindämmung" auf einer notwendigen Verteidigungs- und Abschreckungsfähigkeit des Westens, die dem Kreml jede Möglichkeit zur Aufnahme einer expansiven Aggressionspolitik nehmen und den Sowjets nur die Möglichkeit zu einem wirtschaftlichen und politischen Wettbewerb lassen sollte, den die Sowjetunion – wie Kennan schon damals zutreffend feststellte und Recht behielt – aufgrund ihrer inneren Widersprüche nicht gewinnen konnte.

Aber, so Kennan in seinem Buch „Im Schatten der Atomwaffen": „Es kann doch wohl niemand bestreiten, dass die heutigen sowjetischen und amerikanischen Arsenale, die mehr als millionenfache Zerstörungskraft der Hiroshima-Bombe darstellen, für den in Frage kommenden Zweck (der gegenseitigen Abschreckung) ein fantastischer Überfluss sind, wenn dasselbe Verhältnis gewahrt wäre, dann würden zwanzig Prozent dieser Vorräte sicherlich für die hoffnungsvollsten Abschreckungspläne genügen ... Wir aber haben weiter Waffe auf Waffe, Rakete auf Rakete gehäuft, einen neuen Rekord der Zerstörungskraft auf den alten. Wir haben das hilflos, beinahe unfreiwillig getan: Wie die Opfer einer Art Hypnose, wie die Leute in Trance, wie Lemminge, die sich ins Meer stürzen".

In den 50er und 60er Jahren nach dem 2. Weltkrieg wurde die „sowjetische Gefahr" unter anderem auch damit begründet, dass die Sowjetunion nicht abgerüstet habe, während die Westmächte ihre Truppenstärke reduziert hätten. Es ist sicher nicht zu bestreiten, dass die USA ihre effektive Mannschaftsstärke erheblicher reduziert hatten. Dem stand jedoch eine erhebliche waffentechnische Überlegenheit der USA gegenüber, die in den ersten Jahren nach dem Krieg über das Atomwaffenmonopol verfügten.

Die Sowjetunion hatte im Krieg mit rund 20 Millionen Toten die weitaus größten Opfer zu beklagen, ihre vom Krieg betroffenen Gebiete waren weitgehend zerstört worden: 70 000 Dörfer und 1 710 Städte waren sehr schwer beschädigt und zum Teil völlig vernichtet worden. Nahezu alle Brücken und Eisenbahnlinien in den ehemals von deutschen Truppen eroberten Gebieten waren auf Hitlers Befehl der „verbrannten Erde" vernichtet worden.

In einem Geheimdienstbericht über die militärischen und strategischen Fähigkeiten der Sowjetunion aus dem Jahre 1945 heißt es, die Sowjetunion brauche wenigstens 15 Jahre, um die Verluste an Menschen und die schwersten Schäden in der

Industrie auszugleichen; 10 Jahre, um das Eisenbahnnetz wieder herzustellen; in den nächsten 15 Jahren könne die Sowjetunion keinen größeren Krieg in Erwägung ziehen.

Der britische Feldmarschall Montgomery äußerte nach einer Reise durch die Sowjetunion unmittelbar nach dem Krieg: „Die Sowjetunion ist sehr, sehr ermattet. Die Verwüstung Russlands ist schrecklich und das Land ist kaum in einem kriegsbereiten Zustand. Es wird 15 bis 20 Jahre dauern, bis Russland fähig sein wird, seine verschiedenen Mängel und Schäden zu beseitigen und einen größeren Krieg mit Aussicht auf Erfolg durchkämpfen zu können".

Aus seinen Untersuchungen folgert der amerikanische Rüstungsexperte Tom Gervasi: „Die US-Regierung hat dafür gesorgt, dass die Amerikaner nur über ausgewählte Fakten informiert werden und längst nicht alles erfahren. Aussagen ehemaliger Regierungsmitglieder und zahlreiche weitere Informationen, die die Behauptungen der Regierung über die sowjetische Überlegenheit widerlegten, wurden einfach nicht veröffentlicht".

Dasselbe trifft auch auf die Bundesregierung in den 50er und 60er Jahren zu. Nutznießer des sinnlosen atomaren Wettrüstens war der „militärisch-industrielle Komplex" Rüstungsindustrie und Militärs: „Je mehr Raketen sie produzierten, desto höher die Gewinne. Sie interessiert nicht, ob wir diese Raketen überhaupt brauchen. Sie schrauben den Bedarf an Waffen hoch, indem sie die Bedrohung übertrieben darstellen. Diejenigen Politiker, die den Interessen von Wirtschaft und Militär am eifrigsten dienen, erhalten auch die größte Belohnung für die gewährte Unterstützung – und das ist bei Wahlen in der Regel entscheidend", schreibt Tom Gervasi.

Auf die Gefahren des Einflusses dieses militärisch-industriellen Komplexes hatte schon Präsident Eisenhower in seiner Abschiedsrede an das amerikanische Volk hingewiesen, die er in seinen Erinnerungen „Wagnis für den Frieden" zitiert: „Wir geben jährlich für unsere militärische Sicherheit mehr aus als das Nettoeinkommen aller Unternehmen der Vereinigten Staaten zusammengenommen. Dieses Aufeinandertreffen eines ungeheuren militärischen Apparates mit einer großen Rüstungsindustrie ist eine neue amerikanische Erfahrung. Der Gesamteinfluss – wirtschaftlich, politisch, ja selbst geistig – ist in jeder Stadt, in jeder Landeshauptstadt, in jedem Büro der Bundesverwaltung zu spüren … In der Regierung müssen wir auf der Hut sein vor dem unerwünschten Entstehen eines direkt oder verdeckt wirkenden Einflusses … Nur eine wachsame und kenntnisreiche Bürgerschaft kann die Unterordnung der riesigen industriellen und militärischen Verteidigungsmaschine unter unsere friedlichen Methoden und Ziele erzwingen, so dass Sicherheit und Freiheit gedeihen können".

4.) Ludendorffs zwielichtiger Anti-Kommunismus. Lenin war seine „Geheimwaffe".

Nach der militärischen Niederlage Deutschlands im 1. Weltkrieg 1918 war General Ludendorff eifrig bemüht, die Armeeführung von der Verantwortung frei zu halten und sie einer neuen von den Sozialdemokraten geführten Reichsregierung anzulasten, um die Armee zur Niederschlagung angeblicher „bolschewistischer Unruhen" einsetzen zu können. Ein Jahr zuvor, im Jahre 1917 hatte er selbst die „bolschewistischen Führer" unterstützt, Lenin und sein Gefolge in einem plombierten Sonderzug von der Schweiz nach Petersburg schaffen lassen, um durch eine „bolschewistische Revolution" das zaristische Russland als Kriegsgegner Deutschlands auszuschalten. Am 9. April, dem Ostersonntag des Jahres 1917, beginnt vom Züricher Hauptbahnhof aus die Rückreise russischer Revolutionäre in ihre Heimat. Zu den 32 Heimreisenden zählen Wladimir Iljitsch Lenin, Grigori Sinowjew und Karl Radek, die bald darauf in Petersburg den bolschewistischen Aufstand organisieren, der unter dem Begriff „Oktoberrevolution" in die Geschichte eingehen wird.

Unter Absingen der „Internationale" verlässt die „Gruppe Lenin" um 15 Uhr den Züricher Hauptbahnhof. An der Grenzstation Gottmadingen besteigen die Revolutionäre einen Sonderwagen, den berüchtigten „plombierten Zug", mit dem sie quer durch Deutschland über Frankfurt und Berlin bis Saßnitz reisen und von dort über Stockholm und Helsinki in die russische Hauptstadt Petersburg. Winston Churchill in seinen Memoiren: „Der Pestbazillus der Revolution wurde nach Russland transportiert".

Lenin brauchte sich also nicht durch Deutschland „durchzuschlagen", wie es später ein sowjetischer Lohnschreiber darzustellen versuchte, der Führer der Bolschewiki reiste mit Billigung und Unterstützung des deutschen Auswärtigen Amtes und der Obersten Heeresleitung unter General Ludendorff, die in Lenin ihre „Geheimwaffe" zur Ausschaltung Russlands aus dem Kriege sahen.

Die russische Februarrevolution und der bolschewistische Umsturz vom Oktober 1917 hatten tiefe historische Ursachen, die im Wesen des Verfalls des zaristischen Systems, der Niederlage im Krieg, dem Drang der Massen nach Frieden und sozialen Reformen lagen. Es wäre daher Unsinn zu behaupten, der deutsche Generalstab habe die russische Revolution „gemacht". Aber fraglos hat die deutsche Oberste Heeresleitung unter Ludendorff um eines augenblicklichen militärischen Erfolges willen in politischer Blindheit Lenins Revolution gefördert.

Der deutsche Generalstab verfolgte mit Lenins Hilfe das Ziel, Russland durch eine Revolution zum Friedensschluss mit Deutschland zu zwingen, weil die nach der Februar-Revolution in Russland gebildete Kerenski-Regierung den Krieg fortsetzen wollte Auch die deutsche Heeresleitung und die Reichsregierung versuchten lange, diese Hintergründe zu verschleiern. Erst im Januar 1921 erschien im sozialdemo-kratischen „Vorwärts" ein Artikel von Eduard Bernstein unter dem Titel „Ein dunkles Kapitel": „Es ist bekannt und erst in allerneuester Zeit wieder bestätigt worden, dass es die kaiserlich-deutsche Regierung war, die auf Veranlassung der Heeresleitung Lenin und Genossen im Salonwagen durch Deutschland beförderte, damit sie in Russland ihre Agitation betreiben könnten ... Lenin und Genossen haben vom kaiserlichen Deutschland in der Tat große Summen Geld erhalten ... die Sache ist daher für die Beurteilung ihrer politischen Moral von nicht geringem Interesse".

Die Aktenlage weist aus, dass die russischen Revolutionäre im Ausland, vor allem die Gruppe um Lenin in der Schweiz, seit den Jahren 1915/16 aus deutschen Quellen finanziell unterstützt wurden. Lenin stand seit September 1915 in Kontakt mit der deutschen Botschaft in Bern.

Einer der Initiatoren dieser deutschen „Revolutionspolitik" war Alexander Parvus-Helphand, der von Kopenhagen aus einen einträglichen Handel mit Russland und gleichzeitig einen regen Nachrichtenaustausch mit den russischen Emigranten betrieb. In einer Quittung der Geheimakten des Auswärtigen Amtes bescheinigt er: „Habe am 29. Dezember 1915 eine Million Rubel in russischen Banknoten zur Förderung revolutionärer Bewegungen in Russland von der Deutschen Botschaft in Kopenhagen erhalten". Als der sozialdemokratische Theoretiker Bernstein in einem Artikel im SPD-Organ „Vorwärts" vom 14. Januar 1921 dieses dunkle Kapitel aufdeckte, richtete der Abgeordnete Düwell eine Anfrage an das Auswärtige Amt. Die Antwort lautete: „Vom Reichsschatzamt sind Mittel für die russische Propaganda in Höhe von zusammen 45 Millionen Mark bewilligt worden. Die Verwendung dieser Mittel ist nicht bekannt". Diese Erklärung des Auswärtigen Amtes war falsch. Wie die Historiker Julius Epstein und Stefan T. Possony nach eingehenden Studien der in den USA gelagerten Aktenbeständen des Auswärtigen Amtes beweisen konnten, waren den russischen Revolutionären aus deutschen Quellen bis Ende 1916 bereits über 43 Millionen Goldmark zugeflossen.

In einer amtlichen Moskauer Lenin-Biographie wurde dieses für die Entwicklung der russischen Revolution entscheidende Ereignis unter Verschweigen des wirklichen Hintergrundes so kommentiert: „Die Kunde vom Sieg der Februarrevolution in Petersburg erreichte Lenin Anfang März. Von diesem Augenblick an war sein ganzes Denken darauf konzentriert, möglichst schnell nach Russland zurückzukehren. Lenin beschloss, sich unter Ausnutzung der Gegensätze im Lager des Imperialismus durch Deutschland nach Russland durchzuschlagen. Im Ergebnis von Unterhandlungen durch Vermittlung von Funktionären der Schweizer Arbeiterbewegung wurde diese Reise genehmigt".

Der Wahrheit näher kommt General Ludendorff, Chef des Generalstabes, wenn er in seinen Erinnerungen schreibt: „Indem unsere Regierung Lenin nach Russland schickte, übernahm sie eine furchtbare Verantwortung. Vom militärischen Standpunkt aus war die Reise berechtigt, denn es lag die Notwendigkeit einer Niederlage Russlands vor". Oberst Bauer, Abwehrchef und einflussreicher Mitarbeiter Ludendorffs ergänzt: „Weshalb wir nicht nach englischem Muster unseren Feinden eine Revolution bringen sollten, die sie zum Ausscheiden aus dem Krieg zwang, ist nicht einzusehen".

Militärisch mag die Notwendigkeit dieser Reise berechtigt gewesen sein. Aber hatten Ludendorff und der deutsche Generalstab auch die weiter reichenden politischen Konsequenzen bedacht? Wohl eher nicht! Militärisch gesehen mag es wohl auch dazu geholfen haben, dass die Reichswehr ihre geheime Aufrüstung in Zusammenarbeit mit der Roten Armee aufnehmen konnte.

Die Akteure in diesem historisch seltsamen Manöver waren auf deutscher Seite, teils als Mitwisser, teils als Initiatoren, Kaiser Wilhelm II., General Ludendorff, die Reichskanzler Bethmann-Hollweg und Graf von Hertling, der Staatssekretär des Auswärtigen Amtes, von Kühlmann, der Gesandte in Bern, Freiherr von Romberg, der Erste kaiserliche Gesandte in Moskau, Graf von Mirbach, (der am 3. Juli 1918 einem Mordanschlag der russischen Sozialrevolutionäre zum Opfer fiel), sein Nachfolger Helfferich und der Reichsschatzmeister Graf von Rödern.

Reichskanzler von Bethmann-Hollweg teilte kurz nachdem er vom Sieg der Februarrevolution in Russland erfahren hatte, dem Kaiser mit, er habe den deutschen Gesandten in der Schweiz angewiesen, den russischen Emigranten die Durchreise nach Deutschland anzubieten, weil die nach dem Sturz des Zaren gebildete provisorische Regierung in Petersburg den Krieg gegen Deutschland fortsetzen wolle.

Am 24. März 1917 unterrichtete die Oberste Heeresleitung unter Ludendorff das Auswärtige Amt davon, dass keine Bedenken gegen eine Durchreise der russischen Revolutionäre durch Deutschland bestünden. Auch der Kaiser sei einverstanden. Der Schweizer Sozialist Fritz Platten (er hatte an der russischen Revolution von 1905 teilgenommen und war mit einer Russin verheiratet) verhandelte mit Lenin und teilte dem deutschen Gesandten von Romberg die Bedingungen Lenins mit: Niemand dürfe zurückgehalten werden. Die politische Einstellung der Revolutionäre zur Kriegs- und Friedensstrategie dürfe für die Durchreise nicht maßgebend sein. Ihr Waggon müsse exterritorial sein und eine Pass- und Zollkontrolle dürfe nicht vorgenommen werden. Von Romberg war mit diesem „Abkommen" einverstanden und hat in einem Telegramm das Auswärtige Amt in Berlin um Zustimmung gebeten, die am 7. April gegeben wurde. Die diesbezüglichen Telegramme sind in den Büchern von Werner Hahlweg: „Lenins Rückkehr nach Russland" und Alexander Solschenizyn: „Lenin in Zürich" dokumentiert.

Allen Mitreisenden legte Reiseleiter Platten ein Dokument vor, das alle unterzeichnen mussten und in dem es hieß: „Ich bestätige,

1.) dass die eingegangenen Bedingungen, die von Platten mit der deutschen Ge-
sandtschaft getroffen wurden, mit bekannt gegeben worden sind;

2.) dass ich mich den Anordnungen des Reiseleiters Platten unterwerfe: dass mir
eine Mitteilung des „Petit Parisien" bekannt gegeben worden ist, wonach die
russische provisorische Regierung die durch Deutschland Reisenden als Hoch-
verräter zu behandeln drohe;

3.) dass ich die ganze politische Verantwortung für diese Reise ausschließlich auf
mich nehme;

4.) dass mir von Platten die Reise nur bis Stockholm garantiert worden ist".

Von Zürich bis zum deutschen Grenzbahnhof reisten die Revolutionäre mit einem
fahrplanmäßigen Zug, in dem ein Waggon für sie reserviert war. In Tayngen erfolgte die Schweizer Zollkontrolle ohne Passkontrolle. Auf deutscher Seite, auf dem
Grenzbahnhof Gottmadingen, gab es weder Pass- noch Zollkontrolle. Der deutsche
Offizier, Rittmeister von der Planitz, der Ludendorffs „Geheimwaffe" übernahm,
kontrollierte nur die Anzahl der Revolutionäre und deren Begleitung.

Reiseleiter Fritz Platten berichtete später: „Drei unserer vier Türen waren plom-
biert. Die vierte – hintere – blieb offen, da es zwei deutschen Begleitoffizieren und
mir freistand, aus dem Wagen zu steigen. Das der offenen Tür am nächsten befind-
liche Abteil war für die zwei Offiziere reserviert. Ein Kreidestrich auf dem Boden
begrenzte – ohne neutrale Zone – das Hoheitsgebiet der Deutschen einerseits und
das der Russen andererseits".

Der geheimnisvollen Fracht wurde ein so hoher Vorrang eingeräumt, dass selbst
der Zug des deutschen Kronprinzen zwei Stunden lang aufgehalten wurde. Die Reise verlief ohne größere Zwischenfälle und Lenins Frau Krupskaja schrieb in ihren
Erinnerungen: „Wir sahen aus dem Fenster des Wagens. Uns überraschte die völlige
Abwesenheit von Männern. Lauter Frauen, Jugendliche und Kinder, in der Stadt wie
auf dem Lande. Ein reichhaltiges Mittagessen wurde uns im Waggon serviert. Offenbar wollte man uns zeigen, in Deutschland sei alles in Hülle und Fülle da. Wir fuhren
wohlbehalten durch".

Am 12. April um 15.15 Uhr trifft der Sonderzug in Saßnitz ein und wird auf das
schwedische Fährschiff „Trelleborg" verladen. Am späten Abend betreten Lenins
Revolutionäre schwedischen Boden und treffen am 14. April in Stockholm ein,
wo sie vom russischen Generalkonsul das zur Einreise nach Petersburg notwendige Visum erhalten. Auch die Fahrt durch Finnland verläuft reibungslos und am
16. April 1917 um 22.30 Uhr trifft Lenin und sein Gefolge auf dem finnischen
Bahnhof in Petersburg ein.

Die bolschewistische Partei im Petersburger Sowjet hatte eine riesige Menschen-
menge aus Arbeitern und Soldaten, eine Ehrenwache der Kronstädter Matrosen und
ein offizielles Empfangskomitee aufgeboten. Unter den Klängen der Marseillaise

wurde Lenin zu einem Panzerwagen geleitet, den die bolschewistische Militärorganisation gestellt hatte. In einer Ansprache an die Menge entwickelte Lenin seine Taktik für den „Übergang von der bürgerlich-demokratischen zur proletarischen Revolution, die später unter dem Namen „April-Thesen" bekannt wurde.

Vom April bis zum Oktober 1917 erhielt Lenin vom deutschen Auswärtigen Amt auf verschiedenen Wegen weitere 22 Millionen Mark. Ziel der deutschen Unterstützung: „Ohne Lenin und die bolschewistische Revolution gibt es keinen Sonderfrieden mit Russland".

Am 17. April 1917 erstattete der Leiter der deutschen Abwehrstelle in Stockholm, Hans Steinwachs, die Erfolgsmeldung: „Lenins Eintritt in Russland geglückt. Er arbeitet völlig nach Wunsch". Adressat der Meldung war Hauptmann von Hülsen, Leiter der Politischen Abteilung des deutschen Generalstabes in Berlin. Und in einem Dokument des Staatssekretärs im Auswärtigen Amt, Arthur Zimmermann, vom 3. Dezember 1917 heißt es: „Erst die Mittel, die den Bolschewiki auf verschiedenen Kanälen und mit wechselnder Etikette von unserer Seite dauernd zuflossen, haben es ihnen ermöglicht, die ‚Prawda', ihr Hauptorgan, auszugestalten, eine Agitation zu betreiben und die anfangs schmale Basis ihrer Partei stark zu verbreitern".

Lenins Reisegefährte Karl Radek sollte später bei der Organisation der Aufrüstung in der Zusammenarbeit zwischen der „schwarzen Reichswehr" und der Roten Armee eine Rolle spielen, wurde aber später als „Trotzkist" verurteilt und von Stalin verbannt, in Stalins „großer Säuberung" von 1937 erschossen. Der Schriftsteller Stefan Heym hat eine Roman-Biographie über ihn veröffentlicht.

5.) Der Antikommunismus während der „Beschwichtigungspolitik" vor dem 2. Weltkrieg schloss die Sowjetunion aus der Strategie der Westmächte gegen Hitler aus.

„Das Angebot Sowjetrusslands wurde einfach übergangen. Man warf die Macht der Sowjets nicht in die Waagschale gegen Hitler und behandelte die Russen mit einer Gleichgültigkeit, um nicht zu sagen Verachtung, die in Stalins Einstellung ihre Spuren zurückließ. Die Ereignisse nahmen ihren Lauf, als ob Sowjetrussland nicht existierte. Dafür mussten wir später teuer bezahlen". Diese Sätze stammen aus den Memoiren eines Mannes, der alles andere als ein Freund der Sowjetunion war, aber er war ein realistischer Politiker, der erkannt hatte, dass Hitlers Aggression nur in einem Bündnis Englands und Frankreichs mit der Sowjetunion gestoppt werden konnte: Winston Churchill.

In seiner Geschichte „Der Zweite Weltkrieg" bezieht sich Churchill auf die Situation vor der „Tragödie von München" in der Sudetenkrise des Jahres 1938. Auf der

Tagung des Völkerbundes vom 21. September 1938 hatte der sowjetische Außenminister Litwinow erklärt, sein Land sei entschlossen, die „vertraglichen Verpflichtungen zu erfüllen und der Tschechoslowakei gemeinsam mit Frankreich auf den uns offen stehenden Wegen Hilfe zu leisten". Sowohl die Sowjetunion wie Frankreich hatten einen Beistandspakt mit der Tschechoslowakei abgeschlossen.

„Diese öffentliche und eindeutige Erklärung einer der größten an der Frage beteiligten Mächte spielte keine Rolle in Chamberlains Verhandlungen oder in Frankreichs Verhalten", stellte Churchill fest. Bereits am 2. September hatte der sowjetische Botschafter in London, Maiskij, Churchill aufgesucht und ihn davon unterrichtet, dass die UdSSR entschlossen sei, ihre Verpflichtungen gegenüber Prag zu erfüllen. Es sollten unverzüglich Generalstabsbesprechungen zwischen der Sowjetunion, Frankreich und der Tschechoslowakei zur Abwehr der hitlerschen Aggression stattfinden und eine gemeinsame Erklärung Englands, Frankreichs und der Sowjetunion für die Sicherheit der Tschechoslowakei abgegeben werden. Churchill schickte einen Bericht an den damaligen britischen Außenminister Halifax, der aber „zurückhaltend antwortete, er halte ein solches Vorgehen gegenwärtig nicht für angebracht", schreibt Churchill.

Die Antwort von Halifax lag ganz auf der Linie von Premierminister Chamberlain und seines engsten Beraters und der von ihnen vertretenen „Beschwichtigungspolitik". John Colville, seit dem 2. Oktober 1939 im persönlichen Sekretariat Chamberlains, schreibt in seinem Tagebuch vom 11. Oktober 1939 über die Atmosphäre in der Umgebung der Beschwichtigungspolitiker um den Premierminister: „Arthur Rucker (seit 1939 Chamberlains leitender Privatsekretär) glaubt, dass der Kommunismus eine weitaus größere Gefahr darstellt als Nazideutschland. Alle unabhängigen Staaten in Europa seien anti-russisch eingestellt, aber der Kommunismus sei eine Pest, die vor nationalen Grenzen nicht Halt mache ... Deswegen sei es äußerst wichtig, ein sehr vorsichtiges Spiel mit Russland zu spielen und nicht die Möglichkeit aus der Hand zu geben, falls nötig, sich mit einer neu gebildeten deutschen Regierung gegen die gemeinsame Gefahr zu verbünden. Voraussetzung wäre ein gemäßigt konservativer Gegenschlag in Deutschland, die Ablösung des Regimes durch das Militär", berichtet John Colville in seinem Buch „Downing Street Tagebücher 1938–1945".

Aber gerade diese so genannte Voraussetzung war vor dem Münchener Abkommen von 1938 gegeben. Die Opposition in der Wehrmachtsführung unter dem Chef des Generalstabes Ludwig Beck war entschlossen, Hitler zu stürzen, wenn die Westmächte der Nazi-Diktatur die Stirn geboten hätten.

Es ist ein Irrtum, zu behaupten, die „konservativen Militärs seien erst zum Widerstand bereit gewesen, als der Krieg bereits verloren war. Beck, Halder, Canaris, Witzleben und andere waren vor Ausbruch des Krieges, in der Sudeten-Krise von 1938, bereit, einen Putsch gegen Hitler zu unternehmen, um den von Hitler geplanten Krieg zu verhindern. Damals dachte noch niemand an ein Attentat, geplant war ein Staatsstreich, bei dem Hitler inhaftiert und vor Gericht gestellt werden sollte.

England und Frankreich waren von den Plänen der Widerstandsgruppe in der Wehrmacht unterrichtet. Erich Kordt, ein Diplomat des Widerstandes im Auswärtigen Amt, der die Verfolgungen nach dem Attentat vom 20. Juli 1944 überlebte, hat in einem völkerrechtlichen Seminar an der Juristischen Fakultät der Universität Köln, an dem ich nach meiner Rückkehr aus sowjetischer Kriegsgefangenschaft in den 50er Jahren teilnehmen konnte, die Situation im Herbst 1938 aus seiner eigenen Erfahrung geschildert. Er war auch als Protokollführer des „Münchener Abkommens" über alle einschlägigen Vorgänge informiert.

Erich Kordt, Dietrich Bonhoeffer und andere haben vergeblich versucht, die Westmächte von der Ernsthaftigkeit einer militärischen Widerstandsgruppe zu überzeugen, die gehofft hatte, die Regierungen Englands und Frankreichs würden gegenüber den Forderungen Hitlers hart bleiben. Doch alle diese Versuche blieben erfolglos, da vor allem die britische Regierung an ihrer einmal eingeschlagenen „Beschwichtigungspolitik" gegenüber Hitler fest hielt. Als Chamberlain sich mit Hitler in München arrangierte, war die Chance vertan. Angesichts der von der deutschen und sudetendeutschen Bevölkerung bejubelten „Heimführung des Sudetenlandes" konnte der geplante Staatsstreich gegen Hitler nicht gewagt werden.

Erich Kordt in „Wahn und Wirklichkeit": „Diejenigen Kreise in England, die eine Verständigung mit Deutschland suchten, glaubten eine Basis hierfür auf einer antibolschewistischen Linie zu finden. Sie hofften, Deutschlands Rüstungen so festlegen zu können, dass eine Bedrohung Englands ausgeschlossen wurde".

Eine Linie, die schon der ehemalige britische Premierminister Baldwin in den letzten Monaten seiner Amtszeit in die Sätze kleidete: „Wenn es in Europa zum Kampf kommen sollte, wünsche ich, dass es die Bolschewisten und die Nazis wären. Wenn er (Hitler) nach Osten marschiert, wird es mir nicht das Herz brechen", zitiert Oswald Hauser in seinem Buch, „England und das Dritte Reich – Eine dokumentierte Geschichte der englisch-deutschen Beziehungen", zweiter Band 1936 bis 1939. Auch Sir Samuel Hoare, der frühere Außenminister, träumte von einem Krieg, wie Hauser schreibt, „in dessen Verlauf sich die Faschisten und Bolschewisten gegenseitig umbringen würden".

Diese Kreise in Großbritannien aus allen Lagern der Politik und der Medien, wurden als „Clividen Set" bezeichnet, weil sie sich zu Beratungen auf dem Landsitz von Lady Astor in Clividen trafen. Es waren jene Kreise, die im November 1937 auch die Reise des späteren britischen Außenministers Halifax zu Hitler angeregt hatten.

Das Protokoll aus dem Archiv des deutschen Auswärtigen Amtes über diese Unterredung zwischen Halifax und Hitler am 19. November 1937 ist in dieser Hinsicht sehr aufschlussreich. In Kreisen der britischen Regierung sei man, so Halifax, der Meinung, „dass der Führer nicht nur in Deutschland selbst Großes geleistet habe, sondern dass er auch durch die Vernichtung des Kommunismus im eigenen Land diesem den Weg nach Westeuropa versperrt habe und dass daher mit Recht Deutschland als Bollwerk des Westens gegen den Bolschewismus angesehen werden könne".

England glaube auch nicht, so Halifax weiter, „dass der Status quo in Europa unter allen Umständen erhalten werden müsse". Die Fehler des Versailler Vertrages müssten „richtig gestellt werden", woraus Hitler schließen konnte, London werde gegen den Anschluss Österreichs und der „Heimholung" des Sudentenlandes keine Maßnahmen ergreifen. Chamberlain und er würden es begrüßen, „wenn nach der umfassenden und offenen Aussprache des heutigen Tages weitere Gespräche zwischen Vertretern beider Regierungen über Einzelfragen stattfinden könnten".

Der zu dieser Zeit noch amtierende Außenminister Eden hatte gegen den Besuch von Halifax, der in Absprache mit Chamberlain erfolgte, größte Bedenken und sah darin mit Recht einen „Canossa-Gang". Edens Opposition gegen die Beschwichtigungspolitik führte dann auch zu seiner Demission und zu Übernahme des Außenministeriums durch Halifax, der, wie Goebbels in seinem Tagebuch notierte, von ihm und Göring als „durchaus annehmbarer Gesprächspartner" geschätzt wurde.

Die Beschwichtigungspolitik der britischen Regierung gegenüber Hitler wurde auch von führenden Zeitungen des Landes unterstützt. Vor allem von dem Zeitungszar Lord Rothermere, der Eigentümer von „Daily Mail" und anderer Massenblätter war. Rothermere, der mit seiner antikommunistischen Kampagne bei den Parlamentswahlen von 1924 wesentlich zum Sieg der Konservativen beigetragen hatte, und sein Korrespondent Ward Price waren als ausgesprochene Nazi-Freunde bekannt. Goebbels schreibt in seinem Tagebuch vom 22. Februar 1938: „Lord Rothermere hat ein sehr gutes Interview für den Führer abgegeben. Er ist doch der Zuverlässigste".

Selbst die angesehene „Times" bemühte sich um eine wohlwollende Berichterstattung aus Nazi-Deutschland bis zum Ausbruch des Krieges. So vertraute Norman Ebbutt, der versierte Korrespondent der „Times" in Berlin seinem amerikanischen Kollegen William Shirer an, „dass die ‚Times' nicht alle seine Berichte drucke, da man dort nicht allzu viel über die schlechten Seiten Nazideutschlands zu erfahren wünscht und offenbar unter Londoner nazifreundlichem Einfluss geraten ist. Die ‚Times' in enger Verbindung mit den Pro-Nazis um Cliveden hat ihn nie ausreichend unterstützt". Am 16. August 1937 wurde Ebbutt aus Berlin abberufen, schreibt William Shirer in seinen „Berliner Tagebücher-Aufzeichnungen 1934–1941".

In den Schlussbetrachtungen seines Buches „Wahn und Wirklichkeit" stellte Erich Kordt die berechtigte Frage, warum die Westmächte den demokratischen Regierungen der Weimarer Republik die Revision des Versailler Vertrages verweigerten, während sie nicht zögerten, „alsdann Hitler freie Bahn zu geben". Das jahrelange Paktieren der Westmächte mit Hitler habe dessen politische und moralische Position nicht nur in den Augen der deutschen Bevölkerung gestärkt. Es könne nicht verwundern, dass die breite Masse in Deutschland dadurch in dem Glauben bestärkt worden ist, „es sei im Grunde alles in bester Ordnung, wenn sie die leitenden Staatsmänner der westlichen Demokratien in München sozusagen Arm in Arm mit Hitler und Mussolini sah". Dies rechtfertige die Verbrechen des Hitler-Regimes nicht: „Aber diese Überlegungen mögen aufzeigen, wie der Hitlerismus überhaupt wachsen und seine unheilvolle Laufbahn vollenden konnte".

Auch der 1975 verstorbene General der französischen Luftwaffe, Paul Stehlin, der in den Jahren vor Ausbruch des 2. Weltkrieges Attachè an der französischen Botschaft in Berlin war, verurteilt in seinem Artikel über „Das Münchener Abkommen vom September 1938", der in dem vom Alfred Grosser herausgegebenen Buch „Wie war es möglich?" erschien, scharf die Beschwichtigungspolitik der Westmächte: „Nichts resümiert die Zukunftsaussichten Europas zu Beginn des Jahres, welches das Jahr des Münchener Abkommens werden sollte, besser als die Warnung, die der französische Botschafter in Berlin, Francois-Poncet, in einem Bericht über die Möglichkeit eines von Deutschland geplanten bewaffneten Konflikts an seine Regierung sandte: Haben die nationalsozialistischen Führer die Absicht, einen solchen Konflikt herauf zu beschwören? Wünschen sie in der Lage zu sein, eine günstige Gelegenheit zu nutzen, die sich ihnen womöglich bietet? Glauben sie, wenn sie den Vorsprung ihrer militärischen Überlegenheit noch vergrößern, könnte sich eines Tages niemand mehr ihren Ansprüchen widersetzen? Wie dem auch sei, die Haltung des Dritten Reiches und die beunruhigenden Äußerungen einiger seiner führenden Persönlichkeiten zwingt die auf die Erhaltung des Friedens bedachten Regierungen zu größter Wachsamkeit und verlangt von den Völkern, die sich dem Kult der Freiheit bewahrt haben, stark und einig zu sein" ...

Die britische Regierung hatte 1937 eines ihrer Mitglieder, Lord Halifax, nach Deutschland geschickt, um dort die wichtigsten Naziführer zu treffen ... Der britische Premierminister Sir Neville Chamberlain war über dieses Gespräch sehr befriedigt. In seinem Tagebuch ist tatsächlich zu lesen: „Der Besuch von Lord Halifax in Deutschland war meiner Meinung nach ein großer Erfolg, weil er sein Ziel erreicht hat, nämlich ein Klima zu schaffen, in dem ein Gespräch mit Deutschland über die praktischen Fragen im Sinne einer europäischen Regelung möglich wird ... Ich sehe nicht ein, warum wir den Deutschen nicht sagen, sie sollten uns zusichern, gegen die Österreicher und Tschechoslowaken nicht mit Gewalt vorzugehen, während andererseits wir ihnen zusichern, dass wir keine Gewalt anwenden, um die von ihnen gewünschten Veränderungen zu verhindern, falls sie auf friedlichem Wege zu erreichen sind".

„Frankreich zeigte sich kaum weniger leichtgläubig als England", schrieb Stehlin weiter: „Es wäre richtig gewesen, wenn Frankreich nach dem deutschen Kraftakt der Besetzung des Rheinlandes militärische Anstrengungen unternommen und dadurch bekundet hätte, dass es Hitlers Strategie einer Herrschaft über Europa nicht passiv hinnehmen werde. Stattdessen maß es den Warnungen derer, die mit der Berichterstattung über Deutschland beauftragt waren, ebenso wenig Gewicht bei wie England den dringenden Appellen Winston Churchills, der mit außerordentlicher Klarheit die Größe der aufziehenden Gefahr erkannt hatte".

Erich Kordt veröffentlichte seine aufschlussreichen Erfahrungen aus der Vorgeschichte des zweiten Weltkrieges schon im Jahre 1948. Aber sein Buch „Wahn und Wirklichkeit" fand kaum Resonanz in der Politik oder in den Medien. In einer Zeit, da der Kalte Krieg bereits begonnen hatte und der Antikommunismus aus der Nazi-Zeit bruchlos in die Nachkriegszeit überging, war eine Kritik am Verhalten der Westmächte in der Vorgeschichte der Katastrophe nicht gefragt; es musste die These durchgesetzt werden, dass nur der Pakt mit Stalin Hitler die Auslösung des zweiten Weltkrieges ermöglicht habe. Tatsache aber bleibt, dass der Stalin-Hitler-Pakt vom August 1939 historisch nicht zutreffend gewertet werden kann, ohne die vorausgehende jahrelange Beschwichtigungspolitik der Westmächte, vor allem Englands, zu berücksichtigen.

So sah es auch Winston Churchill, der sicher kein „Freund" der Sowjetunion war, aber die Situation wenige Monate vor Ausbruch des Krieges 1939 vorurteilsfrei und realistisch einschätzte, wenn er in seinen Erinnerungen „Der Zweite Weltkrieg" schreibt: „Unzweifelhaft hatte Stalin das Gefühl, das Hitler nach einem Jahr Krieg mit den Westmächten für Russland ein weniger lebensgefährlicher Gegner sein würde. Hitler befolgte einfach seine Methode, einen nach dem anderen zu erledigen. Die Tatsache aber, dass der Abschluss eines derartigen Abkommens überhaupt möglich war, stellte den Höhepunkt der diplomatischen Misserfolge dar, welche die britische und die französische Außenpolitik seit mehreren Jahren zu verzeichnen hatten. Vom Standpunkt der Sowjetregierung aus muss gesagt werden, dass es für sie lebenswichtig war, das Aufmarschgebiet der deutschen Armeen so weit wie möglich im Westen zu halten, damit die Russen mehr Zeit gewinnen könnten, ihre Streitkräfte aus allen Teilen des ungeheuren Reiches zusammenzuziehen ... Wenn ihre Politik kaltblütig war, es war jedenfalls damals auch im höchsten Maße realistisch".

Wie Churchill sah es auch der Diplomat und Widerstandskämpfer Erich Kordt, wenn er in „Wahn und Wirklichkeit" schrieb: „Die Furcht der Sowjetregierung, von ihnen (den Westmächten) nur benutzt und am Schlusse fallen gelassen zu werden, ist in Kreisen der Sowjetregierung immer lebendig geblieben ... Es kann nicht behauptet werden, dass die britische Diplomatie großes Geschick an den Tag legte, um dieses Ziel zu erreichen. Vor allem in den ersten Wochen nach der Besetzung Prags ist man in London weder sehr folgerichtig noch sehr taktvoll mit der Sowjetunion verfahren ... Die Sowjetunion war durch den Abschluss des deutsch-britischen Flottenvertrages, die Hinnahme der deutschen Aufrüstung und der Rheinlandbesetzung, das Fallenlassen Abessiniens, schließlich die Haltung der Westmächte im spanischen Bürgerkrieg, beim Anschluss und in München misstrauisch geworden. Man braucht gar nicht auf die bolschewistische Ideologie mit ihrer Voraussage eines Machtkampfes im kapitalistischen Lager vor Beginn der Weltrevolution zurückzugreifen, um zu verstehen, dass es Stalin Befriedigung bereiten musste, die Propagandisten eines Kreuzzuges gegen den Bolschewismus sich in einem aufreibenden Kampf gegenseitig schwächen oder gar vernichten zu sehen".

Churchill hat unermüdlich die Beschwichtigungspolitik Chamberlains kritisiert. Schon nach dem Überfall Hitlers auf Österreich hielt er am 14. März 1938 im Unterhaus eine alarmierende Rede: „Die Beherrschung von Wien gibt Nazi-Deutschland die militärische und wirtschaftliche Kontrolle über die gesamten Verkehrsverbindungen von Südosteuropa auf Straße, Wasser und Bahn ... Die Tschechoslowakei ist jetzt isoliert, in wirtschaftlicher und militärischer Hinsicht ... Es ist nicht zu viel gesagt, dass durch das, was sich gerade ereignet hat, Nazi-Deutschland in seiner gegenwärtigen Verfassung in der Lage ist, ganz Südosteuropa, ein Gebiet von etwa 200 Millionen Menschen, zu beherrschen, wenn sich nichts ändert ... Diese nazistische Eroberung Österreichs kann so nicht bleiben".

Aber Churchills Warnungen blieben vergeblich. Noch in den entscheidenden Tagen der Sudeten-Krise erklärte der britische Außenminister Halifax in einer Kabinettssitzung, über die Oswald Hauser in seinem Buch „England und das Dritte Reich – Eine dokumentarische Geschichte der englisch-deutschen Beziehungen. Zweiter Band 1936 bis 1938" berichtet: „Kein Land sei imstande oder willens, der Tschechoslowakei zu helfen: dies sei der unausweichliche Faktor, der sie schließlich zwingen müsse, sich mit Deutschland zu verständigen, wenn sie überleben wolle". In diesem Sinne schlug er vor, „Frankreich noch einmal klar zu wiederholen, dass wir nicht bereit seien, unseren bestehenden Verpflichtungen irgendetwas hinzuzufügen und dass es deshalb nicht auf unsere militärische Hilfe rechnen könne, wenn es mit Deutschland über die Tschechoslowakei in Konflikt gerate. Es wäre gut beraten, wenn es seinen Einfluss in Prag zugunsten einer Regelung mit Deutschland ausüben würde".

In den letzten Wochen vor dem Überfall Hitlers auf Polen hatte Churchill die Befürchtung, „dass die britische Regierung trotz unserer Garantie (für Polen) davor zurückschrecken könnte, einen Krieg mit Deutschland zu führen, wenn es Polen angreifen sollte". Im Juni 1939 erklärte sich der ehemalige Außenminister Eden bereit, nach Moskau zu fliegen, um mit der Sowjetunion zu verhandeln. Doch dieses hochherzige Angebot wurde vom Premierminister abgelehnt. Stattdessen wurde am 12. Juni ein unbekannter Beamter des Foreign Office mit dieser wichtigen Mission betraut. Das war ein weiterer Fehler. Die Entsendung einer so untergeordneten Figur musste geradezu als Beleidigung empfunden werden, denn dieser untergeordnete Unterhändler hatte überhaupt keine Vollmacht".

Als die sowjetische Regierung dann vorschlug, die Verhandlungen auf militärischer Ebene fortzusetzen, wurde im August 1939, kurz vor Abschluss des Stalin-Hitler-Paktes, eine Militärdelegation nach Moskau entsandt, die aber ebenfalls „keine schriftliche Ermächtigung zu Verhandlungen" erhalten hatte. Die Dokumente dieser Verhandlungen lassen klar erkennen, dass selbst kurz vor Ausbruch des Krieges die Regierungen in London und Paris daran festhielten, ein Bündnis mit der Sowjetunion abzulehnen. „Wir gewannen den Eindruck", so Stalin in einer Unterredung mit Churchill im August 1942, „dass die britische und französische Regierung nicht zum Kriege entschlossen waren, wenn Polen überfallen würde", berichtet Winston Churchill in seinen Erinnerungen.

Wie Marc Bloch, der berühmte von der SS ermordete Sozial- und Wirtschaftshistoriker der Pariser Sorbonne, in seinem Buch „Die seltsame Niederlage Frankreich 1940" schrieb, gab es auch in Frankreich eine starke Gruppe von „Beschwichtigungspolitikern", die sich nur allzu gern ins Schlepptau Chamberlains nehmen ließen. Es waren die gleichen Kräfte um Laval, die später in der Regierung von Vichy mit der Nazi-Besatzung kollaborierten. „Allzu lange", schreibt Marc Bloch, „hatte man den Hauptfeind im Kommunismus gesehen. Das französische Offizierskorps neigte in seiner überwiegenden Mehrzahl der politischen Rechten zu und war somit nur schwach motiviert, den Kampf gegen rechte Diktaturen zu führen ... und das französische Bürgertum hat gewähnt, es könne seine inneren Feinde besiegen, indem es sich auf eine verdeckte Kumpanei mit dem äußeren Feind einließ. Darum war es rasch bereit, seine äußere Niederlage hinzunehmen, darum ist es jetzt bereit, sich auf einvernehmliche Zusammenarbeit mit den Unterdrückern einzulassen. In vollständiger Perversion seines nationalen Empfindens hoffte das französische Bürgertum, es könne seine Niederlage nach außen in einen Sieg nach innen verwandeln".

Der Slogan „Lieber Hitler als die Volksfront" war im französischen Bürgertum durchaus verbreitet, schreibt René Girault, Professor an der an Universität von Lille und Paris-Nanterre, in dem von Helmut Altrichter und Josef Becker herausgegebenen Buch „Kriegsausbruch 1939 – Beteiligte, Betroffene, Neutrale" in dem Beitrag „Der Kriegseintritt einer uneinigen Nation: Frankreich". Prof. Girault zitiert in seinem Artikel eingangs aus dem Tagebuch des ehemaligen Gouverneurs der Bank von

Frankreich, Charles Rist, vom 8. September 1938, in dem Rist schrieb: „Was man in Zukunft wahrscheinlich nicht mehr wissen wird, was aber der Gefahr des Vergessenwerdens entrissen werden muss, ist die außerordentlichen Rolle, die in Frankreich wie in England in den letzten Jahren die Angst vor dem Kommunismus und dem Bolschewismus gespielt hat. Diese Furcht macht einen großen Teil der Menschen blind, sie raubt ihnen die Fähigkeit, die politischen Ereignisse anders als im Zerrspiegel zu sehen. Daher rühren die geheimen … Sympathien für Hitler, seine Methoden, seine Gewaltpolitik. Die Leute glauben nicht mehr, dass eine demokratische Regierung in Frankreich stark genug sei, sie zu schützen … Der Krieg erschreckt sie, weil sie in seinem Gefolge Konzessionen an die Arbeiter erwarten, was für sie gleichbedeutend mit Konzessionen an die Kommunisten ist. Genau genommen sind wir heute alle in einem Belagerungszustand, und die Militärs sind die eigentlichen Herren. Werden sie auf Dauer vernünftig bleiben?"

Und im März 1941 notiert Rist in seinem Tagebuch über ein Gespräch mit einem Vertreter der pro-faschistischen „Feuerkreuzler-Bewegung" in Frankreich: „Nur eines weiß er mit Sicherheit: Die Deutschen sind es, die ihn von seiner Angst vor dem Kommunismus befreien werden, von dieser großen Furcht, die all diese Menschen vor 15 Jahren überwältigt und die jene in den vier Jahren des Ersten Weltkrieges durchlebte Angst vor den Deutschen ersetzt hat. Von diesen zwei Formen der Angst ist die erstere noch die schlimmere".

Und Professor Girault folgert in seinem Artikel: „War der Kommunismus nicht überhaupt der Hauptfeind Frankreichs, der Feind, den man sogar vor Hitler bekämpfen musste?"

Das waren die Folgen des blinden Antikommunismus. Wenn die „Beschwichtigungspolitiker" in London und Paris glaubten, eine Verständigung mit Hitler auf der antikommunistischen Linie finden zu können, musste der Diktator in Berlin daraus den Schluss ziehen, durch seine Warnung vor der „jüdisch-bolschewistischen Weltverschwörung" den Westen zu immer neuen Konzessionen bewegen zu können. Aus seiner Unterredung mit Halifax im November 1937 wusste Hitler, welche Anerkennung ihm die Beschwichtigungspolitiker dafür zollten, dass er „durch die Vernichtung des Kommunismus im eigenen Lande … als Bollwerk des Westens gegen den Bolschewismus angesehen wurde".

In seinem Buch „Die Westmächte und das Dritte Reich – 1933–1939" schreibt Karl Rohe: „Die Außenbeziehungen der westlichen Demokratien zum Dritten Reich in der Phase seines Aufstiegs zur Vormachtstellung in Europa bis Kriegsausbruch lösen bis in die Gegenwart politische und historische Kontroversen aus. Sie erhalten ihre Schärfe dadurch, dass der Zweite Weltkrieg als unnötiger Krieg bezeichnet wird, als ein Krieg, den eine tatkräftigere, eindeutigere Politik der Westmächte hätte verhindern können. Der Vorwurf lautete und lautet noch heute vielfach: Hitler habe sich auf seine Politik des hohen Risikos nur einlassen können, weil er die Überzeugung gewann, der Westen werde in seiner Uneinigkeit und Schwäche jedweden aggressiven Vorstoß letztlich doch hinnehmen. Die Gegenstrategie ist entsprechend leicht formuliert: Eine rasche Wiederherstellung des militärischen Gleichgewichts zwischen den Westmächten und dem Dritten Reich, ergänzt durch die Ausarbeitung einer gemeinsamen westlichen Strategie zur Verteidigung gefährdeter Zonen, hätte dem nationalsozialistischen Regime zu verstehen gegeben, dass es nicht gleichzeitig seine zerstörerische Tätigkeit gegen die Nachkriegsordnung von 1919 fortsetzen und auch noch die Vorteile aus den Wirtschaftsbeziehungen mit Großbritannien und dem Empire, Frankreich und den USA einstreichen könne".

6.) Der Versuch der Unterstützer und Mitläufer, sich mit dem Anti-Kommunismus zu rechtfertigen:

Die Kontroverse im so genannten „Historiker-Streit" in der Bundesrepublik und die Auseinandersetzung um das umstrittene Buch von Daniel Goldhagen „Hitlers willige Vollstrecker" rückten noch einmal wichtige Aspekte der Vorgeschichte des Zweiten Weltkrieges in den Mittelpunkt der Diskussion: Die historische Mitverantwortung der national-konservativen Eliten in Deutschland, in der Wehrmacht, der Diplomatie, der Justiz, der Kirchen und nicht zuletzt der Wirtschaft. Ein wesentlicher Teil der national-konservativen Eliten, die Hitler im Januar 1933 zur Macht verhalfen, hat „Weltanschauung" und Ziele des Nationalsozialismus und Hitlers Politik mitgetragen und dies zum Teil bis zum bitteren Ende der Katastrophe. Vor allem fiel bei ihnen die Nazi-Propaganda von der „jüdisch-bolschewistischen Weltverschwörung", die verstärkt mit Hitlers Aufrüstung einherging, auf einen fruchtbaren Boden.

So bekundete der Industrielle Jost Henkel in einem Gespräch mit Charles Thayer, wie der US-Diplomat in seinem Buch „Die unruhigen Deutschen" zitiert: „Ihr Alliierten habt die deutsche Großindustrie ganz falsch beurteilt. Wir waren nicht für die Nazis, sondern gegen die Kommunisten. Von den Parteien, die vor 1933 im Reichstag saßen, gab es nur eine hundertprozentige antikommunistische Partei, und das war die Nazi-Partei. Als uns Hitler 1932 erklärte, dass er mit den Kommunisten aufräumen würde, entschlossen wir uns, ihn zu unterstützen. Wir stellten uns vor, dass wir danach dem kleinen Komödianten die Giftzähne ziehen könnten. Unglücklicherweise war er nicht ganz so komisch, wie wir gemeint haben und wir versagten dabei. Aber das war ein Irrtum in der politischen Beurteilung gewesen, kein Verbrechen gegen die Menschlichkeit". Henkel nimmt in seinen Gesprächen mit Charles Thayer Bezug auf die Zusammenkunft führender deutscher Industrieller am 4. Januar 1933 mit Hitler im Hause des bekannten

Bankiers Kurt von Schröder in Köln, die als der Beginn der massiven Unterstützung der deutschen Industrie für die Hitler-Partei gilt. Was Henkel diskret verschweigt, ist die Tatsache, das namhafte Vertreter der Großindustrie wie Kirdorf, Vögler, Thyssen und andere wie Schnitzler von der IG-Farben, Hitler schon viel früher „finanziell unter die Arme gegriffen" hatten.

Auch Bankier von Schröder versuchte sich im so genannten Krupp-Prozess vor dem Nürnberger Kriegsverbrechertribunal mit der „Furcht vor dem Kommunismus" zu entschuldigen: „Die allgemeinen Bestrebungen der Männer der Wirtschaft gingen dahin, einen starken Führer an die Macht kommen zu sehen, der eine Regierung bilden würde, die lange Zeit an der Macht blieb. Als die NSDAP am 6. November 1932 den ersten Rückschlag erlitt und damit ihren Höhepunkt überschritten hatte, wurde eine Unterstützung besonders dringend. Ein gemeinsames Interesse der Wirtschaft bestand in der Angst vor dem Bolschewismus und der Hoffnung, dass die Nationalsozialisten – wenn an der Macht – eine beständige politische und wirtschaftliche Grundlage herstellen würden. Ein weiteres gemeinsames Interesse war der Wunsch, Hitlers wirtschaftliches Programm in die Tat umzusetzen, wobei ein wesentlicher Punkt darin lag, dass eine wirtschaftliche Konjunktur durch die Vergabe von Rüstungsaufträgen angeregt werden würde". Wie man sich in jenen Kreisen, „die einen starken Führer an der Macht sehen" wollten, diese Staatsaufträge für die Rüstungsindustrie vorstellte, gab Baron von Schröder auch vor dem Nürnberger Tribunal zu Protokoll: „In diesem Zusammenhang sind zu erwähnen: eine von Hitler projektierte Erhöhung der deutschen Wehrmacht von 100 000 auf 500 000 Mann, der Bau von Reichsautobahnen. Aufträge zur Verbesserung des Verkehrswesens, insbesondere der Reichsbahn und Förderung solcher Industrien wie Automobil- und Flugzeugbau und der damit verbundenen Industrien ... Das wirtschaftliche Programm Hitlers war der Wirtschaft allgemein bekannt und wurde von ihr begrüßt".

Man wusste also worum es ging: Die Ankurbelung der Wirtschaft durch Aufrüstung und die Verbesserung der verkehrsmäßigen Infrastruktur für den militärischen Bedarf und zur Vorbereitung des Aggressionskrieges. Doch was Baron Schröder vergessen hatte zu erwähnen, dass Hitler in dieser berüchtigten Besprechung mit Industriellen auch zugesichert hatte: die Zerschlagung der Gewerkschaften. Es ging also nicht allein um den „Bolschewismus".

Dass, wie Baron von Schröder zugibt, die Industriellen Hitler und seine Partei gerade in dem Augenblick unterstützten, als die Nazi-Partei in der Wahl vom 6. November 1932 einen schweren Rückschlag erlitten und die republiktreuen Demokraten hofften, damit sei die Gefahr einer Nazi-Herrschaft gebannt, bleibt ihre historische Mitschuld. Die Gefahr einer kommunistischen Machtübernahme bestand 1933 ebenso wenig wie in der Revolution von 1918. Dies ist heute auch die herrschende Meinung in der deutschen Geschichtswissenschaft und Forschung.

Die Tragödie von Weimar bestand nicht nur darin, dass es zu wenig Demokraten gab, die die Republik verteidigten, es gab vor allem auch zu viele Feinde, die die demokratische Republik aus durchsichtigen Eigeninteressen bekämpften. Weder in der Reichswehr, noch in der Beamtenschaft, weder in der Diplomatie, noch in der Justiz, weder im Kreis der verantwortlichen Männer von Schwerindustrie und Finanzen, noch unter den Professoren der Universitäten fand die Demokratie von Weimar genügend Unterstützung, um ihre Existenz und ihren Fortbestand zu sichern.

Die Tragödie von Weimar begann schon mit ihrer Gründung. Willy Brandt hatte Recht, die Geschichte der Revolution von 1918 war eine einzige Geschichte ihrer Rücknahme, und auch die Feststellung von Walter Rathenau ist treffend: „Die Revolution war kein Ergebnis des Willens, sondern des Widerwillens". Und es war kein „Linker", sondern der Kanzler der katholischen Zentrumspartei, Joseph Wirth, der nach dem Mord an Walter Rathenau 1922 in einer Rede vor dem Reichstag mit Blick auf die Deutsch-Nationalen ausrief: „Da steht der Feind, und darüber gibt es keinen Zweifel, der Feind steht rechts!"

Höchste deutsche Richter des Reichsgerichts in Leipzig glaubten Hitler, als er die „legalen Bestrebungen" seiner „Bewegung" beschwor. Was die Nazis aber wirklich dachten, schrieb Goebbels unter dem 13. Juni 1928 in sein Tagebuch: „Wir kommen als Feinde des Parlamentarismus. Wie der Wolf in die Schafsherde einbricht, so kommen wir. Im Plenum eine tolle Judenschule. Der Parlamentarismus ist längst reif zum Untergang. Wir werden ihm das Sterbegeläut geben".

Es war eine Kombination aus Antikommunismus und Ultranationalismus, die zum Bindeglied für eine verhängnisvolle Zusammenarbeit zwischen Nationalsozialisten und National-Konservativen wurde, deren deutlichster Ausdruck die „Harzburger-Front" des Jahres 1932 war. Die herrschenden Eliten sammelten sich danach freiwillig unter Hitlers Fahnen, weil sie – wie Baron von Schröder in Nürnberg offen bekannte – mit vielen von Hitlers innen- und außenpolitischen Zielen einverstanden waren. So auch jene Minister aus dem national-konservativen Lager, die im Januar 1933 unter Hitler in ein Kabinett eintraten, das sich „Kabinett der nationalen Konzentration" nannte. Diese Minister sahen zu und nahmen es hin, als die braunen Schergen der SA und SS schon wenige Tage später gnadenlos Jagd auf Kommunisten, Sozialdemokraten, linke und liberale Intellektuelle und Pazifisten machten.

Der deutsch-amerikanische Historiker Arno Mayer, der als Vierzehnjähriger mit seinen Eltern Deutschland verlassen musste, macht in seinem bereits zitierten Buch „Der Krieg als Kreuzzug" die Zusammenhänge deutlich, in denen Hitler, die alten Eliten und die Wehrmacht es sich zum Ziel gesetzt hatten, das „deutsche Volk von der jüdisch-bolschewistischen Gefahr zu befreien". Er lässt keinen Zweifel an den gemeinsamen Wurzeln und dem offenen Zusammenspiel von Antisemitismus, Antikommunismus, Ultranationalismus und Nationalsozialismus. Erst dieser

„ideologische Gleichklang" machte die „Endlösung" der Judenverfolgung möglich, wie Mayer schreibt: „Antikommunismus war das Motiv, das die alten Eliten Deutschlands zur Mithilfe bei der Konsolidierung des NS-Regimes und der stillschweigenden Hinnahme der Judenverfolgung in Deutschland, Österreich, Böhmen-Mähren bewog. Im Zeichen des Anti-Bolschewismus unterstützten dieselben Eliten in der Folge die militärische Eroberung eines grenzenlosen ‚Lebensraumes' im Osten Europas und schlossen die Augen vor der barbarischen Misshandlung und Massakrierung der Juden in dem vom Dritten Reich eroberten und beherrschten Gebieten. Letzten Endes war es dieser zweifache Vorsatz der Nationalsozialisten – ‚Lebensraum' im Osten zu gewinnen und das Sowjetregime zu liquidieren, durch den erst die notwendigen geopolitischen, militärischen und ideologischen Voraussetzungen für den Holocaust geschaffen wurden".

Vielen genügte als Antrieb blinder Glaube und vollkommene Hingabe an die nationalsozialistische Führung, die meisten handelten im Einklang mit ihrer antikommunistischern Überzeugung. In seinem Buch „Feindbild und Vorurteil" schreibt der Historiker Wolfgang Benz, Leiter des Zentrums für Antisemitismusforschung an der TU Berlin: „Der Krieg gegen die Sowjetunion war von Hitler als Weltanschauungs-, Rassen- und Vernichtungskrieg gedacht, und so wurde er auch geführt: gegen den Bolschewismus als Ideologie, gegen die Völker der Sowjetunion als Angehörige vermeintlich minderwertiger Rassen, gegen die jedes Mittel bis zur völligen Vernichtung erlaubt schien ... kultureller Überlegenheit und dem Bewusstsein, ihrem Vaterland zu dienen, ihre Pflicht zu tun, wenn sie nach Osten marschierten. Von Schuldgefühlen waren die Soldaten und Offiziere der deutschen Wehrmacht jedenfalls nicht gepeinigt, als sie den Überfall auf die Sowjetunion ausführen mussten ... Fügt man die Teile zu einem Bild zusammen, so ergibt sich der Befund, dass die Deutschen zu Beginn des Krieges gegen die Sowjetunion offenbar mehrheitlich davon überzeugt waren, für eine gute Sache zu kämpfen, und dass alle Methoden gegen diesen Gegner erlaubt seien, denn er wurde nicht nur als eminent gefährlich, sondern auch als äußerst minderwertig betrachtet ... Traditioneller und in der Nachkriegszeit neu genährter Antikommunismus, Gefühle der Bedrohung durch die Sowjetunion und ihre ökonomische und politische Ideologie halfen bei der Rechtfertigung des Geschehens". Eben, zur „Rechtfertigung" auch noch nach dem Krieg!

7.) Rom, die deutschen Bischöfe und der Antikommunismus.

Die Aufführung des Schauspiels „Der Stellvertreter" von Rolf Hochhuth unter der Regie von Erwin Piscator in der Berliner Freien Volksbühne im Februar 1963 und die Veröffentlichung des Textes durch den Rowohlt-Verlag löste in der Bundesrepublik und weit darüber hinaus eine bis heute anhaltende Kontroverse über das Verhältnis des Vatikans zum NS-Regime und zur Judenverfolgung aus. Vierzehn ausländische Bühnen bewarben sich sofort um die Aufführungsrechte und kaum ein Tag verging, an dem nicht die Medien, politische und kirchliche Organisationen Stellungnahmen von Kritikern, Anklägern und Verteidigern veröffentlichten. Hochhuth hatte Papst Pius XII. nicht nur auf die Bühne gebracht, sondern mit der Frage: „Durfte der Papst schweigen?" eine scharfe politische und theologische Diskussion ausgelöst. Dies waren die entscheidenden Fragen: Warum hat Pius XII. niemals öffentlich seine Stimme gegen die Judenverfolgung durch das NS-Regime erhoben? Wie war es möglich, dass das Oberhaupt der katholischen Kirche sich dieser elementaren christlichen Pflicht der Nächstenliebe entzog? War es nur Schwäche, oder die Folge einer politischen Grundeinstellung des Papstes und des Vatikans, die den Nationalsozialismus als das „kleinere Übel" und einen „Verbündeten im Kampf gegen den Kommunismus" sah?

Die letzte Frage wird man wohl eindeutig bejahen müssen. Hochhuths „christliches Trauerspiel" widerlegte zugleich die von der katholischen Kirche nach dem Zusammenbruch des NS-Regimes verkündete These „vom geschlossenen Widerstand der Kirche gegen den Nationalsozialismus".

Karl Raddatz, der in dem von ihm im September 1963 herausgegebenen Buch „Summa iniuria oder durfte der Papst schweigen", die Kontroverse um Hochhuths Schauspiel zusammenfasste, schrieb: „Es ist keine Frage, dass Pius XII. kaum eine Gefahr erwartete, dass er ihn eher mit Sympathie betrachtete, ihn als Verbündeten im Kampf gegen den Kommunismus ansah".

Zu ähnlichen Schlüssen kommen der langjährige Korrespondent und Beobachter vatikanischer Politik, Hansjakob Stehle, in seinem Standardwerk „Die Ostpolitik des Vatikans" und der bekannte Kirchenrechtler Professor Eduard Winter in seiner Analyse über „Ein halbes Jahrhundert Weltgeschichte in ökumenischer Sicht" in dem Buch: „Rom und Moskau".

Wie Stehle schrieb, hatte schon Pius XI. kurz nach der Machtübertragung an Hitler vor einem Konsistorium des Kardinalskollegiums in Rom heftig die „Missionare des Antichrist" angegriffen, denen sich die Völker der christlichen Zivilisationen entgegenstellen müssten: „Dafür, dass Pius XI. in seiner Ansprache vom 13. März 1933 tatsächlich Hitlers Antikommunismus ein Kompliment machen wollte, gibt es noch andere Zeugen. Fünf Tage vorher, am 8. März, hatte der Papst dem französischen Botschafter Charles Roux erklärt, Hitler sei der ‚einzige Regierungschef', der seine (des Papstes) Meinung über den Bolschewismus nicht nur teile, sondern ihn mit großem Mut und unmissverständlich den Kampf ansage. Und am 9. März überraschte Pius XI. in seiner Audienz den polnischen Botschafter Skrzynski durch die

Mitteilung, er sehe, dass er seine Ansicht über Hitler überprüfen, nicht ganz ändern, aber bedeutend modifizieren müsse, denn er müsse zugeben, dass Hitler der einzige Regierungschef der Welt ist, der letztens über den Bolschewismus so spricht, wie der Papst spricht".

Und der deutsche Botschafter beim Vatikan, von Bergen, konnte am 13. März nach Berlin berichten: „Im vatikanischen Staatssekretariat wurde mir nahe gelegt, dass diese Worte als indirekte Anerkennung des entschiedenen und unerschrockenen Vorgehens Reichskanzlers sowie der Regierung gegen den Kommunismus zu deuten wären".

Die ersten Ergebnisse dieser „Modifizierung" in der Einstellung des Vatikans zu Hitler waren die Zustimmung der katholischen Zentrumspartei zum „Ermächtigungsgesetz", der Abschluss des Konkordats mit der NS-Regierung am 20. Juli 1933 und die danach erfolgte Selbstauflösung des Zentrums, die, wie ich aus den Diskussionen in meinem Elternhaus erlebte, für viele Mitglieder des Zentrums und der christlichen Gewerkschaften ein tiefer Schock war.

Pius XI. und sein Kardinalstaatssekretär Eugenio Pacelli (der spätere Pius XII.) glaubten, mit dem Konkordat Hitler und seine Partei von einem neuen „Kulturkampf" abhalten zu können und der Kirche ihren religiösen Freiraum unter dem NS-Regime zu sichern. Das hinderte die Nazis nicht – wie warnende Stimmen schon vor Abschluss des Konkordats vorausgesagt hatten – katholische Verbände, vor allem auch die katholische Jugendbewegung zu unterdrücken und auszuschalten; die Kreuze aus den Schulen zu verbannen; Priester des niederen Klerus zu verhaften und in ein Konzentrationslager zu verschleppen und im Zusammenhang mit dem so genannten „Röhm-Putsch" den Vorsitzenden der „Katholischen Aktion", Erich Klausner, zu ermorden.

In einem Glückwunschtelegramm von Kardinal Faulhaber zum Abschluss des Konkordats an den „Führer und Reichskanzler" hieß es: „Was die alten Parlamente und Parteien in 60 Jahren nicht fertig brachten, hat Ihr staatsmännischer Weitblick in sechs Monaten weltgeschichtlich verwirklicht". Was Hitler selbst von diesem „weltgeschichtlichen Ereignis" hielt, machte er in der Sitzung des Reichskabinetts am 14. Juli 1933 deutlich: „Dieses Reichskonkordat, dessen Inhalt mich überhaupt nicht interessiert, schafft uns eine Vertrauenssphäre, die uns bei unserem kompromisslosen Kampf gegen das internationale Judentum sehr nützlich ist".

Mit dem Reichskonkordat wurde Hitler und seinem NS-System die erste internationale Anerkennung verschafft. Dies mag vom Vatikan nicht gewollt gewesen zu sein, wurde aber in Kauf genommen, obwohl warnende Stimmen vor dieser Folge gewarnt hatten. Für den Vatikan, wie für den überwiegenden Teil der deutschen Bischöfe, waren die Nazis eben „das kleinere Übel", mit dem man sich im Kampf gegen den Kommunismus arrangieren konnte.

Nach Abschluss des Konkordats, wobei man im Vatikan der Ansicht war, „Hitler sei der Kirche so weit entgegengekommen wie vor ihm kein Reichskanzler der Weimarer Zeit", gab der Vatikan die katholische Zentrumspartei in Deutschland auf, die einst Bismarck während des „Kulturkampfes" die Stirn geboten hatte. Vorsitzender Kaas, der Vertraute Pacellis hatte nichts eiligeres zu tun, als die Selbstauflösung des Zentrums zu betreiben. Nachdem er seine Partei auf die Zustimmung zu Hitlers „Ermächtigungsgesetz" eingeschworen hatte, floh er – angeblich vor dem Nazi-Terror – nach Rom. Von dort sandte er Hitler, mit dem er ohne Wissen seiner Parteifreunde vor der Abstimmung über das Ermächtigungsgesetz unter vier Augen verhandelt hatte, „aufrichtige Segenswünsche" und leitete mit Pacelli die Auflösung des Zentrums ein. Protestierende Katholiken des linken Zentrums und christliche Gewerkschaftler beschwichtigte er mit den Worten: „Hitler weiß das Staatsschiff gut zu lenken. Noch ehe er Kanzler wurde, traf ich ihn wiederholt und war sehr überrascht von seiner Art, den Tatsachen ins Auge zu sehen und dabei doch seinen Idealen Treu zu bleiben".

Das Arrangement mit Hitler und seiner Partei wurde getroffen, obwohl katholische Politiker des Zentrums und christliche Gewerkschaftler, katholische Organisationen und Professoren bereits den Terror des Regimes zu spüren bekommen hatten. Aber Pacelli und sein Freund Kaas gaben sich, wie Hansjakob Stehle schreibt, „der Vorstellung hin, dass der gottgläubige Nationalsozialismus das kleinere Übel sei". Ausschlaggebend war, dass Hitler das „gütige Verstehen der Kirche für den Kampf zur Niederzwingung des Bolschewismus" brauchte, wie Kaas an Kardinal Bertram schrieb, und „das neue Deutschland eine entscheidende Schlacht gegen den Bolschewismus schlug", wie Pius XI. gegenüber Hitlers Vizekanzler von Papen freudig bestätigte.

Nachdem der Vatikan das Arrangement mit Hitler unterstützte, war auch für die Mehrheit der deutschen Bischöfe die Sache klar. Hatten sie noch 1932 in einem Hirtenwort vor Hitler gewarnt, gingen sie nun fast geschlossen zu ihm über. In ihrem Hirtenwort vom 3. Juni 1933 hieß es: „Zu unserer großen Freude haben die führenden Männer des neuen Staates ausdrücklich erklärt, dass sie sich selbst und ihr Werk auf den Boden des Christentums stellen. Das ist ein öffentliches, feierliches Bekenntnis, das den herzlichen Dank aller Katholiken verdient. Gerade in unserer heiligen katholischen Kirche kommen Wort und Sinn der Autorität ganz besonders zur Geltung ... Es fällt deshalb uns Katholiken auch keineswegs schwer, die neue, starke Betonung der Autorität im deutschen Staatswesen zu würdigen und uns mit jener Bereitschaft ihr zu unterwerfen, die sich nicht nur als eine natürliche Tugend, sondern wiederum als eine übernatürliche kennzeichnet ..."

Während katholische Gläubige und Priester des niederen Klerus unter der Verfolgung katholischer Organisationen durch die Nazis litten, ein „Kulturkampf",

der unter den Schlagworten vom „Kampf gegen den politischen Katholizismus"
und der „Entkonfessionalisierung des öffentlichen Lebens" geführt wurde, blieben
der Vatikan und die Mehrheit der deutschen Bischöfe bei ihrem Arrangement mit
Hitler.

In ihrem Aufruf zur Volksabstimmung vom 12. November 1933 erklärten die
bayerischen Bischöfe: „Die Katholiken bekennen damit aufs Neue ihre Treue zu
Volk und Vaterland und ihr Einverständnis mit den weitschauenden und kraftvollen
Bemühungen des Führers, dem deutschen Volk die Schrecken des Krieges und die
Gräuel des Bolschewismus zu ersparen ..."

„Die nationale Euphorie, aber auch die eigenen Hoffnungen, die man auf
Hitler projizierte", schreibt der Mitarbeiter am Institut für Zeitgeschichte in München, Clemens Vollnhals, in dem Buch „Lernen aus dem Krieg? – Deutsche Nach-
kriegszeiten 1918–1945", kamen auch in der „Abkündigung" der Altpreußischen
Union, der mit Abstand größten Landeskirche der Protestanten vom 16. April 1933
deutlich zum Ausdruck: „Die Osterbotschaft vom auferstandenen Christus ergeht
in Deutschland in diesem Jahr an ein Volk, zu dem Gott durch eine große Wende
gesprochen hat. Mit allen evangelischen Glaubensgenossen wissen wir uns in der
Freude über den Aufbruch der tiefsten Kräfte unserer Nation zu vaterländischem
Bewusstsein, echter Volksgemeinschaft und religiöser Erneuerung ... In der Überzeugung, dass die Erneuerung von Volk und Reich nur von diesen Kräften getragen und gesichert werden kann, weiß die Kirche sich mit der Führung des neuen
Deutschland dankbar verbunden. Sie ist freudig bereit zur Mitarbeit an der nationalen und sittlichen Erneuerung unseres Volkes".

Besonders intensiv wurde der gemeinsame – wenn auch durchaus mit unter-
schiedlicher Zielsetzung – geführte „Kampf gegen den Kommunismus" im spanischen Bürgerkrieg von 1936. Während Hitlers „Legion Condor" an der Seite es
Faschisten-Führers Franco kämpfte und die Stadt Guernica einschließlich ihrer
Kirchen in Schutt und Asche bombardierte, stellte sich der Vatikan hinter den Militärputsch Francos gegen eine demokratisch gewählte Regierung. Vor spanischen
Flüchtlingen sprach Pius XI. am 14. September 1936 „über die satanische Vorbereitung einer Eroberung der ganzen Welt für absurde und verheerende Ideologien,
die von Spanien ihren Ausgang zu nehmen drohe", berichtet Hansjakob Stehle: „So
wird es kommen, wenn nicht alle, die dazu verpflichtet sind, zu einer Verteidigung
herbeieilen, für die es vielleicht schon zu spät ist".

In einem Hirtenwort der deutschen Bischöfe vom 3. Januar 1937 heißt es: „Der
Bolschewismus hat von Russland her den Aufmarsch nach den europäischen Ländern angetreten und sein Angesicht im Besonderen auf unser Vaterland gerichtet,
um hier, wie überall, wo er sich austoben kann, jede sittliche und gesellschaftliche
Ordnung umzustürzen, jeden volkswirtschaftlichen Wohlstand zu zerstören, jedes

religiöse Leben zu vernichten ... Da kann niemand teilnahmslos zur Seite stehen. Für unser Volk und die christliche Kultur des Abendlandes hat eine Schicksalsstunde geschlagen. Wir deutschen Bischöfe haben bereits im August 1936 von unserer Konferenz in Fulda aus auf die Gräuel der Verwüstung in Spanien hingewiesen ... Der Führer und Reichskanzler Adolf Hitler hat den Anmarsch des Bolschewismus von weitem gesichtet und sein Sinnen und Sorgen darauf gerichtet, diese ungeheure Gefahr von unserem deutschen Volk und dem gesamten Abendland abzuwehren. Die deutschen Bischöfe halten es für ihre Pflicht, das Oberhaupt des Deutschen Reiches in diesem Abwehrkampf mit allen Mitteln zu unterstützen ... Lasst euch nicht von unzufriedenen Menschen in eine Missstimmung und Verdrossenheit hineinreden, die noch immer ein üppiger Nährboden für bolschewistische Gesinnung war. Sollten geheime Anhänger der Moskauer Weltanschauung an euch herantreten, lasst euch nicht täuschen und in der Mitarbeit der Abwehr des Todfeindes der christlichen Kultur nicht irremachen".

Wer dieses Hirtenwort der deutschen Bischöfe vom 3. Januar 1937 liest, wird sich nicht wundern, dass sich führende Nazis nach der Niederlage Nazi-Deutschlands 1945 darauf beriefen, das Hitler doch zumindest in einem Punkt recht gehabt habe, in der „Verteidigung des Abendlandes gegen den Bolschewismus", eine Argumentation, die auch im so genannten „Historikerstreit" in der Bundesrepublik in den achtziger Jahren noch eine Rolle spielen sollte.

Als die Bischöfe im Januar 1937 dieses Hirtenwort veröffentlichten, war die Verfolgung der jüdischen Bürger in Deutschland schon in vollem Gange und auch für jeden sichtbar: Beim Boykott jüdischer Geschäfte, Arztpraktiken und Rechtsanwaltskanzleien, beim Erlass des so genannten „Gesetz zur Wiederherstellung des Berufsbeamtentums" und die Einführung des „Arier-Paragraphen", die nur dem Zweck dienten jüdische Bürger aus allen öffentlichen Einrichtungen zu entfernen, beim Erlass der Nürnberger „Rasse-Gesetze", die die pseudo-gesetzlichen Voraussetzungen für den Holocaust schufen. Zu diesem menschenverachtenden Terror hatte man von den Kirchenleitungen kein Wort an die Öffentlichkeit und schon gar keinen Protest gehört.

„Weder der katholische Episkopat, noch der Evangelische Kirchenausschuss fanden sich bereit, ihre Stimme für die verfolgten Juden zu erheben", schreibt der Kirchenhistoriker Klaus Scholder, der ein mehrbändiges Werk über die „Kirchen im Dritten Reich" veröffentlichte: „Dabei überwogen auf katholischer Seite Gründe der Furcht und der politischen Opportunität, auf evangelischer Seite die Überzeugung, dass der Staat zu solchen Maßnahmen berechtigt, ja verpflichtet sei. Später sollte sich dieses Schweigen auch gegenüber anderen Rechtsbrüchen und Terrorakten beklemmend fortsetzen. Dass die beiden Kirchen allein durch dieses Schweigen zu den Untaten des Dritten Reiches mitschuldig geworden sind, sollte außer Zweifel stehen. Es offenbarte sich in der innerkirchlichen Diskussion um diese Frage die entscheidende Schwäche beider Kirchen gegenüber dem Nationalsozialismus: beide waren in diesen ersten Jahren viel mehr um ihren Bestand, als um ihren Auftrag besorgt und deshalb den institutionellen Pressionen Hitlers ausgeliefert".

Umso mehr ist zu würdigen, wie eine Reihe mutiger Christen, Priester, Pfarrer und Laien ihren Auftrag zur christlichen Nächstenliebe wahrgenommen und bezeugt haben: Dietrich Bonhoeffer, Alfred Delp, Dompropst Lichtenber, die Geschwister Scholl in der Widerstandsgruppe „Weiße Rose", die engagierten Christen unter Helmut James Graf Moltke im „Kreisauer Kreis", um nur einige Namen zu nennen. Sie waren bereit jüdischen Bürgern unter Einsatz ihres eigenen Lebens zu helfen. Sie beriefen sich auf ihr „christliches Gewissen", wie Dompropst Lichtenberg in den Verhören der Gestapo betonte, und waren „bereit, alle Konsequenzen in Kauf zu nehmen, die sich daraus für mich persönlich ergeben".

Ich habe selbst als junger Mensch in den Diskussion in meiner Familie unter ehemaligen christlichen Gewerkschaftlern und engagierten Anhängern der katholischen Zentrums-Partei erlebt, wie sie fast verzweifelnd auf ein Wort der Kirchenleitungen und des Vatikans gegen den Terror der Nazis gewartet haben. Sie waren darum erleichtert, als am 21. März 1937, während des Gottesdienstes, die päpstliche Enzyklika „Mit brennender Sorge" verlesen wurde, die der „Lage der katholischen Kirche im Reich" gewidmet war.

Nach 1945 ist diese Enzyklika von der Kirche oft als besonderes Zeichen des Widerstandes gegen den Nationalsozialismus gewertet worden. Hier wird man allerdings einige Abstriche machen müssen. Die Enzyklika wendet sich in erster Linie und fast ausschließlich gegen die Konkordatsverletzungen durch die Hitler Regierung im Schul- und Bildungswesen, in der Beschränkung des Elternrechts und gegen die Überhöhung des Rassegedankens, der „über den christlichen Glauben" gestellt werde. Mit keinem Wort aber verurteilt der Papst darin die Judenverfolgung, noch wird die „Weltanschauung" des Nationalsozialismus darin überhaupt beim Namen genannt. Die Konzentrationslager erwähnt der Papst nur einmal im Abschnitt an die Priester und Ordensleute, indem er seinen Dank an jene Priester und Ordensleute ausspricht, die „in Ausübung ihrer Hirtenpflicht Leid und Verfolgung tragen müssten und müssen ... für manche bis in die Kerkerzellen und des Konzentrationslagers hinein".

Man muss diese Enzyklika aber wohl auch im Zusammenhang mit der wenige Tage zuvor veröffentlichten Enzyklika „Divini Redemptoris" vom 18. März 1937 sehen, die sich in scharfer Form gegen den „atheistischen Kommunismus" richtete. Dabei unterstrich Kardinal Pacelli, der vatikanische „Außenminister" und spätere Papst Pius XII., in einer Note an die Reichsregierung, die Schärfe der Verurteilung des Systems in der Sowjetunion als „abwegiges und revolutionäres System".

Als die Nazis wegen der in den Kirchen verlesenen Enzyklika „Mit brennender Sorge" Vergeltungsmaßnahmen androhten, schwächte der Breslauer Kardinal Bertram, der zugleich Vorsitzender der Fuldaer Bischofskonferenz war, in einem Schreiben vom 27. April 1937 an den für Angelegenheiten der Kirchen zuständigen Minister Reichsminister Kerrl, die Wirkung der Enzyklika ab: „Bezüglich der innerlichen Berechtigung der Darlegungen der päpstlichen Kundgebungen dürfen sich die Bischöfe berufen auf die fast ununterbrochene Folge an die Reichsregierung gerichteten Noten, von denen nicht eine einzige ein politisches Gepräge trägt ... Von einer feindlichen Einstellung des Klerus gegenüber dem national-sozialistischen Staat ist dem Episkopat nichts bekannt".

Im gleichen Jahr 1937, als die Enzyklika „Mit brennender Sorge" veröffentlicht wurde, erschien im Herder-Verlag das „Handbuch der religiösen Gegenwartsfragen" von Erzbischof Dr. Conrad Gröber – zu dieser Zeit noch „förderndes Mitglied" der SS – in dem er im Vorwort schreibt: „In der gegenwärtigen Schicksalsstunde unserer Nation stellen sich die Leiter der Kirche in besonderer Treue an die Seite der Männer des Staates, entschlossen zur einigen Abwehr des gemeinsamen Feindes. Indem sie für das Christentum und den echten Gottesglauben im deutschen Volk kämpfen, stützen sie auf ihre Weise am wirksamsten den Wall, den in unserem Vaterlande der Führer gegen den Bolschewismus aufgerichtet hat".

Die einzelnen Abschnitte des Gröber-Buches, wie Erziehung, Eugenik, Gemeinschaft, Germanen, Kommunismus, Kunst, Liberalismus, Marxismus, Nation und Rasse, lassen eine groteske Übereinstimmung mit den Irrlehren der Nazi-Ideologie erkennen, die mit Anpassung oder Anbiederung noch harmlos umschrieben sind.

Der Inhalt dieses „Handbuches" von 1937, von dem ich aus der Bibliothek meines Vaters noch ein Exemplar besitze, hat damals unter christlichen Gewerkschaftlern geradezu Entsetzen ausgelöst. Dazu habe ich in dem mit Dr. Manfred Foerster veröffentlichen Buch: „Von der Nähe des Gewesenen. Erkenntnisse aus der Spurensuche" unter dem Titel „Der Widerstand mutiger Christen und die Haltung der Kirchen im Dritten Reich" ausführlich Stellung genommen.

Hier zur Klarstellung nur zwei gravierende Beispiele aus dem Buch von Gröber: Unter dem Stichwort „Rasse" schreibt er: „Weil jedes Volk für seinen glücklichen Bestand die Verantwortung selbst trägt und die Hereinnahme vollkommenen fremden Blutes für ein geschichtlich bewährtes Volkstum immer ein Wagnis bedeutet, so darf keinem Volk das Recht abgesprochen werden, seinen bisherigen Rassenstand ungestört zu bewahren und zu diesem Zweck Sicherungen anzubringen ... Die Rassengesetzgebung der Gegenwart kann daher nur darin ihren Sinn haben, dass die Heimrassigkeit und die Heimkultur vor Entartung bewahrt und gepflegt werden sollen ... Hier sei nur noch hinzugefügt, dass vom Christentum her eine wissenschaftlich begründete Rassenforschung und Rassenpflege nur zu begrüßen ist".

Ein besseres „Grußwort" an die 1935 von den Nazis erlassenen anti-jüdischen Rassegesetze hätten sich die braunen Machthaber kaum wünschen können, und viele gläubige Katholiken fragten sich damals, worin unterscheidet sich eigentlich Gröbers „Heimrassigkeit" noch von der „Reinrassigkeit" der Nazis.

Nur mit Erschütterung stellt man fest, wie in Gröbers „Handbuch" durch eine völlig undifferenzierte Gleichsetzung von Liberalismus, Marxismus, Humanität und Moral die demagogischen Parolen der Nazi-Propaganda übernommen werden, wenn es in seinem Buch unter dem Stichwort „Humanität" heißt: „Die Humanität des Liberalismus und Marxismus wurde zu einer dem sittlichen Kampf und alle heroischen Ideale erweichenden Gefühlsduselei ... Mit Recht wurde diese Art der ‚Humanität' vom Nationalsozialismus auch deshalb angegriffen, weil sie das Lebensrecht des Einzelnen zum Schaden des Lebensrechtes der Gemeinschaft überbetonte, weil die Fürsorge für das Kranke und Schwache bis zur allzu großen Belastung der Öffentlichkeit und damit zur Erstickung der noch gesunden Familien ausdehnte, weil sie den richtenden und strafenden Arm des Staates immer mehr schwächte ... Es ist durchaus berechtigt, diese kosmopolitische ‚humanitäre' Entartung der echten Humanität zu bekämpfen".

Der Einsatz für Kranke und Schwache ist also nach Gröber eine „humanitäre Entartung". Was unterscheidet dann eigentlich Gröber noch von der Nazi-Parole des „lebensunwerten Lebens"? Auch hier hätten sich die Nazis kaum eine bessere „Begründung" für ihr „Euthanasie-Programm" wünschen können. Und dieses „Handbuch" von Gröber sollte den Katholiken als Wegweiser für ihr Leben unter dem Nationalsozialismus dienen? Es mag ja möglich sein, dass diese „Ergüsse" die persönlichen Ansichten von Bischof Gröber waren, aber dann fragt man sich doch, wie konnte dieses Buch, wie es auf der Titelseite ausdrücklich heißt: „Mit Empfehlung des deutschen Gesamtepiskopats" herausgegeben werden.

Am 8. Mai 1945, am Tag der bedingungslosen Kapitulation des Nazi-Regimes, erklärte Bischof Gröber in einem Hirtenwort: „Der letzte Grund all des Unglücks liegt in der unserem Volk durch Wort, Schrift und Gewalt aufgezwungenen Weltanschauung". Hatte Gröber zu diesem Zeitpunkt schon vergessen, was er in seinem berüchtigten „Handbuch" katholischen Gläubigen „in Wort und Schrift" als „Weltanschauung"(?) empfohlen hatte?

Durch das Buch von Georges Passelecq und Bernard Suchecky „Die unterschlagene Enzyklika – Der Vatikan und die Judenverfolgung" wurde eine andere wichtige Enzyklika bekannt, die aber vom Vatikan nie veröffentlicht worden ist und in den römischen Archiven schlummert.

In einer Erklärung der „Päpstlichen Kommission Gerechtigkeit und Frieden" vom 10. Februar 1989 heißt es, dass Pius XI. nach der Veröffentlichung der Enzyklika „Mit brennender Sorge" seit 1937 dabei war, eine weitere große Enzyklika über die Einheit des Menschengeschlechts vorzubereiten, die den Rassismus und Antisemitismus verurteilen sollte. „Der Tod ereilte ihn, ehe er sie veröffentlichen konnte".

Am 22. Juni 1938 empfing Pius XI. Pater LaFarge und gab ihm den Auftrag, einen Entwurf dieser Enzyklika vorzubereiten, die den deutschen Titel tragen sollte „Die Einheit des Menschengeschlechts" und sich entschieden gegen rassistische und antisemitische Theorien aussprechen sollte. Pater LaFarge war für diese Aufgabe bewusst ausgewählt worden. Als Absolvent der Harvard University hatte er 1934 in New York den „Catholic Interracial Council" als Zentrum eines ausgedehnten Netzes katholischer Komitees gegründet, in denen Schwarze und Weiße gemeinsam für „Gerechtigkeit zwischen den Rassen als einer besonderen Form der sozialen Gerechtigkeit im Allgemeinen" eintreten. 1937 veröffentlichte er ein Buch mit dem Titel „Interracial Justice", das ihn nicht nur in den USA, sondern weit darüber hinaus als einen entschiedenen Kämpfer gegen jede Form von Rassismus ausgewiesen hatte. Zusammen mit den Jesuitenpatres Gustave Desbuquois und Gustav Gundlach, die beide in der sozialen Katholischen Aktion aktiv waren, begann John LaFarge mit der Ausarbeitung. Gustav Gundlach hatte sich in der Weimarer Republik aktiv am politischen Leben beteiligt und war Professor für Sozialethik und Soziologie an der Philosophisch-Theologischen Hochschule St. Georgen in Frankfurt am Main. Er hatte zahlreiche Beiträge in der Jesuitenzeitschrift „Stimmen der Zeit" veröffentlicht.

Ende September 1938 lieferte LaFarge den Entwurf des von ihnen erarbeiteten Manuskripts für die Enzyklika „Humani Generis Unitas" in Rom ab. In der Nacht vom 9. auf den 10. Februar 1939 stirbt Pius XI. nach einem erneuten Herzanfall. Ob er den Text des Entwurfs erhalten hat, wurde nie geklärt. Sein Nachfolger wird am 3. März Kardinal Pacelli unter dem Namen Pius XII.

Auch die Frage, wer letztlich verfügt hat, die Enzyklika nicht zu veröffentlichen und das von LaFarge eingereichte Manuskript in die Archive zu verbannen, blieb ebenfalls ungeklärt. In seinem Buch „Die katholische Kirche und der Holocaust – Eine Untersuchung über Schuld und Sühne" schreibt Daniel Jonah Goldhagen: „Kaum hatte er dieses höchste Amt angetreten, musste Pius XII. eine bedeutende Entscheidung treffen: was mit dem Entwurf der Enzyklika von Pius XI. geschehen solle. Die Entscheidung war bedeutend, weil ‚Humani Generis Unitas' die Kirche endlich gezwungen hätte, öffentlich für die verfolgten Juden einzutreten, wurde darin doch ausdrücklich der Antisemitismus des Nationalsozialismus verurteilt und eine Einstellung der Judenverfolgung in Deutschland gefordert".

Im Entwurf der Enzyklika heißt es: „Der Kampf für die Reinheit der Rasse wird schließlich einzig zum Kampf gegen die Juden, ... einem Kampf, der sich weder in seinen wahren Motiven noch in seinen Methoden – mit Ausnahme seiner systematischen Grausamkeit – von den Verfolgungen unterscheidet, denen die Juden seit der Antike allerorten ausgesetzt waren".

Mit dem Hinweis, dass die Erlösung durch Jesus Christus allen Menschen zuteil geworden ist, stellt der Entwurf fest: „Dies ist das wahre ‚Mysterium des Blutes'. Dies ist der Grund und die Art und Weise, wie Blut und Blutsverwandtschaft die Wirklichkeit der Gemeinschaft der Menschen begründen, ‚jene große Familie, die sich über die Grenzen aller Rassen und aller Länder hinaus erstreckt', die alle Menschen in ihrem Tiefsten, nämlich in ihrer Beziehung zu Gott, vereint. Es ist traurig festzustellen, dass es heutzutage Menschen gibt, die vielleicht noch Christen oder zumindest diesen Namen behalten wollen, die dieses Mysterium des Blutes nicht zugeben, welches doch in Wahrheit eine der Grundlagen unseres christlichen Glaubens ist. Diese Menschen übertreiben maßlos den zufälligen, auf jeden Fall aber sehr oberflächlichen Anteil des Blutes und der Blutsverwandtschaft bei der Bildung größerer sozialer Einheiten als der Familie, und dies bis zu dem Punkt, dass sie, gegen alle Erfahrung und mehr noch gegen die Lehre unseres katholischen Glaubens, die Einheit der menschlichen Rasse absolut zurückweisen und bestrebt sind, unüberwindliche Barrieren zwischen den verschiedenen Bluts- und Rassengemeinschaften zu errichten".

Dass der Text der Enzyklika „Humani Generis Unitas", die heute oft als „die unterschlagene Enzyklika" bezeichnet wird, dennoch bekannt wurde, verdanken wir den entschiedenen Nachforschungen des belgischen Benediktinerpaters Paselecq und dem jüdischen Historiker Bernard Suchecky, die den Text in ihrem genannten Buch im Anhang veröffentlicht haben.

Ob die Enzyklika, wenn sie vor der Pogromnacht von 1938 vom Vatikan veröffentlicht worden wäre, die Nazis von ihren brutalen Verfolgung der Juden abgehalten hätte, mag zweifelhaft sein, aber das eine solche Veröffentlichung die Weltöffentlichkeit informiert und vielleicht zu einem entschlossen Handeln gegen den NS-Staat bewogen hätten, kann auch nicht völlig ausgeschlossen werden.

Daniel Jonah Goldhagen schreibt dazu: „Dass ein weiterer Papst seine Amtszeit damit begann, dass er dieses bemerkenswerte Dokument zur Verteidigung der Juden, das man heute als ‚unterschlagene Enzyklika' bezeichnet, in den Archiven begrub, und dass der Vatikan nach dem Krieg ein halbes Jahrhundert lang versuchte, sowohl diesen Akt der Unterschlagung durch Pius XII., als auch die Enzyklika selbst zu verbergen, verrät einiges über Pius XII. und über die Vertuschungsmanöver im Zusammenhang mit diesem Papst und dem Verhältnis der Kirche zum Holocaust".

Wie die Kirchen den Nazis halfen.

„Von Pacelli war auch die Anregung zu einem Buch ausgegangen, mit dem sich der in Rom lebende Bischof Alois Hudal, ein ‚großdeutsch gesinnter' Österreicher,

90

später sehr in Verruf brachte: Hudal unternahm einen akrobatischen Versuch, den Nationalsozialismus noch einmal ein Zusammengehen mit der katholischen Kirche gegen den Bolschewismus anzubieten, unter der Bedingung, dass sie die antichristlichen Teile ihrer Weltanschauung aufgeben und ihren – wie Hudal meinte – nicht ganz falschen Antisemitismus von ‚rassistischer Überspitzung' befreien würden", schreibt der langjährige und bestens informierte Vatikan-Korrespondent, Hansjakob Stehle, in seinem Buch „Die Ostpolitik des Vatikans": „Falls die ‚Synthese von Christentum und Deutschtum' nicht gelinge, würde das bolschewistische Russland, ‚dessen mittlerer und unterer Parteiapparat von Juden beherrscht ist', die Führung in Europa übernehmen, befürchtete Hudal".

Er geriet vor allem nach dem Krieg in Verruf, als er manchen Nazi-Mörder durch falsche Rot-Kreuz-Pässe vor der Bestrafung durch ihre Richter rettete. Dazu schreibt Daniel Jonah Goldhagen in seinem Buch: „Die katholische Kirche und der Holocaust": „Was der Vatikan unterlassen hatte, um den zu Unrecht verfolgten Juden zu helfen, das unternahm er nun gerne für Deutsche und andere, die Juden ermordet hatten. Hochgestellte Mitglieder der Kirche sorgten gezielt dafür, dass die größten Mörder der europäischen Judenheit sich der Justiz entziehen konnten, indem sie ihnen falsche Pässe verschafften und sie nach Lateinamerika lotsten ..."

Einer der Rädelsführer dieser handfesten kriminellen Verschwörung, war der Freund und Vertraute von Papst Pius XII. und dem späteren Papst Paul VI., der höchste Vertreter der deutschen Kirche in Rom, der als leidenschaftlicher Unterstützer der Nationalsozialisten bekannte Bischof Hudal. Er hat sich nach eigener Aussage veranlasst gesehen, nach 1945 seine ganze karitative Arbeit in erster Linie den früheren Angehörigen der NS und Faschismus, besonders den so genannten ‚Kriegsverbrechern' zu weihen, die ‚verfolgt wurden und nach seiner Ansicht vielfach persönlich ganz schuldlos' waren, wie Hudal in dem Buch „Römische Tagebücher – Lebensbeichte eines alten Bischofs" zugibt. Er brüstete sich damit, nicht wenige mit falschen Ausweispapieren „ihren Peinigern durch die Flucht in glücklichere Länder entrissen zu haben". Zu ihnen gehörten „einige der größten Verbrecher aller Zeiten: Adolf Eichmann, der die Vernichtung von Millionen von Juden organisierte; Franz Stangl, der nacheinander Kommandant von zwei Vernichtungslagern war, Sobibor und Treblinka; Kurt Christmann, der Kommandant des Sonderkommandos 10a, das in der Sowjetunion Juden ermordete; Walter Rauff, der für die Entwicklung der Vergasungswagen verantwortlich war, die zum Massenmord an Hunderttausenden benutzt wurden; Klaus Barbie, der ‚Schlächter von Lyon'; Ante Pavelic, der Chef des Massenmord verübenden kroatischen Ustascha-Regimes und der Infamste von allen, Dr. Josef Mengele aus Auschwitz".

In seinem Buch „Zwischen Deutschland und Argentinien", das in Buenos Aires erschien, schreibt der höchstdekorierte Kampfflieger der Nazi-Luftwaffe, Hans-

Ulrich Rudel, der sich auch noch nach 1945 als unverbesserlicher Nazi betätigte: „Man mag sonst zum Katholizismus stehen, wie man will. Was in diesen Jahren durch die Kirche, vor allem durch einzelne menschlich überragende Persönlichkeiten innerhalb der Kirche, an wertvollem Menschentum unseres Volkes gerettet worden ist, oft vor dem sicheren Tode gerettet worden ist, soll billigerweise unvergessen bleiben!"

Als Hudals „Lebensbeichte" veröffentlicht wurde, versuchte man die Sache mit der Behauptung abzuschwächen, er sei ein „Einzeltäter" gewesen. Das stimmte natürlich auch nicht, denn wie der Publizist Ernst Klee in seinem Buch „Persilscheine und falsche Pässe" nachgewiesen hat, gab es eine Organisation, die auch vom amerikanischen Geheimdienst CIA genutzt wurde, wie der Fall Barbie bewies.

Am 15. Mai 1947, so Ernst Klee, „berichtet der amerikanische Sicherheitsbeamte Vincent La Vista ‚top secret' von Rom nach Washington: Der Vatikan sei die größte Einzelorganisation, die in die illegale Bewegung von Auswanderern verwickelt ist. Geholfen werde Leuten aller politischen Überzeugungen, ‚solange sie Anti-Kommunisten und für die Katholische Kirche seien'".

8.) Antikommunismus als „Rechtfertigungsideologie" für ein Bündnis mit rechtsextremistischen und faschistischen Diktaturen in aller Welt.

Lateinamerika: „Offenbar sind die Vereinigten Staaten von der Vorsehung auserwählt, Lateinamerika im Namen der Freiheit heimzusuchen". Mit diesen Worten charakterisierte der lateinamerikanische Nationalheld Simon Bolivar das Verhältnis zwischen den USA und den Ländern Mittel- und Südamerikas, das seit 150 Jahren die beiderseitigen Beziehungen bestimmt und bereits zu einer Zeit, als von einer „kommunistischen" Gefahr nirgendwo die Rede sein konnte.

Die Lateinamerika-Politik zeichnet sich seit dem frühen 19. Jahrhundert durch ein spezifisches Realitätsdefizit aus, das einen Ausdruck im Konzept des „Monroeismus" und der „Western Hemisphere" findet.

Das Konzept der „Western Hemisphere" – ein mehr ideologisch als geographisch bestimmter Begriff – geht davon aus, dass zwischen den USA und den Ländern Lateinamerikas ein human-demokratischer und wirtschaftsliberaler „Grundkonsens" bestehe und deshalb jedes Vorgehen Washingtons in dieser Region im Interesse der Völker Lateinamerikas liege. Der Kernsatz der in einer Kongressbotschaft des US-Präsidenten Monroe verkündeten „Doktrin" von 1823, die gegen die Kolonialinteressen europäischer Mächte in dieser Region gerichtet war, lautete, dass jeder Versuch außerkontinentaler Mächte, ihr System nach Lateinamerika zu übertragen, Frieden und Sicherheit der USA bedrohe.

Die Politik des „dicken Knüppels" ergänzte Präsident Theodor Roosevelt in einer Erklärung zum „Recht der USA, internationale Polizeigewalt in der westlichen Hemisphäre auszuüben, falls dies durch internationale Konflikte erforderlich sein sollte". Diese Erklärung Roosevelts veränderte die Monroe-Doktrin von einem Verbot der Einmischung europäischer Mächte zu einem Recht der USA auf Intervention, wenn die internationale Lage dies erfordere. Diese außenpolitische Konzeption der USA ist im Wesentlichen verantwortlich dafür, dass Washington sich schwer tut, eigenständige Bewegungen reformerischer oder revolutionärer Prozesse in Lateinamerika als Ausdruck sozialer, autonomer Prozesse zu begreifen, und sie nur als Ergebnis subversiver Aktionen „außeramerikanischer Mächte" und später als „kommunistische Weltverschwörung" versteht. Sie hinderte Washington daran, komplizierte soziale Prozesse in Lateinamerika realistisch zu analysieren.

Wie auch die jüngsten Entwicklungen in Lateinamerika wieder zeigen, die Wahl von Fernando Lugo zum Präsidenten von Paraguay, einem ehemaligen Bischof und exponierten Vertreter der „Theologie der Befreiung", gibt es eben keinen „humandemokratischen Grundkonsens" zwischen den USA und den Ländern Lateinamerikas. Die politischen Prozesse und immer wiederkehrenden Unruhen in Lateinamerika resultieren vor allem aus der ungerechten Verteilung des Landbesitzes, die ein Erbe einer Jahrhunderte währenden Kolonialzeit darstellt.

Vor allem Mittelamerika, das sehr oft das Ziel amerikanischer Interventionen war, ist mit der Verdrängung landwirtschaftlicher Selbstversorgung durch das Latifundien- und Plantagensystem und dem damit verbundenen Anbau von Agrarexportgütern (cash crops) eine Situation entstanden, die man nicht anders als „Landwirtschafts-Paradox" bezeichnen kann: Eine Region, reich an fruchtbarem Boden, ist unfähig, ausreichend Nahrungsmittel zu produzieren, um ihre Menschen wenigstens mit einer minimalen Grundernährung zu versorgen, aber fähig, starke Zuwächse in der jährlichen Produktion von Agrargütern zu erzielen, die fast ausschließlich für ausländische Märkte, vor allem in den USA und Europa bestimmt sind.

Die Länder Mittelamerikas produzieren, was sie selbst nicht verbrauchen, und verbrauchen, was sie selbst nicht produzieren. Dieser Widerspruch ist die Ursache des Elends von Millionen Landarbeitern der Region. Doch jede reformerische oder revolutionäre Bewegung oder Regierung, die diese ungerechten sozialen Strukturen aufbrechen oder verändern wollte, stieß nicht nur auf den Widerstand der eigenen „Oligarchie", sondern auch auf das Misstrauen der Administration in Washington.

Dafür war Guatemala ein Schulbeispiel: Als nach dem Sieg einer Reformbewegung aus den Reihen der Landarbeiter und der Mittelschicht in Guatemala, angeführt von einer Gruppe junger Offiziere, in der so genannten „guatemaltekischen Revolution" am 20. Oktober 1944 in ersten freien Wahlen die Koalition „Frente Unido de Partidos Arevalistas" ihren Kandidaten Juan Jose Arevalo Hermejo ins

Präsidentenamt brachte, setzten demokratische und wirtschaftliche Reformen ein: Eine liberale Verfassung wurde verabschiedet, das Recht zur Gründung von Parteien, Gewerkschaften und Bauernvereinigungen garantiert und das Frauenwahlrecht eingeführt.

Die nachfolgende Regierung von Jacobo Arbenz (1951–1954) ging noch einen Schritt weiter und erließ 1952 ein Gesetz zur Agrarreform, das die Enteignung und Umverteilung brachliegenden Landes verfügte. Bereits im darauf folgenden Jahr wurden insgesamt 750 000 Hektar Land, darunter 162 000 Hektar der „United Fruit Company", enteignet und zusammen mit 200 staatlichen Fincas an mehr als 100 000 Familien verteilt. Als die Regierung Arbenz der United Fruit Company eine Million Dollar Entschädigung anbot, lehnte der US-Konzern „empört" ab und verlangte 16 Millionen Dollar. Die US-Regierung stoppte 1953 jegliche Entwicklungshilfe für Guatemala und sprach von einer „kommunistischen Aggression" in dem mittelamerikanischen Land.

Bereits seit 1952 waren im benachbarten Honduras mit massiver Unterstützung des amerikanischen Geheimdienstes CIA Söldnertruppen ausgebildet worden. Unter Führung des in den USA militärisch gedrillten Contra-Führers, Oberst Castillo Armas, fiel die Söldnertruppe Mitte Juni 1954 in Guatemala ein, während US-Flugzeuge ihren Weg durch Bombenangriffe frei machten.

Wie Professor David Horowitz, Soziologe an der Universität von Berkely, in seinem 1965 veröffentlichten Buch „Kalter Krieg – Hintergründe der US-Außenpolitik von Jalta bis Vietnam", Band 1, berichtet, klagte das State Department in Washington Arbenz in einem „Weißbuch" an: „Die Reden und Handlungen des Staatspräsidenten in der Öffentlichkeit weisen ihn als einen durch die marxistische Denkweise beeinflussten Linkspolitiker und einen extremen Nationalisten aus ... Seine offizielle Haltung ließe sich als die eines Mannes definieren, der bestreitet, dass seine Regierung kommunistisch ist, der aber gleichzeitig den Kommunisten wie allen anderen Bürgern die Freiheit einräumt, sich zu organisieren und politisch zu betätigen. Er akzeptiert damit – in der Öffentlichkeit zumindest – die Kommunisten als eine echte innenpolitische Partei und nicht als einen Teil der weltweiten sowjetkommunistischen Verschwörung". Ein Text wohl ganz im Stil von McCarthy.

Sofort wurde die Landreform rückgängig gemacht. Die United Fruit Company erhielt ihre Ländereien zurück. Gewerkschaften und linksgerichtete Parteien wurden verboten und ein gnadenloses Terrorregime errichtet. Seit dem Sturz von Arbenz im Juni 1954 wurde das Land geprägt von blutigem Terror, den das auf einen Kreis von Grundbesitzern und Generälen gestützte Regime nicht nur duldet, sondern durch seine paramilitärischen Verbände wie „Weiße Hand" und „Todesschwadronen" direkt fördert und betreibt. Die gesamte gemäßigte Opposition, Anwälte, Professoren, Lehrer, Gewerkschaftler und Priester wurden pauschal als „Kommunisten" verdächtigt und ermordet. Nach Angaben von Amnesty International wurden allein im Jahre 1980 110 Gewerkschaftler, 311 Bauernführer, 86 Universitätsprofessoren, 18 Journalisten, 70 Christdemokraten, 37 Führer anderer Parteien, 14 katholische Priester, 190 Katecheten von den so genannten „Todes-Schwadronen" umgebracht. 80 000 politische Morde in 28 Jahren, „das ist eine blutige Spur". Nur wenige Administrationen in Washington hatten irgendwelche Skrupel, demokratisch gewählte Regierungen in Mittelamerika zu unterminieren und zu stürzen, wenn sie glaubten, damit den „Sicherheitsinteressen" der USA zu dienen. Die Mittel dazu reichten von direkter Intervention über politischen und wirtschaftlichen Druck bis zu den „verdeckten Aktionen".

Ein weiteres charakteristisches Beispiel in der langen Kette der direkten oder indirekten Interventionen der USA in der Region, war der Sturz der Regierung Allende in Chile. Drei Monate nach der Wahl Allendes zum Staatspräsidenten, besuche ich Chile und beschrieb in einer Serie in der „Westdeutschen Allgemeinen Zeitung" (WAZ) im Januar und Februar 1971 meine unmittelbaren Eindrücke:

„Seit dreieinhalb Monaten regiert in Chile die Volksfront des ersten frei gewählten sozialistischen Präsidenten Lateinamerikas, Dr. Salvador Allende. Schon sein Wahlsieg wurde – je nach dem politischen Standort – von den einen mit Schrecken und Entsetzen, von anderen mit hoffnungsvoller Sympathie begleitet. Das hat sich seit seinem Amtsantritt nicht geändert ... Wer den Schlagzeilen mancher Blätter – ‚In Chile herrscht die rote Diktatur' – glaubt, wird bei der Einreise ins Land angenehm überrascht. Kein Visumzwang, keine Devisen-Erklärung, eine großzügige und formlose Abwicklung der Zollkontrolle – alles sicher kaum typisch für Diktaturen.

Die Auswahl an den Zeitungskiosken straft auch diejenigen Lügen, die von einer Beseitigung der Pressefreiheit in Chile reden. Ausländische Zeitungen sind überall zu haben, wie die Organe der verschiedenen in Opposition zur Volksfront stehenden Parteien, die in den letzten drei Monaten ausgesprochene ‚Kampfblätter' gegen Allende auf den Markt gebracht haben. Überall wird frei und offen über das Für und Wider der Reformen der Allende-Regierung diskutiert. Nirgendwo sind Beschränkungen demokratischer Freiheiten sichtbar.

Die Fahrt vom internationalen Flughafen Pudahuel nach Santiago-Stadt führt vorbei an den Elendssiedlungen, den Favelas, die sich wie ein Gürtel um die Städte des Landes legen. Tausende von Arbeitslosen und entwurzelten Landarbeitern fristen hier in brüchigen Holz- und Blechhütten ein menschenunwürdiges Dasein. Die Zahl der Arbeitslosen und Kurzarbeiter wird auf 400 000 geschätzt, die fehlenden Wohnungen im Lande auf 430 000.

Die Wirtschaft Chiles ist völlig vom Export einiger Rohstoffe, vor allem Kupfer, abhängig. Von der jährlichen Kupferproduktion von rund 700 000 Tonnen werden nahezu 98 Prozent exportiert, wobei die Gewinne zum größten Teil den Eigentümern, das heißt, amerikanischen Konzernen zugute kommen.

Am 21. Dezember vergangenen Jahres unterzeichnete Allende ein Gesetz, das die völlige Verstaatlichung der Kupferminen vorsieht. Es stellt den Schlusspunkt der ‚Chilenisierung' dar, die unter Allendes christdemokratischem Vorgänger Frei eingeleitet worden war. Das Ziel ist, so Allende, ‚die Eroberung der zweiten Unabhängigkeit und der ökonomischen Souveränität'.

In Chile verfügen rund 6 000 Gutsbesitzer über 80 Prozent des gesamten Bodens des Landes. Die Großgüter im Süden Mittelchiles kontrollieren etwa 90 Prozent der landwirtschaftlichen Nutzfläche, beschäftigen aber nur 50 Prozent der erwerbstätigen Landbevölkerung. Der anderen Hälfte der Landbevölkerung verbleiben lediglich 10 Prozent des Nutzlandes. Acht Prozent der landwirtschaftlichen Großbetriebe besitzen 70 Prozent der bewirtschaften Fläche und 75 Prozent des bewässerten Landes. Aus diesen Gründen erzwangen die schreienden sozialen Gegensätze und die unvorstellbare Armut der Landarbeiter grundlegende Reformen zur Beseitigung der feudalen Zustände auf dem Lande. Auch die Bodenreform der Regierung Allende beruhte im Wesentlichen auf einem Agrargesetz des Christdemokraten Eduardo Frei vom 28. Juli 1967, das unter bestimmten Bedingungen die Enteignung des Großgrundbesitzes über 80 Hektar bewässerten Landes vorsah. Doch während Frei gegen den entschiedenen Widerstand der Großgrundbesitzer kaum Gebrauch von diesem Gesetz machte, nahm die Allende-Regierung entschlossen eine Bodenreform in Angriff.

Auch ein von Experten geleitetes Institut der Friedrich-Ebert-Stiftung in Santiago, das ich zur Informationsbeschaffung mehrfach besuchte, hatte umfangreiche Studien zur Situation der Landwirtschaft in Chile veröffentlicht und an der Notwendigkeit dringender Reformen keine Zweifel gelassen. Auch die seit langem in Santiago tätigen Mitarbeiter des Instituts bestätigten einmütig den strikt demokratischen Kurs der Allende-Regierung und die Wahrung der Bürgerrechte. Aber schon in der Zeit zwischen dem Wahlsieg der ‚Unidad Popular' von Allende am 4. September 1970 und der Amtsübernahme des frei gewählten sozialistischen Präsidenten am 3. November 1970 hatten US-Konzerne versucht, den Machtantritt Allendes unter allen Umständen zu verhindern und Abgeordnete der Nationalpartei erklärten mir bei meinem ersten Besuch in Chile im Januar 1971. ‚Allende wird keine Hundert Tage in der Moneda (dem Präsidentenpalast) sitzen'.

Der amerikanische Journalist und Pulitzer-Preisträger Jack Anderson veröffentlichte am 21. März 1972 in der ‚Washington Post' Auszüge aus geheimen Dokumenten der ‚International Telefon and Telegraph Company' (ITT) sowie aus Gesprächen führender Vertreter von ITT mit dem amerikanischen Geheimdienst CIA, in denen ein Plan zur Verhinderung der Machtübernahme von Allende entwickelt wurde. Die

Regierung Allende veröffentlichte daraus eine umfangreiche Dokumentation vom 28. März 1972 unter dem Titel: ,Documentos Secretos de la ITT', die auch an ausländische Botschaften und Journalisten verteilt wurde.

Nachdem von den Spitzenmanagern der ITT mit dem CIA entwickelten Plan, über den auch Außenminister Henry Kissinger unterrichtet war, wurden drei Wege zur Verhinderung der Machtübernahme durch Allende ins Auge gefasst:

1.) Die Durchsetzung der so genannten ,Alessandri-Formula'. Sie sah vor, dass mit großzügiger finanzieller Unterstützung, wofür ITT einige Millionen zur Verfügung stellte, verhindert werden sollte, dass die chilenischen Christdemokraten im Parlament für Allende stimmten und der konservative Kandidat der Nationaldemokraten, Jorge Alessandri, zum Präsidenten gewählt würde.

2.) Die ,Sondierung einer militärischen Lösung', das heißt, die Organisierung eines Militärputsches. Einer solchen Lösung aber stand der Oberbefehlshaber der chilenischen Armee, Rene Schneider, im Wege, der loyal zu den demokratischen Prinzipien der chilenischen Verfassung stand. Schneider wurde jedoch am 22. Oktober 1970 von Rechtsextremisten ermordet.

3.) Die Verhängung sofortiger wirtschaftlicher Sanktionen, wenn der Machtantritt von Allende nicht zu verhindern war.

Im Frühjahr 1973 beschäftigte sich ein Untersuchungsausschuss im US-Senat in Washington mit den Enthüllungen von Jack Anderson und im April 1974 wurde CIA-Direktor William Colby vom zuständigen Kongressausschuss in geheimer Sitzung vernommen. Colby musste bestätigen, das CIA 1969 rund drei Millionen Dollar zur Verfügung gestellt hatte, um Allende zu verhindern und nach der Wahl weitere acht Millionen Dollar aufgewendet hatte, um die Regierung Allende zu ,destabilisieren'.

Obwohl der Skandal auch in den USA breit diskutiert wurde und Außenminister Kissinger selbst in die Schusslinie geriet, verteidigte US-Präsident Ford die Aktion des CIA: ,Die Intervention sei gutgeheißen worden, weil die Regierung Allende im Begriff gewesen sei, die Oppositionsparteien Chiles und die Oppositionspresse zu vernichten. Sie am Leben zu erhalten, sei die eigentliche Absicht des CIA gewesen'. Fords Rechtfertigungsversuch war eine einzige Lüge. Seine Ausführungen widersprachen zum einen der Tatsache, dass Allende keinen Versuch unternommen hatte, die Oppositionsparteien auszuschalten, noch deren Presse zu verbieten oder zu zensieren. Zum zweiten standen seine Ausführungen klar im Widerspruch zu den Aussagen von CIA-Chef Colby vor dem Untersuchungsausschuss.

Darüber hinaus spielten Geheimdienstkreise nur weniger Tage nach Fords Presseerklärung der ,New York Times' Informationen zu, wonach die Dollar-Millionen zur Unterstützung nur zum geringeren Teil den Oppositionsparteien zugeflossen sei, der größte Teil sei in die Finanzierung von Streiks gegen Allende investiert worden.

Jener Streiks, die den chilenischen Militärs den Vorwand für ihren Putsch liefern sollten.

Zur Zielscheibe der Kritik auf einer Pressekonferenz wurde auch Fords Erklärung, weil die Sowjetunion ‚Subversionspolitik betreibe‘, sei auch für die USA eine ‚gewisse Aktivität‘ der USA auf diesem Gebiet nur Recht und billig, ‚um die Außenpolitik zu ergänzen und unsere nationale Sicherheit zu bewahren‘. Auf die Frage eines Journalisten, wie ein solches Verhalten mit dem Völkerrecht zu vereinbaren sei, erwiderte Ford: Es sei nun einmal eine von der Geschichte wie von der Gegenwart ‚anerkannte Tatsache‘, dass subversive Operationen wie in Chile ‚im besten Interesse der betreffenden Staaten‘ unternommen würden.

Mit aller Klarheit hat Ford damit eingestanden, dass Washington die Tätigkeit seiner Geheimdienste als ‚Fortsetzung der Außenpolitik mit anderen Mitteln ansieht. Und nie zuvor hat ein Präsident es gewagt, die Methoden der eigenen Politik mit denen der Sowjetunion auf ein und dieselbe Waagschale zu legen‘, schrieb Jürgen Kramer in seinem Buch: ‚CIA im Zwielicht – Ein Umsturz für acht Millionen. Der amerikanische Geheimdienst untergrub Allendes Position‘.

Finanziert mit Geldern des CIA wurde der 47tägige Streik der Lastwagenfahrer, der am 26. Juli 1973 vom Fuhrunternehmerverband als ‚unbefristeter nationaler Streik‘ ausgerufen worden war und die Versorgung des Anden-Staates, der sich über 4 300 Kilometer erstreckt, an den Rand des wirtschaftlichen Zusammenbruchs brachte. An der Spitze des Streiks stand, wie der ‚Stern‘ am 20. September 1973 berichtete, ein ‚in den USA ausgebildeter Funktionär Vilarin.‘ Bestärkt wurde die ‚Moral‘ der streikenden Lastwagenfahrer durch einen nicht versiegenden Strom von Dollars. Die Lastwagenbesitzer ‚entschädigten‘ ihre streikenden Fahrer mit einem Mehrfachen ihres eigentlichen Lohnes.

Der gut organisierte Streik, der die Verbindung zwischen den einzelnen Regionen des Landes völlig lahm legte und damit die Versorgung der Bevölkerung nahezu unmöglich machte, war für die Militärs unter dem brutalen Schlächter Pinochet der willkommene Vorwand für ihren Putsch am 11. September 1973.

Die dritte Variante des Umsturzplanes von ITT und CIA ‚Verhängung sofortiger wirtschaftlicher Sanktionen‘ zur Destabilisierung der Allende-Regierung wurde unmittelbar nach dem Machtantritt Allendes in die Tat umgesetzt. Die Kupferkonzerne in Händen des US-Kapitals ‚Anaconda‘ und ‚Kennecott‘ verhängten einen totalen Boykott über Chile und sorgten für einen rapiden Verfall des Kupferpreises auf dem Weltmarkt, obwohl es nach wie vor eine starke Nachfrage gab. Europäischen Kupferimporteuren flatterten Drohbriefe der US-Konzerne ins Haus, in denen sie Anspruch auf die aus Chile gelieferte Kupfermenge erhoben und deren Bezahlung an ihre Konzerne verlangten. Damit wurde die ohnehin schwierige Devisenlage der Allende-Regierung weiter verschärft.

Bei meinem zweiten Besuch in Chile, anlässlich der „Welthandels- und Entwicklungskonferenz" (UNCTAD) in Santiago, waren die Auswirkungen dieses Boykotts schon deutlich zu spüren. Das Land steckte in einer schweren wirtschaftlichen Krise, die noch verschärft wurde durch die wilden Landbesetzungen der linksradikalen MIR-Bewegung, wodurch die Agrarproduktion stark zurückgegangen war. Trotz ihrer schwierigen Devisenlage musste die Allende-Regierung Nahrungsmittel einführen. was Preiserhöhungen zur Folge hatte und gerade in den ärmsten Bevölkerungsschichten jene Einkommenszuwächse wieder völlig aufzehrte, die ihnen die Allende-Regierung durch starke Lohnerhöhungen gerade erst gewährt hatte.

Schon im Mai 1972, am Rande der UNCTAD-Konferenz in Santiago, wurde verstärkt über die Möglichkeit eines Militärputsches diskutiert. Optimisten in der Allende-Regierung glaubten an die Verfassungstreue der Militärs, während Skeptiker darauf hinwiesen, dass es in der Geschichte Chiles schon Beispiele für ein rigoroses Eingreifen des Militärs gegeben habe, wie beim Streik in Iquique im Jahre 1907, als 2 000 Arbeiter erschossen wurden, oder in Coruna 1925, wo 3 000 Menschen dem ‚Einsatz' des Militärs zum Opfer fielen.

Die Skeptiker sollten Recht behalten. Schon mit der Ermordung des loyalen Oberbefehlshabers Rene Schneider wurde der erste Schritt zur ‚Säuberung der Armee' von jenen Offizieren getan, die sich einem Militärputsch widersetzten. Am 27. Juni 1973 folgte der Anschlag auf den verfassungstreuen General Prats und am 26. Juli 1973 die Ermordung von Allendes Marineadjutanten Araya. Die Zahl der getöteten Offiziere und Soldaten, die sich dem Putsch widersetzt hatten, wurde auf rund 2 000 geschätzt.

130 000 Verhaftete, 15 bis 20 000 Ermordete und etwa 1 800 verschollene ‚politische Häftlinge', das ist die brutale Bilanz des Terrorregimes, das die Militärjunta unter Pinochet nach ihrem Putsch in Chile errichtete. Diese Zahlen nannte mir das ebenfalls von der Militärjunta verfolgte ‚Hilfskomitee der Kirchen' bei meinem dritten Besuch in Chile Anfang 1976. Der frühere christdemokratische Präsident Eduardo Frei schrieb 1976: ‚Heute regieren in Chile extremistische Gruppen, deren faschistischer Charakter sich offen darbietet'.

In einer Rede in der Berliner Universität am 14. September 1973 analysierte der Theologe Helmut Gollwitzer treffend das ‚Lehrstück Chile': ‚Spätestens jetzt kann jeder wissen, was Klassenkampf ist. Immer zuerst Klassenkampf von oben, der Klassenkampf der Privilegierten, zäh entschlossen zu jeder Brutalität, zu jedem Rechtsbruch, zu jedem Massaker, auch zur Abschaffung der Demokratie, wenn sie nicht mehr zur Sicherung der Klassenherrschaft taugt … Wenn sie die Wahl haben zwischen einer parlamentarischen Demokratie, die zum Sozialismus führt, und einer faschistischen Diktatur, die den Sozialismus verhindert, dann wählen sie den Faschismus'.

So sah es auch schon vor mehr als hundert Jahren Charles Alexis de Tocqueville in seinem Buch: ‚Der alte Staat und die Revolution': ‚Die wahnwitzige Angst vor dem Sozialismus treibt den Bourgeois Hals über Kopf in die Arme des Despotismus'.

Meine Berichte aus Chile fanden damals unter den WAZ-Leser ein großes Echo. Als ich 1976 wegen meiner Reportagen über die Dürre-Katastrophe in der Sahel-Zone einen Journalistenpreis für Entwicklungspolitik aus der Hand des damaligen Bundespräsidenten Walter Scheel erhalten hatte, schrieb mir die evangelische Studentengemeinde der Universität Essen einen mit zahlreichen persönlichen Unterschriften versehenen Brief: „Wir gratulieren Ihnen zu einer Auszeichnung, die Ihnen aufgrund Ihrer engagierten Reportagen und Artikel über die Probleme der Dritten Welt fraglos gebührt. Durch Ihre Berichterstattung über Chile haben Sie wesentlich dazu beigetragen, ein objektives Bild dieses Landes, das heute von Schaden und Elend gekennzeichnet ist, zu vermitteln. Sie haben einen ersten, wichtigen Beitrag geleistet, den herrschenden Anti-Kommunisten, der weithin den Blick auf die Wirklichkeit verstellt, aufzulösen".

Dieser Brief hat mich in meiner Ansicht sehr gestärkt, die Studenten hatten mich verstanden, es ging mir nicht um die Verurteilung einer sachlichen Kritik am so genannten „real existierenden Kommunismus", sondern um den Missbrauch eines blinden, emotionalen Antikommunismus für ganz andere politische Zwecke.

Während US-Präsident Carter mit seiner Menschenrechtspolitik den amerikanischen Beziehungen zu Lateinamerika eine von der Einmischungspolitik abweichende Wendung gab, ging die Reagan-Administration verstärkt wieder zur Politik der direkten Intervention zurück. Sie sah in der ideologischen Ausrichtung ihrer Außenpolitik Krisen und Konflikte in der „Dritten Welt" ausschließlich unter den Aspekten des Kalten Krieges und begründete ihre Einmischungen, „sich im Namen der Freiheit kommunistischer Aggression entgegenstellen" zu müssen.

Die neue Linie der Reagan-Administration beschreibt Lothar Brock in dem Aufsatz „Intervention und Konfliktverschärfung: Die Lateinamerika-Politik" in dem von Ernst Otto Czempiel herausgegebenen Buch „Amerikanische Außenpolitik im Wandel": „So mochte denn die politische Rechte Lateinamerikas ihre Genugtuung über die Wahl Reagans nicht zu verhehlen. Sie hatte offenbar auch Grund zur Genugtuung, denn die Reagan-Administration ließ es nicht nur bei der Verheißung erneuter Kooperation mit den Militärdiktaturen, sie unternahm sogleich auch erste Schritte zur Normalisierung der Beziehungen zu ihnen und entfernte jene liberalen Kritiker aus der Staatsbürokratie, die womöglich dem neuen Kurs nur halbherzig gefolgt waren oder seine Durchführung sogar verwässert hatten. Sie erklärte darüber hinaus den Feind der Militärregierung zum Feind der Freiheit … Das einfache Lateinamerika-Bild der neuen Administration, in dem jeder, der gegen Diktatur und

Ungerechtigkeit kämpft – nach den Worten von Sicherheitsberater Richard Allen – als ‚kommunistischer Marodeur' disqualifiziert wird, spricht nicht nur dem Los der von Diktatur und Ungerechtigkeit Betroffenen Hohn, es ist auch mit der zunehmenden Komplexität zwischenstaatlicher und zwischengesellschaftlicher Beziehungen unvereinbar … Die gegenwärtige Fixierung Washingtons auf die ‚kommunistische Gefahr', statt auf das ganz unkommunistische Elend in Lateinamerika, bedeutet einen Verlust an Realitätsbezug der amerikanischen Politik, der sehr wohl dahin führen könnte, dass das ‚Epos des größeren Amerika' von den Historikern nur noch als Trauerspiel geschrieben werden kann".

Am 23. Oktober 1983 besetzten US-Marineinfanteristen die winzige Karibik-Insel Grenada und die Reagan-Administration feierte die Invasion als einen „grandiosen militärischen Sieg". Bereits einen Monat nach dem Machtantritt Reagans unterzeichnete er eine Direktive, die den so genannten Contras zum ersten Mal militärische Hilfe zur Bekämpfung der sandinistischen Regierung in Nicaragua zur Verfügung stellte. 19 Millionen Dollar sollten für die Ausbildung und Bewaffnung der Contra-Söldnertruppe bereitgestellt werden. Den Ausschüssen des US-Kongresses wurde die Direktive damit begründet, Waffenlieferungen von Nicaragua an die Rebellen in El Salvador zu unterbinden. Die berüchtigte „Iran-Contra-Affäre", der verdeckte Krieg der USA gegen Nicaragua, nahm seinen Anfang.

Einer der ersten liberalen amerikanischen Politiker, die von der neuen Reagan-Administration entlassen wurden, war der US-Botschafter in El Salvador, Robert Edward White, ein engagierter Verfechter der Menschenrechte im diplomatischen Corps der USA. Präsident Carter hatte White, der sich auch entschieden gegen das brutale Militärregime in Chile ausgesprochen hatte, 1979 nach San Salvador entsandt, damit er helfe, ein „neues Vietnam" in Lateinamerika zu verhindern. Als er sich gegen die Waffenlieferungen der Reagan-Regierung an lateinamerikanische Diktaturen Aussprach, musste White seinen Hut nehmen.

In einem Interview mit dem „Spiegel" in der Ausgabe 8 von 1982 ging White scharf mit der Politik der Reagan-Regierung ins Gericht: „Es handelt sich um ein grundsätzliches Versagen der Reagan-Regierung: Sie hat aufgehört, in Lateinamerika Menschenrechte und demokratische Institutionen zu unterstützen. Wenn man aber dort die Unterdrückung unterstützt, nimmt man sich selbst die Glaubwürdigkeit, in Polen und anderswo die Freiheit zu verteidigen … Im State Department gibt es zwischen den Beamten in der Lateinamerika-Abteilung und des Außenministers niemand mehr, der jemals in Lateinamerika auf Posten war. Keiner kennt das Minenfeld, durch das die Vereinigten Staaten gehen müssen. Die Unkenntnis könnte natürlich überwunden werden. Aber das ist schwieriger, wenn sich Ignoranz mit Ideologie paart … Praktisch jede revolutionäre Bewegung, zum Beispiel in El Salvador, begann als antikommunistische Gruppe. Und alle wurden erst pro-kommunistisch, als die Vereinigten Staaten kein Verständnis für ihr gerechtes Anliegen aufbrachten, und weiterhin die bestehenden ungerechten Herrschaftsstrukturen stützten … Mit einer befreundeten Regierung lebt es sich leichter als mit einer nicht befreundeten. Aber das ist nicht die Lehre, die wir aus Nicaragua zu ziehen haben. Somozas Sturz lehrt vielmehr, dass die Menschen früher oder später gegen Diktatoren aufstehen, amerikanische Unterstützung für Diktaturen verzögert nur den bösen Tag und bewirkt ein radikales Ergebnis".

Robert White hatte die Lage in Lateinamerika treffend analysiert. Auch die kubanische Revolution gegen den Diktator von Batista war nicht zu Beginn eine prokommunistische Bewegung und Nicaragua war unter Somoza eine blutige und brutale Diktatur. Aber das Somoza-Regime hatte jahrzehntelang, bis zu seinem Sturz durch die sandinistische Revolution am 19. Juli 1979 auf der Landbrücke zwischen Nord- und Südamerika, die Rolle einer „Ordnungsmacht" gegen alle reformerischen und revolutionären Strömungen zur Änderung der ungerechten Sozialstrukturen gespielt: „Meinen Freunden Silber, meinen Bauern die Peitsche, meinen Gegnern die Kugel", mit diesem brutalen „Wahlspruch" und Ziel hatte Somoza fast ein halbes Jahrhundert über Nicaragua geherrscht. Er regierte nicht in oder über Nicaragua, er besaß es – wie der Patron seine Hazienda. Nicaragua war „Somoza-Land". Ein Drittel des bebauten Bodens, Kaffee-, Bananen- und Baumwollplantagen nannte er „sein eigen". In den Händen seiner Familie waren jene 33 Fabriken, Banken und Versorgungsbetriebe, sowie Versicherungsgesellschaften, die die Wirtschaft des Landes ausmachten. Sein Privatvermögen wurde auf mehrere Milliarden Dollar taxiert, während „seine Bauern" mit einem Jahresdurchschnittseinkommen von 100 DM ihr karges Dasein fristen mussten, wenn es überhaupt Arbeit für sie gab. Die „Erfolgsbilanz" von 43 Jahren Familienherrschaft derer von Somoza: Über 50 Prozent Analphabeten, über 40 Prozent Arbeitslose, Unterernährung und hohe Kindersterblichkeit, eine Lebenserwartung von nur 47 Jahren. Aber Somoza war eben ein „treuer Verbündeter" der USA!

In seinem Essay „Der Morgen der Verdammten" schrieb der nicaraguanische Schriftsteller Sergio Ramirez, später Mitglied der sandinistischen Regierung und nach der Wahl vom 4. November 1984 stellvertretender Präsident Nicaraguas: „Von ihren Anfängen an lastet auf der Geschichte Nicaraguas die eiserne Faust eines Tyrannen, der im Schutze seiner Macht Ländereien an sich rafft und der diese absolute Macht an seine Nachkommen vererbt, die wiederum Tyrannen und Sklavenhalter werden. Dabei vergisst er nicht, seine nach wie vor feudale Herrschaft über Grund und Boden zu festigen: die Knechtschaft der Bauern, die von Sonnenaufgang bis Sonnenuntergang für Hungerlöhne arbeiten müssen. Diese Knechtschaft bedeutet gleichfalls, dass die Lohnarbeiter auf den Haziendas, die Saisonarbeiter, die außer in den kurzen Erntemonaten das ganze Jahr über arbeitslos sind, während der Ernte in den Pflanzungen zusammengepfercht mit ihren Familien in unhygienischen Behausungen leben müssen. Ein Land in der Nacht, ein Land der Verdammten".

Die „Sandinistische Befreiungsfront" (FSLN) war bei ihrer Entstehung – wie US-Botschafter White richtig feststellte – keine pro-kommunistische Bewegung, sondern eine sehr breite Oppositionsfront aus Bauern, Arbeitern, Studenten, Intellektuellen und Teilen des Bürgertums, die sich auch der Unterstützung durch den katholischen Klerus erfreute. Als Somozas Nationalgardisten am 10. Januar 1978 den Herausgeber der traditionsreichen bürgerlichen Zeitung „La Prensa", Pedro Joaquin Chamorro, ermordeten, war das Maß voll. In einem Artikel mit der Schlagzeile „Operation Vampir" hatte Chamorro die Korruption des Somoza-Clans entlarvt, der selbst aus dem schweren Erdbeben, das im Dezember 1972 die Hauptstadt Managua zustörte und über 10 000 Tote und Zehntausende von Verletzten forderte, noch ein einträgliches Geschäft gemacht hatte. Mit den internationalen Hilfsgeldern, versorgte Somoza vor allen seine Nationalgarde. Mehrere tausend Liter von Blutkonserven für die Verletzten wurden ins Ausland verschoben, wo sie für zwanzig Dollar pro Liter verkauft wurden.

Der Mord an Pedro Chamorro war ein Mord zuviel. Starke Teile des Bürgertums schlossen sich nun den Sandinisten an, darunter auch Frau Chamorro, die später, nach der Wahlniederlage der Sandinisten, Präsidentin Nicaraguas wurde.

Auch die katholische Kirche des Landes bekannte sich in ihrem Hirtenbrief „Christliches Engagement für ein neues Nicaragua" vom 17. November 1979 zu den Zielen der sandinistischen Revolution: „Unser Volk hat heldenhaft gekämpft, um sein Recht zu verteidigen, mit Würde in Frieden und Gerechtigkeit zu leben. Dies war der tiefe Sinn jenes gemeinsamen Handelns gegen ein Regime, welches die persönlichen und gesellschaftlichen Menschenrechte verletzte und unterdrückte … Wir wollen heute von neuem betonen, dass wir den tiefen Beweggrund dieses Kampfes für die Gerechtigkeit und für das Leben uns zu eigen machten … Ist der Kampf unseres Volkes, das aktiv seine eigene Geschichte schafft, in tief greifender Weise durch das Denken und Vorbild von Augusto Cesar Sandino beeinflusst worden, was noch die Eigenständigkeit der nicaraguanischen Revolution unterstreicht und ihr eine eigene Prägung verleiht, für die Behauptung der nationalen Werte und der internationalen Solidarität ausweist … Die Augen Lateinamerikas und der lateinamerikanischen Kirche sind auf Nicaragua gerichtet. Unsere Revolution geschieht in einem Augenblick, in dem sich die katholische Kirche durch ihre Erfahrungen des Zweiten Vatikanischen Konzils und die Bischofskonferenzen von Medellin und Puebla immer mehr dessen bewusst wird, dass die Sache der Armen ihre eigene Sache ist".

In beeindruckender Weise stellte dieser Hirtenbrief der nicaraguanischen Bischöfe drei Tatsachen fest, die von der Reagan-Regierung bewusst negiert wurden, weil sie in der sandinistischen Bewegung nur eine „kubanisch-kommunistische Verschwörung" und einen „verlängerten Arm Moskaus" sah:

1.) Die Ursachen der sandinistischen Revolution liegen in den ungerechten Sozialstrukturen.

2.) Die sandinistische Revolution hat als „eindeutige Bewegung für soziale Gerechtigkeit" und für die „Behauptung der nationalen Werte" ihren eigenständigen Charakter.

3.) Motivation und Ziele der Revolution als „Option für die Armen" sind gerecht und entsprechen den Zielen des Zweiten Vatikanischen Konzils. Die sandinistische Revolution ist keine kommunistische Verschwörung.

Als ich im März 1982 in einer Delegation des damaligen Entwicklungsministers Offergeld Nicaragua besuchte, befand sich der revolutionäre Prozess bereits in einer schweren Krise. Auf Wunsch der US-Regierung war die Reise nach Nicaragua in Washington unterbrochen worden. Der US-Sonderberater der Reagan-Regierung für Lateinamerika, Ledear, legte Offergeld eine Reihe von Fotos vor, die nach amerikanischer Version beweisen sollten, dass Nicaragua mit Kubas Hilfe „die stärkste Militärmacht in Zentralamerika aufbauen" wolle. Die Aufrüstung Nicaraguas stelle eine ernste Bedrohung für alle Nachbarstaaten Mittelamerikas und damit auch für die USA dar.

Zu diesem Zeitpunkt, am 14. März 1982, berichte die „Washington Post" über ein 19 Millionen-Dollar-Projekt des amerikanischen Geheimdienstes CIA zur „Destabilisierung Nicaraguas" und vom Aufbau einer Contra-Söldner-Truppe in verschiedenen Lagern des Nicaragua benachbarten Honduras. Also eine Methode zur Intervention, die bereits in Guatemala 1954 praktiziert worden war.

Bei der Ankunft unserer Delegation in Managua war die gespannte Situation im Lande deutlich zu spüren. Die große Koalition der Sandinisten mit bürgerlichen Gruppen war unter dem Druck der Blockade durch die USA zerfallen. Die Ziele des „nationalen Wiederaufbaus" konnten wegen der US-Blockade nicht fortgeführt werden und die allgemeine wirtschaftliche Lage des Landes hatte sich dramatisch verschlechtert. Eine an die Revolution geknüpfte, verständliche Erwartung der breiten Massen auf eine rasche Steigerung des Lebensstandards konnte nicht erfüllt werden. In den Grenzgebieten zu Honduras waren die Contra-Söldner bereits sehr aktiv. Vor allem in den Kaffeeanbaugebieten, die für den Export des Landes besonders wichtig waren, überfielen die Söldner nicaraguanische Dörfer, vernichteten die Pflanzungen und ermordeten die Bewohner. Nach Angaben der Regierung waren seit 1981 über 900 Menschen ermordet worden, darunter über 500 Bauern und zahlreiche Lehrer der Dorfschulen. Innerhalb von zwei Jahren hatten die Contras dem Land einen materiellen Schaden von über eine Milliarde Dollar zugefügt, was ungefähr dem Wert des gesamten Exports Nicaraguas in diesem Zeitraum entspricht.

Dennoch waren die Erfolge einer Reformpolitik beachtlich. Am 24. März 1980 hatte die sandinistische Regierung eine „Bewegung zur Beseitigung des Analphabetentums" gestartet, an der über 180 000 Lehrer und Studenten teilnahmen und für die zahlreiche internationale Hilfsorganisation Mittel zur Verfügung gestellt hatten, unter anderem der Weltkirchenrat und die Friedrich-Ebert-Stiftung aus Deutschland. Die Tatsache, dass an dieser Bewegung auch Lehrer aus Kuba teilnahmen, wurde von er Reagan-Regierung als „Beweis" für den „beherrschenden kommunistischen Einfluss Kubas" in Nicaragua angesehen.

Innerhalb weniger Monate, die Aktion wurde offiziell im August 1980 abgeschlossen, gelang es, die Analphabeten-Rate im Lande von 50,35 auf 22,96 Prozent zu senken. Wie mir später der mit dem Friedenspreis des deutschen Buchhandels ausgezeichnete Priester und Dichter Ernesto Cardenal, damals Kulturminister der sandinistischen Regierung, in einem Interview erklärte, war der Erfolg der Kampagne in den Städten des Landes besonders groß. So fiel die Analphabeten-Rate in der Hauptstadt Managua von 27,24 auf 8,79; in Leon von 53,1 auf 8,06 und in Granada von 41,71 auf 5,49 Prozent. Eine Landreform wurde unmittelbar nach dem Sturz Somozas in Angriff genommen, wobei vor allem die dem Diktator und seinem Clan gehörenden umfangreichen Ländereien zur Verteilung kamen. Bereits 8 000 Familien hatten bis 1982 Besitztitel für 10 500 Hektar Land erhalten.

Ernesto Cardenal und Sergio Ramirez, beide Regierungsmitglieder, betonten in einem Interview mit mir, dass nach wie vor 74 Prozent der Wirtschaft in privaten Händen sei und umrissen die Ziele der sandinistischen Regierung mit: pluralistische Demokratie, gemischte Wirtschaft und außenpolitische Blockfreiheit. Ziele, die auf jeden Fall beibehalten würden. Auch die Führer der Opposition, Alfonso Robelo und Violetta Chamorro, die beide aus der Koalition mit den Sandinisten ausgetreten waren, verurteilten im Gespräch mit mir entschieden die Boykott- und Blockadepolitik der USA: „Das geht nur zu Lasten der Bevölkerung und führt nur zu einer weiteren politischen Polarisierung".

Im Gespräch mit deutschen Entwicklungshelfern, die in Nicaragua eine hervorragende Arbeit leisteten, versprach Minister Offergeld die weitere Unterstützung durch die sozialliberale Koalition, um die „materiellen Lebensbedingungen der Bevölkerung zu verbessern und ihr die Möglichkeit zu verschaffen, in einer pluralistischen Demokratie ihre staatliche Zukunft nach eigenen Wünschen zu gestalten". Diese Unterstützung wurde allerdings nach Antritt der Regierung Kohl am 1. Oktober 1982 drastisch gekürzt, wie wohl zu vermuten ist, auf Druck der USA.

Bei meinem zweiten Besuch in Nicaragua im April 1985 legten die deutschen Entwicklungshelfer gegen diese Kürzung der Entwicklungshilfe vergeblich Protest ein. Zu diesem Zeitpunkt hatten die Contras ihre Aktivitäten weiter verstärkt. Ihre Söldnertruppe war auf mehr als 15 000 Mann angewachsen und wurde laufend von den USA mit Waffen versorgt. Auch Entwicklungshelfer aus Deutschland, Frankreich und anderen Ländern waren ihren Mordaktionen zum Opfer gefallen. Am Pfingstsonntag 1986 war das nicaraguanische Dorf Jacinton Baca von den Contras überfallen worden. Hier arbeiteten acht deutsche Aufbauhelfer, die dort Unterkünfte für Flüchtlinge aus den umkämpften Gebieten errichteten. Die acht Aufbauhelfer wurden von den Contras entführt und konnten erst nach langwierigen und zähern Verhandlungen befreit werden. Einer von ihnen, Dirk Hegmanns, schildert in einem im November 1986 erschienenen Buch „In den Händen der Contras – Ein deutscher Aufbauhelfer schildert seine Entführung in Nicaragua" seine Erlebnisse mit den Contras und Joachim Riedl analysiert den „schmutzigen Krieg der Contras".

Die USA hatten ihre Blockade durch die Verminung nicaraguanischer Häfen verstärkt, gegen die die sandinistische Regierung am 9. April 1984 Klage beim Internationalen Gerichtshof in Den Haag eingereicht hatte.

Am 27. Juli 1986 verurteilte der Gerichtshof „die militärischen und paramilitärischen Aktivitäten" der USA als „Verstoß gegen das Völkerrecht". Die Berufung Washingtons „auf das Recht der kollektiven Selbstverteidigung" wurde vom Haager Gerichtshof zurückgewiesen und festgestellt, „dass die Vereinigten Staaten von Amerika durch das Verminen der Küstengewässer der Republik Nicaragua in den ersten Monaten des Jahres 1984 internationales Recht gebrochen haben".

Doch niemand in Washington hatte angesichts dieses Urteils des Internationalen Gerichtshofes ein Unrechtsbewusstsein. Mit „imperialer Souveränität" setzte sich die Reagan-Regierung über das Urteil von Den Haag hinweg und führte ihre Politik zur Destabilisierung der sandinistischen Regierung in Nicaragua unbehindert fort. Mehr als 70 mal haben die USA in Mittel- und Südamerika interveniert und dabei gingen Washingtons Einmischungen stets zu Lasten gesellschaftlicher Veränderungen in den betroffenen Ländern. Das Ergebnis war immer, dass die ungerechten Sozialstrukturen erhalten blieben. Mit Recht hatte der ehemalige US-Botschafter White in seinem Interview mit dem „Spiegel" festgestellt, dass „die revolutionären Bewegungen sich wegen der ungerechten Strukturen auch ausbreiten würden, wenn die Sowjetunion und Kuba nicht existieren".

Zum ersten Mal hatten die USA bereits 1855 in Nicaragua interveniert, als sich der Abenteurer William Walker aus Tennessee mit Hilfe eines Putsches zum „Präsidenten" von Nicaragua aufschwang. US-Konzerne bestimmten in der Folgezeit, wer in Nicaragua regierte. Gab es Widerstände, so schreckte Washington nicht davor zurück, Marine-Infanteristen „zur Wiederherstellung der Ordnung" zu entsenden. Von 1912 bis 1925 und von 1927 bis 1933 kämpften US-Marineinfanteristen auf der Seite der Landbesitzer gegen aufrührerische Kleinbauern und Landlose. Zur Symbolfigur des Widerstandes wurde damals der 1934 ermordete General Cesar Augusto Sandino, der der sandinistischen Bewegung seinen Namen gab. Ehe sich die Marineinfanteristen aus Nicaragua zurückzogen, brachten sie 1937 den Chef der neu aufgebauten „Nationalgarde", Anastasio Somoza Garcia, an die Macht, dessen Clan das Land vierzig Jahre beherrschte und ausbeutete.

Vietnam: Zu Beginn seines zweibändigen Werkes über Amerikas Krieg in Asien zitiert Professor Noam Chomsky aus einem Kommentar von F. Fairbank aus dem Jahr 1947: „Unsere Angst vor dem Kommunismus, die in gewisser Weise auch Ausdruck unserer allgemeinen Angst vor der Zukunft ist, wird uns weiterhin zu einer aggressiv-antikommunistischen Politik in Asien und anderswo führen, und das amerikanische Volk wird in dem Glauben gehalten werden oder selbst ehrlich davon überzeugt sein, dass die Unterstützung antikommunistischer Regierungen in Asien irgendwie der Verteidigung des American way of life diene. Dieser Kurs der amerikanischen Politik wird zu amerikanischer Hilfe bei der Etablierung von Regierungen führen, die Volksbewegungen wie in Indonesien, Indochina, den Philippinen und in China zu unterdrücken versuchen … Nachdem man einmal angetreten ist, den Kommunismus in Asien zu bekämpfen, wird das amerikanische Volk schließlich gezwungen sein, mit den Völkern Asiens einen Krieg zu führen".

Die tiefe Verstrickung der USA in China und in Indochina hat diese Prognose von Fairbank in erschreckender Weise bestätigt. Mit der dramatischen Flucht der letzten US-Soldaten über eine Hubschrauber-Luftbrücke aus Saigon im April 1975 senkte sich der Vorhang im Schlussakt der vietnamesischen Tragödie, die mit der katastrophalen Niederlage des französischen Expeditionsheeres bei Dien Bien Phu und der Nichterfüllung der Beschlüsse der Genfer Indochina-Konferenz von 1954 begann und dem Land mit der Intervention der USA einen über dreißigjährigen Krieg bescherte.

„Durch eine fatale Kette politischer Fehlentscheidungen, ausgelöst durch eine starre anti-kommunistische Abwehrideologie, die von der falschen Vorstellung ausging, alle nationalistischen und sozialrevolutionären Bewegungen in Asien seien das Werk einer kommunistischen ‚Weltverschwörung', wurden die USA in ein sinnloses militärisches Abenteuer verstrickt, vor dem eine Reihe namhafter amerikanischer Politiker und Publizisten eindringlich gewarnt hatten", schrieb ich am 30. April 1975 in einem längeren Kommentar in der WAZ: „Gefangen in einem blinden ‚Eindämmungskonzept' waren die Verantwortlichen in Washington nicht in der Lage, diese nationalistischen und sozialrevolutionären Bewegungen in ihrer Eigenständigkeit zu erkennen. Darum gab es für die USA keine Chance, diesen national-kommunistischen Bewegungen eine nicht- kommunistische Alternative zu eröffnen. Die USA erleben in diesen Tagen den Zusammenbruch einer verfehlten Politik, die mehr als 55 000 Amerikanern das Leben kostete und für die Washington mehr als 150 Milliarden Dollar und einen bedeutenden Teil seines militärischen Potentials einsetzte.

Ein amerikanischer Präsident musste sein Amt für einen sinnlosen Krieg opfern, der das amerikanische Volk tief spaltete und seine innere Geschlossenheit der größten Zerreißprobe unterwarf".

Die Eskalation in Vietnam war entstanden, weil die politische Führung der USA nach der verheerenden Niederlage Frankreichs im ersten Indochina-Krieg im Jahre 1954 nicht in der Lage war, die Ursprünge und Ursachen des Konflikts, die in der Kolonialepoche lagen, richtig einzuschätzen.

Auf der Genfer Indochina-Konferenz von 1954 musste Frankreich sein ehemaliges Kolonialreich Indochina aufgeben. Laos, Kambodscha und Vietnam erhielten ihre Unabhängigkeit. Vietnam wurde in einen von den Vietminh beherrschten Norden und einen anti-kommunistischen Süden am 17. Breitengrad geteilt.

Die USA unterzeichneten diese Genfer Konvention nicht. Washingtons Außenminister Dulles verließ grollend die Konferenz: „Die Anerkennung eines neuen kommunistischen Satelliten-Regimes der Achse Moskau–Peking" werde Washington nicht tolerieren. Dulles stand noch ganz unter dem Eindruck des Sieges der chinesischen Revolution unter Mao Tse-tung im Oktober 1949. Er war von einer „strategischen Achse Moskau–Peking" überzeugt, die es in Wirklichkeit nie gegeben hatte und die 1954 – nach Stalins Tod – bereits deutliche Risse zeigte.

Dulles war von seiner so genannten „Domino-Theorie" beherrscht: „Eine Niederlage in Indochina nach der Niederlage Tschiang Kai-schecks in China würde ernste Auswirkungen auf die gesamte Situation in Asien haben. Indochina ist der Eckstein im asiatischen Domino. Wird dieser Eckstein heraus gebrochen, fallen ihm alle anderen Dominos zu". Diese „Domino-Theorie" musste herhalten, um beginnend mit Eisenhower und fortgesetzt durch seine Nachfolger Kennedy, Johnson und Nixon die Intervention zum zweiten Indochina-Krieg zu begründen und eine Eskalation nach der anderen zu rechtfertigen: Von der Entsendung erster Militärberater nach Südvietnam bis zur Verstärkung der US-Truppen auf zuletzt 540 000 Mann, den amerikanischen Bombardements gegen Nordvietnam und den Einmarsch nach Kambodscha, der chemischen „Entlaubung" ganzer Regionen Vietnams und des Massakers von US-Soldaten in My Lai.

Die totale Niederlage Tschiang Kai-scheks 1949 in China und das totale Fiasko der französischen Kolonialmacht in Indochina 1954 wurden in Washington nicht als Warnsignal betrachtet. Die Genfer Konferenz von 1954 hätte die Möglichkeit geboten, einen Schlussstrich unter eine verfehlte Asienpolitik zu ziehen. Diese Chance wurde vertan. Die USA, beherrscht von der irrigen Annahme, der „monolithische Block von Moskau bis Peking" sei zur Eroberung Südostasiens aufgebrochen, manövrierten sich in eine ausweglose Lage, in der sie immer wieder von korrupten Regimes wie Diem, Thieu und Lon Nol in Südvietnam erpresst wurden mit dem Argument, sie seien das „einzige Bollwerk gegen den Kommunismus in Asien".

Als sich die USA zu Beginn der 60er Jahre immer stärker in Indochina engagierten und den Vietnam-Krieg zu ihrem eigenen machten, war dieses militärische Abenteuer schon längst ein Anachronismus. Denn die in Wirklichkeit nie existierende „monolithische Einheit" zwischen der Sowjetunion und China war längst einer offenen politischen und ideologischen Auseinandersetzung gewichen, die für jeden aufmerksamen Beobachter durch die Veröffentlichungen chinesischer Schriften und Erklärungen, die einen deutlichen anti-sowjetischen Charakter hatten, klar erkennbar war. Die Domino-Theorie von Dulles war eine trügerische Illusion.

Mit Recht erklärte die amerikanische Historikerin und Pulitzer-Preisträgerin Barbara Tuchman im Januar 1973 in ihrem Vortrag „Warum Politiker nicht zuhören" vor der Foreign Service Association: „Ohne örtliche Gegebenheiten zu beachten, ohne auf die Motivation der Beteiligten einzugehen und in Blindheit gegen die Lehren von Dien Bien Phu fühlt sich die amerikanische Politik zum Handeln gezwungen, auch da, wo sie sich besser heraushielte. Es wäre gut, wenn wir es lernen könnten, den Dingen gelegentlich nach den in ihnen liegenden Gesetzmäßigkeiten ihren Lauf zu lassen. Der kostspieligste Mythos unserer Zeit ist der Mythos vom Monolithentum des Kommunismus gewesen. Wir entdecken jetzt zufrieden, wenn auch verspätet, dass die angeblich chinesisch-sowjetische Einheit sich als bitterer Antagonismus zweier Rivalen entpuppt, die einander in Hass, Furcht und Misstrauen gegenüberstehen. Unsere ursprüngliche Einschätzung hatte nie viel mit den Fakten zu tun, sondern war eine Spiegelung von Ängsten und Vorurteilen. Konditionierte Reflexe dieser Art sind nicht die besten Ratgeber einer zweckmäßigen Außenpolitik".

Die Bewegung des Vietminh in Indochina war von Anfang an eine nationalistische, antikoloniale Befreiungsbewegung und nicht das Ergebnis einer „kommunistischen Weltverschwörung". Doch gefangen in einem blinden Antikommunismus waren weder Paris noch später Washington zu einer realistischen Einschätzung der Situation in der Lage.

Dabei hat es nicht an warnenden Stimmen gefehlt. Der frühere stellvertretende US-Außenminister Ball verspottete die „Domino-Theorie" mit den Worten: „Die großen Gestalten der Weltgeschichte haben sich ihre Lehren aus dem komplizierten Schachspiel geholt und nicht aus dem simplen Domino-Spiel". Und General Rigdway schrieb 1971: „Es hätte keines besonderen Scharfblicks bedurft, dass in Vietnam kein wirklich vitales Interesse der Vereinigten Staaten vorlag und dass ein Engagement dieses Umfanges ein monumentaler Fehler war".

Mehr als zwei Millionen Menschen mussten für diesen „monumentalen Fehler" ihr Leben lassen, darunter über 55 000 US-Soldaten. Und für diesen „monumentalen Fehler" waren gewaltige finanzielle und militärische Mittel aufgewendet worden, die Milton Leitenberg, Mitglied des Stockholmer Instituts für internationalen Angelegenheiten (SIPRI) wie folgt aufgelistet hat: „Im zweiten Weltkrieg haben die Amerikaner etwa zwei Millionen Tonnen Bomben über Afrika, Europa und im pazifischen Raum abgeworfen, beim Krieg in Korea 1950 bis 1953 waren es knapp eine Million Tonnen. Über Indochina wurden allein von 1965 bis Ende September 1972 etwa sieben Millionen Tonnen abgeladen, mehr als die Hälfte davon unter der Präsidentschaft von Nixon. Schätzungsweise sind in den Jahren von 1965 bis 1971 bei Luftangriffen in Indochina 26 Millionen Bombenkrater entstanden ... Angaben des Pentagon lassen darauf schließen, dass 20 000 Quadratkilometer Wald besprüht und zum größten Teil verdorrt sind. Von 1962 bis Ende 1970 wurden so viele Ernten vernichtet, dass man zwei Millionen Menschen ein ganzes Jahr damit ernähren könnte".

Für den längsten Krieg der amerikanischen Geschichte musste das US-Verteidigungsministerium über 150 Milliarden Dollar ausgeben. Die Gesamtkosten für die Kriegsopfer wurden auf 220 Milliarden Dollar geschätzt. Hinzu kommen Milliarden an Militärhilfe für Südvietnam und Kambodscha. Mit geschätzten Gesamtkosten von über 380 Milliarden Dollar war es der teuerste Krieg für die USA nach dem zweiten Weltkrieg. Eine steigende Inflation zu Hause, die Dollarschwäche auf dem Devisenmarkt, die Abwertung des Dollars und der Zusammenbruch des alten Währungssystems waren ein hoher Preis, den die USA für ihr Vietnam-Abenteuer zahlen mussten. Für die Rüstungsindustrie war es sicher ein gutes Geschäft.

„Am Anfang der Torheiten", schrieb Barbara Tuchman, „die zu diesem Ergebnis führten, stehen fortgesetzte Überreaktionen, die Erfindung einer gefährdeten ‚nationalen Sicherheit', die rasch ein Eigenleben zu führen begann und den Erfinder selbst in ihren Bann schlug. Die Haupttriebkraft dieses Prozesses war Dulles, der mit seinem Bestreben, den Kompromiss von Genf zu Fall zu bringen und Amerika zum Hüter der einen und zum unnachgiebigen Gegner der anderen Zone zu machen, der Urheber all dessen war, was dann folgte. Als ein Savonarola der Außenpolitik, hypnotisierte er mit seinem Glaubenseifer Kollegen und Nachfolger, bis sie anfingen, ihm die ‚nationale Sicherheit' und das ‚vitale Interesse' nach zuplappern, nicht so sehr aus innerer Überzeugung, sondern in einem Lippenbekenntnis zum Kalten Krieg oder als vordergründige Taktik, um dem Kongress Gelder zu entlocken ... Die Art, wie Dulles hier die verschiedenen Länder Ostasiens in einen Topf warf, so als besäßen sie keine Individualität, keine Geschichte, als gäbe es zwischen ihnen keine Unterschiede, entsprach entweder einem uninformierten und oberflächlichen oder einem bewusst irreführenden Denken, dass auch die Domino-Theorie hervorgebracht und zum Dogma erhob".

Ähnlich wie Barbara Tuchman hat auch George F. Kennan den Vietnamkrieg und die „Domino-Theorie" von Dulles abgelehnt. „Er hat den Vietnam-Krieg tief beklagt", schrieb Marion Gräfin Dönhoff anlässlich der Verleihung des Friedenspreises des Deutschen Buchhandels an Kennan am 21. Mai 1982 im „Börsenblatt",

„weil er ihn von Anfang an für ungerechtfertigt und überflüssig hielt und für sinnlos auch im Sinne der Protagonisten dieses Unternehmens".

In einem einstündigen Fernsehinterview mit Eric Sevareid im Juli 1975 antwortete Kennan auf die Frage, wie er sich erkläre, dass es überhaupt zu Vietnam hätte kommen können: „Ich komme beim Nachdenken immer wieder zurück auf die hypnotische Kraft des Syndroms, das wir Kalter Krieg nennen. Es ist dem politischen Leben Amerikas in der Zeit des McCarthyismus und während der Auseinandersetzung über unsere China-Politik aufgezwungen worden. Mir scheint, dass seither jede Regierung Angst hatte, sie könne beschuldigt werden, nicht antikommunistisch genug zu sein".

Als McCarthy in den USA wütete, war George Kennan Botschafter in Moskau, Aber nur für acht Monate, bis ihn die Sowjetunion Ende 1952 zur „unerwünschten Person" erklärte. Vielleicht hatte man im Kreml die Konsequenzen aus Kennans Strategie der Eindämmung eher begriffen oder befürchtet, als mancher Politiker im Westen. Denn schon im Frühjahr 1953 erklärte US-Außenminister Dulles, für George Kennan gäbe es keinen Platz mehr im diplomatischen Dienst der USA und auch nicht in der Administration. Kennan ging als Historiker an die Universität von Princeton und schuf eine Reihe grundlegender historischer Werke, die bis heute nichts an ihrer Aktualität verloren haben. Querdenker waren eben nicht gefragt, zumal sich Kennan auch dafür ausgesprochen hatte, die sowjetische Deutschlandnote vom März 1952 in Verhandlungen auszuloten.

9.) Der Anti-Kommunismus und die „Theologie der Befreiung".

Bei meinen zahlreichen Reisen in die Länder Mittel- und Südamerikas in den 60er, 70er und 80er Jahren habe ich viele Priester der lateinamerikanischen Kirche kennen gelernt, die in ihren „Basis-Gemeinden" neben ihrem Beruf eine vorbildliche Sozialarbeit auf dem Lande oder in den Elendsvierteln der großen Städte machten. Viele von ihnen gehörten in der damaligen Zeit zu der so genannten „Theologie der Befreiung"

Zu Beginn der achtziger Jahre wurden zahlreiche Länder Lateinamerikas von diktatorischen Militär-Regimes beherrscht und die soziale Lage der Bevölkerung hatte sich in den letzten Jahren dramatisch verschlechtert. Eine UNO-Studie schätzte, dass die Hälfte der städtischen und drei Viertel der ländlichen Bevölkerung unterhalb der Armutsgrenze lebte. Jedes fünfte Kind stirbt vor Erreichung des ersten Lebensjahres an Hunger und Unterernährung.

Der Anteil der Analphabeten war von 38 Prozent im Jahre 1960 bis auf fast 60 Prozent Ende der 70er Jahre gestiegen. Auch das Schlussdokument der III. Lateinamerikanischen Bischofskonferenz von Puebla 1979 hatte festgestellt: „Zehn Jahre nach der Abhaltung der II. Lateinamerikanischen Bischofskonferenz (1968 in Medellin) lebt die gewaltige Mehrheit unserer Brüder immer noch in einer Situation der Armut und sogar des Elends, das sich verschärft hat. Sie ermangeln der elementaren materiellen Güter im Gegensatz zur Anhäufung von Reichtümern in den Händen einer Minderheit, häufig auf Kosten der Armut vieler. Angesichts der Situation der Sünde ergibt sich auch für die Kirche die Pflicht anzuklagen. Diese Anklage muss objektiv, mutig und dem Evangelium entsprechend sein".

Nach der Rückkehr von einer längeren Reise durch die Länder Lateinamerikas und der Karibik schrieb ich am 11. März 1982 eine Themenseite in der WAZ unter dem Titel: „In der Karibik schreit die Armut zum blauen Himmel – Mittelamerika – Ursachen und Hintergründe eines Krisenherdes": „Wieder einmal ist der Krisenherd Karibik und Mittelamerika in die Schlagzeilen der Weltpolitik gerückt. Seit Monaten tobt in El Salvador ein blutiger Bürgerkrieg, der bereits über 30 000 Opfer forderte. Zehntausende sind auf der Flucht, rechtsextreme Mordkommandos, gestützt von der Militärdiktatur, terrorisieren Guatemala. Täglich werden in diesem mittelamerikanischen Land über 30 Menschen umgebracht oder entführt und „verschwinden" spurlos. Allein in den letzten 18 Monaten wurden in Guatemala zwölf katholische Priester und 190 Katecheten umgebracht".

Das war die politische und wirtschaftliche Situation, in der die „Theologie der Befreiung" entstand. Nach einer weiteren Reise nach Lateinamerika 1983 schrieb ich am 10. März 1983 einen längeren Beitrag mit dem Titel: „Das Elend gebar die ‚Theologie der Befreiung' – Zustände in Lateinamerika sind ‚eine gesellschaftliche Sünde'": „Es ist sicher kein Zufall, dass sich vor diesem sozialen Hintergrund die ‚Theologie der Befreiung' entwickelte, die inzwischen zu einer Herausforderung nicht nur für die katholische Kirche in Lateinamerika geworden ist. Über 100 Priester wurden in den letzten Jahren von rechtsextremistischen Terrorgruppen, die von den Militärdiktaturen dieser Länder finanziert werden, ermordet. Auf ihr Konto geht auch die Ermordung des Erzbischofs Romero von San Salvador, der während der Messe den Kugeln der Terroristen zum Opfer fiel, weil er sich in seinen Predigten entschieden für soziale Gerechtigkeit eingesetzt hatte.

Die von ständiger Verfolgung bedrohten, an der Basis auf dem Lande oder in den Slum-Vierteln der Städte wirkenden Priester, sind in den letzten Jahren zum Mittler bei der Bewusstwerdung und Aktivierung der Bevölkerung geworden. Aus ihrem gemeinsam mit den Basisgruppen betriebenem Nachdenken über die Bedeutung des Evangeliums in der leidvollen Gegenwart der von ihnen seelsorgerisch betreuten Menschen, erwuchsen die ‚Theologie der Befreiung' und die ‚Volkskirche'.

Die Vertreter der ‚Theologie der Befreiung' berufen sich auf das von Papst Johannes XXIII. einberufene Zweite Vatikanische Konzil sowie auf seine sozialen Enzykliken ‚Mater et Magistra‘ (1961) und ‚Pacem in Terris‘ (1963), die nach ihrer Auffassung ‚die Sorge der Kirche um den ganzen Menschen‘ in den Mittelpunkt stellten.

Mehr als 900 lateinamerikanische Priester wandten sich in einem Schreiben an die 2. Generalversammlung des lateinamerikanischen Episkopats in Medellin (1968) mit den Worten: ‚Lateinamerika ist seit mehreren Jahrhunderten ein Kontinent der Gewalt. Es handelt sich um die Gewalt einer Minderheit von Privilegierten, die diese seit der Kolonialzeit gegen die immense Mehrheit des ausgebeuteten Volkes ausübt. Es ist die Gewalt des Hungers, des Ausgeliefertseins und der Unterentwicklung, die Gewalt von Verfolgung, Unterdrückung und Unwissenheit‘.

Die Dokumente der Bischofskonferenz von Medellin, die als bedeutsames Ereignis in der Geschichte der Kirche Lateinamerikas angesehen werden muss, nahmen den Gedanken auf. Zwar wird in den Beschlüssen von Medellin die ‚Theologie der Befreiung‘ nicht namentlich genannt, aber in der Solidarität mit den Armen, in der Kritik an der ‚übermäßigen Ungleichheit zwischen den sozialen Klassen‘, in der Forderung nach ‚ganzheitlicher Befreiung‘ und in der Anklage derjenigen Zustände Lateinamerikas, die ‚eine Beleidigung des Geistes des Evangeliums darstellen‘, doch in ihrem Sinne interpretiert.

Es hat nicht an Versuchen von außen gefehlt, in der Vorbereitung der 3. Generalversammlung der lateinamerikanischen Bischöfe in Puebla 1979, die Beschlüsse von Medellin zu korrigieren. Aber Puebla hat in seinem Schlussdokument den in Medellin beschlossenen Kurs der Kirche bestätigt, wenn es heißt: ‚Im Lichte des Glaubens betrachten wir den wachsenden Abstand zwischen Reichen und Armen als einen Skandal und Widerspruch zum Christsein. Der Luxus weniger wird zum Hohn auf das Elend breiter Volksmassen ... In dieser Angst und in diesem Schmerz erblickt die Kirche eine Situation gesellschaftlicher Sünde, die um so schwerwiegender ist, als sie in Ländern besteht, die sich katholisch nennen und durchaus imstande sind, die Dinge zu verändern.‘

Es war klar, dass sich die diktatorischen Militärregime in Lateinamerika jeden sozialen Forderungen der Kirche widersetzten, die Priester, die die ‚Theologie der Befreiung‘ vertraten, verfolgten und die ‚Theologie der Befreiung‘ als ‚kommunistische unterwandert‘ verleumdeten. Aber auch in den Reihen der Kirchen-Oberen und im Vatikan wurde die ‚Theologie der Befreiung‘ in die Nähe marxistisch-leninistischer Auffassungen gerückt.

Einer der prominentesten Vertreter der ‚Theologie der Befreiung‘, der im August 1999 verstorbene Erzbischof von Olinda und Recife, Dom Helder Camara, sagte dazu in einem Gespräch: ‚Es ist sehr leicht, mit der Waffe des Antikommunismus gegen alle diejenigen vorzugehen, die es wagen, über die reine Sozialfürsorge hinauszugehen und sich für die menschliche Verwirklichung derjenigen Geschöpfe einzusetzen, die sich zu Milliarden in einer unmenschlichen Lage befinden; die zu behaupten wagen, dass die Beziehungen zwischen den Ländern des Überflusses und den Ländern des Hungers schlecht und falsch formuliert sind, da es sich auf Weltebene nicht um Hilfe handelt, die zunehmen müsste, sondern um Gerechtigkeit, die gewahrt bleiben muss.'

Als einer der bedeutendsten Sprecher des ‚progressiven Flügels' der lateinamerikanischen Kirche und durch seine in vielen Sprachen übersetzten Bücher ‚Revolution für den Frieden' und ‚Gott lebt in den Armen' hat sich Dom Helder weltweite Aufmerksamkeit und Anerkennung erworben, nicht zuletzt auch durch seine sozial engagierten Gedichte, wie dieses, ‚Um ein Waches Gewissen':

‚Stimmt es, dass du den Regenbogen
als Zeichen des Friedens
und der Verbindung zu den Menschen
verstanden hast?
Dann schaffe am Himmel
ein solch mächtiges Zeichen,
dass es das Gewissen der Völker
erschüttert
und sie dahin führt,
den offensichtlichen Irrsinn der Kriege
und der Missbildung
einer winzigen Welt der Reichen zu sehen,
die umschlossen und durchdrungen
von den Wassern des Elends ist.
Selbst du,
mit deinem unwiderstehlichen Blick
unendlicher Güte,
hast nicht vermocht,
das Herz des reichen Jünglings
zu bewegen.
Und dabei hatte er
von Kindheit an
all deine Gebote
befolgt.
Herr, mein Herr,
lass nicht zu, dass wir
aus falscher Liebe
die schrecklichen Wahrheiten
verharmlosen
die du den Reichen gesagt hast'".

114

Nach meinen ersten Berichten über Nicaragua im Sommer 1979 organisierte die Evangelische Studentengemeine der Uni Essen und Mitglieder der „Emmaus Internationalen Jugendinitiative für Frieden und Verständigung" eine Spendensammlung für nicaraguanische Flüchtlinge, die dem Dichter und Priester Ernesto Cardenal, der die Flüchtlingslager versorgte, zugute kommen sollte. Darüber berichtete mein Redaktionskollege und Freund, Peter Sabinski, der für seine hervorragenden Reportagen bekannt war, in der WAZ vom 25. Juni und 7. Juli 1979 unter der Überschrift: „Studenten, Schüler, Lehrer und Lehrlingen wollen helfen – Nicaragua-Flüchtlinge warten auf deutsche Krankenwagen": „,Jemand schlug vor, jetzt und hier zu handeln und etwas für die Opfer der Diktatur in Nicaragua zu tun.' Das ist ein Satz aus einem Brief, den Studentenpastor Walter Zielke an die WAZ schrieb, nachdem er mit einer Gruppe junger Leute, Schülern. Lehrlingen und Studenten, über einen Artikel diskutiert hatte, den WAZ-Redakteur Hans-Georg Glaser in der vergangenen Woche geschrieben hatte. Die Begegnung zwischen dem Pfarrer und den jungen Leuten fand im Café ,Regenbogen', unweit der Uni Essen statt. Die Café-Gäste spendeten 700 Mark, die Inhaber des Cafés legten die Tageseinnahme dazu. 1 000 Mark kamen so zusammen".

In weiteren Aktionen, einschließlich einer Straßensammlung und einer „Nicaragua Solidaritätswoche", kamen mehrere Tausend Mark zusammen, wovon ein erster Betrag direkt an Ernesto Cardenal überwiesen wurde, zur Unterstützung der Volksküchen in den Flüchtlingslagern. Mit den weiteren Spenden wurden drei gebrauchte Ambulanzwagen angeschafft, die von Mitgliedern der Emmaus-Initiative instand gesetzt und komplett eingerichtet wurden. Einer der Krankenwagen wurde sofort nach Costa Rica geschickt, aber für die Überführung der beiden anderen fehlte das Geld.

In einem zweiten Artikel „Geld für Nicaragua kommt auch in die richtigen Hände" rief Peter Sabinski zu Spenden auf und die WAZ-Leser machten mit: Zahlreiche Geldspenden gingen im Büro der Evangelischen Studentengemeinde ein, die notwendigen Überführungskosten von 9 000 Mark wurden weit übertroffen.

Der Priester und Dichter Ernesto Cardenal war damals bereits eine weltweit bekannte Persönlichkeit. Seine Bücher und Gedichtbände waren in zahlreichen Sprachen übersetzt worden. Vor allem seine zwei Bände „Das Evangelium der Bauern von Solentiname – Gespräche über das Leben Jesu in Lateinamerika", die 1976 und 1978 auch in der Bundesrepublik vom Jugenddienst-Verlag in Wuppertal herausgegeben worden und sicher auch vielen Mitgliedern der Evangelischen Studentengemeinde in Essen bekannt waren.

Im ersten Band von 1976 hatte D. Johannes Schlingensiepen in einem Geleitwort geschrieben: „Die Gottesdienste dieses Bandes sind in einer kleinen mittelamerikanischen Gemeinde von Bauern und Fischern entstanden ... Hier werden Alltagsfragen zum Gottesdienst, und hier antworten Gottesdienste auf die Fragen des Alltags.

Es geht um die Fragen des Glaubens und um die Fragen des echten Christseins. Man spürt, dass da ein brennendes Verlangen ist nach dem neuern Himmel auf der neuen Erde, auf denen Gerechtigkeit wohnt … Es geht um die Liebe, die alle Kraft für die Solidarität einsetzt … Auch das kann von Gott geboten sein, dass ein ungerechter und erpresserischer Gewalthaber aus dem Wege geräumt wird. Wir haben das in der Kirche lange verschwiegen. Wenn wir uns aber zurückbesinnen auf die Gewaltherrschaft in Deutschland und auf die Christenbrüder, die es für erlaubt oder geboten gehalten haben, diese Gewaltherrschaft durch ein Attentat zu brechen, wenn wir überlegen, in wie viel Ländern dieser Erde grausame Tyrannen herrschen und die Menschen ausbeuten, dann ist es gut, wenn wir uns darüber Gedanken machen. Wir hören die gleiche Frage auf uns zukommen aus vielen Ländern, in denen Gewalt und unaussprechliche Ungerechtigkeit herrschen". Eine treffende Interpretation der Motive und Ziele der Theologie der Befreiung.

Ganz ähnlich hat Johann Baptist Metz in seiner Laudatio auf Ernesto Cardenal anlässlich der Verleihung des Friedenspreises des Deutschen Buchhandels an den nicaraguanischen Priester und Dichter dessen Arbeit gewürdigt: „In dem inzwischen weit verbreiten ‚Evangelium der Bauern von Solentiname‘, Aufzeichnung von Gesprächen, die Cardenal auf der Insel Solentiname im Großen See von Nicaragua mit seinen armen landlosen Bauern anlässlich des gemeinsamen sonntäglichen Gottesdienste über einzelne Abschnitte des Evangeliums führte … mit den Unterdrückten eine Sprache der Leiden und der Hoffnungen spricht. Hier ist er Inspirator und Zeuge einer Basiskultur, in der Menschen angesichts tiefster Erniedrigung und Bedrohung Ansätze und Perspektiven für eine neue solidarische Identität gewinnen".

Als ich 1979 bei meinem Besuch in Nicaragua Ernesto Cardenal traf und ein längeres Gespräch mit ihm führen konnte, hatte ich mehrere seiner Bücher und Gedichte gelesen, vor allem auch „Das Evangelium der Bauern von Solentiname". Als ich ihm erzählte, wie es möglich war, die Krankenwagen nach Costa Rica zu schaffen, zeigte er sich hoch erfreut über die Initiative der Evangelischen Gemeinde und der Emmaus-Gruppe, dies sei ein hervorragendes Zeichen christlicher Solidarität und Nächstenliebe gewesen, das nicht vergessen werden dürfte.

Lange unterhielten wir uns über die Probleme der Theologie der Befreiung und den undifferenzierten und verleumderischen Angriffen konservativer Kreise auf die Priester und Bischöfe in Lateinamerika. Natürlich interpretierte auch Ernesto Motive und Ziele der Theologie der Befreiung ähnlich wie im Gespräch mit Dom Helder Camara: „Alle lateinamerikanischen Revolutionäre sind der festen Überzeugung, dass ein friedlicher Wandel einer Revolution vorzuziehen ist. Aber es kann dennoch im Falle der schärfsten Unterdrückung und blutigen Verfolgung kein anderer Weg mehr möglich sein, als sich einem Regime des Terrors und der Willkür gewaltsam zu widersetzen, weil brutale Diktatoren in der Regel ihre Macht nicht freiwillig abgeben".

Als Papst Johannes Paul II. im März 1983 Nicaragua besuchte, ging ein Bild um die Welt. Der strafende Finger, den Karol Wojtyla auf den zu seinen Füßen knienden Priester Ernesto Cardenal richtete, mit dem er ihm den traditionellen Kuss des Ringes verweigerte und ihn ermahnte, sein Verhältnis zur Kirche in Ordnung zu bringen. Derselbe Karol Wojtyla, der als Kardinal für die Rechte seines Volkes in einer kommunistischen Diktatur gestritten und als Papst die unabhängige Gewerkschaftsbewegung unterstützt hatte, verweigerte einem Priester das Recht in einer rechtsextremistischen Diktatur für die Befreiung seines Volkes zu kämpfen.

In der Erinnerung an diese Szene vom März 1983 erklärte Ernesto Cardenal die Haltung des Papstes mit dessen polnischen Erfahrungen: „Wiederholte Male hatte der Papst davon gesprochen, dass Nicaragua sein zweites Polen sei … Er glaubte, es gäbe eine unpopuläre Regierung, die von der großen christlichen Mehrheit abgelehnt würde, und dass seine kämpferische Anwesenheit einen Aufstand gegen die Sandinisten provozieren würde … Der Papst kam nach Nicaragua, um die Revolution zu destabilisieren".

Nach einer weiteren Reise nach Mittelamerika und der anhaltenden Kontroverse um die Theologie der Befreiung schrieb ich im September 1984 noch einmal eine Themenseite in der WAZ unter der Überschrift: „Ich habe den Schrei meines Volkes gehört. Die Theologie der Befreiung bekämpft die ‚soziale Sünde‘". Darin erläuterte ich noch ein Mal die Beschlüsse der lateinamerikanischen Bischofskonferenzen von Medellin und Puebla und schrieb unter anderem: „Wer Gelegenheit hatte, das Schicksal tausender entwurzelter Menschen in den Slumvierteln zu sehen, die sich einem Gürtel gleich um die Städte Lateinamerikas ziehen, und hier die Arbeit der Priester für die Armen in den Basisgemeinden erlebt hat, begreift, worum es der Theologie der Befreiung geht".

Sehr eindrucksvoll hat dies der damalige Generalobere des Jesuitenordens, Pedro Arrupe in seiner Rede in der Frankfurter Paulskirche am 21. November 1976 zum Ausdruck gebracht: „Für mich war die Begegnung mit hungernden Menschen entscheidend. Ich traf sie nicht als einzelne, sondern in Gruppen, in Massen, in ganzen Ländern. Ich wurde betroffen von der Hilflosigkeit und Aussichtslosigkeit, in der sich diese Menschen befinden … dabei habe ich erkannt, dass es etwas anderes ist, davon theoretisch und aus gesteuerten Informationen zu wissen, und etwas anderes, diese Wirklichkeit zur persönlichen Überzeugung und Entscheidung zu machen und daraus alle Konsequenzen zu ziehen … Es geht um die zeitgemäße Sicht des Glaubens. Es geht keineswegs darum, die christliche Botschaft vom ewigen Heil in ein sozialpolitisches Aktionsprogramm umzufunktionieren. Es geht schlicht und einfach darum, aus der christlichen Heilsbotschaft die Konsequenzen zu ziehen. Wir brauchen eine Theologie, die das die Welt von heute so sehr bewegende Thema von Glaube und Gerechtigkeit aufgreift und das Gewissen der Menschen für konkretes Handeln sensibilisiert".

Pedro Arrupe beruft sich auf das Rundschreiben Pauls VI. „Über den Fortschritt der Völker", in dem deutlich ausgesprochen wird, dass Unrecht und Ausbeutung nicht durch einzelne Menschen und Gruppen geschieht, sondern durch wirtschaftliche, soziale, politische und kulturelle Strukturen. Die Generalkongregation des Jesuitenordens habe dies so formuliert: „In einer Welt, in der man jetzt die Macht der sozialen, ökonomischen und politischen Strukturen erkennt und dessen Mechanismus entdeckt, ist Dienst am Evangelium auch Veränderung der Strukturen".

Im Sinne dieses Dienstes am Evangelium und, wie Arrupe es formulierte, „eine zeitgemäße Sicht des Glaubens", wirken die Priester der Armen in Lateinamerika. Sie haben die entscheidenden Impulse für ihre Arbeit nicht aus marxistischen Analysen, sondern aus der lateinamerikanischen Wirklichkeit empfangen".

An diese Diskussion um die Theologie der Befreiung wurde ich noch einmal erinnert, als ich das 2004 erschienene Buch von Heiner Geißler „Was würde Jesus heute sagen? – Die politische Botschaft des Evangeliums" las, in dem er angesichts der negativen Auswüchse der Globalisierung schreibt: „Die Frage ist, warum die Kirchen den fälligen massiven Protest gegen die brutale Form des Spätkapitalismus Organisationen wie Attac oder Amnesty International überlassen und sich nicht selber an die Spitze des Protestes setzen. Jesus hätte nicht nur Tische im Tempel umgeworfen".

Die Theologie der Befreiung wirkt bis heute in den armen Massen Lateinamerikas nach, denn anders wäre es wohl kaum möglich gewesen, dass ein vom Vatikan gemaßregelter Bischof der Kirche und prominenter Vertreter der Theologie der Befreiung, Fernando Lugo, im April 2008 nach jahrzehntelanger Herrschaft rechter Politiker und Diktatoren zum neuen Präsident von Paraguay gewählt wurde, ein ehemaliger Bischof, der von der Bevölkerung liebevoll als „Kleiderschrank Gottes" bezeichnet wird. Und man wird Fernando Lugo wohl zustimmen müssen, wenn er seine Wahl „historisch" nennt.

10.) Blinder Antikommunismus verhinderte das rechtzeitige Erkennen entscheidender Veränderungen in der Sowjetunion und verlängerte den Kalten Krieg.

Auf die selbst gestellte Frage, wie es passieren konnte, dass die USA zwanzig Jahre lang „von einer brutalen Indochina-Politik nicht abließen", antwortete Daniel Ellsberg, der durch die Veröffentlichung der „Pentagon Papers" – der geheimen Regierungsakten über den Vietnamkrieg weltweit bekannt geworden war, in einem Vortrag vor der Community Church in Boston am 21. Mai 1971: „Meine neueren Untersuchungen über Ursprünge unseres Eingreifens in Indochina haben mich die Bedeutung von McCarthys Karriere für unsere gegenwärtige Position erkennen lassen. Denn die Politik, die McCarthy repräsentierte, starb nicht mit ihm. Diese Politik beinhaltet nicht nur den handfesten Vorwurf, dass die Demokraten in den Jahren 1949 und 1950 ‚China verloren' haben, sondern auch die Behauptung, dass die mangelnde Bereitschaft, Militärberater, Truppen oder Bomber zur ‚Rettung Chinas' zu entsenden oder die Weigerung nuklearer Waffen oder konventioneller Bomben während des Korea-Krieges gegen China einzusetzen, nur eine Erklärung zulassen: Die Bereitschaft, wenn nicht den Wunsch, den Kommunisten auf Kosten der lebenswichtigen Interessen den Sieg zu überlassen. Unter diesen Umständen sah sich jeder Präsident dem Vorwurf der Ängstlichkeit, des Unvermögens oder des Verrats ausgesetzt, wenn er zuließ, dass sein Land in einer Konfrontation unterlag, das heißt, wenn er eine kommunistischen Sieg zuließ, ohne die Waffen einzusetzen, die ihm seit dem Zweiten Weltkrieg – physisch und moralisch – zur Verfügung standen. Diese Auffassung hatte seitdem immer einen starken Einfluss auf die Entscheidung unserer Präsidenten".

Die verfehlte China-Politik der USA vor, während und nach dem Zweiten Weltkrieg und der Glaube der Politiker in Washington, dass sich mit dem Sieg der chinesischen Kommunisten 1949 „das doppelte Schreckgespenst eines expansiven chinesischen Kommunismus und einer untrennbaren chinesisch-sowjetischen Partnerschaft" erhoben habe, war eine schwerwiegende Fehlanalyse amerikanischer Politik, die sich aus einem blinden und zu jeder Differenzierung unfähigen Antikommunismus ergab.

„Ohne diese beiden Zwangsvorstellungen, die Staatsmänner verwirren und Demagogen ernähren, wäre unsere Geschichte anders verlaufen, unsere Gegenwart und unsere Zukunft sähen anders aus. Wahrscheinlich wären wir dann nicht nach Vietnam gegangen", schrieb Barbara Tuchman im Oktober 1972 in der führenden amerikanischen außenpolitischen Zeitschrift „Foreign Affairs".

In ihrer bis heute unübertroffenen Analyse über die verfehlte amerikanische China-Politik von 1911 bis 1945 unter dem Titel „Sand gegen den Wind" weist Barbara Tuchman nach, dass die verantwortlichen Politiker in Washington es eigentlich hätten besser wissen müssen. Die USA waren über die Schwächen und Stärken der Widersacher im chinesischen Bürgerkrieg sehr gut unterrichtet. Eine US-Beobachtergruppe bei den Truppen Mao Tse-tungs unter Oberst Barrett berichtete über die von den chinesischen Kommunisten in den von ihnen beherrschten Gebieten eingeleiteten Reformen, vor allem in der Landwirtschaft, mit denen sie die Bauern gewannen. Sie priesen die Disziplin der Truppen Maos, die nach ihrer Ansicht die

Bevölkerung hinter sich hatten und gaben ihnen und nicht den Truppen Tschiang Kai-scheks die besseren Chancen, und der von Washington zu Tschiang Kai-schek entsandte General Stilwell schrieb in seinem Kriegstagebuch, den „Stilwell Papers": „Wenn Amerika weiterhin die reaktionäre Regierung Tschiang Kai-scheks unterstützt, wird es sich ein blaues Auge holen und sich unter die alten Kolonialreiche einreihen". Aber wegen seiner zutreffenden Analysen wurde Stilwell vom Hexenjäger McCarthy als „chinesische kommunistischer Agent" verdächtigt.

Auch aus jugoslawischen Quellen – bereits 1948 war es zum Bruch zwischen Tito und Stalin gekommen – hätten die Verantwortlichen in Washington wissen können, dass es keinesfalls eine „monolithische Einheit" zwischen Moskau und Peking gab. In einer bedeutsamen Erklärung während einer Unterredung mit den jugoslawischen Führern Kardelj und Djilas in Moskau am 10. Februar 1948 hatte Stalin die Differenzen mit Mao offen eingestanden: „Es stimmt, dass auch wir Fehler gemacht haben. Beispielsweise haben wir nach dem Krieg die chinesischen Genossen eingeladen, um mit ihnen die Lage in China zu besprechen. Wir erklärten ihnen geradeheraus, dass wir die Entwicklung eines Aufstandes in China für aussichtslos hielten, und dass die chinesischen Genossen einen Ausglich mit Tschiang Kai-schek suchen, sich an seiner Regierung beteiligen und ihre Armee auflösen sollten. Die Chinesen reisten jedoch nach China zurück und taten etwas ganz anderes. Im Fall China geben wir also zu, uns geirrt zu haben. Es hat sich erwiesen, dass die chinesischen Genossen recht hatten und nicht die Sowjets". Über dies Gespräch mit Stalin berichtete Vladimir Dedijer in seiner Tito-Biographie.

Auch die amerikanische Beobachtergruppe bei den Truppen Maos hatte verschiedentlich berichtet, dass die Konzeption der chinesischen Kommunisten grundsätzlich anders sei als die sowjetische, was allein schon daraus zu ersehen sei, dass sich Mao au die Bauern stütze und dass seine Bewegung sehr stark von nationalen Zielen geprägt sei.

Der sowjetisch-chinesische Konflikt.
Das „zweite Schisma" im Kommunismus.

Obwohl bereits seit der geheimen Anti-Stalin-Rede von Chruschtschow auf dem 20. Parteitag der KPdSU im Februar 1956 die wachsende Differenz zwischen Moskau und Peking immer deutlicher sichtbar wurde und sich beide Seiten mit veröffentlichten Streitschriften gegenseitig förmlich bombardierten, verstrickten sich die USA immer tiefer in den „schmutzigen Krieg" in Indochina, weil sie nach wie vor an der „Verschwörertheorie" der Achse Moskau–Peking festhielten. Die falsche China-Politik der USA und die nicht zuletzt daraus resultierende US-Intervention in Vietnam, ist eine der folgenreichsten Fehlentscheidungen der US-Außenpolitik nach dem 2. Weltkrieg gewesen. Eine Fehlentscheidung, weil der blinde Antikommunismus die Verantwortlichen in Washington daran hinderte, rechtzeitig die Spannungen zwischen Moskau und Peking zu erkennen.

Bereits am 10. September 1960 schrieb ich unter dem Titel „Der Ostwind Pekings weht auch über Moskau" in der WAZ über die offen zutage getretene Spannung zwischen den beiden kommunistischen Mächten: „Die sowjetische Hilfe an China und die wirtschaftliche Abhängigkeit Pekings von Moskau werden im Westen bis auf den heutigen Tag überschätzt. Es gibt kein einziges Gebiet der Wirtschaft, auf dem sich im Verhältnis Chinas zur Sowjetunion eine bewusste Arbeitsteilung als Dauerzustand abzeichnet, wie dies zwischen Moskau und den europäischen ‚Volksdemokratien' der Fall ist, die im ‚Rat der gegenseitigen Wirtschaftshilfe' (Comecon) zusammengeschlossen sind. China gehört dem Comecon nicht an. Es will nach den Worten Mao Tse-tungs ‚sein eigenes Industriesystem' errichten. China unterscheidet sich damit grundlegend von allen anderen ‚Volksdemokratien' im sowjetischen Machtbereich. Peking hat niemals eine Satellitenrolle gegenüber Moskau gespielt. Es hat sich heute in zunehmendem Maße von der sowjetischen Hilfe freigemacht, seine Rolle als ‚Junior-Partner' Moskaus im Ostblock überwunden und sich zum gleichberechtigten Partner aufgeschwungen. So war es damals schon, und so ist auch geblieben".

Dabei stand die Feindschaft zu den USA durchaus nicht an der Wiege der chinesischen Revolution. Im Jahre 1945, nach dem Ende des Krieges gegen Japan, als die Truppen Maos bereits erste bedeutende Erfolge im Bürgerkrieg gegen Tschiang Kaischek errungen hatten, wurde George Marshall von Washington als Berater nach China entsandt. Am 4. März 1946 besuchte er das Hauptquartier der kommunistischen Truppen in Yennan, wo er längere Unterredungen mit Mao Tse-tung und Tschou En-lai führte. Wie George Marshall berichtete, waren beiden kommunistischen Führern sehr daran interessiert mit Präsident Roosevelt zu verhandeln und baten um eine Einladung nach Washington, die aber nie ausgesprochen wurde.

Dazu schrieb Barbara Tuchman in „Foreign Affairs" vom Oktober 1972 anlässlich des Besuchs von Nixon in Peking: „Was aus diesem Angebot wurde, blieb bis vor kurzem ein Rätsel. Nun aber, da das Material freigegeben ist, wissen wir, dass die Vereinigten Staaten auf die Anfrage nicht reagierten. Siebenundzwanzig Jahre, zwei Kriege und X-Millionen Menschenleben später, nach unschätzbarem Schaden, den gegenseitiges Misstrauen und beiderseitige Phobie zweier großer Mächte, die nicht miteinander sprachen, anrichteten, ist nun ein amerikanischer Präsident in Umkehrung der verhinderten Reise von 1945 nach Peking gefahren, um mit denselben chinesischen Führern zu verhandeln. Hätte die Zeit zwischen diesen beiden Daten nicht anders aussehen können?"

In einer Rede auf dem 10. Plenum des VIII. Parteitages der KP Chinas am 24. September 1962 enthüllte Mao, dass die Sowjetführer bestrebt waren, die

Revolution in China zu verhindern: „Sie erlaubten China einfach nicht, seine Revolution durchzuführen. Das war im Jahre 1945, damals hat Stalin der chinesischen Revolution Hindernisse in den Wege gelegt und verkündet, wir sollten mit Tschiang Kai-schek zusammenarbeiten … Damals haben wir uns nicht daran gehalten, und die Revolution hat gesiegt. Nach dem Sieg der Revolution argwöhnte er wieder, China könnte sich wie Jugoslawien entwickeln und ich mich in einen Tito verwandeln. Als ich später nach Moskau ging und den chinesisch-sowjetischen Vertrag über gegenseitige Zusammenarbeit unterschrieb, war auch erst ein langer Kampf auszufechten. Stalin wollte nicht unterschreiben, erst nach Verhandlungen von zwei Monaten haben sie schließlich unterschrieben. Von welcher Zeit an hat uns denn Stalin überhaupt Vertrauen geschenkt?"

Mao spielte in dieser Rede auf eine bedeutsame Tatsache im Verhältnis kommunistischer Parteien und Staaten untereinander an. Mit größtem Misstrauen stand Stalin den Parteien gegenüber, die wie die chinesische und jugoslawische ihre Revolution „aus eigener Kraft" im Gefolge des Zweiten Weltkrieges und gegen Moskaus Vorstellungen gemacht hatten. Er musste befürchten, dass solche Parteien den „einzig möglichen Weg zum Sozialismus, nämlich den sowjetischen" in Frage stellten. Dazu waren jene Parteien, die auf den Bajonetten der Sowjetarmee in Osteuropa an die Macht gekommen waren, nicht in der Lage. Schon aus diesem Grunde gab es gravierende Differenzen im kommunistischen „Lager", das nie ein „Monolith" war.

Dazu schrieb ich in einem Artikel „Folgender roten Spaltung" am 4. April 1963 in der WAZ: „Die Auseinandersetzungen über den einzuschlagenden Weg, in die die kommunistischen Mächte gegenwärtig verstrickt sind, werden zu einer Vielfalt von Ansichten führen, wie sie es in der kommunistischen Bewegung noch nie gegeben hat. Dabei können sich auch Tendenzen zur Liberalisierung des Gesellschaftssystems in der Sowjetunion und Osteuropa sowie des Strebens der unter dem Kommunismus lebenden Völker nach einem größeren Maß an persönlicher Freiheit entwickeln. Auf diese Möglichkeit wird sich die westliche Politik in Zukunft einstellen müssen. Der Westen steht keinem geschlossenen Ostblock gegenüber … Die neue Situation erfordert vom Westen ein sorgfältiges Studium aller seiner Entwicklungstendenzen und eine differenzierte Politik gegenüber seinen verschiedenen Strömungen".

Der Konflikt zwischen der Sowjetunion und China blieb nicht auf diese beiden Länder beschränkt. Schon in der Krisensituation nach dem XX. Parteitag der KPdSU, dem polnischen „Oktober" und dem ungarischen Aufstand von 1956 hatte sich Peking in die Auseinandersetzungen eingeschaltet und offen die nach Selbständigkeit strebenden osteuropäischen Länder unterstützt.

Im Herbst 1956 hatte Chinas Premier Tschou En-lai verschiedene osteuropäische „Bruderstaaten" besucht, wobei er sich zwar gegen die „Konterrevolution" in

Ungarn aussprach, andererseits aber deutlich das Recht der „sozialistischen Länder" unterstützte, „eigene Wege beim Aufbau des Sozialismus zu beschreiten", was klar gegen die Auffassungen Moskaus gerichtet war.

Deutlich wurde diese chinesische Haltung in der gemeinsamen polnisch-chinesischen Erklärung nach dem Besuch Tschou En-lais in Warschau vom 17. Januar 1957: „Gleichzeitig sollten sich die Beziehungen zwischen sozialistischen Staaten auf die Grundsätze der Achtung der Souveränität, der Nichteinmischung in die inneren Angelegenheiten und der Gleichberechtigung stützen".

Das war ein deutlicher Angriff auf den Moskauer Führungsanspruch und bereits hier wurde die spätere entschlossene Ablehnung der so genannten Breschnew-Doktrin von der „beschränkten Souveränität der sozialistischen Länder" durch die chinesische Führung unterstrichen.

Bereits Ende der 50er Jahre und verstärkt zu Beginn der 60er Jahre machte China deutlich, dass es gewillt war, seinen Einfluss auf die inneren Beziehungen der Länder des „Ostblocks" geltend zu machen. Eine Fülle von Veröffentlichungen Pekings zu Beginn der 60er Jahre zeigte, dass zwischen dem sich ständig verschärfenden Konflikt zwischen China und der Sowjetunion und dem vom italienischen KP-Chef Togliatti als „Poly-Zentrismus" bezeichneten Emanzipationsprozess der osteuropäischen Länder eine enge Wechselbeziehung bestand.

So brachte der chinesische Delegationsleiter auf dem XII. Parteitag der KP der Tschechoslowakei am 4. Dezember in Prag offen die sowjetisch-albanischen Beziehungen zur Sprache und bezeichnete den Druck Moskaus auf Tirana als „Großmacht-Chauvinismus". In einem Leitartikel der Pekinger Parteizeitung „Renmin Ribao" (Volkszeitung) über „Die Differenzen zwischen dem Genossen Togliatti und uns" vom 31. Dezember 1962 wird dem sowjetischen Parteichef Chruschtschow Zurückweichen in der Kuba-Krise sowie eine „falsch verstandene Politik der Koexistenz" vorgeworfen und auf dem VI. Parteitag der SED in Ostberlin am 18. Januar 1963 beschuldigte die chinesische Delegation die Sowjetunion der mangelnden Unterstützung Chinas im Konflikt mit Indien und des Vertragsbruchs gegenüber China.

In den berühmten „Neun Kommentaren" der Pekinger Führung zu einem Brief des ZK der KPdSU vom 14. Juli 1963, wird zu allen Aspekten der sowjetisch-chinesischen Differenzen und Spannungen Stellung genommen, wobei schon die Titel der einzelnen Kommentare auf die Tiefe des Zerwürfnisses hinweisen: „Die Führung der KPdSU ist der größte Spalter der Gegenwart", oder „Über den Pseudokommunismus Chruschtschows". Am 14. Juni 1963 veröffentlichte das ZK der KP Chinas einen an alle Kommunistischen Parteien gerichteten „Vorschlag zur Generallinie der internationalen kommunistischen Bewegung", in dem die sowjetische Innen- und Außenpolitik entschieden abgelehnt und die kommunistischen Länder ermuntert werden, gegenüber der Sowjetunion auf Unabhängigkeit zu bestehen und eigene Wege zu gehen.

Alle diese Erklärungen, Schriften und Kommentare der chinesischen Führung über ihre tiefen Kontroversen mit der Sowjetführung wurden Ende der 50er und Anfang der 60er Jahre in millionenfacher Auflage in allen führenden Weltsprachen, darunter natürlich auch in englisch und deutsch, übersetzt und verbreitet. Ohne große Schwierigkeiten waren sie vom Fremdsprachenverlag in Peking fast kostenlos zu beziehen. Wer sich also über die wirkliche Situation im kommunistischen „Lager" und das sowjetisch-chinesische Verhältnis ein wirkliches Bild machen wollte, hatte dazu reichlich Gelegenheit. Wer aber angesichts dieser offenkundigen tiefen Differenzen zwischen Moskau und Peking und des fortschreitenden Emanzipationsprozesses im kommunistische „Lager", den Togliatti treffend mit „Poly-Zentrismus" umschrieben hatte, weiterhin vom einer „monolithischen Einheit" des Ostblocks faselte, hatte jeden Realitätsbezug auf die Wirklichkeit verloren.

Aber blinder Antikommunismus hinderte die verantwortlichen Politiker im Westen daran, diesen Differenzierungsprozess rechtzeitig zu erkennen und darauf entsprechend zu reagieren. In einem Vortrag, den ich am 26. Oktober 1967 zur Bedeutung des sowjetisch-chinesischen Konflikts in einem Ost-West-Seminar der Evangelischen Sozialakademie Friedewald hielt, führte ich aus: „Für die westliche Politik ergibt sich daraus die notwendige Schlussfolgerung, endlich von einem lieb gewordenen Kommunismusbild Abschied zu nehmen und zu erkennen, dass der Differenzierungsprozess im Kommunistischen ‚Lager' neue Realitäten geschaffen hat, die nicht mit dem Schema eines blinden Antikommunismus verstanden und gewertet werden können. Der sich im Ostblock vollziehende Wandel kann auch nicht mehr als bloßer ‚Abbau des Stalinismus' verstanden werden, sondern muss gesehen werden als Aufbruch zu neuen Inhalten einer sozialistischen Ordnung, für die es in den Ländern des Sowjetsystems bisher weder ein Vorbild noch eine klare Zielsetzung gibt".

George F. Kennan hatte die Auseinandersetzung zwischen China und der Sowjetunion schon früh vorausgesehen. Bereits im Herbst 1947 schrieb er: „Solange die chinesischen Kommunisten eine Minderheitsbewegung sind, die um ihr Leben kämpft, ... müssen sie gute Beziehungen zu Moskau unterhalten. Sollten sie zu einer Mehrheit werden, sollte es ihnen gelingen, einen größeren Teil Chinas unter ihre Kontrolle zu bekommen, dann könnte es sein, dass ihre Beziehung zu Moskau von da ab nicht viel anders sein werde als heute diejenigen Tschiang Kai-schecks – denn dann wären sie viel eher in der Lage, eine unabhängige Position Moskau gegenüber einzunehmen".

Der sowjetisch-jugoslawische Konflikt.
Das „erste Schisma" des Kommunismus.

Der Differenzierungsprozess im kommunistischen „Lager" hatte aber nicht erst mit der sowjetisch-chinesischen Spaltung, dem „zweiten Schisma" des Kommunismus eingesetzt, sondern war eine direkte Fortsetzung des „ersten Schismas". Auch der sowjetisch-jugoslawische Konflikt, der schon unmittelbar nach dem Zweiten Weltkrieg begonnen hatte, ging im Kern um den Streit „über den eigenen Weg zum Sozialismus", den Stalin Tito verweigerte.

Schon dieser Bruch zwischen Stalin und Tito im Jahre 1948 hatte deutlich gemacht, dass die „monolithische Einheit" des Kommunismus in Wirklichkeit eine Schimäre war. In einem Sonderheft, dass die Zeitschrift der „Deutschen Gesellschaft für Auswärtige Politik" – „Europa-Archiv" – im August 1958 zur Entwicklung im Ostblock veröffentlichte, schrieb ich einen Beitrag über den „Sowjetischen Hegemonieanspruch im Ostblock und die Auseinandersetzungen um den ‚eigenen Weg zum Sozialismus'", dass sich die internationale kommunistische Bewegung in einer „offenen Krise" befindet: „Welche Ergebnisse der Widerstand Titos gegen den sowjetischen Hegemonieanspruch zeitigen wird, ist noch nicht abzusehen. Offensichtlich aber ist, dass die jugoslawisch-sowjetische Auseinandersetzung ihre Auswirkungen auf die gesamte kommunistische Bewegung hat. In Abwandlung des ersten Satzes des Kommunistischen Manifestes aus dem Jahre 1848 kann man seit 1948 davon Sprechen, dass ‚ein Gespenst im kommunistischen Machtbereich umgeht, das Gespenst des Titoismus'".

Die ersten Auswirkungen ließen nicht lange auf sich warten. Das „Gespenst des Titoismus" trieb in den folgenden Jahren im gesamten „Ostblock" sein „Unwesen" mit einer neuen „Inquisition". Mit einer Serie von Schauprozessen versuchte Stalin dieses Gespenst zu bannen und jede Einflussnahme Jugoslawien zu verhindern. Opfer der Schauprozesse wurden alle jene KP-Führer, die im Verdacht standen auch eigene Wege zu gehen, was vor allem jene KP-Führer betraf, die während der Nazi-Okkupation nicht in die Sowjetunion geflohen waren, sondern in die westliche Emigration gingen oder in ihren Ländern geblieben und gegen die Besatzung gekämpft hatten. Im Zuge seiner „relativen Entstalinisierung" nach dem Tode Stalins im März 1953 war Chruschtschow vergeblich um einen Ausgleich mit Tito bemüht. Dieses aber wäre nur unter der Bedingung der Anerkennung des „eigenen Weges" für alle kommunistischen Länder durch den Kreml möglich gewesen. Das machte Tito den Sowjetführern unmissverständlich klar.

In den sieben Jahren des entschlossenen Widerstandes Jugoslawiens gegen den Hegemonieanspruch der Sowjetunion vom Bruch 1948 bis zum „Canossagang Chruschtschows" nach Belgrad im Mai 1955, hatten die Männer um Tito kompromisslos drei Grundsätze verteidigt.

1.) Entschiedene Ablehnung eines „kommunistischen Zentrums", wie es Moskau in der Komintern und später im Kominformbüro zur organisatorischen Absicherung seiner Herrschaft gebildet hatte.

2.) Das Recht jedes kommunistischen Landes und jeder kommunistischen Partei, einen „eigenen Weg zum Sozialismus" zu beschreiten.

3.) Entschiedene Ablehnung des „sowjetischen Modells" als allgemein verbindliche Form für einen sozialistischen Weg.

In den Jahren nach dem Bruch von 1948 hatte sich in Jugoslawien um die Zeitschrift „Praxis" eine neo-marxistische Strömung herausgebildet, die in umfassenden Analysen die „Deformation des Sozialismus" durch den Stalinismus untersuchte und in scharfer Ablehnung des „sowjetischen Modells" andere Formen einer sozialistischen Ordnung diskutierte. Diese Zeitschrift und die Bücher jugoslawischer Politikwissenschaftler wurden nicht nur in Jugoslawien gelesen. In mehreren europäischen Sprachen übersetzt waren sie auch in anderen Ländern, darunter auch im „Ostblock", zugänglich und konnten so nicht ohne Einfluss auf die Diskussion um „den eigenen Weg" bleiben.

Als Chruschtschow im Mai 1955 mit Tito in Belgrad zusammentraf, drängten die Jugoslawen darauf, dass in der „Belgrader Erklärung" das „Recht Jugoslawiens auf den eigenen Weg" verankert wurde. Jugoslawische Journalisten-Kollegen erzählten mir, dass es ohne diese Anerkennung keine gemeinsame Erklärung gegeben hätte.

Dieses Recht wurde ein Jahr später nach einem Besuch Titos in der Sowjetunion durch die „Moskauer Erklärung" noch einmal bestätigt. Beide Seiten stellten darin fest, „dass die Wege der sozialistischen Entwicklung in den verschiedenen Ländern und Verhältnissen verschieden sind".

Während Belgrad beide Erklärungen als „Magna Charta der Unabhängigkeit" bezeichnete, versuchte Moskau ihre Wirkung nach Außen möglichst begrenzt zu halten. Wie Chruschtschow in seinen „Erinnerungen" schreibt, bestand Tito darauf, „dass wir dem Grundsatz der völligen Nichteinmischung in die inneren Angelegenheiten anderer Länder und anderer Parteien zustimmen, sowie dem Grundsatz, dass jedes Land das Recht hat, seine eigene Außenpolitik ohne Druck von außen zu ordnen". Die politische Brisanz beider Erklärungen für die kommunistische Bewegung insgesamt und vor allem für die unter Moskauer Vorherrschaft stehenden Länder, muss Chruschtschow wohl erst später bewusst geworden sein, wenn er weiter schreibt: „Die gemeinsame Erklärung warf einige weitreichende Fragen auf, die besser unerwähnt geblieben wären".

Die historische Bedeutung dieser Erklärungen und „die weit reichenden Fragen, die von ihnen aufgeworfen wurden", sind auch im Westen nicht in ihrer vollen Bedeutung erkannt worden, weil steriler, blinder Antikommunismus die Sicht verbaute. Die von Jugoslawien nach dem Bruch mit Moskau eingeleitete außenpolitische Linie der „Blockfreiheit" und die von Tito mit Nehru und Nasser begründete „Bewegung der Blockfreien" wurden im Westen als „Hilfstruppe der Sowjets" und „Trojanisches Pferd des Kommunismus" verketzert. Als Jugoslawien im Zuge seiner Politik der Blockfreiheit später die DDR anerkannte, brach die Bundesrepublik ihre diplomatischen Beziehungen zu Belgrad ab und verzichtete damit auf die Möglichkeit, über Jugoslawien Einfluss auf die Länder des Ostblocks zu nehmen. Für uns politische Journalisten aber galt Belgrad in dieser Zeit als sehr interessanter Beobachtungsposten für die Entwicklung im Osten und ich ließ es mir nicht nehmen, jedes Jahr einmal nach Belgrad zu fahren, um mich „umzuhören".

Die einzige Frage, die damals im Westen sehr diskutiert wurde, war die: Wann werden die Sowjets in Jugoslawien einmarschieren? George Kennan, von 1961 bis 1963 US-Botschafter in Belgrad und begehrter Ansprechpartner für uns Journalisten, bezeichnete eine solche Befürchtung als „völlig aus der Luft gegriffen": „Dass die Sowjetführer danach gieren sollten in Westeuropa einzufallen ist eine Einschätzung ihrer Absichten, die schon abenteuerlich genug ist. Dass sie es aber darauf abgesehen haben sollten, eine ähnliche Invasion Jugoslawiens vorzunehmen, das weist noch mehr ins Reich der Phantasie".

George Kennan hatte seine 1947 entwickelte „Eindämmungspolitik" von Anfang an darauf angelegt, dass unter günstigen weltpolitischen Bedingungen, „die vom Westen mit herbeigeführt werden können", mit einer an Sicherheit grenzenden Wahrscheinlichkeit „eine Öffnung des sowjetischen Herrschaftsbereichs in Osteuropa erfolgen könne". Darin muss ihn damals der Bruch Titos mit Stalin in seiner Auffassung bestätigt haben und Kennan sollte auch in der weiteren Entwicklung Recht behalten. George Kennan ging es immer darum, in „der Verhüllung ideologischer Konflikte die politische Wirklichkeit des Sowjetsystems und seiner inneren Widersprüche zu erkennen". Er war davon überzeugt, dass das Sowjetsystem den Keim des Untergangs mit seinen inneren Widersprüchen in sich selber trägt. Aber leider stand Kennan mit seiner Überzeugung weitgehend allein, weil blinder Antikommunismus nicht in der Lage war, „in der Verhüllung ideologischer Konflikte die politische Wirklichkeit zu erkennen".

Tito war sich des Einflusses der Erklärungen von Belgrad und Moskau aus dem Jahre 1955 durchaus bewusst. Vor dem jugoslawischen Zentralkomitee erklärte er nach seinem Gespräch mit Chruschtschow: „Wir haben darauf bestanden, dass die Belgrader Erklärung in allen Einzelheiten veröffentlicht wird, denn der gesamte Osten soll wissen, worüber wir verhandelt haben".

Noch deutlicher wurde Tito in seiner Rede in Pula am 11. November 1956, in der er zur Niederschlagung des Aufstandes in Ungarn Stellung nahm: „Die Belgrader Erklärung hat ihre Bedeutung nicht nur für die jugoslawisch-sowjetischen Beziehungen, sondern auch für die Beziehungen zwischen allen sozialistischen Ländern.

Leider aber haben die Sowjetführer sie so nicht aufgefasst. Man meinte, na schön, wenn die Jugoslawen so hartnäckig sind, dann werden wir diese Erklärung beachten, aber die anderen geht das nichts an. Wir haben die Sowjetführer daran erinnert, dass diese Tendenzen, die früher in Jugoslawien einen so heftigen Widerstand hervorgerufen hatten, in allen Ländern des Ostblocks bestehen und eines Tages auch in diesen Ländern zum Tragen kommen werden".

Es kann wohl kaum ein Zweifel daran bestehen, dass dieses „erste Schisma", dass der entschiedene Widerstand Titos gegen Stalin und der kompromisslose Kampf für den „eigenen Weg" die späteren Reformbestrebungen in den kommunistischen Ländern stark beeinflusst hat: Den „polnische Oktober" und den ungarische Aufstand von 1956, den „Prager Frühling" von 1968, die polnischen Revolten von 1956, 1968, 1970, 1976, den „Euro-Kommunismus" bis zur Politik von Glasnost und Perestroika Gorbatschows.

In George Kennans historisch gewordenen Aufsatz zur „Eindämmungspolitik" in der Zeitschrift „Foreign Affairs" von 1947 steht der prophetische Satz: „Wenn jemals Uneinigkeit die Kommunistischen Parteien ergreifen und lähmen sollte, werden Chaos und Schwäche der russischen Gesellschaft in bisher ungeahntem Ausmaß offen gelegt. Wenn jemals irgendetwas getan wird, dass die Einheit und die Wirksamkeit der Partei als politisches Instrument untergräbt, kann Sowjetrussland von einer der stärksten zu einer der schwächsten und bedauernswertesten nationalen Gesellschaften werden". George Kennan, langjähriger Diplomat in Moskau und Belgrad und bedeutender Historiker, aus praktischer Erfahrung und theoretischer Erkenntnis einer der sachkundigsten Kenner der Sowjetunion und des Kommunismus, ging in seinem Konzept der „Eindämmung" davon aus, dass die inneren Widersprüche des Sowjetsystems in einem länger dauernden Prozess entweder zur Öffnung oder zum Zusammenbruch führen würden. Aufgabe der westlichen Politik müsse es deshalb sein, politisch auf einen solchen Prozess der Öffnung – nicht auf einen Zusammenbruch – hinzuarbeiten. Sein „Eindämmungskonzept" war politisch und nicht militärisch begründet.

Seit dem Bruch zwischen Tito und Stalin und nach der Verurteilung Stalins durch Chruschtschow auf dem XX. Parteitag der KPdSU im Februar 1956 vollzog sich ein Prozess der Differenzierung im so genannten kommunistischen „Lager", den George Kennan so treffend als „das langsame Schmelzen der Macht" bezeichnet hatte. Dieser Prozess führte wenige Jahre später die beiden kommunistischen Großmächte Sowjetunion und China an den Rand eines Krieges, zu den Bestrebungen eines „eigenen Weges" in den Ostblockländern und der Herausbildung des „Euro-Kommunismus" in den westeuropäischen kommunistischen Parteien. Dieser Prozess machte deutlich, dass die so genannte „monolithische Einheit" des Kommunismus nur eine Schimäre war.

Der Kommunismus war nie ein „Monolith", auch wenn diese Schimäre sowohl den Stalinisten wie den Anhängern eines militanten Antikommunismus als propagandistisches Schlagwort diente. Den Stalinisten, um eine in der Wirklichkeit nicht vorhandene Geschlossenheit vorzutäuschen und die tiefen Widersprüche des Systems zu verdecken. Den militanten Antikommunisten, um die Schimäre als Knüppel in der innenpolitischen Auseinandersetzung zu benutzen, mit dem jede Diskussion um sozialistische Alternativen verteufelt und demokratische Sozialisten als „Steigbügelhalter" Moskaus verleumdet werden konnten.

Der von Kennan schon sehr früh vorausgesagte Zusammenbruch des Sowjetsystems verlief zwar dramatisch, aber unvorhersehbar war er nicht. Die Kette von Auseinandersetzungen, Brüchen und Aufständen, angefangen von der „Arbeiteropposition" in Sowjetrussland von 1917, dem Aufstand der Kronstädter Matrosen wenige Monate später, dem „polnischen Oktober" und dem ungarischen Aufstand von 1956, dem „Prager Frühling" von 1968, den verschiedenen Revolten in Polen bis zur Gründung von unabhängigen Gewerkschaften, die Aushöhlung, der falschen Ideologie durch die Herausbildung einer „zweiten Kultur" durch die Dissidenten; dies war der „Prozess des langsamen Schmelzens der Macht", der letztlich zum Zusammenbruch des Kommunismus führte.

In meinem Aufsatz „Der sowjetische Hegemonieanspruch im Ostblock und die Auseinandersetzung um den ‚eigenen Weg zum Sozialismus' – Ideologischer und machtpolitischer Hintergrund des Konfliktes Moskau-Belgrad" in der Zeitschrift der Deutschen Gesellschaft für Auswärtige Politik „Europa Archiv" Nr. 15/17/17 von 1958 hatte ich geschrieben: „Die Vorherrschaft Moskaus im Ostblock in der Stalin-Ära beruht im Wesentlichen auf zwei Faktoren: Erstens, auf der Fiktion des Unfehlbarkeitsanspruchs der ‚Avantgarde des internationalen Proletariats', der KpdSU ‚unter der weisen Führung des Lenin-Stalinschen Zentralkomitees und des geliebten Führers und Lehrers des internationalen Proletariats, des Genossen Stalin'. Zweitens, auf der Konzentration der absoluten Macht, ausgeübt durch die Terrorherrschaft des in allen kommunistischen Ländern gleichermaßen wirksamen Apparats der Geheimpolizei in den Händen Stalins".

Beide Faktoren vereinigten sich in der Hand eines Mannes, der die absolute Macht besaß und als „Gralshüter" der reinen Lehre galt. Auf dieser Grundlage baute sich das von Gomulka auf dem VIII. Plenum der Polnischen Vereinigten Arbeiterpartei (PVAP) am 20. Oktober 1956 als „das System der hierarchischen Stufenleiter der Kulte" bezeichnete Regime auf, dem sich alle beugten. Die einen „weil sie überzeugt waren, dass der alleinige unfehlbare Interpret der marxistischen Wissenschaft und der einzige Mensch, der den allein richtigen Weg zum Sozialismus weist, Stalin sei". Die anderen aus Furcht vor der Geheimpolizei, weil sie wussten, dass jeder Versuch einer öffentlichen Aussprache ihrer Gedanken nicht nur nichts ändert, sondern ihnen nur unangenehme Konsequenzen bringt". Diesen Regime-Aufbau musste man vor Augen haben, um die Öffentlichkeitswirkung zu ermessen, die mit der Verurteilung Stalins durch Chruschtschow auf dem XX. Parteitag der KPdSU im Februar 1956 eintreten musste. Auch wenn Chruschtschow versuchte, alle Fehler und Verbrechen auf den Charakter des „älteren Stalin" und dem so genannten „Persönlichkeitskult" zu beschränken, konnte diese „begrenzte Entstalinisierung" nicht ohne Folgen bleiben. Die von Chruschtschow damit geöffneten Schleusen konnten fortan nicht mehr geschlossen werden.

Die Führer der kommunistischen Parteien im Ostblock, die – so Gomulka – „im Bereich ihrer Länder auf der obersten Sprosse der Kultleiter standen", und als „ausgeliehenes Licht" der stalinschen Sonne sich auch „in die Herrschaftsgewänder der Unfehlbarkeit und Weisheit" gehüllt hatten, waren nun in den Augen ihrer Völker ebenfalls kompromittiert und der „Legalität beraubt". Die unmittelbare Folge waren der polnische Umsturz im Oktober und die Revolution in Ungarn im Herbst 1956.

Der Euro-Kommunismus, das dritte Schisma.
Die Kritik der westeuropäischen kommunistischen Parteien am stalinistischen System ging wesentlich weiter als in Chruschtschows „Geheimrede". So stellte der italienische KP-Chef Palmiro Togliatti in einem Interview mit der italienischen Zeitschrift „Nuovi Argumenti" vom 17. Juni 1956 fest: „Die bis zur Stunde gegebenen Erklärungen über die Fehler Stalins, ihre Herkunft, unter welchen Bedingungen sie sich ereigneten, sind nicht befriedigend ... Solange man dabeistehen bleibt, im Grunde für alles die persönlichen Fehler Stalins verantwortlich zu machen, bleibt man immer noch im Bereich des ‚Personenkults'. Früher kam alles Gute von den übermenschlichen positiven Eigenschaften eines Mannes; jetzt wird alles Böse seinen ebenfalls außergewöhnlichen und sogar verblüffenden Fehlern zugeschrieben ... Außer acht gelassen werden die wahren Probleme, nämlich wie und warum die sowjetische Gesellschaft zu gewissen Formen der Abweichung vom demokratischen Weg und von der Gesetzlichkeit, ja sogar bis zur Entartung gelangen konnte und tatsächlich gelangte".

Und in seinem so genannten „Jalta-Memorandum" vom 9. September 1964 betonte Togliatti: „Die Kritiken an Stalin – das darf man nicht verhehlen – haben recht tiefe Spuren hinterlassen. Das Ernsteste ist eine gewisse Dosis von Skeptizismus. Man akzeptiert nicht, dass alles nur mit den ernsten persönlichen Fehlern Stalins erklärt wird ... Das Problem, dem man die größte Aufmerksamkeit schenkt, im Hinblick sowohl auf die Sowjetunion als auch auf die anderen sozialistischen Länder, ist jedoch heute in besonderem Maße, das der Überwindung des Regimes der Beschränkung und Unterdrückung der demokratischen und persönlichen Freiheiten, das von Stalin eingeführt wurde".

Von Togliatti wird hier nicht nur das Recht auf „einen eigenen Weg" gefordert, sondern das Sowjetmodell „der Beschränkung und Unterdrückung der persönlichen Freiheiten" rundweg abgelehnt. Von Togliattis grundlegender Kritik am Sowjetsystem führt ein direkter Weg zum „dritten Schisma des Kommunismus", der Herausbildung des so genannten „Euro-Kommunismus", der dem Sowjetsystem damit das Recht absprach, sich sozialistisch zu nennen. Mit dem „Euro-Kommunismus" erreichte der von Chruschtschow begonnene Prozess der Stalin-Kritik einen neuen Höhepunkt, der so sicher von Chruschtschow nicht beabsichtigt war.

In seinem Buch „Euro-Kommunismus und Staat" vollzog der spanische KP-Chef Santiago Carillo eine Generalabrechnung mit dem Sowjetsystem: „Lenins Thesen sind heute in den entwickelten kapitalistischen Ländern Westeuropas nicht mehr anwendbar". Lenins Lehre sei aber selbst in der Sowjetunion gescheitert. Sie „ist nirgendwo verwirklicht worden, am wenigsten in jenem Land, das sich uns als Modell präsentierte. Es besteht die größte ungelöste Frage der Demokratie, es bestehen gesellschaftliche Widersprüche und Konflikte, die von einer einseitigen Propaganda vertuscht, aber nicht geklärt werden ... Heute stellt sich die Frage, ob die Strukturen des Sowjetstaates nicht, zumindest teilweise, ein Hindernis für die Entwicklung des Sozialismus darstellen".

Für mich war es damals sehr interessant, in Carillos Buch eine weitgehende Übereinstimmung mit den Gedanken von George F. Kennan festzustellen. Carillos Buch konnte man als „Manifest des Euro-Kommunismus" bezeichnen. Dieses, nach dem Abfall Titos 1948 und dem sowjetisch-chinesischen Konflikt, „Dritte Schisma" hob die innerkommunistische Auseinandersetzung auf eine neue Stufe und war ein weiterer Schritt auf dem Weg des von Kennan prognostizierten Prozesses „des langsamen Schmelzens der Macht".

In den siebziger Jahren wurde der „Euro-Kommunismus" zu einer bedeutenden politischen Kraft. Das zeigte sich vor allem auf der „Konferenz europäischer kommunistischer Parteien" am 29./30. Juni 1970 in Ostberlin, wo sich die KP-Chefs der westlichen Parteien (Italiens, Spaniens, Frankreichs und andere) mit den nach Unabhängigkeit strebenden kommunistischen Parteien Osteuropas in Jugoslawien, Rumänien und Polen verbanden. Klar formulierte der italienische KP-Chef Berlinguer die Vorstellungen dieses Bündnisses von „Reformkommunisten": „Wir kämpfen für eine sozialistische Gesellschaft, die sich gründet auf die Bekräftigung des Wertes der persönlichen und kollektiven Freiheiten und ihrer Garantie; der Prinzipien des weltlichen, nicht ideologischen Charakters des Staates und seiner demokratischen Artikulierung; der Pluralität der Parteien und der Möglichkeit sich entsprechender Mehrheitsverhältnisse in der Regierung abzuwechseln; in der Autonomie der Gewerkschaften, der religiösen Freiheiten, der Freiheit des Ausdrucks, der Kunst und der Wissenschaften".

Santiago Carillo brachte es in Ost-Berlin auf den Punkt: „Moskau ist für uns kein Rom und die Oktoberrevolution kein Weihnachten mehr".

Mit dieser Berliner Konferenz wurden im Ostblock jene Kräfte gestärkt, die für Reformen im Sinne einer demokratischen Öffnung, der Liberalisierung und Demokratisierung eintraten. Mit Recht stellte der bekannte jugoslawische Regimekritiker Milovan Djilas in der FAZ vom 3. März 1977 in einem Artikel „Der Euro-Kommunismus schwächt Moskaus Einfluss in Westeuropa" fest: „Ich glaube, dass der Einfluss der Sowjetunion in Europa zum jetzigen Zeitpunkt seinen niedrigsten Stand erreicht hat, niedriger als je zuvor. Und die entscheidende Rolle beim Verfall des sowjetischen Einflusses spielte gerade der Euro-Kommunismus ... Ich glaube, dass sich dieser geschwächte Einfluss der Sowjetunion nicht ändern und nicht wieder aufgebaut werden kann".

Konservative Kreise im Westen aber blieben bei ihrer „bequemen" propagandistischen Formel von der „monolithischen Geschlossenheit des Kommunismus". Für sie war der „Euro-Kommunismus" nur ein „großes Täuschungsmanöver" und ein „trojanisches Pferd" zur Erleichterung der Machtergreifung. So schrieb der CDU-Politiker und damalige Präsident der Europäischen Union Christlicher Demokraten, Kai-Uwe von Hassel in einem Artikel „Was muss denn noch passieren?" in der Zeitschrift „Weltbild" vom 3. Januar 1977: Bei dem Euro-Kommunismus handele es sich „lediglich um eine veränderte Taktik". An den Zielen der Kommunisten habe sich nichts geändert: „Sie wollen nur auf diese Weise leichter an die Macht kommen und ihr aus dem Osten bekanntes kollektivistisches System auf den Westen übertragen".

Ähnlich Franz Josef Strauß in einem Interview mit der „Welt" vom 16. Dezember 1976: Moskau lasse den Euro-Kommunismus nur insoweit laufen, wie er geeignet sei, die Sozialdemokratie „für eine Volksfrontpolitik zu gewinnen". Es könne keine Rede davon sein, dass sich im Westen „ein selbständiger Euro-Kommunismus entwickelt". Es war wieder die alte Masche mit dem CDU/CSU-Plakat aus den 50er Jahren: „Alle Wege des Marxismus führen nach Moskau", um mit der Attacke auf den Kommunismus auch die Sozialdemokratie zu diffamieren. Wieder einmal wurde von konservativen Kreisen im Westen eine tief greifende Veränderung im kommunistischen „Lager" verkannt!

In einem Grundsatzartikel über das Verhältnis des Westens zur Sowjetunion in der Hamburger Wochenzeitung „Die Zeit" vom 28. August 1981 stellte der für seine unaufgeregten und nüchternen Analysen bekannte Sowjetexperte George Kennan die Frage, ob die „Gruselbilder", die beide Supermächte „voneinander entwerfen", sich nicht inzwischen verselbständigt hätten. Im Westen sähen viele Politiker in der Sowjetführung eine „Gruppe von Männern, die sich vor allem von dem Wunsch leiten lässt, ihre Macht immer weiter auszudehnen". Obwohl sie sich eingestehen würden, dass „der Kreml schwierige neue Probleme hat", komme es den westlichen Politikern nicht in den Sinn, dass diese schwierigen Probleme der sowjetischen Entscheidungsfreiheit bei der Verfolgung ihrer Ziele „enge Grenzen" ziehen würden: „Mein Bild der Sowjetführung sieht ganz anders aus. Ich sehe eine Gruppe geplagter, meist älterer Herren, deren Wahlmöglichkeiten und Handlungsoptionen sehr eingeengt sind. Ich sehe sie als Gefangene vielerlei Umständen: Gefangene ihrer eigenen Vergangenheit und der ihres Landes; Gefangene einer antiquierten Ideologie, an die ihre eigene Orthodoxie sie fesselt; Gefangene des starren Systems, dem sie ihre Autorität verdanken; Gefangene aber auch gewisser eingefleischter Eigenheiten, die Russlands Politik schon in früheren Zeiten geprägt haben: Angeborenes Unsicherheitsgefühl, Mangel an Selbstvertrauen, Misstrauen gegenüber Ausländern und der Welt des Auslandes, leidenschaftliche Geheimniskrämerei, neurotische Furcht vor dem Eindringen anderer Mächte in Gebiete nahe der russischen Grenze, und – als Ergebnis all dieser Faktoren – eine permanente Neigung, die Schaffung militärischer Stärke zu übertreiben".

Als Kennan diese Zeilen schrieb, waren für jeden aufmerksamen Beobachter die wirtschaftlichen Schwierigkeiten der Sowjetunion schon offenkundig. Bereits Ende 1969 hatte der sowjetische Historiker und Regimekritiker Andrej Amalrik in einem Buch, das auch im Westen erschienen war, die Frage gestellt: „Kann die Sowjetunion das Jahr 1984 erleben?", und am 19. März 1970 hatten die sowjetischen Wissenschaftler Sacharow, Turtschin und Medwedjew in einem „Offenen Brief" an die Sowjetführung die wirtschaftliche Situation des Landes einer vernichtenden Kritik unterzogen. Sie wiesen darauf hin, dass an den Erfordernissen der zweiten industriellen Revolution gemessen, die sowjetische Wirtschaft weder qualitativ noch quantitativ einen Vergleich mit dem Westen aushalten könne: „Wir übertreffen Amerika zwar in der Kohleförderung … Wir sind aber um das Zehnfache in der Chemie und unendlich weit in der Computerindustrie zurück … Der Umfang unseres Computerparks ist hundertmal kleiner als in Amerika, und was den Einsatz von Computern in der Volkswirtschaft anbelangt, ist der Abstand so groß, dass er gar nicht mehr zu messen ist. Wir leben in einem anderen Zeitalter".

Ohne persönliche Freiheit des Einzelnen und die schöpferischen Fähigkeiten der Menschen sei eine moderne Industriegesellschaft nicht zu bauen folgerten die Wissenschaftler und forderten als „dringende Notwendigkeit umfassende Maßnahmen für die Demokratisierung des Landes".

Aufgrund dieser wirtschaftlichen Schwierigkeiten und ihren Problemen mit den Ländern Osteuropas folgerte George Kennan in seinem Artikel in der „Zeit", dass es „keinerlei Beleg für eine sowjetische Neigung" gebe „Westeuropa zu überfallen". Er war davon überzeugt, „dass die problematische innere Entwicklung der Sowjetunion die Aufmerksamkeit der Kremlherrscher in hohem Maße beansprucht".

Der Anti-Kommunismus gegen den KSZE-Prozess und die Reformpolitik Gorbatschows.

Geradezu abenteuerlich war die Fehleinschätzung konservativer westlicher Politiker im KSZE-Prozess und bei der Reformpolitik Gorbatschows von 1975 bis 1985.

Mit der Schlussakte der „Konferenz für Sicherheit und Zusammenarbeit in Europa" (KSZE) von Helsinki am 1. August 1975 hatte der Westen mit der Durchsetzung der Prinzipien „menschlicher Erleichterungen und Informationsfreiheit im so genannten Korb 3" einen großen Erfolg errungen. Die Schlussakte von Helsinki stellte den Höhepunkt der Konzeption der Politik des „Wandels durch Annäherung" von Egon Bahr dar. Ohne diese Schlussakte, auf die sich die Dissidenten-Gruppen in den kommunistischen Ländern berufen konnten, wären die „Sacharow-Komitees" in der Sowjetunion, die „Bewegung der Charta 77" in der CSSR, die unabhängige Gewerkschaftsbewegung „Solidarnosc" in Polen und die Bürgerrechtsbewegung in Ungarn und der DDR kaum so erfolgreich gewesen.

Die KSZE war vom damaligen sowjetischen Parteichef Breschnew vorgeschlagen worden, weil er glaubte, damit die Grenzziehungen, wie sie nach dem Zweiten Weltkrieg in Europa geschaffen worden waren, endgültig absichern zu können und der Sowjetunion damit ihre eroberten Gebiete und Einflusssphären garantieren lassen könnte. Der Westen war aus diesem Grunde zunächst skeptisch gegenüber einer solchen Konferenz und stimmte erst nach längeren Beratungen zu, war aber entschlossen, auf jeden Fall den „Korb 3" in den Verhandlungen und in einer Schlusserklärung durchzusetzen.

Die CDU/CSU-Opposition in der Bundesrepublik lehnte den KSZE-Prozess weiterhin entschieden ab und beschuldigte die sozialliberale Bundesregierung „der sowjetischen Expansionspolitik durch eine solche Konferenz Vorschub zu leisten". Ein besonders entschiedener Gegner des KSZE-Prozesses war der damalige CSU-Vorsitzende Franz-Josef Strauß. Der Bayern-Kurier griff Willy Brandt scharf an: „Die Ehre, als Helfer der Sowjets alles getan zu haben, die westlichen Verbündeten für die Teilnahme an der Konferenz zu animieren, gebührt Brandt ohne Zweifel. Es fragt sich nur, zu wessen Nutz und Frommen er sich derart engagiert hat. Zugunsten Deutschlands bestimmt nicht. Die Hoffnungen der Ostblockvölker, zu denen auch die mit Gewalt abgetrennten Mitteldeutschen gehören, auf mehr Freiheit als Ergebnis von Helsinki, sind durch Willy Brandt und seine Ostpolitik zunichte gemacht worden".

Unter der Losung „Gefahr für Deutschland – Gefahr für Europa" organisierte der „Bund der Vertriebenen" am 27. Februar 1971 eine Großkundgebung gegen die KSZE in Bonn. In einem Aufruf hieß es: „Die westlichen Staaten wollen anscheinend mit ihrem sonnigen Optimismus nicht zur Kenntnis nehmen, welche Gefahr hier nicht nur für Westdeutschland, sondern für ganz Europa heraufzieht".

Der Vorsitzende der Landsmannschaft Schlesien, Walter Rinke von der CSU schrieb am 21. Mai 1971 in der „Sudetendeutschen Zeitung": „Die Amerikaner aus Europa herauszumanövrieren, die NATO zu sprengen, die EWG umzufunktionieren, die Breschnew-Doktrin zu zementieren und so den Status von morgen, ein sowjetisches Commonwealth zu schaffen, dazu soll in erster Linie die Europäische Sicherheitskonferenz dienen. Sie ist die größte Gefahr für Europa!"

Welch eine Verkennung der wirklichen Bedeutung der Schlussakte von Helsinki. Treffend schreibt Richard von Weizsäcker in seinen Memoiren „Vier Zeiten": „War es schließlich doch der Korb 3, der den Grundstein für die Freiheitsbewegungen im Bereich des Warschauer Paktes legte. Keine Solidarnosc in Polen, keine Charta77 in Prag und keine Dissidentengruppen in der DDR hätte sich ohne die Bestimmungen von Helsinki über Meinungsfreiheit, Informationsaustausch und Reiseerleichterungen so entfalten können, wie es später geschah. Der Prozess der inneren Aufweichung nahm nun seinen allmählichen Lauf".

Dieser „Prozess der inneren Aufweichung", wie ihn Richard von Weizsäcker treffend bezeichnete, setzte sich in den folgenden Jahren fort, bis zum Machtantritt Gorbatschows im März 1985. Aber konservative Kräfte im Westen waren infolge ihres blinden, emotionalen Antikommunismus nicht in der Lage, diesen Prozess richtig einzuschätzen, auch dann noch nicht, als dieser Prozess nach dem Machtantritt von Gorbatschow schon für jeden sichtbar und erkennbar war.

Bereits 1982 hatte George F. Kennan in einem Interview, das er anlässlich der Verleihung des Friedenspreises des Deutschen Buchhandels am 25. Mai 1982 dem „Börseblatt" gab, zu diesem Aufweichungsprozess des Sowjetsystems erklärt: „Dass sich dieses System auf die Dauer nicht halten könnte, lag für alle historisch geschulten Betrachter auf der Hand. Es strapazierte in ungebührlichem Maße die nationalen Gefühle der osteuropäischen Völker ... Wenn sich nun dieser Prozess der Wiedergewinnung nationaler Unabhängigkeit in den osteuropäischen Ländern behutsam vollzieht, besteht Grund zu der Hoffnung, dass es Moskau doch noch gelingt, sich den Bedürfnissen der Zeit anzupassen, das heißt, sich Freiheits- und Unabhängigkeitsbestrebungen der Völker Osteuropas nicht länger zu widersetzen".

Das klang wie eine Vorhersage auf die drei Jahre später erfolgte Reformpolitik von Gorbatschow. Und die große Journalistin und Analytikerin Marion Gräfin Dönhoff schrieb im „Börsenblatt" vom 21. Mai 1982 in ihrer Würdigung von Kennan unter dem Titel: „Planungschef beim Wiederaufbau der Welt": „Zwei Grundüberzeugungen ziehen sich durch alles, was Kennan während der letzten 30 Jahre in Artikeln, Interviews, Büchern und Hearings im Senat immer wieder und mit großer Konsequenz vorgetragen hat: Erstens, es ist falsch, alle Energien immer nur auf das Militärische zu konzentrieren. Zweitens, viel wichtiger ist die geistige, soziale und ökonomische Situation eines Landes".

Und Egon Bahr schreibt in seinen Erinnerungen „Zu meiner Zeit": „Auch wenn das alle Beteiligten bis ans Ende ihrer Tage leugnen. Der Umweg, aufzurüsten um abzurüsten, war sinnlos, denn nicht die Nachrüstung und die dann folgende Nach-Nach-Rüstung im Osten, sondern erst ein rein politischer Ansatz hat die Lösung ermöglicht. Dem Doppelbeschluss ist nicht zu verdanken, dass Gorbatschow an die Spitze kam".

Weil es in der Sowjetunion keine freien Wahlen, keine miteinander konkurrierenden Parteien und darum auch keinen demokratischen Machtwechsel geben konnte, blieb die Machtübernahme durch einen neuen reformatorisch gesinnten Generalsekretär an der Spitze der alles beherrschenden Staatspartei der einzige Weg zur Änderung des politischen Kurses in Richtung auf eine Öffnung des Systems. Das hatte sich bereits nach Stalins Tod in der „relativen Entstalinisierung" durch Chruschtschow gezeigt. Doch Chruschtschow war, wie alle Mitglieder des Politbüros seiner Zeit, tief verstrickt in Stalins Verbrechen und darum nicht frei von Mitverantwortung für den Stalinismus. In seinen Memoiren musste Chruschtschow bekennen, dass die Stalinisten nicht die Entstalinisierer sein konnten: „Es war so, als seien uns durch unsere eigenen Taten unter der Führung Stalins die Hände gefesselt und als könnten wir uns auch nach seinem Tode nicht von seiner Macht befreien".

Die Situation beim Machtantritt von Gorbatschow am 11. März 1985 war eine grundsätzlich andere. Mit ihm, dem 1931 Geborenen, trat eine neue Generation auf die politische Bühne, die ihre Karriere in Partei und Staat erst in der vergleichbar „liberalen" Ära unter Chruschtschow begonnen hatte, und die den Niedergang der Sowjetwirtschaft, den rapiden Glaubwürdigkeitsverlust der kommunistischen Ideologie und das Aufbegehren der Völker in der Sowjetzone, in Polen, Ungarn und der Tschechoslowakei miterlebt und daraus ihre politischen Schlussfolgerungen gezogen hatte.

Es hatte sich ein Generationswechsel vollzogen, weder Gorbatschow noch seine Mitstreiter auf dem Weg zu Glasnost und Perestroika waren durch die stalinistische Ära selbst belastet. Für sie stellte sich die Frage nach der Mitverantwortung für das System des Stalinismus nicht. Hier liegt der eigentliche, tiefe Einschnitt des Generationswechsels. Auf eine solche Führung im Kreml waren die alten Klischees des Westens „vom irrationalen Festungsdenken dogmatischer Betonköpfe" nicht mehr anwendbar. Doch nach wie vor sahen die meisten Politiker im Westen, geprägt vom traditionellen Antikommunismus, Gorbatschows „neues Denken" nur als „taktisches Manöver".

Typisch für diese Einstellung war das Interview von Bundeskanzler Kohl mit dem amerikanischen Nachrichtenmagazin „Newsweek", in dem er Gorbatschow als „Propagandist" mit Josef Goebbels verglich. Empört schrieb die Moskauer „Prawda": „Was kann man von der CDU erwarten, die Brandts Ostpolitik bis zum Bundesverfassungsgericht bekämpfte, und von einem Bundeskanzler, der eine ‚steinzeitliche Feindschaft' gegenüber der Sowjetunion empfindet".

Im Gegensatz zu Kohl war Außenminister Genscher nach seinen Gesprächen mit Gorbatschow im Juli 1986 in Moskau davon überzeugt, es „mit einer völlig neuen sowjetischen Führung zu tun" zu haben, die sich zum Ziel gesetzt habe, „die Sowjetunion von innen her grundlegend zu verändern", wie Genscher in seinen Memoiren schreibt. Freunde im Kreis der hartnäckigen Antikommunisten hat er sich mit dieser Feststellung nicht gemacht: Das Schlagwort vom „Genscherismus" machte – auch in den USA – die Runde: Genscher mache sich Illusionen über Gorbatschow und unterschätze die kommunistische Gefahr. Dazu schreibt Genscher in seinen „Erinnerungen": „Auch in Deutschland gab es offene und versteckte Kritik, selbst in der Bundesregierung. Doch das konnte mich nicht anfechten, denn inzwischen war ich meiner Auffassung über die wirklichen Absichten Gorbatschows und Schewardnadses absolut sicher".

Denjenigen Politikern des Westens, die sich „nicht aus ihrem alten Denken lösen konnten", und sich „an alte liebgewordene Feindbilder klammern und die notwendige Elastizität vermissen" ließen, schrieb Marion Gräfin Dönhoff in ihrem Buch „Weit ist der Weg nach Osten" ins Stammbuch: „Von Wörner in Bonn bis zu Weinberger in Washington wird die neue Reformpolitik in der Sowjetunion als propagandistische Finte oder rhetorische Floskel bezeichnet. Wer immer noch die Sachzwänge, unter denen Gorbatschow steht, für einen Trick hält und seine echte Sorge um die Rückständigkeit der sowjetischen Wirtschaft für Propaganda, der taugt so wenig zur Weltpolitik, wie ein Kunsthändler, der echt und unecht nicht zu unterscheiden vermag, für sein Metier".

Die dramatischen Ereignisse der Jahre 1989/90 wären nicht möglich gewesen ohne den entschlossenen Reformwillen Gorbatschows, auch wenn er nicht erkannte, dass der „real existierende Sozialismus" wohl nicht mehr zu reformieren war. Seine Politik von Glasnost und Perestroika konnte – wie er selbst in seinen „Erinnerungen" bekannte – auf den Ideen der Opposition aufbauen, die den Grundwiderspruch des Sowjetsystems zwischen Schein und Wirklichkeit seit langem offen gelegt hatte. Das Jahr 1989 bestätigte die von George F. Kennan schon 1947 erkannte und gegen alle Kritiker verfochtene These, dass das Sowjetsystem „den Keim des Unterganges in sich selber trägt" und bei einer flexiblen und auf einen langen Zeitraum ausgerichteten Politik des Westens zu einer Öffnung führen musste.

Einen Grundfehler des blinden Antikommunismus sah Kennan in der im Westen weit verbreiteten Verwechslung der marxistischen Thesen von der „unvermeidlichen sozialen Revolution" mit einem angeblichen Plan zur militärischen Welteroberung durch die Sowjetunion. Die Theorie von Marx sei von der „Gleichzeitigkeit sozialer Revolutionen in den hoch entwickelten kapitalistischen Ländern" ausgegangen. Als sich diese Hoffnung nach dem 1. Weltkrieg nicht erfüllte und die russische Revolution isoliert blieb, war „die Weltrevolution nur noch eine Illusion" und Stalins Kurs auf den „Aufbau des Sozialismus in einem Lande wurde zu einem zum Scheitern verurteilten Experiment", schrieb Kennan in seinem Buch „Sowjetische Außenpolitik unter Lenin und Stalin", und weiter: „In der marxistisch-leninistischen Ideologie deutet nichts darauf hin, dass dieses Ziel durch einen einzigen großen militärischen Konflikt zwischen der kommunistischen und der kapitalistischen Welt erreicht werden soll. Ich kann mich an keinen Zeitpunkt erinnern, zu dem die Sowjetregierung den Ausbruch eines solchen Konflikts gewünscht oder geplant oder die Hoffnung auf den Sieg der Weltrevolution auf den Ausgang einer solchen Kraftprobe gesetzt hätte".

Als Kennan 1947 seine „Eindämmungs-Politik" entwickelte, hatte er nicht so sehr auf eine militärische, sondern in erster Linie auf eine politische und wirtschaftliche Eindämmung des sowjetischen Einflusses gesetzt. Diesem Ziel diente auch der von ihm mitkonzipierte Marshall-Plan, der Europa wirtschaftlich und sozial stabilisieren und gegen kommunistische Einflüsse immun machen sollte.

In einem Artikel zum 40. Jahrestag des Marshall-Planes schrieb Kennan am 3. Juli 1987 unter dem Titel „Eine Wasserscheide zwischen Angst und Hoffnung" in der Hamburger Wochenzeitung „Die Zeit": „Als ich vor vielen Jahren sorglos das Wort Containment (Eindämmung) auf eine Weise benutzte, die viel Aufmerksamkeit auf sich zog, schwebte mir keine Antwort auf militärische Gefahren vor (die ich auch nicht sah). Vielmehr hatte ich eine Reaktion auf eine politische Bedrohung im Sinn, die aus dem damaligen abnormen Zustand Europas erwuchs ... schon gar nicht dachte ich daran, dass dieser Begriff als Begründung für einen Rüstungswettlauf von unbegrenzter Dauer und nie da gewesener Gefährlichkeit dienen würde. Vielmehr hoffte ich, dass Eindämmung eine provisorische Stabilität in den Ost-West-Beziehungen schaffen und somit Verhandlungen über eine politische Lösung in Europa möglich machen könnte".

Niemand hat dieses Missverständnis der „Eindämmungs-Politik", das fast ein halbes Jahrhundert die westliche Politik gegenüber der Sowjetunion bestimmte und zu einer riesigen und kostspieligen Aufrüstungsspirale führte, mehr bedauert als George Kennan und er ist nie müde geworden, immer wieder auf dieses Missverständnis hinzuweisen. Kennan war gegen die Wiederbewaffnung Westdeutschlands, weil er fürchtete, dass gerade dadurch die osteuropäischen Länder, die unter Hitlers Aggression schwer gelitten hatten, nur enger an die Sowjetunion gefesselt würden. Er sprach sich entschieden gegen eine atomare Bewaffnung der Bundeswehr aus und setzte sich entschieden für eine atomare Abrüstung ein. In der „schrecklichen Militarisierung des Denkens" sah er „eine Art Besessenheit, die alle, die ihr erliegen, dahin bringt, ihr ganzes Tun und Trachten ausschließlich an den hoffnungsleeren Eventualitäten des militärischen Konflikts auszurichten, aber die hoffnungsträchtigen Möglichkeiten des Miteinander-Redens und des Ausgleichs zu ignorieren … Zum Teil geschieht dies gewiss aus professioneller Übervorsicht, zum Teil wohl auch, um die westlichen Parlamente so zu ängstigen, dass sie vernünftige Wehretats beschließen. Aber überzeugend ist das Argument nicht", schrieb er unter dem Titel „Die Supermächte auf Kollisionskurs" am 28. August 1981 in „Die Zeit".

Die Vertreter des „militärisch-industriellen Komplexes", vor deren Einfluss in den USA Präsident Eisenhower eindringlich gewarnt hatte, würden „das Bild der Sowjetunion als einer militärischen und politischen Bedrohung für die Vereinigten Staaten in immer grelleren Farben malen, weil ihnen kein anderes Mittel einfiel, um die hohen Rüstungsausgaben zu sichern und womöglich weiter zu erhöhen … Ich sehe mich außerstande, die Gründe zu akzeptieren, die gemeinhin zur Rechtfertigung dieser Welle von Angstmacherei zum besten gegeben werden", schrieb Kennan in seinem Artikel „Die russische Gefahr ist viel Einbildung – Wider die Welle der Angstmacherei" in „Die Zeit" vom 4. Januar 1980.

Die Neigung „alle Aspekte des Ost-West-Verhältnisses nur in Begriffen eines totalen Konfliktes" zu sehen, sei ein „Zeichen eines intellektuellen Primitivismus und einer Naivität, die in einer großen Regierung unverzeihlich sind", erklärte Kennan in seiner Rede vor der Kapitelsitzung des Ordens Pour le mèrite für Wissenschaft und Künste am 30. Mai 1978.

Und in seiner Rede „Warum denn nicht Friede?" in der Frankfurter Paulskirche anlässlich der Verleihung des Friedenspreises des Deutschen Buchhandels, abgedruckt in der FAZ vom 11. Oktober 1982, zog Kennan Bilanz: „Auch von uns im Westen wird nicht wenig verlangt, wenn wir auf dem langen Weg zum Frieden weiterkommen wollen. Erstens, müssten wir dieser verheerenden Militarisierung der öffentlichen Diskussion über das Ost-West-Verhältnis ein Ende machen – ein Ende dieses ewigen Geredes darüber, was wir den Russen und diese uns Schreckliches antun könnten in einem vermutlich bevorstehenden Krieg. Auch müssten wir damit aufhören, Absichten und militärische Vorbereitungen eines möglichen Gegners immer in drohendstem und erschreckendstem Lichte vor unserer Öffentlichkeit erscheinen zu lassen. Ja, im Allgemeinen müssten wir von der allzu oft betriebenen systematischen Verteufelung eines anderen großen Volkes und seiner Regierung ablassen – einer Verteufelung, die, wenn ihr nicht Einhalt geboten wird, den Krieg tatsächlich unvermeidlich machen wird, indem sie ihn unvermeidlich erscheinen lässt". George Kennans Konzeption der politischen und wirtschaftlichen Eindämmung zielte nicht auf einen militärischen Sieg über die Sowjetunion oder deren Zerschlagung, sondern auf deren Öffnung im Sinne einer Politik des „Wandels durch Annäherung", die es den osteuropäischen Ländern und der ehemaligen DDR ermöglichen könne, ihre Selbstbestimmung zurück zu gewinnen.

Die Eindämmungspolitik nur auf eine militärische Komponente zu beschränken und damit eine Riesensummen an Finanzen und Ressourcen verschlingende Superrüstungen in Gang zu setzen, war vielleicht die größte Fehleinschätzung und das schwerwiegendste politische Missverständnis der zweiten Hälfte des 20. Jahrhunderts.

11.) US-Außenminister James Baker: „Das Pentagon mit Dick Cheney an der Spitze wollte, dass sich die Sowjetunion auflöst".

In seinem Buch „Die Geschichte geht weiter" konstatiert John Lukacs, einer der bekanntesten Historiker der USA, dass die „Ideologie des Antikommunismus" wesentlich zur Verlängerung des Kalten Krieges beigetragen hat. Doch damit nicht genug, die Ideologen des blinden Antikommunismus wirken weiter: „Mit den Rückzügen der Russen nicht zufrieden, setzen sie ihre Propaganda fort und fördern die Auflösung des eigentlichen, traditionellen russischen Staates, versuchen sie sich und anderen einzureden, dass es das vorrangige Interesse – und die Aufgabe – der Vereinigten Staaten sei, ihr Verfassungssystem und ihre Philosophie zu verbreiten und den meisten Ländern der Welt aufzuzwingen, darunter Russland, das auf der anderen Seite der Erdkugel liegt".

In einem Beitrag zur NATO-Osterweiterung schreibt Gernot Erler (MDB), Vorsitzender des Unterausschusses für Abrüstung und Rüstungskontrolle des Bundestages, in den „Blättern für deutsche und internationale Politik" (Nr. 8 von 1997): „Die amerikanischen Bemühungen zur Stabilität der Ukraine haben in der Tat ein Ausmaß angenommen, das mit purer Sympathie zum Land und ohne Heranziehung geopolitischer Beweggründe nicht mehr erklärbar erscheint. Kiew behauptet inzwischen den dritten Rang als Empfängerland amerikanischer Unterstützungsprogramme, nach Israel und Ägypten. Mit keinem Land Osteuropas organisiert Washington so intensive militärische Beratungs-, Ausbildungs- und Ausrüstungsprogramme. In der ukrainischen Hauptstadt wurde ein NATO- Informationsbüro eröffnet. Ukrainische Abgeordnete haben einen Antrag eingebracht, eine der Buchten des Schwarzmeerhafens Sewastopol, in dem auch die bisher zwischen Moskau und Kiew umkämpfte Schwarzmeerflotte liegt, der NATO als Flottenstützpunkt anzubieten".

Hier werden die Gefahren deutlich, die der ehemalige US-Verteidigungsminister Robert McNamara, der frühere stellvertretende US-Außenminister Paul Nitze, der Kongress Abgeordnete Sam Nunn und andere führende Persönlichkeiten der USA in ihrem „Offenen Brief" an US-Präsident Clinton vom 26. Juli 1997 zum Ausdruck gebracht haben, wenn sie die NATO-Osterweiterung als „politisch-strategischen Fehler von historischem Ausmaß" bezeichneten: „In Russland wird die nach wie vor quer durch das gesamte politische Spektrum abgelehnte NATO-Erweiterung die nicht-demokratische Opposition stärken und gleichzeitig die Bemühungen derer unterlaufen, die Reformen und eine Kooperation mit dem Westen anstreben. Ferner hat die NATO-Erweiterung zur Folge, dass die Russen die gesamte nach dem Kalten Krieg gefundene Einigung wieder in Frage stellen können".

Die amerikanischen Aktivitäten in der Ukraine müssen auch vor dem Hintergrund der Tatsache gesehen werden, dass die Ukraine im Zusammenspiel zwischen den USA und Jelzin zur Zerschlagung der UdSSR eine „Schlüsselrolle" gespielt hat. Darüber berichtet der damalige US-Außenminister James A. Baker in seinen Erinnerungen „Drei Jahre, die die Welt veränderten" in aller Offenheit: „Wir hatten keinerlei Interesse daran, das Leben der Sowjetunion zu verlängern ... Das Pentagon mit Dick Cheney an der Spitze wollte, dass sich die Sowjetunion auflöst".

Obwohl Bonn und Paris, wie Hans-Dietrich Genscher in seinen „Erinnerungen" bekundet, darüber besorgt waren, „welche politischen, militärischen und wirtschaftlichen Folgen ein Zerfall der Sowjetunion nach sich ziehen" würde, tat – so Baker in seinen Memoiren – Jelzin in Absprache mit den USA „alles in seiner Macht stehende, damit es künftig keine Sowjetunion mehr geben würde ... Dies konnte nur als Affront gegen Gorbatschow und seinen Versuch gewertet werden, den Unionsvertrag neu verhandeln. Das war ein Fait accompli, und es schien unwahrscheinlich, dass Gorbatschow in der Lage sein würde, es zu überleben. Jelzin tat alles, damit ihm das nicht gelang".

Im Gegensatz zur alten Sowjetunion sollte der von Gorbatschow initiierte neue Unionsvertrag, auf den sich sieben Republiken der UdSSR am 15. November 1991 bereits verständigt hatten, eine echte demokratische Föderation in Form einer „Union Souveräner Staaten" bilden. In einer Volksabstimmung hatte sich die Bevölkerung der UdSSR (mit Ausnahme der Baltischen Staaten) mit eindrucksvoller Mehrheit für einen Fortbestand der UNION auf der Basis des neuen Vertrages ausgesprochen.

Ohne Gorbatschow als Präsident der Union zu informieren, beschloss Jelzin als Präsident der Russischen Föderation, zusammen mit den Präsidenten der Ukraine, Krawtschuk, und Weiß-Russlands, Schuschkewitsch in einem Jagdhaus bei Brest am 8. Dezember 1991 „per Dekret" die Auflösung der UdSSR, was im Grunde einem Staatsstreich gleich kam.

Unmittelbar nach diesem „Fait accompli" – so Baker in seinen „Erinnerungen" – rief Jelzin „Präsident Bush an, um ihm das Abkommen von Brest zu erläutern – noch bevor er Gorbatschow informierte. Man könnte sagen, das GUS-Abkommen war ganz bewusst so formuliert worden, dass es unsere Unterstützung finden konnte".

Obwohl die Präsidenten anderer Republiken, wie Nasarbajew von Kasachstan, „nicht an einer Auflösung der Union interessiert waren und Gorbatschow unterstützten, wie Genscher berichtet, benutzte Jelzin vor allem den ukrainischen Präsidenten Krawtschuk zur Durchsetzung seines Staatsstreichs, weil auch nach Ansicht des Pentagons in Washington, die Ukraine bei der Sprengung der UdSSR eine Schlüsselrolle spielen sollte: „Cheney setzte sich vehement dafür ein, dass sich die Sowjetunion auflöst, und glaubte, dass die Ukraine den Ausschlag für ihren Niedergang geben würde und die ukrainische Führung eher zum Aufbau guter Beziehungen mit uns bereit wäre, wenn wir sie auf der Stelle anerkannten", schreibt Baker.

Die Sowjetunion wurde nicht deshalb gesprengt, weil eine im Geiste Gorbatschows reformierte Union weniger Entwicklungschancen zu Demokratie und Marktwirtschaft geboten hätte; sie wurde gesprengt, weil Jelzin rücksichtslos zur Macht drängte und dabei von den USA unterstützt wurde, die keine reformierte Sowjetunion wollten. Den ersten Versuch zu einem „demokratischen Sozialismus" 1968 in der Tschechoslowakei machte die Sowjetunion unter Breschnew zu Nichte, den zweiten Versuch in der Sowjetunion unter Gorbatschow sabotierten die USA im Bunde mit Jelzin.

Wie Baker Jelzins Charakter einschätzte, bekannte er schon nach seiner ersten Begegnung mit dem „gewendeten Kommunisten" im September 1990: „Ich hatte das untrügliche Gefühl, hier war ein Mann, der Porzellan wohl eher zerschlagen als Tee daraus trinken würde, ein Außenseiter, der Regeln eher bricht, als sich an diplomatische Gepflogenheiten zu halten".

Hans-Dietrich Genscher beklagt in seinen „Erinnerungen", dass „das Zögern des Westens sowie die kühle Behandlung Gorbatschows auf dem Weltwirtschaftsgipfel – übrigens gegen den Rat der deutschen und französischen Delegation – die Stellung Gorbatschows in den entscheidenden Sommermonaten des Jahres 1991 jedenfalls nicht gestärkt" habe. Auch Ex-Bundeskanzler Helmut Schmidt meint in seinen Erinnerungen „Weggefährten": Jelzin „einen Demokraten zu nennen, ist Schönfärberei".

So sah es auch Egon Bahr, wenn er in seinem Buch „Zu meiner Zeit" schrieb: „Westliches Misstrauen und Zögern gegenüber dem Kremlchef waren zum verzweifeln. Hier könnte eine Chance verpasst werden … Der Westen müsste den Reformkurs stärken und Gorbatschow stützen … Zu kleinlich und zu spät fand ich langatmig zögernde Beratungen des Westens über Kredite und beschämend die Prozeduren, ob und wann und wie Gorbatschow von den Chefs der industriellen Großen Sieben gehört wird. Ich sah mich wieder an der Seite des deutschen Außenministers, dessen ganz ähnliches Werben für die Chancen des Westens als Werben für Gorbatschow, was dasselbe war, herabsetzend als Genscherismus bezeichnet wurde".

Aber die USA wollten keine reformierte Sowjetunion, sie wollten die UdSSR sprengen. Und dabei war Jelzin ihr Mann. Nach dem Motto: „Der Mohr hat seine Schuldigkeit getan", ließ Washington Gorbatschow kalt fallen und baute auf den Mann, der „Porzellan eher zerschlägt, als Tee daraus zu trinken".

In seinem Buch „Der Zerfall der Sowjetunion" schreibt Gorbatschow: „Ich bin für Reformen, aber bei Beibehaltung der Union als Staat. Und ich wehre mich dagegen, sie wie eine Pastete auf zu teilen. Wer hat das Recht, ein Land in Stücke zu schneiden? Das Ganze kann außer Kontrolle geraten, was allen Plänen zur Erneuerung der Gesellschaft ein Ende setzen würde. Das Verhalten Jelzins gab mir immer wieder Rätsel auf. Wir haben gemeinsam die Ausarbeitung des Unionsvertrages geleitet und den Entwurf zusammen mit den anderen Republiken an die Obersten Sowjets zur Beratung weitergegeben. Aber in Minsk schlug Jelzin etwas ganz anders vor. Er befand es nicht einmal für nötig, mich anzurufen. Mit George Bush hingegen hat er gesprochen, obwohl keinerlei Notwendigkeit bestand, den Präsidenten der USA hinzuzuziehen. Das ist nicht nur eine Frage der Moral. Solch einen Stil kann ich nicht akzeptieren".

Baker gesteht offen ein: „Ich pries Gorbatschow, weil er diese Transformation ermöglicht hatte, brachte jedoch zum Ausdruck, dass seine Zeit vorüber sei".

Für Baker war nur noch die Frage des persönlichen Schicksals Gorbatschows als „künftiger Pensionär" zu klären, da es in der Umgebung von Jelzin Pläne gab, den ehemaligen Präsidenten der UdSSR „strafrechtlich zu verfolgen": „Ich machte Jelzin klar", schreibt Baker, „dass das ein gravierender Fehler wäre, für den die internationale Gemeinschaft kein Verständnis aufbringen würde, und dass wir hofften, der Machttransfer würde auf würdige Weise und wie im Westen stattfinden. Mit einer Demütigung Gorbatschows sei niemandem gedient. Obwohl Jelzins Antipathie für Gorbatschow noch immer deutlich zu spüren war, ließ er durchblicken, dass er meine Botschaft verstanden hätte".

Mitterrand, Genscher und Bahr hatten vor den Folgen eines Zerfalls der UdSSR gewarnt. Eigentlich hätte der Westen – vor allem auch die USA – nach dem Zusammenbruch des Vielvölkerstaates Jugoslawien – gewarnt sein müssen, zumal man sich fragen musste, warum die gleichen Leute, die Jugoslawien für tot erklärten, glauben konnten, dass ein Vielvölkerstaat Bosnien eher lebensfähig sein würde.

Das gleiche gilt für die Sowjetunion. Keines der Probleme des Vielvölkerstaates UdSSR ist mit seiner Zerschlagung und der Bildung neuer Staaten, die ebenfalls starke ethnische Minderheiten innerhalb ihrer Grenzen haben, gelöst worden. Blutige Konflikte um Berg-Karabach, Georgien, Moldawien und Tschetschenien haben die Gefahren mehr als deutlich gemacht. Allein die Tatsache, dass heute ein Viertel der ehemaligen Bevölkerung der UdSSR in Republiken lebt, die nicht der eigenen Nationalität entsprechen, und über 25 Millionen Russen mehr oder weniger starke Minderheiten im so genannten „nahen Ausland" anderer GUS-Staaten bilden, unterstreicht die Gefahr auch künftiger ethnischer Konflikte. Dies gilt auch in besonderem Maße für die Ukraine. Dabei geht es nicht nur um die Differenzen zwischen Moskau und Kiew über die Halbinsel Krim, die Schwarzmeerhäfen wie Odessa und

Sevastopol oder die Schwarzmeerflotte. In der Ukraine lebt ein großer russischer Bevölkerungsanteil von 11,3 Millionen, der vorwiegend im Osten und Süden des Landes sowie in den großen Industriezentren am Don konzentriert ist. Auf der Krim beträgt der russische Anteil sogar rund 67 Prozent. Hinzu kommt, dass die „kulturelle Bruchlinie" (Huntington) zwischen dem westlichen christlichen Teil und der Orthodoxie seit Jahrhunderten mitten durch das Herz der Ukraine geht.

12.) Der Antikommunismus überlebt den Kommunismus.

Die „Ideologie des Antikommunismus" hat nicht nur, wie John Lukacs richtig feststellte, den Kalten Krieg überdauert. Auch im „vereinigten Deutschland" hält die „zwanghafte Fixierung auf den Kommunismus" (Lukacs) an, und für die CDU/CSU, die seit Adenauers Zeiten von der „Ideologie des Antikommunismus" lebt, wird „ erst noch beweisen müssen, ob sie ohne ultralinkes Feindbild zusammenzuhalten ist". Darum, so schrieb Erhard Eppler unter dem Titel „Rotkäppchen und die PdS" im „Spiegel" Nr. 1 von 1995, „ist auch die PdS ein Geschenk, so etwas wie die Gnade der Nachgeburt" für die CDU/CSU.

Im Wahlkampf von 1994 griffen die Strategen der CDU unter ihrem Generalsekretär Hintze auf das alte Schlagwort von der „Gefahr der Volksfront" zurück und CSU-Chef Theo Weigel verkündete auf dem Parteitag der CSU die bekannte Parole „Freiheit oder Sozialismus", die uns aus allen Wahlkämpfen von 1949 bis heute entgegen schallt. Da es in Deutschland immer noch allzu viele gibt, bei denen das Denken aufhört, wenn sie von den „Roten" hören, setzen CDU/CSU und FDP weiter auf den „Lagerwahlkampf", bei dem nicht die drängenden Probleme des Landes im Mittelpunkt stehen, sondern die alten Feindbilder.

Heute so zu tun, als sei die Diskussion um eine „sozialistische Alternative" nach 1945 nur eine Angelegenheit von Sozialisten gewesen, wird der historischen Wahrheit nicht gerecht. Im Westen bekannte sich die CDU der britischen Zone in ihrem „Ahlener Programm" vom 14./15. August 1947 zum „christlichen Sozialismus" und zur „Verstaatlichung der Monopole im Bergbau" und der „Eisen schaffenden Industrie, weil „das kapitalistische Wirtschaftssystem den staatlichen und sozialen Lebensinteressen des deutschen Volkes nicht gerecht geworden ist".

„Auch Deutschland hat das Ende des Kommunismus nicht verarbeitet", schreibt Egon Bahr in seinem Buch „Zu meiner Zeit": „Wie unter einem Phantomschmerz nach der Amputation wird die PdS behandelt ... Als hätte sich nichts verändert, werden die vertrauten Rollen weiter gespielt ... Die einen versuchen, die anderen in die Nähe der SED-Rechtsnachfolger zu stellen, und die anderen reagieren, als müssten sie Angst davor haben".

Die PdS und die neue „Die Linke" sind gleichzeitig eine von den herrschenden politischen Eliten ungewollte – aber auch für die Wahlagitation der Konservativen sehr nützliche – Innovation im Parteiensystem der neuen Bundesrepublik. Dieses Schicksal teilt sie mit der Sozialdemokratie im vorigen Jahrhundert und mit den Grünen in der späten Bonner Republik.

Zwar hat es Versuche gegeben, nach dem Zusammenbruch der DDR die alte SED aufzulösen und eine neue reformsozialistische Partei zu gründen, doch vor allem aus wirtschaftlichen Motiven kam es nicht zu dieser Neugründung, sondern zu einer „erbberechtigten" Nachfolge, um sich einen Teil des SED-Vermögens zu sichern. Dies kann wohl schlechterdings den Männern um Gregor Gysi nicht zum Vorwurf gemacht werden, da die anderen „Blockflöten"-Parteien bestrebt waren, ihr Vermögen in die Vereinigung zu retten, sozusagen als „Brautgeschenk" und „Mitgift" für den Zusammenschluss mit ihren angeblichen „Bruder-Parteien" im Westen, auch wohl als „Schweigegeld", damit sich die „Blockflöten" von dem Ludergeruch als Mitläufer und Mitgestalter des SED-Regimes im „Block der nationalen Front der DDR" befreien konnten. Der PdS aber wurde ein Wandel nicht abgenommen, ihr musste der Ruf der „Roten Socken" erhalten bleiben.

Jeder, der die Geschichte der DDR verfolgt hatte wusste, dass die so genannten „Blockparteien" in der Volkskammer niemals gegen Beschlüsse der SED-Regierung gestimmt haben und auch brav beim Bau der Mauer ihre Zustimmung bekundeten. In anderen Ländern des Ostblocks waren die Konservativen in der Bundesrepublik bereit, den Wandel ehemaliger Kommunisten zu Demokraten anzuerkennen und zu würdigen. So nannte Helmut Kohl den Alt-Kommunisten Boris Jelzin „seinen Sauna-Freund". Vergessen kann man ja wohl auch nicht, dass es Kommunisten waren wie Gorbatschow in Moskau und Gyula Horn in Ungarn, die den Wandel bewirkt haben. Ohne sie wäre das Ende des „real existierenden Sozialismus" und die Vereinigung Deutschlands nicht Wirklichkeit geworden, wie umgekehrt Männer wie Gorbatschow und Horn nicht an die Macht gekommen wären, wenn es die Entspannungspolitik der sozialliberalen Koalition mit dem Ziel des „Wandels durch Annäherung" nicht gegeben hätte. Auch die alte SED war nie eine „monolithische Partei". Wer die Geschichte der DDR aufmerksam verfolgt hat, weiß, dass es auch in der alten SED reformsozialistische Kräfte und Strömungen gegeben hat, wie zahlreiche „Säuberungen" der Partei beweisen. Schon 1948 mit der Kontroverse über Anton Ackermanns These vom „deutschen Weg zum Sozialismus", als Gegenmodell zum stalinistischen System, über Herrnstadt und Schirdewan bis zu Robert Havemann, Rudolf Bahro, und Walter Janka, dem langjährigen Leiter des Berliner Aufbau-Verlages, der sich schon sehr früh bemühte, die Literatur der Emigration in Deutschland wieder bekannt zu machen, als die Literaten in der Bonner Republik noch zu den vergessenen Dichtern und Schriftstellern gehörten.

Im Januar 1978 veröffentlichten Oppositionelle in der SED ein „Manifest des Bundes demokratischer Kommunisten Deutschlands", das im Westen als „Spiegel-Buch" erschien, aber kaum Beachtung fand, obwohl es eine Plattform demokratischer Sozialisten war. Für Kenner der Situation ist es unbestritten, dass es auch innerhalb der SED Kräfte ab, die einen anderen Sozialismus wollten als den „real existierenden". Im gleichen Jahr wie dieses „Manifest" erschien die Erzählung von Christa Wolf „Kein Ort, Nirgends", die im Westen ebenfalls eine hohe Auflage erzielte. Die Erzählung bewegt die Frage zwischen Anspruch und Wirklichkeit dieses „real existierenden Sozialismus". Wenn Christa Wolf ihrer Figur Heinrich von Kleist die Worte in den Mund legt, dass man „nicht in einem wirklichen Gemeinwesen, sondern nur in einer Idee von einem Staat" gelebt hat.

In ihrem Buch „Westwärts und nicht vergessen" beschreibt Daniela Dahn, die bei ihren mehrfachen Besuchen in den USA mehr Verständnis für das „Unbehagen in der Einheit" fand als in der alten Bundesrepublik, die schwierige Situation der Schriftsteller in der DDR: „Natürlich, an Bord zu bleiben hatte seinen Preis. Niemandem von uns ist es gelungen, die ganze Zeit an Bord zu sein. Wir haben Kompromisse gemacht und für den Mut zur Auflehnung mit Phasen der Schwäche bezahlt. Aber die wahrhaftigen Bücher haben das Bedürfnis nach Zivilcourage, Würde und Wahrheit bestärkt".

Mit ihrer Literatur haben viele Schriftsteller der DDR ebenso wie ihre Kollegen in der Sowjetunion der „Staatsideologie" eine „zweite Kultur" entgegengesetzt und damit wesentlich dazu beigetragen, dass die Glaubwürdigkeit eines pervertierten Systems entlarvt wurde. Sie haben die tiefe Kluft zwischen Anspruch und Wirklichkeit eines sich sozialistisch nennenden Systems offenbar werden lassen. Manche dieser Schriftsteller, wie auch Christa Wolf und Daniela Dahn, deren Bücher zum Teil hohe Auflagen in der alten Bundesrepublik erzielten, weil sie damals wegen ihrer Kritik am „real existierenden Sozialismus" durchaus genehm waren, wurden nach der Wende als „Staats-Literaten" verleumdet. Darauf konnte Daniela Dahn nur antworten: „Lass sie, sie reden über ein Land, in dem ich nicht gelebt habe".

„Haben wir denn nicht alle gemeinsam die Aufgabe und die Kraft, jedermann für die Demokratie zu gewinnen, Prozesse des Umlernens zu fördern, zum Beispiel auch die Richtungskämpfe in der PdS-Führung als solche ernst zu nehmen und zu begrüßen" schreibt Alt-Bundespräsident Richard von Weizsäcker in seiner unaufgeregten und sachlichen Analyse zum Umgang mit der PdS in der Wochenzeitung „Die Zeit" vom 10. November 1995 unter dem Titel „Weder klug noch fromm – Der Altbundespräsident Richard von Weizsäcker zum politischen Umgang mit der PdS". „Wenn jemand der Meinung ist", schrieb Richard von Weizsäcker weiter, „dass eine der zu unseren Wahlen zugelassenen Parteien nicht demokratisch sei, dann möge er zum Verfassungsgericht gehen und das undemokratische dieser Partei dort einklagen. Dieses aber zu unterlassen, dafür auf der anderen Seite in einem Wahlkampf davon zu profitieren, dass man eine Partei pauschal als undemokratisch bezeichnet, halte ich für keinen sauberen Weg. Das ist weder intellektuell noch moralisch, noch politisch sauber".

Doch die CDU/CSU braucht die PdS für ihr altes und in Wahlkämpfen bewährtes Feindbild des Antikommunismus, weil – so Richard von Weizsäcker – „die PdS als Wahlkampfkeule in der Hand der einen westlichen Partei dient, um mit ihr auf das Haupt der anderen westlichen Partei einzuschlagen".

So ist es! Antikommunismus im Stil der „Rote Socken"- und „Freiheit oder Sozialismus"-Kampagne ist nicht in erster Linie gegen so genannte Ultra-Linke der PdS gerichtet, und es schadet der PdS bzw. der neuen „Die Linke" auch nicht, wie die jüngsten Wahlergebnisse zeigen. Die Kampagne dient vor allem dazu, die SPD in die politische Defensive zu bringen. Ein altes bewährtes Mittel, das schon in der Kaiserzeit und in der Weimarer Republik mit dem Schlagwort von „den vaterlandslosen Gesellen" erfolgreich war.

Als im Herbst 1989 der Zusammenbruch des Kommunismus absehbar und nicht mehr aufzuhalten war, glaubten einige amerikanische Publizisten wie Krauthammer und vor allem Francis Fukuyama an das „Ende der Geschichte" und priesen in euphorischer Stimmung den weltweiten Sieg des Kapitalismus und der „liberalen" Demokratie. Marion Gräfin Dönhoff, die hoch angesehene Journalistin und Herausgeberin der Hamburger Wochenzeitung „Die Zeit", blieb bei der von ihr gewohnten nüchternen Betrachtung, wenn sie im September 1989 schrieb: „Der Autor Charles Krauthammer, ein Kolumnist, erklärte: Die Frage, die seit Platos Zeiten alle Philosophen beschäftigt hat: Welches ist die optimale Staatsform, ist jetzt beantwortet. Dreimal darf man raten, wie. Krauthammers Antwort: ‚Nach einigen Jahrtausenden des Ausprobierens der verschiedenen Systeme beenden wir nun dieses Jahrtausend in der Gewissheit, dass wir mit der pluralistisch-kapitalistischen Demokratie das gefunden haben, was wir suchten'.

Noch deutlicher sagt es der stellvertretende Chef des Planungsstabes im State Department, Francis Fukuyama. In der Vierteljahreszeitschrift National Interest erklärte er zu den aktuellen Ereignissen: ‚Was wir erleben, ist vielleicht nicht nur das Ende des Kalten Krieges oder einer bestimmten Periode der Nachkriegsgeschichte, sondern das Ende der Geschichte überhaupt, also der Endpunkt der ideologischen Evolution der Menschheit und der Beginn weltweiter Gültigkeit der westlichen liberalen Demokratie als endgültiger Form menschlicher Regierung'.

Da wird einem wirklich bange, und man fragt sich, ob nun als nächster absurder Einfall der Geschichte vielleicht der Kapitalismus zugrunde geht und von einem geläuterten Sozialismus gerettet wird. Das ist gar nicht so unvorstellbar, wie es klingt. Gewiss, als wirtschaftliches System ist der Sozialismus im Wettstreit mit der Marktwirtschaft gescheitert. Aber als Utopie, als Summe uralter Menschheitsideale: soziale Gerechtigkeit, Solidarität, Freiheit für die Unterdrückten, Hilfe für die Schwachen, ist er unvergänglich".

Bezogen auf einen blinden, emotionalen, zu keiner Differenzierung fähigen Anti-Kommunismus trifft das Wort von Thomas Mann zu: „Der Antikommunismus ist die Torheit unserer Epoche".

Der „real existierende Sozialismus" ist untergegangen, weil er kein Sozialismus war, und es ist schon erstaunlich, dass es den Führern der Sowjetunion gelungen ist, über mehr als siebzig Jahre ihr degeneriertes System propagandistisch als „Sozialismus" zu verkaufen. „Die Fähigkeit, die eigene Geschichte zum Mythos zu machen, war eine der herausragenden Leistungen des Sowjetregimes", schreibt der bekannte französische Historiker Francois Furet in seinem Buch „Das Ende der Illusion – Der Kommunismus im 20. Jahrhundert".

Wohl wissend, dass niemand die sozialistische Idee mehr in Misskredit gebracht hatte als die Sowjetunion, wurde auch der Begriff „Sozialismus" zu einem propagandistisch ausgenutzten Stereotyp, zur wichtigsten ideologischen Offensivwaffe der Konservativen. „Sozialismus" wurde zum Inbegriff für ein bürokratisch-diktatorisches System, für eine ineffiziente Wirtschaft und für den Stasi-Überwachungsstaat. Mit dem Wort „Sozialismus" und dem Slogan „Alle Wege des Marxismus führen nach Moskau" sollten die Menschen auch Vorstellungen eines demokratischen Sozialismus verbinden, sollten die Sozialdemokraten in die Nähe des „real existierenden Sozialismus" gebracht werden. Mit diesem propagandistischen Stereotyp waren nicht nur Wahlen zu gewinnen, damit sollte und konnte auch die Finanzen und Ressourcen verschlingende wahnsinnige Superrüstung gerechtfertigt werden.

In der ideologischen Gefangenschaft des Kalten Krieges durften Versuche zu einer Alternative, Bemühungen um eine demokratische Form des Sozialismus weder im Osten noch im Westen eine Chance haben. Darin waren sich die Widerparts des Kalten Krieges ausnahmsweise einig: Die Sowjetunion walzte den „Prager Frühling" mit Panzern nieder und die USA inszenierten den blutigen Militärputsch in Chile und die „Contras" in Nicaragua.

Nicht die Werktätigen Russlands, in deren Namen die Bolschewiki 1917 angeblich die Macht ergriffen hatten, haben von den „Segnungen" des „real existierenden Sozialismus" profitiert, sondern die Arbeiter in den westlichen kapitalistischen Ländern. Viele der sozialen Errungenschaften für die Arbeiter in den westlichen Ländern wurden nicht zuletzt aus der „Furcht vor dem Kommunismus" gewährt.

Nun, da die vermeintliche „Alternative", die ja in Wirklichkeit keine Alternative war, nach dem Zusammenbruch des „real existierenden Sozialismus" fehlt, wird der „Kapitalismus von der Kette gelassen", baut der „Turbo-Kapitalismus" soziale Errungenschaften wieder ab, wird die „gestaltende Kraft und selbst regulierende Allmacht des Marktes" zum allein selig machenden Glaubenssatz erklärt, schafft die Globalisierung so genannte „Sachzwänge", um sich in er Folge darauf berufen zu können.

Der „real existierende Sozialismus" ist untergegangen, weil er kein Sozialismus war. Der Kapitalismus kann zugrunde gehen, weil er Kapitalismus ist, an seine Grenzen stößt und von der Kette gelassen, über sich selbst herfällt. Ob der Ruf von Marion Gräfin Dönhoff: „Zivilisiert den Kapitalismus!" noch Gehör findet?

„Das, was unter dem Namen Sozialismus veranstaltet wurde, ist zu Recht untergegangen", schrieb der Schriftsteller Jurek Becker, „nur ändert das nichts daran, dass die Probleme, die zu lösen die Sozialisten sich einmal vorgenommen hatten, nicht aufhören wollen zu existieren".

Literatur

Adenauer, Konrad: „Erinnerungen 1930–19532", Bonn 1956

Amalrik, Andreij: „Kann die Sowjetunion das Jahr 1984 erleben?", 1970

Bahr, Egon: „Zu meiner Zeit", München 1996

Bahr, Egon: „Der deutsche Weg", München 2003

Bahr, Egon: „Zum europäischen Frieden – Eine Antwort an Gorbatschow", Berlin 1988

Baker, James: „Drei Jahre, die die Welt veränderten – Erinnerungen", Berlin 1996

Becker, Jurek: „Ende des Größenwahns", Frankfurt/Main 1996

Benz, Wolfgang und Graml, Hermann: „Biographisches Lexikon zur Weimarer Republik", 1988

Benz, Wolfgang: „Feindbild und Vorurteil", München 1996

Bloch, Marc: „Die seltsame Niederlage: Frankreich 1940 – Der Historiker als Zeuge", 1962

Böll, Heinrich/Kopolew, Lew/Vormweg, Heinrich: „Antikommunismus in Ost und West", Düsseldorf, 1982

Bülow, Andreas von: „Die eingebildete Unterlegenheit – Das Kräfteverhältnis West-Ost, wie es wirklich ist", München 1985

Brückner/Krovoza: „Staatsfeinde – Innerstaatliche Feinderklärung in der BRD", Berlin 1972

Brünneck, Alexander von: „Politische Justiz gegen Kommunisten in der Bundesrepublik Deutschland 1949–1968", Frankfurt/Main 1978

Cardenal, Ernesto: „Die Stunde Null", Wuppertal 1979

Cardenal, Ernesto: „Das Evangelium der Bauern von Solentinsme", Band 1 und 2, Wuppertal 1976 und 1978

Carrasco, Jose: „Chile, mein gemartertes Land", Hamburg 1987

Castillo, Carmen: „Santiago de Chile – ein Tag im Oktober" Hamburg 1981

Chace, James: „Krieg ohne Ende – Die Machtpolitik der USA in Mittelamerika", München 1985

Chomsky, Noam: „Indochnia und die amerikanische Krise – im Krieg mit Asien", Frankfurt/Main 1972

Chomsky, Noam: „Kambodscha – Laos – Nordvietnam – Im Krieg mit Asien II", Frankfurt/Main 1972

Churchill, Winston: „Der Zweite Weltkrieg", München 1985

Colville, John: „Downing Street – Tagebücher", Berlin 1988

Czempiel, Ernst-Otto: „Amerikanische Außenpolitik im Wandel", München 1982

Czempiel, Ernst-Otto: „Weltpolitik im Umbruch", München 2002

Czempiel, Ernst-Otto: „Kluge Macht – Außenpolitik für das 21. Jahrhundert", München 1999

Czempiel, Ernst-Otto: „Machtprobe – Die USA und die Sowjetunion in den achtziger Jahren", München 1989

Czempiel, Ernst-Otto: „Lehrer der außenpolitischen Vernunft – Über George F. Kennan in „Frankfurter Rundschau" vom 9. Oktober 1982

Dahn, Daniela: „Westwärts und nicht vergessen – Vom Unbehagen in der Einheit", Hamburg 1997

Daim, Wilfried: „Der Vatikan und der Osten – Kommentar und Dokumentation", Wien 1967

Dallin, David: „Sowjetische Außenpolitik nach Stalins Tod", Köln 1961

Danzler, Georg: „Ein Gebetssturm für den Führer", in „Deutsches Allgemeines Sonntagsblatt" vom 31. März 1985

Danzler, Georg: „Die spätere Zeit wird ein hartes Urteil über uns fällen", in „Frankfurter Rundschau" vom 19. August 1963

Danzler, Georg/Volker, Fabricius: „Die Kirche im Dritten Reich, Christen und Nazis Hand in Hand?", Band 1: Darstellung, Band 2: Dokumente, Frankfurt/Main 1970

Dönhoff, Marion: „Amerikanische Wechselbäder", Stuttgart 1983

Dönhoff, Marion: „Weit ist der Weg nach Osten – Berichte und Betrachtungen aus fünf Jahrzehnten", München 1988

Dönhoff, Marion: „Im Wartesaal der Geschichte – Vom Kalten Krieg zur Wiedervereinigung", München 1995

Dönhoff, Marion: „Zivilisiert den Kapitalismus – Grenzen der Freiheit", Stuttgart 1997

Dönhoff, Marion: „Was mir wichtig war – Letzte Aufzeichnungen und Gespräche", Berlin 2002

Dönhoff, Marion: „Ein Architekt unserer Zeit –George F. Kennan", in „Die Zeit" vom 11. Februar 1994

Ellsberg, Daniel: „Ich erkläre den Krieg – Vietnam – Der Mechanismus einer militärischen Eskalation", München 1973

Esser, Klaus: „Durch freie Wahlen zum Sozialismus oder Chiles Weg aus der Armut", Hamburg 1972

Falin. Valentin: „Politische Erinnerungen", München 1993

Frenz/Greinacher/Junk/Päschke: „El Salvador – Massaker im Namen der Freiheit", Hamburg 1982

Furet, Francois: „Das Ende der Illusion – der Kommunismus im 20. Jahrhundert", München 1995

Gaupp, Peter: „Brennpunkt Zentralamerika", Zürich 1983

Gervasi, Tom: „Moskaus Übermacht – Eine amerikanische Legende", Hamburg 1986

Genscher, Hans-Dietrich: „Erinnerungen", Berlin 1995

Giordano, Ralph: „Die zweite Schuld oder von der Last Deutscher zu sein", Hamburg 1987

Glaser, Hans-Georg: „Vor 50 Jahren: Pius XII., Verurteilt Irrlehren des NS-Staates", WAZ Themenseite vom März 1987

Glaser, Hans-Georg: „Gorbatschow versucht die zweite Revolution der Sowjetunion", WAZ Themenseite vom März 1987

Glaser, Hans-Georg: „Die Domino-Theorie der USA stürzte Vietnam in zweiten Krieg", WAZ Themenseite vom Dezember 1986

Glaser, Hans-Georg: „Ganz Lateinamerika stöhnt im Würgegriff der Schuldenlasten", WAZ Themenseite vom Juni 1985

Glaser, Hans-Georg: „Vor 30 Jahren: Tito weist den Kreml in die Schranken", WAZ Themenseite vom Mai 1985

Glaser, Hans-Georg: „Druck auf Nicaragua von innen und außen wird immer stärker", WAZ Themenseite vom 7. Mai 1985

Glaser, Hans-Georg: „In Mittelamerika stehen alle Zeichen auf Krieg – Amerikanische Journalisten decken Pläne des CIA auf", WAZ Themenseite vom 15. April 1983

Glaser, Hans-Georg: „In der Karibik schreit die Armut zum blauen Himmel-Ursachen und Hintergründe eines Krisenherdes", WAZ Themenseite vom 8. März 1982

Glaser, Hans-Georg: „Lenin war General Ludendorffs „Geheimwaffe", WAZ Themenseite vom April 1987

Glaser, Hans-Georg: „Entwicklungshelfer protestieren gegen Einstellung der Projekte für Nicaragua", WAZ Themenseite vom 1. Juni 1985

Glaser, Hans-Georg: „Kein neues Kuba, ein neues Nicaragua – Drei Jahre nach dem Sturz des Diktators Somoza", WAZ Themenseite vom 26. April 1982

Glotz, Peter: „Die PdS – Phönix oder Asche?", Berlin 1995

Goldhagen, Daniel Jonah: „Die katholische Kirche und der Holocaust", Berlin 2002

Gorbatschow, Michail: „Perestroika – Die zweite russische Revolution", München 1987

Gorbatschow, Michail: „Erinnerungen", Berlin 1995

Gorbatschow, Michail: „Der Zerfall der Sowjetunion", München 1992

Gorbatschow, Michail: „Der Staatsstreich", München 1991

Graml, Hermann: „Europas Weg in den Krieg – Hitler und die Mächte", München 1990

Greinacher/Hippler/Peltzer: „Herausforderung im Hinterhof – Das neue Nicaragua", Wuppertal 1986

Grimm, Thomas: „Was von den Träumen blieb – Eine Bilanz der sozialistischen Utopie", Berlin 1993

Gröber, Conrad: „Handbuch religiöser Gegenwartsfragen", Freiburg 1937

Halberstam, David: „Vietnam oder wird der Dschungel entlaubt", Hamburg 1965

Hauser, Oswald: „England und das Dritte Reich – eine dokumentarische Geschichte der englisch-deutschen Beziehungen", 2. Band 1936 bis 1938, Göttingen 1982

Hegmanns, Dirk: „In den Händen der Contras – Ein deutscher Aufbauhelfer schildert seine Entführung in Nicaragua", Hamburg 1986

Hofmann, Werner: „Stalinismus und Antikommunismus – Zur Soziologie des Ost-West-Konflikts", Frankfurt/Main 1967

Horowitz, David: „Kalter Krieg – Hintergründe der US-Außenpolitik von Jalta bis Vietnam", Band 1 und 2, Berlin 1669

Jara, Victor: „Chile, mein Land, offen und wild", Hamburg 1983

Jelzin, Boris: „Auf des Messers Schneide", Berlin 1994

Jokisch, Rodrigo: „El Salvador-Freiheitskämpfe in Mittelamerika", Hamburg 1981

Keil, Hartmut: „Sind oder waren Sie Mitglied – Verhörprotokolle über unamerikanische Aktivitäten 1947 bis 1956", Hamburg 1979

Kennan, George: „Amerika und die Sowjetmacht – Der Sieg der Revolution", Stuttgart 1956

Kennan, George: „Amerika und die Sowjetmacht – Die Entscheidung zur Intervention", Stuttgart 1958

Kennan, George: „Sowjetische Außenpolitik unter Lenin und Stalin", Stuttgart 1961

Kennan, George: „Wolken der Gefahr – Aktuelle Probleme der amerikanischen Außenpolitik", München 1978

Kennan, George: „Im Schatten der Atombombe – Eine Analyse der amerikanisch-sowjetischen Beziehungen von 1947 bis heute", Köln 1982

Kennan, George: „Begegnungen mit Deutschland – Erinnerungen und Erfahrungen des Friedens-Preisträgers" in „Börsenblatt" vom 25. Mai 1982

Kennan, George: „Warum denn nicht Frieden? Dank des Friedenspreisträgers des Deutschen Buchhandels", in „Börsenblatt" vom 12. Dezember 1982

Kennan, George: „In der Fähigkeit zur Selbsttäuschung liegt unsere größte Gefahr", in „Börsenblatt" vom 25. Mai 1982

Kennan, George: „Russen und Amerikaner: Warum sie sich fürchten" in „Die Zeit" vom 1. Juli 1977

Kennan, George: „Amerikas Rückzug auf sich selbst", in „Die Zeit" vom 9. Oktober 1970

Kennan, George: „Die USA und die UdSSR: Supermächte im Schatten der Atombombe", in „Frankfurter Rundschau" vom 30. September 1982

Kennan, George: „Die russische Gefahr ist viel Einbildung", in „Die Zeit" vom 4. Januar 1980

Kennan, George: „Die Supermächte auf Kollisionskurs", in „Die Zeit" vom 28. August 1981

Kennan, George: „Lasst uns mit der Diskussion beginnen", in „Die Zeit" vom 3. Januar 1959

Kennan, George: „Eine Wasserscheide zwischen Angst und Hoffnung", in „Die Zeit" vom 3. Juli 1987

Klee, Ernst: „Die SA Jesu Christ – Die Kirche im Banne Hitlers", Frankfurt/Main 1989

Klee, Ernst: „Persilscheine und falsche Pässe – Wie die Kirchen den Nazis halfen", Frankfurt 1991

Klemperer, Klemens von: „Die verlassenen Verschwörer – Der deutsche Widerstand auf der Suche Nach Verbündeten", Berlin 1994

Kordt, Erich: „Wahn und Wirklichkeit – Die Außenpolitik des Dritten Reiches – Versuch einer Darstellung", Stuttgart 1948

Leonhard, Wolfgang: „Euro-Kommunismus – Herausforderung für Ost und West", München 1978

Lewy, Guenter: „ Die Kirche und das Dritte Reich", München 1965

Mayer, Arno: „Der Krieg als Kreuzzug – Das Deutsche Reich, Hitlers Wehrmacht und die ‚Endlösung'", Hamburg 1989

McNamara, Robert: „Blindlings ins Verderben – Der Bankrott der Atomstrategie", Hamburg 1987

Merseburger, Peter: „Die unberechenbare Vormacht – Wohin steuern die USA?", München 1985

Mitgang, Herbert: „Überwacht – Große Autoren in den Dossiers amerikanischer Geheimdienste", Düsseldorf 1992

Mitscherlich, Alexander und Margarete: „Die Unfähigkeit zu trauern", München 1977

Niedhart, Gottfried: „Der Westen und die Sowjetunion", Paderborn 1983

Niess, Frank: „Eine negative Staatsideologie – Zur Kritik des Antikommunismus", in der Zeitschrift „L-76", Nr. 9 von 1973

Passelecq/Suchecky: „Die unterschlagene Enzyklika", München 1995

Powers, Richard: „Die Macht im Hintergrund – Edgar Hoover und das FBI", München, 1988

Posser, Dieter: „Anwalt im Kalten Krieg – Ein Stück deutscher Geschichte in politischen Prozessen 1951–1968", München 1991

Raddatz, Fritz: „Summa inuria oder Durfte der Papst schweigen?", Hamburg 1963

Rey, Romeo: „Zehn Jahre Grausamkeit oder Die Erdrosselung Lateinamerikas" Hamburg 1983

Rohe, Karl: „Die Westmächte und das Dritte Reich 1933–1939", Paderborn 1982

Russel, Bertrand und Sartre, Jean-Paul: „Das Vietnam-Tribunal", Hamburg 1969

Scholder, Klaus: „Die Kirchen und das Dritte Reich. Band 1: Vorgeschichte und Zeit der Illusionen 1918 bis 1934", Berlin 1977

Scholder, Klaus: „Die Kirchen und das Dritte Reich. Band 2: Das Jahr der Ernüchterung 1934, Barmen und Rom", Berlin 1985

Scholder, Klaus: „Die Kirchen zwischen Republik und Gewaltherrschaft – Gesammelte Aufsätze", Berlin 1988

Scholl-Latour, Peter: „Weltmacht im Treibsand", Berlin, 2004

Schulz, Hermann: „Nicaragua – Eine amerikanische Vision", Hamburg 1983

Shirer, William: Berliner Tagebuch-Aufzeichnungen 1934–1941", Köln 1991

Simpson, Christopher: „Der amerikanische Bumerang – NS-Kriegsverbrecher im Sold der USA", München 1988

Solschenizyn, Alexander: „Lenin in Zürich", Bern 1977

Sölle, Dorothee/Goldstein, Horst: „Dank sei Gott und der Revolution – Christen in Nicaragua", Hamburg 1984

Stehle, Hansjakob: „Die Ostpolitik des Vatikan", München 1975

Tuchman, Barbara: „Sand gegen den Wind Amerika und China 1911–1945", Stuttgart 1973

Tuchman, Barbara: „Die Torheit der Regierenden – Von Troja bis Vietnam", Frankfurt 1984

Tuchman, Barbara: „In Geschichte Denken", Düsseldorf 1982

Valdes, Hernan: „Folter in Chile", Hamburg 1987

Weizsäcker, Richard von: „Vier Zeiten – Erinnerungen", Berlin 1997

Die Wahrheit ist das erste Opfer des Krieges
Lügen, Täuschungen, falsche Informationen und Inszenierungen

Vortag vor der Akademie Friedewald vom 3.11.1999
(ergänzte Fassung von Juni 2008)

Fast immer beginnen Kriege mit Zwischenfällen und immer wieder bewahrheitet sich die treffende Feststellung des amerikanischen Senators Miram Johnson aus dem Jahre 1917: „Das erste Opfer im Krieg ist die Wahrheit". Ein dichtes Netz aus Lügen und Verschweigen, aus Manipulation und Desinformation überwuchert die Wahrheit und macht das Erkennen der Wirklichkeit fast unmöglich.

Es sind im Wesentlichen drei gezielte Maßnahmen der Desinformation, die die „Informationspolitik" einer Krieg führenden Partei bestimmen:

1.) Die bewusste Zurückhaltung, beziehungsweise die Blockade von Informationen, das heißt durch Verschweigen oder gezielter Falsch- oder Halbinformationen wichtiger Nachrichten oder Ereignissen.

2.) Gezielte Auswahl von Nachrichten und Ereignissen, die den Zielen der Krieg führenden Partei dienen.

3.) Die Auswahl bestimmter Medien und bestimmter Journalisten, von denen man weiß oder man glaubt erwarten zu können, dass sie diese Ziele der Krieg führenden Partei unterstützen oder zumindest tolerieren.

Auf diese Weise bekommen die Bevölkerungen der beteiligten Staaten nur jene „Wahrheiten" vermittelt, die den Kriegszielen der jeweiligen Regierung dienen. Dabei beginnt die gezielte Manipulation der Öffentlichkeit meist lange vor den Waffengang, denn die Bereitschaft von Völkern, Militäreinsätze, Kriege und große Opfer an Leib und Leben und große finanzielle Belastungen zu akzeptieren, muss kommunikativ, propagandistisch vorbereitet werden, mit anderen Worten. Das Bewusstsein der Öffentlichkeit muss für den Krieg „reif gemacht" werden. Denn nur Menschen, die durch Manipulation und Desinformation dazu gebracht werden, dass sie nicht in der Lage sind, die wirklichen Sachverhalte zu erkennen, sind auch zu keiner freien Entscheidung mehr fähig. Treffend heißt es dazu in der Präambel zur Verfassung der UNESCO: **„Da Kriege in den Köpfen der Menschen beginnen, muss in den Köpfen der Menschen Vorsorge für den Frieden getroffen werden".**

Da der weitaus größte Teil der Bevölkerung normalerweise kaum persönlich über einen Zugang zur Außenpolitik und den internationalen Beziehungen verfügt, sind die Menschen völlig abhängig von Informationen, die sie „von oben", von den Politikern oder den Medien erhalten und ihnen eine Art „Deutungshoheit" vermitteln. Dabei ist der größte Teil der Bevölkerung kaum in der Lage, zu überprüfen, ob die ihnen vermittelten Informationen den wirklichen Tatsachen entsprechen oder manipulierte Informationen sind. Dies unterstreicht die besondere Verantwortung der in den Medien tätigen Journalisten.

Wenn die meisten Kriege mit „Zwischenfällen" beginnen, kommt es vor allem darauf an, zu unterscheiden, ob sich dieser Zwischenfall wirklich so ereignet hat, wie er „von oben" vermittelt wird, oder ob er von der zum Krieg entschlossenen Partei selbst inszeniert worden ist, um einen Vorwand dafür zu liefern, „die Waffen sprechen zu lassen".

Einen besonders gravierenden Fall einer solchen Inszenierung kennen wir aus unserer eigenen jüngeren Geschichte: Die Anweisungen Hitlers zum Angriff auf Polen waren bereits am 3. April 1939 mit dem so genannten „Fall Weiß" ergangen. Vor den Oberbefehlshabern der Wehrmacht erklärte er, am 22. August 1939, Polen müsse in kürzester Zeit niedergeschlagen werden, dass es in Zukunft als politischer Faktor ausscheide, und ergänzte dann wörtlich: „Ich werde propagandistischen Anlass zur Auslösung des Krieges geben, gleichgültig ob glaubhaft. Der Sieger wird später nicht danach gefragt, ob er die Wahrheit gesagt hat oder nicht. Bei Beginn und Führung des Krieges kommt es nicht auf das Recht an, sondern auf den Sieg".

Und der so genannte „propagandistische Anlass" war schon vorbereitet. Mit Himmler und Heydrich hatte Hitler den inszenierten Zwischenfall bereits Anfang August 1939 auf dem Obersalzberg besprochen. Der Plan stammte von Heydrich: Ein Überfall von ausgesuchten Männern der SS in polnischen Uniformen auf den deutschen Sender Gleiwitz in der Nacht vor dem Überfall der Hitler-Armee auf Polen. Dabei sollten deutliche Spuren „als eindeutige Beweise" für die Weltpresse hinterlassen werden. Die „eindeutigen Beweise" waren Häftlinge, die in Konzentrationslagern mit tödlichen Spritzen umgebracht, in polnische Uniformen gesteckt und beim Überfall auf den Sender zurückgelassen wurden.

Für die SS-Leute wurden von der Abwehr polnische Uniformen, polnische Soldbücher und polnische Waffen beschafft. Der Chef des Sicherheitsdienstes, Heydrich, suchte für diesen inszenierten „Zwischenfall" einen „erfahrenen" Mann, den SS-Standartenführer Alfred Naujocks aus.

In den Nürnberger Kriegsverbrecherprozessen gestand Naujocks am 20. November 1945, er sei der Führer jener SS-Leute gewesen, die als „polnischen Insurgenten" verkleidet, den Sender Gleiwitz in der Nacht vor dem Nazi-Überfall auf Polen angegriffen hätten: „Ich hatte von Heydrich den Auftrag, zu einer ganz bestimmten Stunde auf einen Befehl hin, den Sender Gleiwitz kurzfristig zu besetzen und dafür Sorge zu tragen, dass in polnischer Sprache eine Brandrede über den Rundfunk kommt".

Naujocks suchte sich für geheime Aktion eine Reihe zuverlässiger SS-Leute aus, darunter einen Rundfunktechniker und einen Dolmetscher für die geplante Hetzrede.

Kurz nach 20 Uhr stürmten die SS-Leute den Sender, verhafteten das Wachpersonal und um 20.12 Uhr verliest der Dolmetscher in polnischer Sprache folgenden Aufruf: „Achtung! Achtung! Hier ist das polnische Freiheitskomitee. Der Rundfunksender Gleiwitz ist in unserer Hand. Die Stunde der Freiheit ist gekommen. Auch die Städte Danzig und Breslau werden wieder polnisch werden".

Nach diesem Aufruf gibt Naujocks das Zeichen zum Verschwinden. Es ist Eile geboten, denn in wenigen Minuten könnte die deutsche Polizei eintreffen. Die deutsche Polizei fand die zurückgelassenen Leichen der ermordeten KZ-Häftlinge in polnischer Uniform, die Heydrich zuvor als „Konserven" bezeichnet hatte. Die gleichgeschaltete deutsche Presse übernahm natürlich sofort die Version von einem „polnischen Überfall" auf den Sender und Hitler verkündete wenige Stunden später vor dem Braunen „Reichstag": „Polen hat heute Nacht zum ersten Mal auf unserem eigenen Territorium auch durch reguläre Soldaten geschossen. Seit 5.45 Uhr wird jetzt zurück geschossen! Mein ganzes Leben gehört von jetzt ab erst recht meinem Volk. Ich will jetzt nichts anderes sein als der erste Soldat des Deutschen Reiches. Ich habe damit wieder jenen Rock angezogen, der mir selbst der heiligste und teuerste war. Ich werde ihn nur ausziehen, nach dem Sieg – oder – ich werde dieses Ende nicht mehr erleben".

Als Hitler sprach, waren die deutschen Truppen bereits tief in Polen eingefallen in einem Krieg, der von deutscher Seite von Anfang an als ein weltanschaulicher, rassistischer Vernichtungskrieg gegen das polnische Volk geführt wurde, und nach dem so genannten „Blitzsieg" erklärte Hitler am 19. September 1939 auf einer Kundgebung in Danzig: „Polen wird niemals wieder auferstehen. Dafür garantiert letzten Endes nicht nur Deutschland, dafür garantiert ja jetzt auch Russland".

Ein anderer, bewusst inszenierter Zwischenfall hatte den japanisch-chinesischen Krieg von 1937 ausgelöst. In der Nacht des 7. Juli 1937 ereignete sich, wie es zunächst schien, ein kleines Scharmützel an der Marco-Polo-Brücke, in der Nähe von Peking. Bereits zu Beginn der 30er Jahre hatten die Japaner die Mandschurei besetzt, rund ein Zehntel des chinesischen Territoriums, und hatten hier ihren Satellitenstaat „Mandschukuo" mit dem Kaiser Pu Yi an der Spitze ausgerufen. Seit dieser Zeit war das Verhältnis zwischen beiden Ländern sehr gespannt.

Im Juli 1937 führten die Japaner ein provozierendes Manöver in der Nähe der Marco-Polo-Brücke durch, in einem Gebiet, in dem sie überhaupt nichts zu suchen hatten, und behaupteten, sie seien von chinesischen Soldaten beschossen worden. Bewiesen werden konnte diese Behauptung der Japaner nie.

Als die amerikanische Beobachtergruppe in China unter General Stilwell die Nachricht von diesem Zwischenfall erhielt, befürchteten die Amerikaner, dass die Japaner dies als Vorwand für einen umfassenden Angriff auf China benutzen würden, schreibt die amerikanisch Historikerin und Pulitzer-Preisträgerin Barbara

Tuchman in ihrem aufschlussreichen Buch „Sand gegen den Wind – Amerika und China 1911–1945".

Die Befürchtung der Amerikaner bestätigte sich. Die Japaner, die auf einen Angriff gut vorbereitet waren, begannen einen langjährigen Eroberungskrieg gegen China, der von blutigen Massakern an der chinesischen Zivilbevölkerung begleitet war, die das Verhältnis zwischen beiden Ländern bis heute schwer belasten. Wie schon so oft in der Geschichte wurde ein eigentlich bedeutungsloser Zwischenfall – ob echt oder inszeniert – dazu genutzt, einen großen und lang andauernden Krieg zu beginnen.

Schon beim Vordringen der Japaner zu Beginn der 30er Jahre stand Tschiang Kai-schek unter Druck, wie Otto Zierer im vierten Band seiner „Geschichte des Fernen Ostens" schreibt: „Millionen in China stellten sich die Frage, und Millionen machten aus ihrer Enttäuschung über die abwartende Haltung des Generals keinen Hehl. Anstatt mit der ganzen Kraft des Volkes gegen die vordringenden Japaner zu kämpfen, schließt die in Nanking sitzende Zentralregierung, deren militärischer und politischer Repräsentant Tschiang Kai-schek ist, den Waffenstillstand von Tangku ab, der stillschweigend die bereits besetzten Gebiete in den Händen der Japaner belässt. Ein Wutschrei geht durch China. Die Kommunisten, die sich zu Wortführern der nationalen Gefühle machen, klagen den Generalissimus des Verrats an ... Die Kommunisten wiederholen mit propagandistischer Lautstärke ihr Angebot, sie seien bereit, der Nationalregierung die Bündnishand gegen Japan zu reichen. Die große Masse des Volkes findet das Angebot zeitgemäß und loyal; die Führung der Kuo-min-tang (die Partei Tschinang Kai-scheks) aber befürchtet, dass ein solches Bündnis die Sowjetisierung Chinas bedeuten könnte. Wenn der Kampf mit Japan aufgenommen werden soll, muss zuerst der Rücken freigekämpft und das rote Heer in den Bergen von Kiang-si und Fukien zertreten sein – das ist die Politik an der die Zentralregierung unter Tschuang Kai-schek festhält".

Der japanischen Invasion in Nordchina setzte Tschiang Kai-schek nur hinhaltenden Widerstand entgegen. Sein erstes Ziel blieb die Vernichtung der Roten Armee im Innern, obwohl in der Bevölkerung der Ruf nach einem gemeinsamen Kampf gegen die japanischen Eindringlinge immer lauter wurde.

Anstatt die Kräfte gegen die japanischen Invasoren zu konzentrieren, versuchte Tschiang Kai-schek die Rote Armee unter Mao Tse-tung in der Provinz Kiang-si im Oktober 1934 einzukreisen und zu vernichten, um „zuerst den Rücken freizukämpfen". Doch die Aktion misslingt, die Truppen Maos begeben sich auf den legendären „Langen Marsch", der sie unter großen Opfern über rund 10 000 Kilometer durch elf Provinzen und schweren Kämpfen 1953 bis zu ihrem neuen Stützpunkt in Yennan in der Provinz Shanxi führt, wo sie bis zum Bürgerkrieg nach 1945 bleiben.

Erst als die Japaner nach dem „Zwischenfall" an der Marco-Polo-Brücke im Juli 1937 ihren Großangriff auf China beginnen und der japanische Ministerpräsident Prinz Konoye in einem Ultimatum von der chinesischen Regierung fordert, „China müsse seine feindselige Haltung gegenüber Japan aufgeben, dem Antikominternpakt zwischen Japan, Deutschland und Italien beitreten und bei der Erschließung der natürlichen Reichtümer seines Landes mit Japan zusammenarbeiten", wendet sich Tschiang Kai-schek in einem Aufruf an das chinesische Volk: „Seitdem die Japaner, die Mandschurei am 18. September 1931 angegriffen und wir jedes Mal nachgegeben und die Bedingungen ertragen haben, hielten sie uns stets für schwach und bedrückten uns noch mehr. Jetzt ist der Punkt erreicht, wo wir dies nicht mehr länger ertragen können. Wir werden nun nicht mehr nachgeben. Die ganze Nation muss wie ein Mann aufstehen und gegen die japanischen Banditen kämpfen, bis wir sie vernichtet und unser Dasein gesichert haben. Soldaten! Der Augenblick ist da. Vorwärts im selben Sinne zu denselben Zielen. Weicht niemals! Verjagt die Eindringlinge, damit unsere Nation wiedergeboren werde"!

Die Welt schaut der chinesischen Tragödie fast teilnahmslos zu. Zwar tritt in Genf der Völkerbund zusammen und verurteilt die japanische Aggression, ohne jedoch zu einem praktischen Beschluss zu kommen. Die Großmächte Großbritannien und Frankreich, auch die USA, senden papierene Proteste nach Tokio, unternehmen aber selbst dann nichts, als japanische Flugzeuge ihre Kriegsschiffe vor Nanking, Hongkong und Kanton wiederholt bombardierten.

In Europa war man in dieser Zeit vor allem mit dem Problem der Invasion Italiens in Abessinien, dem spanischen Bürgerkrieg und dem Versuch der „Eindämmung" Hitlers durch eine „Beschwichtigungspolitik" beschäftigt. Aber auch die USA hatten, wie Barbara Tuchman in ihrem Buch „Sand gegen Wind" detailliert dargestellt hat, kein Erfolg versprechendes Konzept in der China-Frage und dabei ist es wohl auch geblieben.

Einen bis heute nicht aufgeklärten „Zwischenfall" erlebte ich im Sommer 1964 bei meinem ersten Besuch in Vietnam, zehn Jahre nach der vernichtenden Niederlage des französischern „Expeditionskorps" durch den vietnamesischen General Giap bei Dien Bien Phu. Nach dem Militärputsch gegen den südvietnamesischen Diktator Ngo Dinh Diem und seiner Ermordung im November 1963 herrschte in Saigon eine chaotische Situation. Mit starker Unterstützung aus Nordvietnam operierten die Verbände des Vietcong in Südvietnam immer erfolgreicher.

In den USA tobte der Wahlkampf zwischen Präsident Johnson und Senator Goldwater, wobei das amerikanische „Engagement" in Vietnam eine entscheidende Rolle spielte. Die Zustimmung der amerikanischen Bevölkerung für den Vietnam-Krieg war infolge der ansteigenden Verluste von US-Soldaten stark gesunken. Da man in der Bevölkerung von Goldwater annahm, dass er den Krieg in Vietnam noch verschärfen würde, waren die Wahlstrategen von Präsident Johnson bedacht, ihn als Mann des Friedens darzustellen. In einem Strategie-Papier der Johnson-Administration hieß es: „Weil wir vor der Wahl nicht mehr genügend Zeit haben, um bestimmte Aktionen, die der amerikanischen Öffentlichkeit befremdlich erscheinen können, zu rechtfertigen, müssen wir während der nächsten zwei Monate besonders bedachtsam vorgehen. Den Südvietnamesen müssen wir signalisieren, dass wir trotz der Beschränkungen, die uns der Wahlkampf auferlegt, sehr energisch handeln, und der amerikanischen Öffentlichkeit, dass wir zurückhaltend und mit den besten Absichten agieren".

Je länger sich der Wahlkampf hinzog, desto stärker präsentierte sich Präsident Johnson als der Kandidat des Friedens, obwohl in der Administration die Eskalation des Vietnam-Krieges und seine Ausweitung durch eine umfassende Bombardierung Nordvietnams bereits beschlossene Sache war. Die Strategie ging auf, Johnson gewann die Wiederwahl.

Dies war eine Informationspolitik, die bewusst das Ausmaß des amerikanischen Engagements in Vietnam verschleiern sollte. Die Unterdrückung jeder echten Diskussion über die Pläne zur Verschärfung des Vietnam-Krieges während des Wahlkampfes und die trügerische Selbstdarstellung als Partei des Friedens erschien den Wahlkampfstrategen gerechtfertigt, weil sie zu wissen glaubten, was für ihr Land das Beste sei.

Warum aber wurden die wirklichen Absichten, die bereits in Plänen konzipiert worden waren, nicht offen gelegt und während des Wahlkampfes diskutiert. Der Grund liegt auf der Hand: Weil die Regierung nicht unbedingt mit der Unterstützung dieser Pläne durch die Öffentlichkeit rechnen konnte. Eine offene Diskussion über die drohende Eskalation des Krieges hätte Wählerstimmen gekostet.

Johnson verweigerte damit der amerikanischen Öffentlichkeit jede Möglichkeit, über diese Pläne mit zu entscheiden. Guten Glaubens, dass sie für den Kandidaten des Friedens gestimmt hatten, fanden sich die amerikanischen Wähler wenige Wochen später in der mörderischen Verschärfung des Krieges wieder, die immer größere Opfer unter den amerikanischen Soldaten, vor allem aber unter der vietnamesischen Zivilbevölkerung forderte. Es war aber auch diese bewusste Täuschung der Öffentlichkeit, die dann zu wachsenden Protesten in der amerikanischen Öffentlichkeit führten, die nicht mehr aufhörten und letztlich das Ende des amerikanischen Engagements in Vietnam herbeiführten.

Einen bis heute nicht ganz geklärten militärischen „Zwischenfall" Anfang August 1964 im Golf von Tongking, bei dem – so die offizielle Version – amerikanische Kriegsschiffe im Golf beschossen wurden, nahm Johnson zum Anlass, die bereits vorbereitete „Gulf of Tonkin Resolution" im Kongress durchzusetzen. Dazu schreibt die amerikanische Historikerin Barbara Tuchman in ihrem Buch „Die Torheit der

Regierenden – Von Troja bis Vietnam": „Während Johnson den Wählern seinen Friedenswillen signalisierte, musste er Hanoi ein anderes härteres Signal geben, in der Hoffnung, eine Herausforderung wenigstens bis in die Zeit nach den Wahlen zurück halten zu können. Marineeinheiten im Golf von Tonking, unter ihnen der Zerstörer Maddox, der bald zu so fragwürdiger Berühmtheit gelangen sollte, gingen von Aufklärungsmissionen zu ‚destruktiven' Aktionen über, die als Botschaft an Hanoi die Aufforderung enthielten, es solle ‚seine aggressive Politik' aufgeben. Die eigentliche Botschaft, die inzwischen fast jeder für notwendig hielt, sollten dann die amerikanischen Bombenangriffe sein".

Sofort nach dem „Zwischenfall" im Golf verlangte Johnson eine Kongressresolution, die ihn ermächtigte, „alle notwendigen Maßnahmen zur Abwehr eines bewaffneten Angriffs" zu ergreifen. Senator Fulbright, der Vorsitzende des Außenpolitischen Ausschusses brachte die Resolution ein und der Kongress verabschiedete sie am 7. August 1964. Senator Wayne Morse bezeichnete die Resolution in der Diskussion als „vordatierte Kriegserklärung", was sie wohl auch war. Dazu Barbara Tuchman: „Ihre Bedeutung lag darin, dass sie dem Präsidenten die angestrebte Vollmacht erteilte, während der Kongress plötzlich hilflos und in beträchtlicher Verärgerung mit leeren Händen dastand. In einem Konflikt von zweifelhaftem nationalem Interesse lieferte sie den Blankoscheck für den Krieg der Regierung … Sie rechtfertigte die Abtretung der Kriegsvollmachten an den Präsidenten mit dem schwammigen Argument: ‚Die Vereinigten Staaten betrachten es als außerordentlich wichtig, sowohl für ihre nationalen Interessen als auch für den Weltfrieden, Sicherheit und internationalen Frieden in Südostasien aufrecht zu erhalten'. Weder die Prosa noch der Sinn wirken recht überzeugend. Durch seine stillschweigende Zustimmung hatte der Senat sein verfassungsmäßiges Privileg, Kriege zu erklären, über das er einst eifersüchtig gewacht hatte, an die Exekutive überantwortet".

Nach dieser Ermächtigung durch den Kongress setzten massive Bombardierungen auf Ziele in Nord- und Südvietnam ein, bei denen dreimal mehr Bomben abgeworfen wurden als im Zweiten Weltkrieg insgesamt. Auch die US-Bodentruppen wurden weiter verstärkt und stiegen auch in den folgenden Jahren weiter an und erreichten 1968 eine Stärke von 550 000 Mann. Auch die eigenen Verluste häuften sich, bis 1969 auf über 23 000 gefallene US-Soldaten. An den Universitäten in den USA führten die massiven Bombenangriffe zu den ersten großen Protestdemonstrationen der Studenten, die in den folgenden Jahren ständig zunahmen, wie ich selbst 1968 bei meinem Studienaufenthalt an der Columbia-Universität in New York erlebte. Erst im Juni 1970 widerrief der US-Senat die Tongking-Resolution, da der „Zwischenfall" nicht geklärt werden konnte.

Auch in der bis heute andauernden Konfliktsituation auf dem Balkan hat es Entscheidungen gegeben, die bis heute umstritten sind. Auch hier wurde von der Politik nur ungenügend die historische Entwicklung dieser Region berücksichtigt, die aber wesentlich ist für das Verständnis der gegenwärtigen Situation. Dabei stellt sich auch die Frage, ob angesichts des drohenden Zerfalls des Vielvölkerstaates Jugoslawien die frühzeitige, sofortige Anerkennung der von kroatischen Nationalisten ausgerufenen Unabhängigkeit durch die Bundesregierung ein richtiger Schritt war.

Es gab in dieser Frage nicht nur starke Differenzen zwischen Bonn einerseits und Paris und London andererseits, sondern auch unterschiedliche Auffassungen zwischen der Bundesrepublik und den USA, die sich entschlossen für die Erhaltung des jugoslawischen Vielvölkerstaates einsetzten. In seinen Erinnerungen „Drei Jahre, die die Welt veränderten" lässt der damalige amerikanische Außenminister Baker James Baker an diesem Ziel der amerikanischen Politik keinen Zweifel aufkommen. Noch mit der unsicheren Lage in der Sowjetunion beschäftigt, flog Baker am 21. Juni 1991 nach Belgrad, um mit den Repräsentanten der einzelnen Teilrepubliken Jugoslawiens zu verhandeln: „Die um Unabhängigkeit bemühten Slowenen und Kroaten hatten angekündigt, dass sie diese Ende Juni unilateral erklären wollten. Jugoslawien war sicher das ethnisch heterogenste Land Europas. Einseitige Unabhängigkeitserklärungen würden die Hoffnung auf eine Verhandlungslösung vereiteln und das Land an den Rand des Bürgerkrieges bringen. Daher hatte sich das Berliner KSZE-Ministertreffen zu dem bis dahin beispiellosen Schritt entschlossen, in eine interne Kontroverse eines ihrer Mitgliedsländer einzugreifen … In der Hoffnung, die Führer der Republiken Jugoslawiens zur Vernunft zu bringen, forderten wir erstens, dass sie über ihre Differenzen verhandeln sollten, anstatt sie durch unilaterale Aktionen zu verschärfen, und erklärten zweitens, dass die internationale Gemeinschaft auf gar keinen Fall den Einsatz von Gewalt tolerieren würde. Ich forderte jeden einzelnen Repräsentanten auf, mir persönlich sein Wort zu geben, sich an alle Prinzipien der Helsinki-Charta zu halten, … Grenzen nur durch Konsens verändert werden dürften …, dass wir die Einheit Jugoslawiens und die Wahrung der existierenden Grenzen der Republiken förderten und keinerlei unilaterale Veränderungen akzeptierten … Zweitens, Menschen- und Minderheitenrechte: Die Albaner im Kosovo, die Ungarn in der Wojwodina, die Serben in Kroatien – ihre Rechte, betonte ich, würden am ehesten durch eine demokratisch erneuerte jugoslawische Union geschützt … Aber jeder Versuch, Jugoslawien entlang ethnischer Grenzen zu teilen, würde zu Blutvergießen und Verletzungen der Minderheitenrechte führen".

Wie Recht Baker mit seiner Warnung hatte, sollte sich in schrecklicher Weise bestätigen. Und der amerikanische Außenminister stellt dann fest: „Der Damm brach, als die Deutschen unilateral am 23. Dezember 1991 Kroatien und Slowenien anerkannten. Damit waren alle Versuche zum Scheitern verurteilt, wenigstens die restlichen EG-Staaten bei der Stange zu halten. Wir versuchten das zu unterstützen, indem wir unsere Botschafter in den EG-Staaten zu den Regierungen schickten, um diesen klarzumachen, dass eine Anerkennung Kroatiens und Sloweniens die Lage nur verschlimmern würde. Doch alle Bemühungen waren umsonst. Am 15. Januar 1992 folgte die Europäische Gemeinschaft der Bundesrepublik Deutschland und erkannte die beiden abtrünnigen Republiken an".

Wie Baker berichte auch der amerikanische Sonderbotschafter Richard Holbrooke in seinen Erinnerungen „Meine Mission – Vom Krieg zum Frieden in Bosnien" von dieser Vorgeschichte der Balkan-Kriege: „Monatelang hatte Deutschland die EG und die USA gedrängt, Kroatien anzuerkennen. Vance und Carrington lehnten die deutsche Forderung entschieden ab. Beide berichteten mir später, dass sie ihren alten Freund Hans-Dietrich Genscher unmissverständlich davor gewarnt hatten, mit der Anerkennung Kroatiens eine Kettenreaktion auszulösen, an deren Ende ein Krieg in Bosnien stünde. Eine Anerkennung Kroatiens würde Bosnien dazu zwingen, dem Beispiel zu folgen und sich ebenfalls für unabhängig zu erklären. Es wäre absehbar, prophezeiten Vance und Carrington, dass die bedeutende serbische Minderheit in Bosnien sich gegen einen von Muslimen dominierten Staat erheben würden".

Nicht nur Baker, Holbrooke, Vance und Carrington, auch viele politische Beobachter halten den Schritt der damaligen Regierung Kohl für einen großen Fehler. Gerade eine deutsche Regierung hätte aus den Erfahrungen der Besetzung Jugoslawiens durch die Nazi-Wehrmacht im Zweiten Weltkrieg wissen müssen, was ein solcher Schritt, der dazu noch ohne Absprache mit den USA und denn EG-Staaten erfolgte, für Folgen nach sich ziehen würde. Aber auch darüber ist damals kaum in der Politik oder den Medien diskutiert worden. Erst durch Bakers und Holbrookes Erinnerungen wurden die Einzelheiten bekannt.

Umstritten bleibt auch die Vorgeschichte der von der UNO nicht gedeckten NATO-Intervention im Kosovo-Konflikt. Nach offizieller Darstellung ging es um die serbische Unterschrift unter das „Abkommen für Frieden und Selbstverwaltung im Kosovo" von Rambouillet, die der serbische Präsident Milosevic verweigert habe, während die albanische Kosovo-Delegation nach langem Zögern unterzeichnet habe. Der Öffentlichkeit wurde aber nur ein Teil des Abkommens, das im Wesentlichen den Aufbau der Selbstverwaltung im Kosovo enthielt, unterbreitet. Verschwiegen wurde der Anhang B, ein rein militärischer Annex, der die sehr weitgehenden Rechte und Privilegien der in Jugoslawien – und nicht nur im Kosovo – zu stationierenden NATO-Truppen enthielt. Dieser militärische Annex gewährte allen NATO-Angehörigen Immunität und die Freistellung von Gerichtsverfahren „hinsichtlich jeglicher von ihnen in der Bundesrepublik Jugoslawien möglicherweise begangenen zivilen, administrativen oder disziplinarischen Vergehen sowie hinsichtlich aller Kriminaldelikte". Ferner sollte das NATO-Personal zusammen

„mit seinen Fahrzeugen, Schiffen, Flugzeugen und Ausrüstungsgegenständen in der gesamten Bundesrepublik Jugoslawien freien und ungehinderten Zugang genießen".

Diese und weitere Exklusivrechte für das NATO-Personal in der gesamten jugoslawischen Republik und nicht nur im Kosovo, erinnerten eher an ein „Besatzungsstatut" als an einen Schutzvertrag für den Kosovo.

Als im Deutschen Bundestag über die Beteiligung der Bundeswehr am NATO-Einsatz diskutiert wurde, lag den Abgeordneten der Text dieses militärischen Anhangs des Vertrages nicht vor. Den vollen Wortlaut veröffentlichten die „Blätter für deutsche und internationale Politik" Heft 5 von 1999.

Der Abgeordnete Ströbele von den Grünen dazu: „Inzwischen wissen wir, dass der Rambouillet-Vertrag, der, als wir im Bundestag darüber diskutiert haben, den Abgeordneten nicht vorlag, Artikel enthält, wonach die NATO-Truppen nicht nur im Kosovo immun sein sollen, sondern in ganz Serbien, das heißt auch in Belgrad, in Novi Sad und in all den anderen Städten Rest-Jugoslawiens frei bewegen können und keinerlei Gerichtsbarkeit dort unterliegen sollten etc. Das heißt, mit dem Rambouillet-Vertrag hätte die Bundesrepublik Jugoslawien einen Großteil ihrer Souveränität nicht nur über den Kosovo, sondern über das ganze Land aufgegeben. Wenn das im Bundestag bekannt gewesen wäre, wäre da anders darüber diskutiert worden".

Richard Holbrooke hat den Angriff auf Serbien nicht zu Unrecht als eine „historische Wende" bezeichnet und der Politikwissenschaftler Ernst-Otto Czempiel schreibt dazu in seinem Buch: „Kluge Macht – Außenpolitik für das 21. Jahrhundert": „Mit dem Krieg gegen Serbien ist die Gewalt wieder hoffähig geworden. Es wird schwer sein, anderen Staaten den Gewaltverzicht zu empfehlen, nachdem sich die führende Allianz des Westens selbst nicht daran hält ... Die Langzeitwirkung des 24. März 1999 liegt darin, dass er das Regime des Gewaltverzichts nicht gestärkt, sondern geschwächt, wenn nicht sogar zerstört hat. Fünf Wochen später schob die Allianz in Washington das Konzept nach, das sie in Serbien schon praktiziert hatte. Sie will künftig jeder Zeit in der Lage sein, so rasch wie möglich auf ein breites Spektrum von Eventualfällen zu reagieren ... Die NATO versteht sich also in der Tat als Weltpolizei ... Die Mitglieder der NATO beanspruchen die Legitimationskompetenz, die bisher nur den UN oder der OSZE zugestanden hatte. Sie nehmen sich das Recht, militärische Gewalt einzusetzen, wenn sie das für rechtens halten. Die Welt empfängt damit ein eindeutiges Signal: das letzte Argument des Westens soll wieder die Kanone sein".

Der „Krieg der Bilder" kann zur Verschleierung der Wahrheit dienen.

In seinem Buch „Die Schlacht der Lügen – Wie die USA den Golfkrieg verkauften" schildert der bekannte amerikanische Journalist und Herausgeber John R. Mac-Arthur der angesehenen Zeitschrift „Harpers Magazine" ausführlich, wie die US-Militärs im zweiten Golfkrieg um die Befreiung Kuwaits die Berichterstattung komplett manipulierten.

Das „US Central Command" hatte einen ausführlichen Plan für die Informationspolitik während der „Operation Wüstensturm" vorbereitet, um den Informationsfluss so zu steuern, dass die politischen Ziele der Operation gefördert und die aus Vietnam erkannten Fehler vermieden wurden. Während in Vietnam – wie ich selber aus meinen zwei Berichterstattungen vor Ort während des Krieges weiß – die fertigen Berichte nur nachträglich einer „Sicherheitsprüfung" unterzogen wurden, um eine Gefährdung des Lebens der US-Soldaten zu verhindern, wurden im zweiten Golfkrieg ausgesuchte Journalisten in „Pools" zusammengefasst, die ständig von Presseoffizieren der Armee geführt und begleitet wurden.

Erst durch eine Berichterstattung nach dem „Wüstensturm" konnten wir erfahren, dass diese Operation eigentlich in der Wirklichkeit so nicht stattgefunden hatte, wie wir sie durch die Bilder des Fernsehens gesehen hatten.

Wie der so genannte „Hightech-Krieg" in Wahrheit ausgesehen hatte, wurde schon dadurch klar, dass nur 7 Prozent der abgefeuerten „zielgenauen" Bomben und Raketen „Präzisionswaffen" waren und 70 Prozent der Bomben und Raketen neben den anvisierten Zielen landeten und zehntausende von Irakern ihr Leben verloren, darunter zahlreiche Zivilisten, die als „Kollateralschäden" gezählt werden. Mit Bildern von Leuchtfeuer über Bagdad, „chirurgisch" präzise durchgeführten Bombenangriffen, Auftritten von Oberbefehlshaber Schwarzkopf vor Kriegskarten und Panzern, die ungestört nur vorwärts durch die Wüste rollen, wurde für die Weltöffentlichkeit ein „Showgeschäft" des Krieges inszeniert und ein Propagandakrieg zur Mobilisierung der Öffentlichkeit gegen den Irak organisiert.

„Noch nie", schrieb ein Kriegsberichterstatter, „haben so viele Journalisten mit so vielen Worten und Bildern so wenig Informationen zu einem Thema geliefert wie in der Berichterstattung über den Krieg am Golf. Und der Kabarettist Matthias Beltz kommentierte die Berichterstattung treffend mit dem Satz: **„Wir erfuhren nichts, aber das stundenlang".**

Was wir auch nicht erfuhren, war die Antwort auf eine Frage, die sich viele Amerikaner und andere Beobachter stellten, warum ist die US-Armee nicht bis nach Bagdad durchgestürmt und hat Saddam Hussein gestürzt? Die Antwort auf diese Frage erhielten wir später mit der Veröffentlichung der Erinnerungen von Colin Powell „Mein Weg": „Doch warum marschierten wir, nachdem wir Saddams Truppen in die

Flucht geschlagen hatten, nicht nach Bagdad? Warum eliminierten wir ihn nicht? ...
Vor den Kämpfen hatte ich die Kopie eines Schreibens erhalten, das Charles Freeman, der amerikanische Botschafter in Saudi-Arabien, geschickt hatte. Aus einer
Reihe von Gründen, schrieb Freeman, „können wir nicht die bedingungslose Kapitulation und Besetzung des Irak anstreben. Es liegt nicht in unserem Interesse, den
Irak zu zerstören oder so zu schwächen, dass er den Iran und/oder Syrien nicht mehr
im Zaum hält. Weise Worte, Herr Botschafter. Eine Aufspaltung des Irak in separate
sunnitische, schiitische und kurdische Staaten würde nicht zur erwünschten Stabilität im Nahen Osten beitragen. Eine solche Teilung wäre nur mit einer größtenteils
von amerikanischen Streitkräften durchgeführten Eroberung und Besetzung zu verhindern gewesen. Und ich glaube nicht, dass das amerikanische Volk dafür zu haben
gewesen wäre".

Saddam Hussein war zwar damals schon ein „Schurke" – aber er war eben zu dieser Zeit „unser Schurke" als Gegengewicht zu Syrien und vor allem gegenüber dem
Iran, weil sowohl die USA wie Saudi-Arabien den Export der Ayatollah-Revolution
aus Teheran fürchteten. So sah es damals die Administration von Präsident Bush
Senior. Aber sein Sohn George W. glaubte es wohl besser zu wissen, wenn er auch
heute noch der Meinung ist, durch seinen dritten Golfkrieg zum Sturz von Saddam
Hussein sei „die Welt sicherer geworden".

Der Historiker und Sozialwissenschaftler Gerhard Paul hat in seinem Buch
„Bilder des Krieges – Krieg der Bilder – Die Visualisierung des modernen Krieges" erstmals umfassend die Ursachen und Folgen des Bilder-Krieges analysiert.
Er schreibt unter anderem: „Die Ereignisse des 11. September 2001 und der Irak-
Krieg des Jahres 2003 haben 150 Jahre nach den Anfängen der Kriegsfotografie die
Frage nach den Bildern des Krieges und deren Bedeutung neu aufgeworfen". Die
modernen Bildmedien, Fotografie, Film und Fernsehen – so die zentrale These dieses Buches – versuchten, das antizivilisatorische Ereignis des Krieges zu einem zivilisatorischen Akt umzuformen. „Unter propagandistischem Aspekt wurden und
werden Fotografie, Film, Fernsehen sowie Internet als jeweils aktuelle publizistische
Mittel der Mobilisierung von Gesellschaften für oder gegen einen Krieg bzw. zur
Herstellung der potenziell brüchigen Einheit von Front und Heimat eingesetzt. Sie
geben somit Aufschlüsse über Kriegsbereitschaft oder -müdigkeit sowie über die
aktuellen Vorstellungen einer Gesellschaft von Krieg und Militär".

Es kann kein Zweifel daran bestehen, dass der Krieg in Vietnam nicht zuletzt
auch dadurch beendet wurde, dass die schrecklichen Bilder – wie das Bild der vor
den Napalm-Bomben fliehenden Kinder – die durch das Fernsehen in die „guten
Stuben" der amerikanischen Bürger gesendet wurden. „Der Krieg in Vietnam wurde
so die erste militärische Auseinandersetzung, den die Amerikaner zuhause am Bildschirm verfolgen konnten. In einer Artikelserie für den ‚New Yorker' hat Michael

Arlen die viel zitierte Phrase vom ‚living-room war‘ geprägt. Der Krieg mit seinem ganzen Schrecken sei nun in jedermanns Wohnzimmer ausgefochten worden".

Das aber sollte nach dem Willen der Militärs in den Golf-Kriegen nicht wieder passieren. Im Irak-Krieg, der – wie wir alle inzwischen wissen – durch offensichtliche Lügen inszeniert wurde, hat die Administration von George W. Bush die Kontrolle durch die „Einbindung" der Journalisten noch weiter verschärft. Aber auch dies konnte nicht verhindern, dass in der amerikanischen Bevölkerung die Ablehnung dieses Krieges weiter gestiegen ist.

„Der 11. September 2001 war die Stunde des Fernsehens". schreibt Gerhard Paul in seinem Buch: „Erstmals in der Geschichte erlebten die Zuschauer den Beginn des Krieges global und zumindest partiell in Echtzeit. Und erstmals in der Geschichte der visuellen Kriegsberichterstattung wurden sie Zeugen eines Gewaltaktes im Augenblick seines Vollzuges ... Die Angreifer hatten hierfür ein perfektes Timing gewählt und sich des Überraschungseffekts bedient. Zur besten Sendezeit des amerikanischen Frühstücksfernsehens bei optimaler Sicht hatten sie zwei Boeing-Maschinen in die Twin Towers des World Trade Centers gelenkt ... Die oft gestellte Frage, ob die Terroristen die Medien bewusst funktionalisierten ... wird vermutlich nie zu klären sein. Fakt ist, dass ... es ihnen gelang, vor allem das Fernsehen zu ihrem ungewollten Komplizen zu machen ... Die Twin Towers selbst bündelten ambivalente Symbolbedeutungen. Bereits in der Bibel galten die Türme von Babylon als Zeichen menschlicher Anmaßung und Verderbnis. Sie standen für Reichtum und städtische Freiheit. Nicht zufällig wurden die Twin Towers in den USA auf Postkarten, Fotografien und Briefmarken mit dem Symbol der Freiheitsstatue abgebildet. Als Kathedrale der Moderne fungierten sie zugleich als säkulare Zeichen des technisch-wissenschaftlichen Fortschritts sowie des ungezügelten Glaubens des Anything Goes, jener amerikanischen Variante einer naiven Fortschrittsgläubigkeit. Wie ein übermächtiges Stadttor wiesen sie im südlichen Manhattan den Weg in das Herz der Supermacht und des Kapitalismus schlechthin, Sie waren weltweit Zeichen der Globalisierung, der von den USA diktierten Marktgesetze. Die Attacke auf die Twin Towers bedeutete somit mehr als nur ein Angriff auf die USA. Sie galt der westlich-kapitalistischen Kultur insgesamt ... Mit einem Hieb hatten Mohammed Atta und seine Gefolgsleute ganz in der Tradition des islamischen Ikonoklasmus dem Liviathan der kapitalistischen Weltherrschaft den Kopf abgeschlagen ..."

Nine Eleven wurde auf diese Weise – dem Vietnamtrauma vergleichbar – zum amerikanischen Trauma, nur waren die Menschen in den USA nun erstmals in ihrem eigenen Land angegriffen worden. Und Gerhard Paul kommt in seiner umfassenden Analyse zu folgenden Schlüssen: „Kein Kriegsherr und kein Staat können sich mehr darauf verlassen, dass die von ihnen praktizierte kriegerische Gewalt unsichtbar bleibt ... Um einen Krieg führen zu können, musste zunächst die Moral des Menschlichen durch eine widersprüchliche Strategie der gleichzeitigen Dehumanisierung des Gegners und der Humanisierung des Krieges außer Kraft gesetzt werden ... Nicht länger der Mensch sollte als Angriffobjekt kriegerischer Gewalt erscheinen. Die scheinbare Evidenz der Bilder hat schließlich immer wieder dazu geführt, Kriegsanlässe visuell zu legitimieren oder wie zuletzt im Kosovo und im Irak zu inszenieren ... Die Medien verpassten dem Krieg ein Image oder, wie es Siegfried Kracauer formulierte, ein ‚Photographiergesicht‘, das den Schrecken mitunter dramatisierte, meistens jedoch entdramatisierte, ihn in jedem Fall aber in den Alltag der Zivilgesellschaft einfügte. Vorläufiger Endpunkt dieser Entwicklung ist die Herausbildung einer immer bedeutsamer werdenden, in den Zivilgesellschaften des Westens mitunter Krieg entscheidenden ‚vierten Front‘. Kriege werden heute für und in den Medien geführt. Sie werden medial vorbereitet. Beginnen zur Primetime und bestehen zu einem nicht unerheblichen Teil aus medial geführten Attacken. Dabei ist das Verhältnis zwischen Militär und Medien keineswegs nur harmonisch, sondern durch vielfältige Einschränkungen und Restriktionen geprägt“.

Die Sprache wird zum Mittel der Manipulation:

Ein anderes beliebtes Mittel gezielter Manipulation und Desinformation ist die Wahl der Worte und Begriffe. Treffend formulierte ein Politiker, dass „die politische Auseinandersetzung zur Zeit wesentlich von dem Kampf um die politischen Begriffe bestimmt wird“. Es geht um die so genannte „Deutungshoheit“. Es kommt also darauf an, die eingängigen Begriffe zu „besetzen“ und Soziologen sprechen hier sogar von einem „semantischen Krieg“.

Begriffe und Schlagworte, mit denen eine Partei die Öffentlichkeit vor dem politischen Gegner abschrecken will, werden nach ihrer öffentlichen Wirksamkeit ausgewählt, zum Beispiel das immer wieder benutzte Stereotyp „Freiheit oder Sozialismus“. Da werden bewusst Gegensätze konstruiert, die in Wirklichkeit keine sind, aber die Erfinder dieses Schlagworts gingen davon aus, dass in der Öffentlichkeit „Sozialismus“ mit dem Sowjetsystem identifiziert wird, dass die positive Suggestionskraft von „Freiheit“ entsprechende Reaktionen weckt, die ein kritisches Nachdenken ersticken, weil „Sozialismus“ fast automatisch mit kommunistischer Diktatur gleichgesetzt wird. Eine Methode, die in der gesamten Zeit des Kalten Krieges sehr erfolgreich war.

Den Erfindern solcher Begriffe geht es nicht um einen kritischen Dialog, sondern um Manipulation durch Begriffsverwirrung. Wer in der politischen Sprache die Schlüsselbegriffe so für sich vereinnahmt, dass die Öffentlichkeit getäuscht und der politische Gegenspieler „sprachlos gemacht" wird und diese Schlüsselbegriffe propagandistisch in Szene setzt, der entzieht sich dem Dialog, der für die politische Kultur einer Demokratie lebensnotwendig ist.

Treffend hat diesen Zustand Helmut Schelsky in seinem Buch „Worte machen keine Politik – Beiträge zu einem Kampf um politische Begriffe" beschrieben: „Die Beherrschung durch die Sprache scheint uns die vorläufig letzte Form der Versklavung von Menschen zu sein … Unüberwindbare Herrschaftsmittel gewinnt, wer die Schlüsselworte für die großen Sehnsüchte der Zeiten oder auch nur der Generation zu finden und auszubeuten vermag … Die Sprachherrschaft in der unmittelbaren Politik erwirbt, wer die Wortfelder besetzen kann, in denen die tagesfälligen Konflikte ausgetragen werden. Wer hier dem anderen die Worte vorschreiben oder vorreden kann, hat schon gesiegt".

Es ist sicher auch kein Zufall, dass verharmlosende Begriffe vor allem im militärischen Bereich, bei Waffensystemen und in kriegerischen Auseinandersetzungen verwendet werden. Da erhalten Atomraketen den Namen „Peacekeeper" („Friedensbewahrer"), Panzer werden „Tiger", „Leopard"; „Marder" oder „Fuchs" genannt. Solche Begriffe sollen die Waffensysteme in unser Weltbild integrieren und neue Waffen haben auch immer ihre „Väter", wie etwa Edward Teller der „Vater der Wasserstoffbombe". Auch Bezeichnungen wie Distanzmittel, Nachrüstung, Modernisierung, Erstschlag, Vorneverteidigung sind kaum geeignet, der Bevölkerung Klarheit über den Inhalt dieser Begriffe zu vermitteln.

Die Gräuel des Krieges zu verharmlosen ist nicht neu, sondern eine bekannte Unkultur in allen Kriegen. Doch das Unwort des letzten Jahrzehnts: „Kollateralschaden" als Bezeichnung für die zivilen Opfer eines schweren Bombenangriffs ist wohl der Gipfel einer Unkultur.

US-General John Galvin entdeckt ein neues Feindbild.

Nach dem Ende des Kalten Krieges, dem Zusammenbruch der Sowjetunion und der Auflösung des Warschauer Paktes war ein Feindbild abhanden gekommen, auch wenn der Anti-Kommunismus den Kommunismus in der innenpolitischen Auseinandersetzung überlebt hatte. In der Außenpolitik musste ein neues Feindbild her. In seiner Abschiedsrede als NATO-Oberbefehlshaber erklärte US-General John Galvin: „Den Kalten Krieg haben wir gewonnen. Nach einer siebzigjährigen Abirrung kommen wir nun zur eigentlichen Konfliktursache der letzten 1 300 Jahre zurück. Das ist die große Auseinandersetzung mit **dem Islam**".

Ein neues Feindbild war geboren, der Islam, der sich in der „Achse des Bösen" von George W. Bush manifestierte. Wieder wurde von Galvin nicht differenziert zwischen dem Islam als Religionsgemeinschaft und seinen fundamentalistischen und extremistischen Auswüchsen und Abirrungen.

Altbundeskanzler Helmut Schmidt, der sich stets für den „Dialog zwischen den Religionen" eingesetzt und auf seiner Reise nach Ägypten mit dem damaligen ägyptischen Staatspräsident Sadat auf einer Nilfahrt längere Gespräche geführt hatte, reagierte als Herausgeber der „Zeit" unmittelbar auf diese unglaubliche Äußerung von Galvin und berief eine Expertenkonferenz von Theologen, Religionswissenschaftlern, Politikern und Publizisten in das Hamburger Pressehaus ein, zu dem Thema: „Der Islam – Gefahr für die Welt?"

Alle Teilnehmer dieses Expertengesprächs warnten eindringlich davor, ein neues Feindbild zu produzieren und sprachen sich nachdrücklich für eine genaue Differenzierung zwischen dem Islam als Religion und seinen extremistischen Auswüchsen aus. Entschieden forderten sie einen offenen und freimütigen Dialog.

Das war im April 1993 – lange vor dem Anschlag vom 11. September 2001. Die Hamburger Wochenzeitung „Die Zeit" veröffentlichte die wesentlichen Teile der Diskussion in einem Dossier vom 2. April 1993 und Helmut Schmidt fasste das Ergebnis der Aussprache in einem Schlusswort zusammen: „Erstens, das christliche Bekenntnis und die ganze westliche Kultur haben Westeuropa, Osteuropa, Nordamerika nicht daran gehindert, sich in diesem Jahrhundert zweimal in grausamen Kriegen zu engagieren und sich, durchaus fundamentalistisch, gegenseitig als Todfeinde zu bekämpfen. Zweitens, der Islam und das muslimische Bekenntnis bieten weder in Südostasien noch in Südwestasien, weder in Zentralasien, Im Nahen Osten noch in Afrika einen Anlass, eine ähnlich tragische Konfrontation mit islamischen Staaten für mehrheitlich zu halten, wie die Christen sie unter sich in zwei blutigen Weltkriegen und in einem Kalten Krieg ausgefochten haben. Drittens, wohl aber besteht die Gefahr, dass sich der Westen nach Fortfall des bolschewistischen Imperialismus aus Unkenntnis ein islamisches Feindbild schafft, das islamische Völker, Eliten und Führer zu einer Konfrontation provozieren kann. Viertens, wer einen derartigen Konflikt vermeiden will, der muss versuchen, die politischen und ökonomischen Hoffnungen und Erwartungen der Muslime in vier Kontinenten zu verstehen und zu differenzieren, von Land zu Land, je nach ihrer wirtschaftlichen, politischen, kulturelle und religiöse Entwicklung. Nur aus dem Dialog kann Verständnis entstehen. Schließlich: Im 21. Jahrhundert ist die Menschheit primär gefährdet durch partielle Armut, durch globale Bevölkerungsexplosion und durch globale Umweltzerstörung, besonders durch die globale Erwärmung. Aus diesen Gründen sind ökonomische und politische Kooperation zwischen den Staaten und Selbstdisziplin jedes einzelnen Staates, jeder einzelnen Gesellschaft von größerer Bedeutung als jemals zuvor in der Geschichte der Menschheit. Das gilt für Staaten mit vorwiegend christlicher Bevölkerung genauso wie für Staaten mit vorwiegend muslimischer Bevölkerung.

Selbstdisziplin und Kooperation sind genauso notwendig für China, für Indien, für Afrika, für Lateinamerika. Und über all dem muss die religiöse, kulturelle und ideologische Toleranz stehen und die Würde der Person".

Nicht neue Feindbilder sind gefragt, sondern Kooperation zwischen den Staaten und den verschiedenen Gesellschaften. Nicht der „Kampf der Kulturen" steht auf der Tagesordnung des 21. Jahrhunderts, sondern der Dialog zwischen den Kulturen. Nicht der Absolutheitsanspruch dieser oder jener Religion ist gefragt, sondern die Toleranz in religiösen Fragen nach dem Grundsatz: Was Dir heilig will ich achten, was mir heilig, lass es gelten. Mit den Worten von Hans Küng: Ohne Frieden zwischen den Religionen kein Friede zwischen den Völkern.

Helmut Schmidt und andere verantwortliche Politiker, Theologen und Wissenschaftler sind seitdem nicht müde geworden, immer wieder vor der Propagierung neuer Feindbilder zu warnen und Dialog und Toleranz einzufordern.

Fundamentalistische und extremistische Auswüchse hat es zu allen Zeiten in allen drei monotheistischen Religionen gegeben, darauf weist die bekannte britische Religionswissenschaftlerin Karen Armstrong in ihrem aufschlussreichen Buch „Im Kampf für Gott – Fundamentalismus in Christentum, Judentum und Islam" hin, in dem sie feststellt, dass der Fundamentalismus in den 20er Jahren des vorigen Jahrhunderts bei den amerikanischen Protestanten – den Evangelikalen – entstanden ist, in der Auseinandersetzung mit dem liberalen Protestantismus und der Moderne: „Nach dem Zweiten Weltkrieg schienen die Fundamentalisten" (in den USA) „nur noch unbedeutende Randgruppen zu sein, während sich die Mehrzahl der Gläubigen zu den großen Kirchen hingezogen fühlte. Doch statt zu verschwinden, fasten die Fundamentalisten auf lokaler Ebene Fuß ... Die Radikalen unter ihnen bildeten eigene Kirchen, vor allem die Prämillenaristen, die es für ihre heilige Pflicht hielten, sich von den gottlosen Liberalen abzusondern. Sie gründeten neue Organisationen und Netzwerke, hinter denen eine neue Generation von Erweckungspredigern stand. Als in den fünfziger Jahren das Fernsehen aufkam, starteten der junge Billy Graham, Rex Humbard und Oral Roberts ihre Karrieren als Fernsehprediger, die bald die Wanderprediger verdrängten. Überall im Land standen die Fundamentalisten über ein riesiges Rundfunknetzwerk miteinander in Verbindung".

Im Verhältnis zum Islam warnt Karen Armstrong vor einem entscheidenden Missverständnis: „Einer verbreiteten Annahme zufolge sind **der Islam** und der Westen von Grund auf unvereinbar, ihre jeweiligen Ideale diametral entgegengesetzt und **der Islam** die Kehrseite von allem, wofür der Westen steht. Diese Annahme ist falsch, und es ist sehr wichtig, dass wir uns darüber klar werden ... In seiner Begeisterung für Gerechtigkeit und Gleichheit der Menschen stimmt der Koran mit dem modernen westlichen Ethos überein. Deshalb ist es nicht überraschend, dass am

Ende des neunzehnten Jahrhunderts viele führende Muslime vom Westen sehr angetan waren. Sie erkannten, dass Europäer und Muslime gemeinsame Werte hatten, obwohl Europa schon ein Stück weiter gegangen war und effizientere, dynamisch und kreative Gesellschaften hervorgebracht hatte, die sie in ihren Ländern auch gerne aufgebaut hätten". Karen Armstrong schreibt zu recht, dass es im Islam auch immer Reformer gegeben hat, und es gibt sie auch heute, wie ich in Diskussionen mit befreundeten islamischen Journalisten auf meinen zahlreichen Reisen durch die Länder des Nahen Ostens, den Irak und den Iran immer wieder festgestellt habe.

Zieht man einmal die fünfbändige Ausgabe eines Bibel-Kommentars zu Rate, die vom texanischen Theologischen Seminar in Dallas herausgegeben wurde, kommt man zu dem Schluss, dass die fatale Äußerung von US-General Galvin kein Zufall ist. Dieser Bibel-Kommentar ist durchgängig von einer fundamentalistischen Interpretation der Heiligen Schrift geprägt und zwar in einer eindeutigen anti-islamischen Stoßrichtung. Das beginnt schon im Alten Testament I. Mose 21, 1–21 unter der Überschrift: „Die Geburt Isaaks und die Austreibung Ismaels".

Ganz im Gegensatz zu den in Europa üblichen Bibelübersetzungen wird hier behauptet, der Sohn von Hagar, Ismael habe den Sohn von Sara, Isaak, „bedroht" und darum habe Gott beschlossen, das Kind Ismael und Hagar zu vertreiben, „da sie für den verheißenen Nachkommen eine Bedrohung sein würden …"

Die zwei Schwerpunkte des Textes sind also folgende: „die Geburt Isaaks … und die Vertreibung Ismaels als Beseitigung der Bedrohung. Nachdem das verheißene Kind einmal da war, mussten Abraham und Sara … jede mögliche Bedrohung des Erbens Isaak vermeiden. Weil Gott seinen Sohn erwählt hatte, musste seine Wahl unter Schutz gestellt werden. Abraham und Sara mussten Ismael vertreiben". Gott habe nur Isaak und seine Nachkommen gesegnet.

Sinn und Zweck einer derartigen Bibelauslegung sind wohl unschwer erkennbar und zu einem verbindenden Dialog sind sie wohl kaum geeignet. Da sind die beiden großen christlichen Kirchen wesentlich weiter als die evangelikalen Sekten. So heißt es zum Beispiel im Kommunique der VI. Deutsch-Afrikanischen Bischofskonferenz vom Oktober 2004 in Akosombo: „Mit Nachdruck widersprechen wir all denjenigen, die angesichts der derzeit herrschenden Weltlage einen Kampf der Kulturen für unvermeidbar halten. Eine derartige Einschätzung ist in Anbetracht der heute wahrnehmbaren Spannungen übertrieben und sie birgt darüber hinaus das Risiko einer sich selbst erfüllenden Prophezeiung, wenn Politiker und andere ihr Handeln daran ausrichten. Gleiches gilt für den Kampf gegen den Terrorismus, der mit dem so genannten ‚Krieg gegen den Terrorismus' auf eine Stufe gestellt und keinesfalls mit einem Krieg gegen den Islam gleichgesetzt werden kann … Christen und Muslime sind aufgerufen, sich um die Förderung eines Dialogs zu bemühen … der von einem militanten Fundamentalismus frei ist".

In Akosombo, in Ghana, waren Bischöfe versammelt, die in ihren Ländern gemeinsam mit Muslimen zusammenleben und wissen, wovon sie reden, wenn Erzbischof John Onaiyekan aus Nigeria erklärt: „Es gibt heute eine tiefe Sehnsucht nach einer neuen Weltordnung, einer Ordnung, die eine friedliche, harmonische Koexistenz der Menschen aller Kulturen, Glaubensrichtungen und Sprachen sichert. Ohne jeden Zweifel haben das Christentum und der Islam großen Einfluss in der Welt, Christen und Muslime bemühen sich, bei der Gestaltung einer neuen von Gemeinschaft und Solidarität geprägten Weltordnung mitzuwirken. Doch während in einigen Ländern Positives und Lobenswertes erreicht werden konnte, ist es in zahlreichen anderen Ländern nach wie vor so, dass die Religion als Anlass für Reibungen, starke Spannungen, erbitterte Rivalitäten, Gewalt, Diskriminierung und sogar offen geführte Kriege dient. Dabei beten Christen und Muslime nicht nur zu dem einen Gott, dem Schöpfer der Menschheit, sondern der Frieden ist auch ein prägendes Merkmal beider Religionen. Die scheinbare Kluft, die sich zwischen den Anhängern beider Religionen vielerorts Tag für Tag weiter auftut, sollte deshalb Christen, Muslime und alle Menschen auf der ganzen Welt gleichermaßen beunruhigen".

Einig war sich die Konferenz von Akosombo darin, dass diese „scheinbar Kluft" nur durch einen offenen Dialog geschlossen werden und auch der Terrorismus nur auf diesem Weg „ausgetrocknet" und beseitigt werden kann. „Der gewalttätige Bruderzwist im Hause Abraham ist nur zu beenden durch Besinnung auf die gemeinsamen Ursprünge". Und diese gemeinsamen Ursprünge sehen anders aus, als in der Bibelinterpretation der „Theologen" aus Texas.

Der Dialog zwischen den Religionen ist möglich, wenn er auf der Basis der Toleranz und gegenseitiger Achtung vor dem Glauben des anderen geprägt ist. Diese Toleranz beinhaltet auch, dass man den eigenen Glauben nicht als die „allein selig machende Wahrheit" betrachtet, aber auch keine faulen Kompromisse schließt, indem man Abstriche von der eigenen Überzeugung macht. Nur in der festen Verankerung und Vertretung der eigenen Glaubensüberzeugungen erwächst auch die Achtung vor dem Glauben des anderen und wird auch die Achtung des anderen gewonnen.

Für die Notwendigkeit eines Dialogs setzt sich vielen Jahren auch der Theologe Karl-Josef Kuschel ein, der sich wie Hans Küng für einen „Weltethos der Religionen" einsetzt. In seinem Buch „Streit um Abraham – Was Juden, Christen und Muslime trennt – und was sie eint" schreibt er: „Bruderzwist im Hause Abraham statt ökumenischer Geschwisterlichkeit: das ist in der Tat – blickt man sich um in der Welt – die brutale Realität unserer Tage". Aber: „Alle drei Religionen haben die Friedensenergien noch nicht verbraucht, ja vermutlich noch nicht einmal voll entdeckt. Am Ursprung aber der drei Religionen liegt eine Friedensquelle bereit, welche durch Fanatismus und Exklusivismus auf allen Seiten immer wieder zugeschüttet wurde und wird. Und diese Quelle heißt: Abraham. Hagar und Sara, Stammeltern der drei Religionen Judentum, Christentum und Islam. Der gewalttätige Bruderzwist im Hause Abraham ist nur zu beenden durch Besinnung auf die gemeinsamen Ursprünge".

Nur die Besinnung auf diese gemeinsamen Ursprünge kann auch zur Austrocknung und Beseitigung des Terrorismus führen, darum ist der Dialog notwendig. Die überwältigende Mehrheit der Muslime sind keine Terroristen und das Problem kann nur in Zusammenarbeit mit dem Islam und nicht gegen ihn gelöst werden. Es kommt darauf an, durch Dialog und Zusammenarbeit den Extremismus und Terrorismus im eigenen Kulturkreis zu ächten und dadurch zu überwinden. Dabei müssen wir natürlich darauf drängen, dass sich die an Frieden und Zusammenarbeit interessierten Kräfte im Islam stärker vom Extremismus und Terrorismus distanzieren. Aber auch wir Christen sind verpflichtet, uns zu distanzieren von den Extremisten in unserem Kulturkreis und gegen Kreuzzügler wie General Galvin Front zu machen und alles zu unterlassen, was dazu geeignet ist – wie die Folterlager in Abu Ghraib oder Guantanano – den Netzen des Terrors nur neue Attentäter zuzuführen.

Die Kriege in Afghanistan und im Irak haben bewiesen, dass der Terrorismus mit militärischen Mitteln – auch mit den „besten" High-Tech-Waffen – nicht zu besiegen ist. Die friedlichen Mittel des Dialogs müssen verstärkt und ausgeschöpft werden!

Die Geschichte geht weiter und die Welt ist nicht sicherer geworden.

Die Prophezeiung von Francis Fukuyama, mit dem Zusammenbruch der Sowjetunion sei das „Ende der Geschichte" gekommen: „Liberale Demokratie und freier Marktwirtschaft seien die endlich erreichte Idealgesellschaft" und würden sich weltweit durchsetzen. Kriege würde es dann nicht mehr geben, weil liberale Demokratien keine Angriffskriege führten, war wohl eine der größten Fehlspekulationen der Geschichte.

Und wer wird eigentlich noch der Behauptung von George W. Bush glauben, dass durch seine Politik „die Welt sicherer geworden sei". Er mag seine Behauptung noch so oft wiederholen, jeder weiß doch inzwischen, dass das Gegenteil der Fall ist.

Nach dem Zusammenbruch der Sowjetunion hat es mehr Kriege gegeben als in der Zeit des „Kalten Krieges" und liberale Demokratien wie die USA haben durch falsche Behauptungen und Täuschung ihrer Verbündeten in einer „Koalition der Willigen" unter Aushebelung des Gewaltmonopols der Vereinten Nationen auch andere liberale Demokratien dazu veranlasst, einen völkerrechtwidrigen Angriffskrieg zu führen, der militärisch zwar gewonnen wurde, aber keinen Frieden geschaffen hat und wohl auch nicht schaffen wird. Auch der Terrorismus wurde dadurch nicht beseitigt, sondern verschärft. Wer soll den da das Gefühl haben, das die Welt sicherer geworden sei.

Auch die Hoffnung, dass die in der Ära Gorbatschow begonnene Politik zur Begrenzung der Rüstung und zu ersten Schritten der Abrüstung fortgesetzt würde, hat sich nicht erfüllt. Die Rüstungsindustrie floriert, der Zuwachs an Militärausgaben boomt, weil die Staaten weiter rüsten.

„Das Geschäft mit dem Tod blüht", überschrieb die Neue Rhein/Ruhr Zeitung" vom 10. August 2008 einen Artikel zum jüngsten Bericht des Stockholmer Friedensforschungs-Instituts SIPRI. Im Jahre 2007 erreichten die Militärausgaben die Rekordhöhe von über eine Billion Dollar (1 339 000 000 000): „Friedensforscher sind alarmiert. Die Militärausgaben stiegen im Vergleich zu 2006 um sechs Prozent auf 860 Milliarden Euro. Seit 1998 betrug der Zuwachs 45 Prozent. Die USA wendeten demnach 547 Milliarden Dollar (im Vorjahr umgerechnet 351 Milliarden Euro) für Rüstungsprojekte auf, -3,4 Prozent mehr als 2006 und soviel wie nie seit Ende des Zweiten Weltkrieges. An zweiter Stelle steht England mit 59,7 Milliarden Dollar, gefolgt von China, das 58,3 Milliarden Dollar ausgab und Frankreich vom dritten Platz verdrängte. Die neue Hochrüstung kann bedrohlicher werden als der Kalte Krieg, kommentierte Andreas Heinemann-Grüder vom Bonner Internationalen Konversionszentrum die Lage. Sein Befund: Die internationale Rüstungskontrolle gleiche einem Scherbenhaufen. Die Situation sei gefährlicher als im alten Ost-West-Konflikt, weil nicht mehr zwei Blöcke gegenüber stünden, die sich gegenseitig neutralisierten. Stattdessen mache die Vielzahl von Akteuren die Lage unübersichtlich. Als eine der größten Bedrohungen sehen die Wissenschaftler die Existenz von Atomwaffen und deren Verbreitung. So existierten trotz internationaler Verpflichtungen zur Abrüstung immer noch 27 000 Atomwaffen. 95 Prozent davon in den Arsenalen Russlands und der USA. In immer mehr Staaten setze sich die Ansicht durch, die einzige Möglichkeit einer militärischen Konfrontation etwa mit den USA zu entgehen, sei die eigene atomare Aufrüstung. Wenn es jedoch eine Welt mit 20 oder mehr Nuklearstaaten gebe, drohe wahr zu werden, was der frühere US-Präsident Kennedy einen Albtraum genannt habe".

George W. Bush hat in seiner Amtszeit die Welt nicht sicherer gemacht und Amerikas Ansehen in der Welt geschmälert. Er hinterlässt seinem Nachfolger ein schweres Erbe. Die Diskussion über seine Fehlentscheidungen wird nach seinem Ausscheiden aus dem Amt wohl erst richtig beginnen!

Literatur

Armstrong, Karen: „Im Kampf für Gott", Berlin 2004

Aust/Schnibben: „Irak – Geschichte eines modernen Krieges", München 2003

Baker, James: „Drei Jahre, die die Welt veränderten – Erinnerungen", Berlin 1995

Benz, Wolfgang: „Feindbild und Vorurteil", München 1996

Bok, Sissela: „Lügen – Vom täglichen Zwang zur Unaufrichtigkeit", Hamburg 1980

Chomsky, Noam: „Power and Terror", Hamburg 2004

Czempiel, Ernst-Otto: „Kluge Macht – Außenpolitik für das 21. Jahrhundert", München 1999

Czempiel, Ernst-Otto: „Weltpolitik im Umbruch", München 2002

Czempiel, Ernst-Otto: „Amerikanische Außenpolitik im Wandel", München 1982

Dahrendorf, Ralf: „Der Wiederbeginn der Geschichte", München 2004

Diner, Dan: „Der Krieg der Erinnerungen", Nördlingen 1991

Fukuyama, Francis: „Das Ende der Geschichte", München 2002

Geißler, Heiner: „Was würde Jesus heute sagen?", Berlin 2003

Habernas, Jürgen: „Die postnationale Konstellation", Frankfurt 1998

Holbrooke, Richard: „Meine Mission – vom Krieg zum Frieden in Bosnien", München 1998

Huntington, Samuel: „Kampf der Kulturen", Wien 1990

Kagan, Robert: „Macht und Ohnmacht – Amerika und Europa", Berlin 2003

Küng, Hans: „Projekt Weltethos", München 1990

Kuschel, Karl-Josef: „Streit um Abraham", München 1994

Laszlo/Schüre: „Frieden durch Dialog", Berlin 1995

Leggewie/Münch: „Politik im 21. Jahrhundert", Frankfurt 2001

Link, Werner: „Die Neuordnung der Weltpolitik", München 1998

Lukacs, John: „Die Geschichte geht weiter", München 1992

Paul, Gerhard: „Bilder des Krieges, Krieg der Bilder", Paderborn 2004

Powell, Colin: „Mein Weg", München 1996

Rattner, Josef: „Psychologie des Vorurteils", Zürich 1971

Rudolf, Dieter: „Wie Kriege beginnen", München 1987

Scholl-Latour, Peter: „Im Fadenkreuz der Mächte – Gespenster am Balkan", München 1994

Scholl-Latour, Peter: „Weltmacht im Treibsand", Berlin 2004

Tibi Bassam: „Die fundamentalistische Herausforderung", München 1992

Todd, Emmanuel: „Weltmacht USA – Ein Nachruf", München 2003

Tuchman, Barbara: „Sand gegen den Wind", Stuttgart 1973

Tuchman, Barbara: „Die Torheit der Regierenden", Frankfurt 1984

Walvoord/Zuck: „Das Alte Testament – Erklärt und Ausgelegt", Holzgerlingen 1990

Die Deutsche Nation zwischen Anpassung und Widerstand
Schlüsseldaten der deutschen Geschichte: 1918, 1925, 1932, 1933, 1934, 1936, 1938
Es gab immer Alternativen

Referat auf der Evangelischen Sozialakademie Friedewald vom 20. März 2000
(ergänzte Fassung von März 2008)

Einleitung: Es ist immer problematisch, sehr widersprüchliche Vorgänge der historischen Vergangenheit nur nach ihrem Ergebnis zu beurteilen. Das alles also so hätte kommen müssen. Es musste eben nicht alles so kommen, die historische Situation ist an jeder Etappe immer offen. Zu jedem dieser Schlüsseldaten der deutschen Geschichte gab es Alternativen, auch wenn sie bewusst nicht wahrgenommen wurden oder aus politischer Phantasielosigkeit nicht erkannt wurden.

Im geschichtlichen Rückblick erscheinen Konstellationen oft zwangsläufiger als sie es tatsächlich waren. Natürlich kann niemand wissen, was geworden wäre, dennoch sind Mutmaßungen erlaubt und können durchaus ein Mittel sein, um historische Entwicklungen zu analysieren. Es gibt keine „Gesetzmäßigkeit" in der Geschichte. Die Geschichte ist immer offen und zu jedem historischen Ereignis gab es Alternativen. Die geschichtliche Entwicklung musste nicht zwangsläufig so verlaufen, wie sie verlaufen ist, auch wenn bestimmte historische Daten zur Einmaligkeit hochstilisiert worden sind.

1.) 1918 – Die „verfehlte" Revolution.

Als Datum der Revolution von 1918 gilt der 9. November 1918, als der Sozialdemokrat Philipp Scheidemann vom Balkon des Reichstages in Berlin die Republik ausrief. Wenige Tage vorher, am 29. Oktober, hatten die Matrosen auf mehreren Großkampfschiffen der kaiserlichen Hochseeflotte gegen ihre Offiziere gemeutert, die sie „um der Ehre der Marine" willen zum Auslaufen zwingen wollten, um noch angesichts des bereits verlorenen Krieges eine sinnlose, selbstmörderische Schlacht gegen die britische Flotte zu schlagen. Die Meuterei der Matrosen, die „Soldaten-Räte" gebildet hatten, breitete sich schnell auf alle Häfen der Nord- und Ostseeküste aus und sprang von dort auf ganz Deutschland über.

Aber vielleicht noch entscheidender ist das Datum vom 29. September 1918, obwohl weniger bekannt. Nichts, was an diesem Tage geschah stand am nächsten Tag in der Zeitung und noch lange Zeit blieb dieser 29. September ein „Staatsgeheimnis". Der Erste Generalquartiermeister Erich Ludendorff, ein Mann, der in den letzten beiden Kriegsjahren eine fast unbeschränkte Macht gewonnen hatte, forderte die deutsche Regierung auf, unverzüglich um einen Waffenstillstand nachzusuchen. Nachdem die letzte deutsche Offensive an der Westfront, von der sich Ludendorff den „Endsieg" versprochen hatte, gescheitert war und die alliierten Truppen (Franzosen, Engländer, Amerikaner und Australier) auf breiter Front die deutschen Linien durchbrochen hatten, hatte auch Ludendorff begriffen, dass der Krieg militärisch nicht mehr zu gewinnen war.

Aber er und seine Generale wollten dafür die Verantwortung nicht übernehmen. Die Niederlage sollte nicht der Obersten Heeresleitung angelastet werden. Nicht die Herren Generale sollten um den Waffenstillstand bitten, sondern die Regierung, die vor allem von den Sozialdemokraten gestellt werden sollte. Dafür war Ludendorff bereit, ein parlamentarisches System, das er zuvor bitter bekämpft hatte, zuzulassen mit dem hinterhältigen Plan, der neuen Regierung die Verantwortung für den Waffenstillstand und für die nicht leichten Friedensverhandlungen anlasten zu können. Die so genannte „Dolchstoßlegende", die in der Folgezeit die Weimarer Republik so schwer belastete, war also schon „geboren", bevor der Krieg überhaupt zu Ende war.

Thomas Nipperdey, Professor für Neuere Geschichte an der Universität München, schreibt über diesen 29. September 1918 in seinem Buch „Deutsche Geschichte 1866–1918": „Warum nahm Ludendorff diesen radikalen Schwenk zum Eingeständnis der Niederlage vor? Sicher wollte er die Armee, in der es nach seinen Worten seit dem 8. August ‚rapide abwärts' gegangen war, vor einer weiteren Zersetzung bewahren – aus außenpolitischen, aber auch aus innenpolitisch-militärischen Gründen. Von einem sich auflösenden Heer, das schon ‚schwer verseucht' sei, sollte nicht der Funken zur Revolution im Innern kommen. Nicht zuletzt ging es aber Ludendorff in der militärisch ausweglosen Situation auch schon darum, die Verantwortung abzuwälzen und mit der Forderung nach einem Regierungswechsel zugleich die neue und eben parlamentarische Regierung durch die Last der Niederlage zu schwächen. Er habe, so Ludendorff am 1. Oktober vor seinen Offizieren, den Kaiser gebeten, jetzt auch diejenigen Kreise an die Regierung zu bringen, denen wir es in der Hauptsache zu verdanken haben, dass wir soweit gekommen sind ... Die sollen nun den Frieden schließen, der jetzt geschlossen werden muss. Die sollen die Suppe jetzt essen, die sie uns eingebrockt haben. Man hat in dieser zynischen Haltung Ludendorffs überspitzt, aber nicht ganz zu Unrecht, eine ‚subtile Form des Staatsstreichs auf Raten' gesehen; in Militärkreisen hoffte man jedenfalls auch darauf, dass die Entrüstung über die zu erwartenden Friedensbedingungen wieder zum Sturz der neuen Regierung führen werde".

Ludendorffs perfider Plan sollte aufgehen: Die Armee musste gerettet werden, um revolutionäre Erhebungen der Arbeiter niederschlagen zu können. Die Armee sollte „als im Felde unbesiegt" gelten. Treffend schreibt der amerikanische Historiker Gordon A. Craig, Professor an der Universität von Stanford, einer der besten ausländischen Kenner der deutschen Geschichte des 19. und 20. Jahrhunderts, in seinem Buch „Deutsche Geschichte 1866–1945": „Im November 1918 brach der Staat, den Bismarck gegründet hatte, zusammen. An seine Stelle trat eine Republik, die vierzehn schwere und bewegte Jahre durchlebte und dann ebenso kläglich, wenn auch weniger geräuschvoll zugrunde ging wie ihr Vorgänger. Das Scheitern der Weimarer Republik hatte viele Gründe, und einige der Kräfte, die dafür sorgten, dass ihre Überlebenschance sich verringerte, operierten von außen und konnten von Deutschland aus nicht beeinflusst werden. Gleichzeitig lagen die tiefsten Wurzeln für die Verwundbarkeit der Republik in den Umständen ihrer Entstehung, und es ist nicht übertrieben zu sagen, dass sie am Ende auch deswegen scheiterte, weil es deutschen Offizieren so schnell wieder gestattet war, ihre Schulterstücke zu tragen, und weil die öffentlichen Gebäude nicht angezündet wurden und man die in ihnen residierenden Bürokraten nicht rechtzeitig ihrer Ämter enthob".

Die entscheidende Frage jeder Revolution ist die Frage der Macht. Diese Frage aber wurde 1918 nicht im Sinne einer revolutionär-demokratischen Umgestaltung gelöst, sondern zugunsten konterrevolutionärer Kräfte. Durch Ludendorffs zynisches Agieren wurde die Armee – vor allem ihre Führung im Obersten Generalstab – aus der Verantwortung für die militärische Niederlage herausgehalten. Es gelang der Führung um Ludendorff die Feldarmee geschlossen zurückzuführen und Friedrich Ebert begrüßte die in Berlin einmarschierenden Truppen mit dem verhängnisvollen Satz: „Im Felde unbesiegt", ein Satz der auch der „Dolchstoßlegende" Vorschub leisten musste.

Noch verhängnisvoller aber war Eberts fatales „Bündnis" mit dem Nachfolger Ludendorffs in der Obersten Heeresleitung, General Wilhelm Groener. Am Abend des 9. November 1918 rief Groener Ebert an und bot ihm die Unterstützung der Armee zur „Niederschlagung der bolschewistischen Kräfte in der Heimatfront" an. Als Gegenleistung verlangte Groener, dass die neue Regierung sicherstellte, dass die Fronttruppen aus Frankreich einen intakten Rückzug unter dem Kommando ihrer Offiziere vollziehen konnten.

In völliger Verkennung der realen Kräfteverhältnisse bei den „Arbeiter- und Soldatenräten", die in ihrer überwiegenden Mehrheit von Sozialisten und nicht von „Spartakisten" beherrscht wurden und sich entschieden für eine parlamentarische Staatsform und nicht für eine Räte-Republik einsetzten, akzeptierte Ebert das Angebot der Obersten Heeresleitung. Ebert blieb diesem verhängnisvollen „Bündnis" auch in der Folgezeit treu, als Groeners Truppen in Zusammenarbeit mit neu gebildeten reaktionären Freikorps mit schrankenloser Brutalität gegen Arbeiteraufstände in Berlin und anderen Orten, vor allem im Ruhrgebiet, vorging.

Die Einschätzungen über das Verhalten der sozialdemokratischen Führer, vor allem Eberts, in den kritischen Tagen der Revolution schwanken zwischen „Verrat an der Revolution" (so unter anderem der bekannte Journalist Sebastian Haffner) und höchstem Lob für die staatsmännische Leistung, in dieser Umbruchphase für „Recht und Ordnung" gesorgt zu haben.

Der Historiker Heinrich August Winkler, der ein dreibändiges Standardwerk über die Arbeiterbewegung in der Weimarer Republik veröffentlichte, schreibt im ersten Band „Von der Revolution zur Stabilisierung 1918 bis 1924": „Den Sozialdemokraten unterstellen auch ihre schärfsten Kritiker nicht die Absicht einer konterrevolutionären Verschwörung. Umstritten ist in der westlichen Geschichtswissenschaft der Handlungsspielraum der Arbeiterführer, denen am 9. November 1918 die Macht zufiel ... Heute überwiegt eher die Auffassung, dass die wirkliche Alternative zur ‚Weimarer Lösung' schon deswegen nicht im Kommunismus liegen konnte, weil dieser in den ersten Monaten nach Kriegsende noch keine Massenbasis hatte. Vielmehr sei es um grundlegende Änderungen der überkommenen Machtverhältnisse gegangen – um Änderungen, die mit Hilfe der anfangs überwiegend sozialdemokratisch orientierten Arbeiter- und Soldatenräte durchzusetzen gewesen wären, wenn die Führer der Mehrheitssozialdemokratie dies wirklich gewollt hätten. In Übereinstimmung mit dem unabhängigen Marxisten Arthur Rosenberg, der 1935 als erster Historiker die Position eines solchen ‚dritten Weges' vertreten hat, messen viele Autoren den von ihnen festgestellten Versäumnissen und Fehlentscheidungen der Gründungsphase eine für das weitere Schicksal der Weimarer Republik verhängnisvolle Bedeutung bei ... Die Sozialdemokratie hatte die Revolution nicht entfesselt, aber ohne die Sozialdemokratie konnte es keine demokratische Revolution geben ... Es gelang den Führern der Sozialdemokratie, zu vermeiden, was sie befürchteten – aber sie erreichten nur wenig von dem, was sie erstrebten. Der Preis, den sie für die Aufrechterhaltung der Ordnung zahlten, war hoch. Wenige Monate nach dem 9. November fiel es selbst großen Teilen der Sozialdemokratie schwer, sich in der Republik wieder zuerkennen, die aus dem Umsturz hervorgegangen war".

Auch in der SPD selbst ist über die Rolle Eberts in den entscheidenden Tagen des November 1918 viel diskutiert und gestritten worden. Willy Brandt nahm aus Anlass des 60. Jahrestages der Revolution am 9. November 1978 in einem Grundsatzartikel „Die Lehren aus einer verfehlten Revolution" in der Zeitung „Vorwärts" zu dieser Debatte Stellung: „Kein Weg führt an der bitteren Einsicht vorbei, dass die Geschichte der Novemberrevolution die Geschichte ihrer fortschreitenden Zurücknahme ist. Sie nimmt ihren Lauf, als Reichskanzler Ebert am 9. November zu ‚Ruhe und Ordnung' mahnt, als er sich – noch bevor die Verhandlungen mit den unabhängigen Sozialdemokraten aufgenommen wurden und der Rat der Volksbeauftragten gebildet war – in dem symbolträchtigen Telefonat mit General Groener des Rückhaltes der Armee versichert und einen Tag später die ganze Revolution schlicht für ‚beendet' erklärt. Für den weiteren Verlauf der Revolution war es entscheidend und für die Weimarer Republik eine der schwersten Belastungen überhaupt, dass Ebert und seine Freunde in diesen turbulenten November-Tagen die politische Macht in ihren Händen hielten, sich nicht dazu entschließen konnten, eine neue bewaffnete Macht zu begründen. Die Furcht vor dem Chaos im Allgemeinen, vor den von außen kommenden Bedrohungen im Besonderen, führte dazu, beim Bündnis mit dem kaiserlichen Offizierskorps Zuflucht zu suchen. Justiz und Beamtenschaft, die es an vorübergehender Anpassung nicht fehlen ließen, blieben im Wesentlichen unangetastet. Zu Eingriffen gegen den politischen Missbrauch wirtschaftlicher Macht konnte man sich ohnehin nicht entschließen. So blieb zwar nicht alles, aber allzu viel beim Alten ... Die Furcht vor dem Bolschewismus und dem Chaos, die zur Zusammenarbeit der Mehrheitssozialisten mit den alten Kräften führte, beruhte auf einer Fehleinschätzung sowohl des demokratischen Potentials (etwa der Rätebewegung) als auch des Linksextremismus. Dieser Linksextremismus hatte weder die politische Bedeutung, die ihm beigemessen wurde, noch war er einfach mit dem Bolschewismus gleichzusetzen. Für die SPD bleibt die Novemberrevolution ein Lehrstück über verfehlte Macht und über Voraussetzungen derer es bedarf, um Macht auszuüben".

„Die militante Rechte gab nur Ruhe, solange sie selbst etwas zu befürchten hatte", schrieb Willy Brandt weiter, „sie zahlte der SPD den Mangel an Biss und Entschlossenheit heim, den man ebenso verklärend wie enthüllend als Gutmütigkeit bezeichnet hat; und zwar unmittelbar nachdem diese das Feld räumte".

Bereits im März 1920 hörte „die Ruhe der militanten Rechten" auf. Als die Siegermächte im Januar 1920 verlangten, die Reichswehr, einschließlich der so genannten Freiwilligenverbände bis zum 10. April auf 200 000 und bis zum Juli auf 100 000 Mann, wie im Versailler Diktat vorgesehen, zu verringern und Reichswehrminister Noske (SPD) die Auflösung der Marinebrigaden Ehrhardt in Döberitz und Loewenfeld in Schlesien verlangte, widersetzte sich der Kommandierende General des Reichswehr-Gruppenkommandos I in Berlin, Freiherr von Lüttwitz, dem die Brigaden unterstanden, der Anordnung von Noske.

Am 10. März 1920 stellte Lüttwitz in einem Gespräch mit Reichspräsident Ebert und Noske folgende ultimative Forderungen: Sofortige Auflösung der Nationalversammlung und Neuwahlen zum Reichstag; seine – also Lüttwitz – Ernennung zum Oberbefehlshaber der gesamten Reichswehr und die Ablösung des regierungsloyalen Generals Reinhardt und die Zurücknahme der von Noske am 29. Februar erlassenen Anordnung zur Auflösung der Marinebrigade Erhardt. Ebert und Noske wiesen die Forderungen von Lüttwitz entschieden zurück.

Lüttwitz gehörte zu einer Verschwörergruppe, die bereits im Oktober 1919 unter der Schirmherrschaft von Ludendorff als „Nationale Vereinigung" gegründet worden war. Zu ihr gehörten der ostpreußische Generallandschaftsdirektor Kapp, Großadmiral von Tirpitz, der langjährige politische Berater von Ludendorff, Oberst Bauer, und Hauptmann Papst, der für die Morde an Karl Liebknecht und Rosa Luxemburg verantwortlich war. Ziel der „Nationalen Vereinigung" war: entschiedener Kampf gegen die Bedingungen des Versailler Vertrages und die Ersetzung der Revolutionsregierung durch ein rechts orientiertes Regime oder einer Militärdiktatur.

Die Stunde der Wahrheit kam in der Nacht zum 13. März 1920 als die Brigade Erhardt bereits im Anmarsch auf Berlin war und Reichswehrminister Noske zur Abwehr des Putsches führende Militärs zu einer Krisensitzung zusammengerufen hatte. Nur der Chef der Heeresleitung, General Reinhardt, unterstützte die Forderung Noskes, die Putschisten mit Waffengewalt zurückzuschlagen. Alle anderen Generale, vor allem auch der Chef des Truppen-Amtes, General von Seeckt, verweigerten ihre Unterstützung nach dem Motto: „Reichswehr schießt nicht auf Reichswehr".

Am Morgen des 13. März marschierte die Brigade Erhardt mit wehenden schwarz-weiß-roten Fahnen und Hakenkreuzen am Stahlhelm unter Führung von Lüttwitz und Kapp in Berlin ein und besetzt das Regierungsviertel. Die Reichsregierung war nach Dresden und später nach Stuttgart geflohen. Die sozialdemokratischen Minister, Staatspräsident Ebert und die Gewerkschaften erlassen einen Aufruf zum Generalstreik, der im ganzen Land mit voller Wucht einsetzt.

Der Kapp-Putsch findet nur geringe Unterstützung in Ostpreußen, während im übrigen Reich, vor allem auch im westdeutschen Industriegebiet an der Ruhr, die Bevölkerung entschlossen zur Revolutionsregierung steht. Zu Kämpfen mit den aufständischen Freikorps kommt es in Kiel, Schwerin, Hannover und Leipzig, vor allem aber im Ruhrgebiet, wo sich eine „Rote Ruhrarmee" gebildet hat, die innerhalb kürzester Zeit mit Vollzugsräten die Macht im Revier übernimmt. Unter dem Druck des Generalstreiks bleibt der Kapp-Lüttwitz-Putsch isoliert und ihre Führer geben am 17. März auf. Kapp flieht nach Schweden, von wo er erst 1922 schwer erkrankt zurückkehrt, um sich den Gerichten zu stellen. Doch er stirbt, bevor es zum Prozess gegen ihn kommt.

Ebenfalls am 17. März besetzte die „Rote Ruhrarmee" Dortmund und fügt dem Freikorps Lichtschlag eine schwere Niederlage zu. Am 19. März besetzt die Ruhr-Armee Essen, Oberhausen, Elberfeld und Düsseldorf. Die Reichswehr zieht sich aus dem Ruhr-Revier zurück. Damit ist das Ruhrgebiet in der Hand von Arbeitertruppen und ihren Vollzugsräten.

Unter Leitung von Reichskommissar Severing beginnen am 23. März in Bielefeld Verhandlungen zwischen Vertretern der nach Berlin zurückgekehrten Regierung und den Vollzugsräten des Ruhrgebiets, die am 24. März mit dem so genannten

Bielefelder Abkommen endeten. Es sieht unter anderem vor: Waffenstillstand, Wiedereinsetzung der ordentlichen Verwaltungsbehörden und Waffenabgabe innerhalb bestimmter Fristen.

Während sich die von den Unabhängigen Sozialdemokraten (USPD) beherrschte Zentrale der „Roten Ruhrarmee" in Hagen für die Einhaltung des „Bielefelder Abkommens" ausspricht, lehnt der Essener Zentralrat die Ablieferung der Waffen ab, weil er die Garantien des Abkommens nicht für ausreichend hält, und fordert neue Verhandlungen mit der Regierung. Die Regierung Müller lehnte neue Verhandlungen ab und stellte ein bis zum Mittag des 30. März befristetes Ultimatum zur Erfüllung des „Bielefelder Abkommens".

Das Militär, das an den Verhandlungen in Bielefeld nicht beteiligt war, fügte durch den regionalen Befehlshaber, Generalleutnant von Watter, ohne Rücksprache mit dem Reichskommissar Severing, dem Ultimatum weitere Forderungen, wie die sofortige Auflösung der „Roten Ruhrarmee" hinzu, die aber in der Kürze der Zeit überhaupt nicht durchführbar waren

Am 29. März gab die Regierung auf Vorschlag von Seeckt dem General Watter freie Hand für das Militär. Dazu schreibt Heinrich August Winkler in seinem Buch über „Arbeiter und Arbeiterbewegung in der Weimarer Republik 1918 bis 1924": „Zwischen dem 31. März und dem 2. April setzte das Militär an vielen Frontabschnitten seinen Vormarsch fort, ohne dass Aktionen der Roten Armee dazu Anlass gegeben hätten. Reichswehr und Freikorps waren entschlossen, blutige Vergeltung zu üben ... Der weiße Terror war viel schrecklicher als der rote. ‚Pardon wird nicht gegeben', schrieb der Student und Oberjäger Max Zeller, Mitglied der Brigade Epp, am 2. April über die Kämpfe, die tags zuvor bei Pelkum stattgefunden hatten. ‚Selbst die Verwundeten erschießen wir noch. Die Begeisterung ist großartig, fast unglaublich ... Alles, was uns in die Hände kommt, wird mit dem Gewehrkolben zuerst abgefertigt und dann noch eine Kugel'. Was in Pelkum geschah, fiel keineswegs aus dem Rahmen des in diesen Tagen Üblichen. Zahllose Rotarmisten wurden ‚auf der Flucht erschossen' – mit anderen Worten ermordet. Die Gesamtzahl der Toten, die die Ruhrarbeiter zu beklagen hatten, ist niemals genau ermittelt worden. Mit Sicherheit lag sie weit über Tausend, gewiss ist auch, dass mehr Arbeiter nach der Gefangennahme erschossen wurden, als im Kampf fielen ... Der Ruhraufstand war die größte proletarische Massenaktion in Deutschland überhaupt. Im Industrierevier gipfelte der Abwehrkampf, zu dem der Kapp-Lüttwitz-Putsch die Arbeiter herausgefordert hatte ... Die Erbitterung, mit der das Proletariat gegen die putschistischen Verbände kämpfte, erklärte sich aus dem Bewusstsein, dass alle seine Errungenschaften auf dem Spiel standen und dass an eine soziale Besserung nicht zu denken war, wenn die Kräfte der Reaktion sich in ihren Machtpositionen behaupten konnten".

Das brutale Vorgehen der Reichswehr und Freikorpsverbände gegen die Arbeiter musste die Polarisierung in den Anfangsjahren der Weimarer Republik weiter verschärfen.

In ihren Schlussfolgerungen waren Willy Brandt und die Historiker Winkler, Craig und Nipperdey einig: Es war verhängnisvoll für die Weimarer Republik, dass in der Novemberrevolution die alten Kräfte nicht entmachtet wurden, dass Armee unter Führung der alten Generale, Justiz und Verwaltung den alten Kräften überlassen blieben und schon wenige Jahre nach der Revolution, die demokratischen Parteien, die die Weimarer Republik trugen, von der Macht wieder verdrängt wurden".

Zwar erhielten Sozialdemokraten, Zentrum und Deutsche Demokratische Partei, die die „Weimarer Koalition" bildeten, bei den Wahlen zur Nationalversammlung 1919 zusammen, 76,2 % der Stimmen, verloren aber bereits bei den ersten Reichtagswahlen von 1920 mit nur 44,6 % bereits ihre Mehrheit, die sie nie mehr wiedererlangten.

Also bereits ein Jahr nach der Revolution hatten jene Kräfte wieder Oberwasser, die in der Revolution nicht entmachtet worden waren. Auch der Historiker Hagen Schulze schreibt in seinem Buch „Weimar –Deutschland 1917–1933": „So ist die apodiktische These Arthur Rosenbergs bis heute wirksam geblieben, die Republik sei bereits an der unvollendeten Revolution gestorben. In diesem Zusammenhang sind seit den sechziger Jahren die Räte geradezu neu entdeckt und als tatsächliche oder potentielle Träger eines ‚dritten Weges' zwischen parlamentarischer Demokratie im klassisch-westlichen Stil und der Sowjetdiktatur beschrieben worden. Alle diese Interpretationsansätze sind sich darin einig, dass die Räte in ihrer großen Mehrzahl zumindest ursprünglich sozialdemokratisch orientiert gewesen seien, und dass der SPD-Führung das Versäumnis anzulasten sei, sich nicht an die Spitze der Rätebewegung gesetzt und sie zum Mittel einer grundlegenden Umwälzung der politischen, wirtschaftlichen und gesellschaftlichen Strukturen gemacht zu haben. Auf der Grundlage einer von den Räten kontrollierten Gemeinwirtschaft hätte sich eine soziale Republik gebildet, mit der die Arbeiterschaft versöhnt gewesen wäre; die Republik hätte ihre Republikaner gefunden, ihre Stabilität wäre gesichert gewesen".

Der Historiker Arthur Rosenberg, auf den sich Hagen Schulze bezieht, war Zeitzeuge der Entwicklung der Weimarer Republik bis zu seiner Emigration 1933. Als Vertreter der KPD war er vier Jahre Mitglied des Reichstages und wirkte aktiv in einem Untersuchungsausschuss über die Ursachen des deutschen Zusammenbruchs im 1. Weltkrieg. In dieser Eigenschaft hatte er auch Zugang zu wichtigen Akten des Auswärtigen Amtes.

In der Emigration erschien seine „Geschichte der Weimarer Republik", die in zahlreichen Sprachen übersetzt wurde und bis heute als das Standardwerk eines Augenzeugen gilt. In der Emigration erschien auch sein Buch zur „Geschichte des

Bolschewismus", das eine der ersten kritischen Auseinandersetzung mit der leninschen Konzeption der Oktoberrevolution von 1917 war und sich weitgehend mit der kritischen Schrift von Rosa Luxemburg „Zur russischen Revolution" deckte.

In seinem Buch „Geschichte der Weimarer Republik" weist Rosenberg nach, dass die „Arbeiter- und Soldatenräte" der Revolution von 1918 durchaus loyal zur Regierung der Volksbeauftragten waren und sich in ihrer überwiegenden Mehrheit für eine parlamentarische Republik und nicht für eine Räte-Republik einsetzten. Mit den Räten der sowjetischen Oktoberrevolution waren sie keinesfalls identisch.

Es spricht auch für die objektive Analyse von Rosenberg, dass er sich in der Einschätzung der Politik von Friedrich Ebert um Fairness bemühte und nicht von „Verrat" sprach wenn er schrieb: „Es liegt kein Beweis dafür vor, dass Ebert damals tatsächlich eine Verschwörung zusammen mit den Offizieren gegen die radikale Arbeiterschaft unternommen hat. Ebert hat niemals die Pflicht der Loyalität gegenüber seinen Kollegen von der USPD verletzt. Er stand unter dem Eindruck der ungeheuren Schwierigkeiten, die damals die Regierung Deutschlands zu überwinden hatte ... Wenn die Oberste Heeresleitung ihm ihre Loyalität bekundete, sah Ebert keinen Anlass, die Generale zurückzustoßen. Aber es war doch ein taktischer Fehler, dass Ebert eine weitgehende Vertraulichkeit der Obersten Heeresleitung mit ihm selbst duldete ... Ohne Zweifel war Ebert davon überzeugt, dass er der Republik einen Dienst leiste, wenn er die hohen Offiziere an sie fesselte. Aber wenn es in irgendeiner Form an die Öffentlichkeit kam, dass Ebert das besondere Vertrauen der Obersten Heeresleitung genieße, musste dies die Stellung der Volksbeauftragten gegenüber der Arbeiterschaft erschweren und allen möglichen abenteuerlichen Projekten das Tor öffnen".

Eine Einschätzung, der man wohl auch nach heutigen Kenntnissen noch zustimmen kann.

In seinem Buch: „Streitfragen der deutschen Geschichte" zieht Heinrich August Winkler folgende Bilanz: „Die deutsche Revolution von 1918/19 gehört nicht zu den großen Revolutionen der Weltgeschichte: Darüber besteht in er Wissenschaft Konsens. Der Umsturz vom November 1918 trug revolutionäre Züge ... Umstritten sind hingegen nach wie vor Handlungsspielräume und Alternativen in der Revolution von 1918/19 und, eng damit verbunden, die Frage, ob diese Revolution im Rückblick als gescheitert zu betrachten ist ... Behauptet hat sich eine ‚revisionistische' Kernthese: Der Handlungsspielraum der regierenden Sozialdemokraten war größer, als sie meinten. Sie hätten folglich bei stärkerem Gestaltungswillen mehr verändern können und weniger bewahren müssen".

2.) 1925: Feldmarschall Hindenburg wird „Ersatzkaiser".

Am 28. Februar 1925 starb Reichspräsident Friedrich Ebert im Alter von nur 54 Jahren. Die offizielle Todesursache war eine Blinddarm- und Bauchfellentzündung. Doch es konnte kein Zweifel daran bestehen, dass die ständigen beleidigenden und verleumderischen Angriffe der Rechten und Militanten ihn auch seelisch und körperlich zermürbt hatten. „Novemberverbrecher", „Landesverräter" und „Erfüllungspolitiker" waren die gezielten Verleumdungen von konservativen Politikern und den rechten Blättern des Hugenberg-Konzerns.

Am schlimmsten traf Ebert der „Vorwurf des Landesverrats", den ein völkischer Journalist von der „Mitteldeutschen Presse" unter Berufung auf Eberts Teilnahme am Streik er Munitionsarbeiter vom Januar 1918 erhoben hatte. Obwohl die Regierung und führende Politiker der „Weimarer Koalition" eine Ehrenerklärung für Ebert abgegeben hatten, versagten ihm die vielfach noch monarchistisch gesinnten Richter den Schutz.

Ebert hatte den verantwortlichen Redakteur wegen Beleidigung und übler Nachrede verklagt, aber das Magdeburger Schöffengericht verkündete am 23. Dezember ein zwiespältiges Urteil: Wegen Beleidigung erhielt der Journalist zwar drei Monate Gefängnis, doch eine Verurteilung wegen übler Nachrede lehnte das Gericht mit der Begründung ab, im „strafrechtlichen Sinne" habe Ebert durch seine Teilnahme an dem Streik Landesverrat begangen.

So sah der Schutz der Justiz für den Reichspräsidenten der Republik aus. Nun konnten sich die Feinde der Republik in der Folge auf dieses zweifelhafte Urteil berufen und ihre Hetz- und Verleumdungskampagne fortsetzen.

Der Tod von Friedrich Ebert machte 1925 die Neuwahl des Reichspräsidenten notwendig. Am 29. März fand der erste Wahlgang zu der nach der Weimarer Verfassung vorgesehenen Wahl zum Reichspräsidenten statt. Sieben Kandidaten standen zur Wahl. Die SPD stellte Otto Braun, den früheren Ministerpräsidenten von Preußen auf; das Zentrum den früheren Reichskanzler Wilhelm Marx; die Deutsche Volkspartei den damaligen Oberbürgermeister von Duisburg, Karl Jarres, der von der Wirtschaftspartei und den „Deutschnationalen" unterstützt wurde; für die Deutsche Demokratische Partei (DDP) ging der badische Staatspräsident Willy Hellpach ins Rennen, für die Bayerische Volkspartei (BVP) Heinrich Held, der Ministerpräsident von Bayern; für die Kommunisten Parteichef Ernst Thälmann und für die NSDAP General Erich Ludendorff.

Ludendorff kandidierte also für die NSDAP. Im April 1917 hatte er bereits dafür gesorgt, dass Lenin in einem plombierten Extra-Zug von der Schweiz nach Petersburg reisen können. Man wird also konstatieren können, dass Ludendorff wesentlich mit dazu beigetragen hat, sowohl Lenin wie Hitler zur Macht zu verhelfen.

Infolge der Zersplitterung erreichte keiner der Kandidaten im ersten Wahlgang die erforderliche absolute Mehrheit. Die meisten Stimmen erhielt Jarres mit 38,8 %, gefolgt von Braun mit 29,8 %. Besonders schlecht schnitten die NSDAP und die KPD ab: Thälmann erhielt nur 800 000 und Ludendorff 600 000 Stimmen.

Für den zweiten Wahlgang am 26. April 1925 mussten sich die Parteien also neu aufstellen, um einen ihnen genehmen Kandidaten durchzubringen. Die Rechtsparteien schmiedeten einen so genannten „Reichsblock" und die Parteien der Weimarer Koalition einen „Volksblock". Den Rechtskonservativen und den Militanten war klar, dass sie mit dem weithin unbekannten und farblosen Jarres nicht die Mehrheit erringen konnten, und sie bemühten sich um eine Kandidatur Hindenburgs, der nicht zum ersten Mal zur Debatte stand. Schon bei der ersten Wahl des Reichspräsidenten in der Nationalversammlung hatte Hindenburg zur Debatte gestanden, aber er lehnte ab, weil er sich damals gegen Friedrich Ebert kaum eine Chance ausrechnen konnte. Auch die Organisatoren des Kapp-Lüttwitz-Putsches von 1920 hatten Hindenburg auf ihrer Rechnung, wenn der Putsch gelungen wäre. Diesmal aber stimmte Hindenburg zu, nachdem er die Genehmigung seines ehemaligen Herrn des Kaiser eingeholt hatte und unter der Bedingung, dass alle „völkisch-nationalen Kräfte" für ihn Stimmen würden.

Auch den Parteien der „Weimarer Koalition" war klar, dass sie Hindenburg nur schlagen konnten, wenn sie sich auf einen gemeinsamen Kandidaten verständigten. Die SPD verzichtete auf eine neue Kandidatur von Otto Braun und unterstützte Marx im zweiten Wahlgang. Die KPD hielt die Kandidatur von Thälmann aufrecht.

Vergeblich warnten die demokratisch-republikanischen Kräfte vor einer Wahl Hindenburgs.

So schrieb der Chefredakteur des „Berliner Tagblattes", Theodor Wolff, einer der besten Journalisten der Republik, am 12. April 1925 in einem Kommentar unter dem Titel: „Mit allem Respekt": „Den Monarchisten Hindenburg, dem treuen Diener seines Herrn, dem militärischen Hüter antidemokratischer Traditionen, haben die Wahlmacher einen Aufruf entworfen, in dem er sich auf den ‚Boden der Verfassung' stellt. Auf den Boden der republikanischen Verfassung, mit der schwarz-rotgoldenen Fahne und allem, was dazu gehört. Es ist nicht ganz verständlich, wie der fast achtzigjährige Soldat so vollständig umlernen soll. Wer ist so kindisch, die plötzliche Verfassungsliebe jener edlen Schar ernst zu nehmen, die über das greise Haupt hinweg als fest etablierte Hofkamarilla das Land zu regieren hofft? Das Volk dürfte finden, dass die republikanische Verfassung besser bei Marx aufgehoben sei, der nicht erst mitten im Marsche den Schritt wechseln muss. Bei Marx, dem Republikaner, den nicht eine monarchistische Hofkamarilla leitet".

Über die Haltung der Zeitschrift „Weltbühne" schreibt der Publizist Axel Eggebrecht in dem Buch „Das Drama der Republik": „Hindenburgs Kandidatur als

Nachfolger Eberts hat das Blatt erbittert bekämpft. Das geschah ohne persönliche Beschimpfungen, es ging gegen den Feldmarschall, der offen erklärt hatte, er fühle sich noch immer als Stellvertreter des Kaisers. Die demokratische Parteien zerstritten sich hoffnungslos, es gab einen Wahlkampf mittels verkehrten, teils verwirrenden Fronten; und so wurde Hindenburg gewählt. Was das bedeutete, wohin das führen würde, sah die ‚Weltbühne‘ sofort voraus. Entschlossener denn je trat sie für radikale demokratische Opposition ein".

Am 26. April 1925 siegte Hindenburg mit einem Vorsprung von 900 000 Stimmen gegenüber Marx. Der Feldmarschall erhielt 48,3 %, Marx 45,3 und der unvermeidliche Thälmann 6,4 % der Stimmen. In Kreisen der Sozialdemokraten machte der Slogan die Runde. „Hindenburg von Thälmanns Gnaden". Hätte die KPD sich entschließen können, für Marx zu Stimmen, wäre Hindenburg nicht gewählt worden. Aber ein solcher Schritt war wohl von der KPD nicht zu erwarten.

Versagt hatten aber vor allem auch die Demokraten. Die Bayerische Volkspartei (BVP) gab im zweiten Wahlgang, bei dem die relative Mehrheit genügte, eine Empfehlung für Hindenburg ab. Die Partei aus dem katholischen Bayern war eigentlich eine „Schwesterpartei" des katholischen Zentrums und hätte für Marx stimmen müssen. Auch die Stimmen der BVP für Marx hätten ausgereicht, um die Wahl von Hindenburg zu verhindern.

Die Wahl Hindenburgs 1925 war ein entscheidender Wendepunkt in der Geschichte der Weimarer Republik. Nach seiner Wahl an die Spitze der Republik waren die nach wie vor monarchistisch gesinnten Generale und Offiziere, die im Amt belassenen Bürokraten und die der Republik feindlich gesonnenen Richter und Staatsanwälte mit der Republik faktisch „versöhnt", denn mit Hindenburg hatten sie nun ihren „Ersatzkaiser".

Am 5. Mai 1925 fragte Kurt Tucholsky unter dem Pseudonym Ignaz Wrobel in der „Weltbühne" in einem Leitartikel „Was nun --?": „Der kaiserliche Statthalter ist in der denkbar schlimmsten Gesellschaft. Sie wird ihn beraten? Sie wird regieren. Und er wird tun, was er sein ganzes Leben getan hat: er wird unterschreiben. Er wird unterschreiben: Die Reinigung der Verwaltung – soweit sie noch notwendig sein sollte. Die letzten republikanischen Richter werden bald ausgehaucht haben. Die Schule wird völlig in Nationalismus verkommen. Die Reichswehr gehorcht dem neuen Mann blind ... Das ‚Republik‘ firmierende Reich wird hoffentlich die Farben wechseln, damit man schon auf weite Entfernung erkennen kann, mit wem man zu tun hat; Kritik am kaiserlichen Feldmarschall wird auf Grund des Gesetzes zum Schutz der Republik bestraft werden, und für den Rest und den neuen Anfang hätten wir den Artikel 48 der Reichsverfassung, die der Tirpitz-Kandidat beschwören wird. Wie seinen Soldaten Eid".

Eine ziemlich treffende Prognose für die weiteren Jahre der Republik.

3.) 1932: Der „Preußen-Schlag" des Herrn von Papen.

In den letzten beiden Jahren vor der Machtübertragung an Hitler war die parlamentarisch-demokratische Phase der Weimarer Republik bereits zu Ende. Regiert wurde mit so genannten „Präsidial-Kabinetten", die allein auf die Unterstützung des Reichspräsidenten von Hindenburg und seinen außerordentlichen Vollmachten nach Artikel 48 der Weimarer Verfassung angewiesen waren. Regiert wurde meist mit „Notverordnungen" nach Artikel 48 und unter Ausschaltung des Parlaments. Verschiedentlich wurde der Reichstag aufgelöst und wer die Gunst Hindenburgs verspielt hatte, konnte als Reichskanzler „seinen Hut nehmen".

Und wie es Theodor Wolff und Carl von Ossietzky vorausgesehen hatte, regierte vor allem Hindenburgs „Hofkamarilla", die nur aus wenigen Männer der alten Eliten bestand: dem „Herrenreiter" von Papen, General von Schleicher von der Reichswehr, Hindenburgs Chef der „Präsidialkanzlei", Staatssekretär Meißner; Hindenburgs Sohn Oskar, der „in der Verfassung nicht vorgesehen war" und Hindenburgs Freunden aus dem Kreis der ostelbischen Junker- und Gutsbesitzerschicht. Dabei war die „Hofkamarilla" noch von inneren Intrigen und Kabalen gekennzeichnet.

Diesem konservativen Kreis war vor allem die von Otto Braun geführte Regierung in Preußen, dem größten Land des Reiches, ein Dorn im Auge. Hier regierten mit kurzen Unterbrechungen seit 1920 die Parteien der Weimarer Koalition, die die Republik begründet hatten und verteidigten. Die Preußen Regierung war das „letzte Bollwerk" der Demokratie und dieses Bollwerk zu schleifen, war das erklärte Ziel der „Hofkamarilla" um Hindenburg.

Schon am 11./12. Oktober 1931 hatte die so genannte „Nationale Bewegung" in Bad Harzburg alles aufgeboten, was es an republik-feindlichen Kräften in Weimar gab: Nationalsozialisten, Frontkämpferverband „Stahlhelm", Vertreter der Deutschnationalen Volkspartei, des „Reichslandbundes", des „Alldeutschen Verbandes" und anderer vaterländischen Verbände. Anwesend waren die Generale von Seeckt und Lüttwitz„ Zeitungs-Zar von Hugenberg, Repräsentanten deutscher Fürstenhäuser sowie des Finanz- und Wirtschaftslebens. An der Ehrentribüne paradierten Formationen der SA und SS und des Stahlhelms vorbei. Unter dem Beifall von tausenden Teilnehmern erklärte Hugenberg: „Hier ist die Mehrheit des deutschen Volkes. Sie ruft den Pächtern der Ämter und Pfründen, den Machtgenießern und politischen Bonzen, den Inhabern und Ausbeutern absterbender Organisationen, sie ruft den regierenden Parteien zu: Es ist eine neue Welt im Aufstieg, wir wollen Euch nicht mehr".

Die „Harzburger-Front" forderte: Die Ablösung der Braun-Regierung in Preußen und den Sturz der Regierung in Berlin sowie die Aufhebung der „Notverordnungen". Gleichzeitig war die Demonstration der nationalen Rechten in Bad Harzburg als Auftakt für die im Frühjahr 1932 fällige Wiederwahl des Reichspräsidenten gedacht, denn am 25. April 1932 lief die siebenjährige erste Amtszeit Hindenburgs aus. Reichskanzler Brüning arbeitete seit dem Herbst 1931 auf eine Wiederwahl des Feldmarschalls hin und im Februar 1932 hatte sich ein „Hindenburg-Ausschuss" gebildet, in dem die „nationalen Verbände" stark vertreten waren.

Am 27. Februar entschloss sich auch der Parteivorstand der SPD zur Unterstützung der Wahl Hindenburgs. Die SPD, die in Berlin die Zentrumsregierung unter Heinrich Brüning tolerierte, wollte damit die Bildung einer weiter rechts stehenden Regierung und vor allem die Wahl Hitlers zum Reichspräsidenten verhindern. In einem Aufruf des SPD-Vorstandes hieß es, bei der Wahl am 13. März stehe das deutsche Volk vor der Entscheidung, ob Hindenburg bleiben oder durch Hitler ersetzt werden soll: „Schlagt Hitler! Darum wählt Hindenburg!", hieß die Parole. Für die SPD war es die Wahl des „kleineren Übels".

Auch diesmal fiel im ersten Wahlgang am 13. März noch keine Entscheidung. Mit 49,6 % hatte Hindenburg die erforderliche absolute Mehrheit verfehlt; aber Hitler lag mit 30,1 % auf dem zweiten Platz. Weit abgeschlagen folgte Thälmann mit 13,2 %. Damit war klar, dass es beim zweiten Wahlgang nur um Hindenburg oder Hitler gehen konnte. Am 10. April war die Entscheidung gefallen: 53 % Prozent für Hindenburg, 16,3 % für Hitler und 10,2 % für Thälmann.

Zufrieden war Hindenburg mit seinem Sieg allerdings nicht. Im engeren Kreis zeigte er sich erbost, mit den Stimmen der Sozialdemokratie gewählt worden zu sein und tatsächlich verdankte er seinen Erfolg der Tolerierungspolitik der SPD. Aber auch dem Zentrumskanzler Brüning, der entschieden für Hindenburg geworben hatte, was dieser ihm allerdings nicht dankte.

Die „Hofkamarilla" um Hindenburg war seit langem unzufrieden mit er Tatsache, dass Brüning von der SPD toleriert wurde, sie forderte darum ein weiter rechts stehendes Kabinett, um die Sozialdemokratie von jedem Einfluss auf eine Regierungsbildung auszuschließen. Vor allem General Schleicher und Hindenburgs Sohn Oskar setzten sich in der „Kamarilla" für einen Sturz der Regierung Brüning ein.

Anlass für diesen Sturz bot ein Landwirtschaftsgesetz der Regierung, gegen das die ostpreußischen Gutsbesitzer Sturm liefen und sich bei Hindenburg beschwerten. Am 30. Mai 1932 bestellte Hindenburg Brüning ins Palais des Reichspräsidenten ein und teilte ihm ziemlich brüsk die Entlassung mit.

General Schleicher von der Reichswehr hatte den für die „Hofkamarilla" genehmen Kandidaten für die Nachfolge bereits gefunden: den früheren Exponenten des rechten Flügels des Zentrums, den ehemaligen Generalstabsoffizier Franz von Papen, der am 1. Juni 1932 von Hindenburg zum Reichskanzler ernannt wurde.

Papen bildete ein „Kabinett der Barone", dem ein Graf, vier Freiherren, zwei weitere Adelige und nur drei „Bürgerliche" angehörten. Eine Regierung, ganz im Sinne des „Ersatzkaisers". Reichswehrminister wurde General Schleicher, der bereits vor der Installierung des Kabinetts Hitler die Aufhebung des SA- und SS-Verbots, die Auflösung des Reichstages und Neuwahlen im Sommer 1932 zugesagt hatte.

Am 4. Juni unterzeichnete Hindenburg eine Verordnung über die Auflösung des Reichstages und Neuwahlen für den 31. Juli und am 14. Juni hob die Papen-Regierung das Verbot der SA und SS auf, mit der Folge, dass die Straßen- und Saalschlachten stark anstiegen. Zu schweren Zusammenstößen kam es am 17. Juli bei einem provokativen Marsch von SA-Formationen durch die „roten" Arbeiterviertel von Altona, der als „Blutsonntag von Altona" in die Geschichte der Weimarer Republik einging. 18 Tote und zahlreiche Verletzte waren die Folgen der blutigen Straßenkämpfe.

Für die Papen-Regierung war dies ein willkommener Anlass, um von Hindenburg eine Verordnung zur Absetzung der Regierung Braun zu erwirken, der Hindenburg auch sofort zustimmte. Am 20. Juli, elf Tage vor einer entscheidenden Reichstagwahl, setzte Papen aufgrund dieser Verordnung die Regierung Braun ab. Es war ein unter Verfassungsbruch vollzogener Staatsstreich.

Das größte deutsche Land Preußen, das seit 1920 ein Bollwerk der Weimarer Republik war, wurde nun kommissarisch von der Papen-Regierung verwaltet. Papen selbst übernahm das Amt eines „Reichskommissars für Preußen" und ernannte den Essener Oberbürgermeister Bracht zum preußischen Innenminister.

Um eventuellen Protesten oder gar einem Generalstreik gegen den Staatsstreich vorzubeugen, wurde für Berlin und die Provinz Brandenburg der Ausnahmezustand verhängt und die vollziehende Gewalt dem Militärbefehlshaber General Rundstedt übertragen, der es auch später unter Hitler zum Feldmarschall bringen sollte.

In Kreisen der SPD herrschte zwar Wut und Empörung, aber angesichts von Millionen Arbeitsloser, von denen viele auch gewerkschaftlich organisiert waren, fehlten wohl die Voraussetzungen für die Ausrufung eines Generalstreiks. Es war eine völlig andere Situation, als beim Abwehrkampf gegen den Kapp-Lüttwitz-Putsch im Jahre 1920.

In dem von Willy Brandt herausgegebenen Buch „Fotogeschichte der deutschen Sozialdemokratie" schreibt Wolfgang Ruppert: „Der Parteivorstand (der SPD) unterließ es, die Arbeiterbewegung zu einer entschiedenen Widerstandsaktion gegen den offenkundigen Verfassungsbruch der Reichsregierung aufzurufen. Ob die Kraft der Arbeiterbewegung hierfür angesichts des hohen Anteils von Gewerkschaftsmitgliedern unter den Arbeitslosen tatsächlich noch ausgereicht hätte, beispielsweise in einer Kombination aus Generalstreik und bewaffneten Aktionen mit Unterstützung von Teilen der preußischen Polizei die demokratische Rechtsstaatlichkeit gegen die offensiv gewordene Rechte zu verteidigen, wissen wir nicht. Ein solcher Versuch wäre jedoch die einzige Chance gewesen, den Verfall der Demokratie aufzuhalten".

Die preußische Regierung klagte zwar gegen den Verfassungsbruch beim Staatsgerichtshof, der nach einem Vierteljahr ein salomonisches Urteil fällte: Die Absetzung der Regierung Braun sei zwar nicht verfassungsgemäß, aber der Reichspräsident habe das Recht einen Reichskommissar für Preußen einzusetzen. Damit änderte sich an dem vollzogenen Staatsstreich nichts. Nun waren auch in Preußen die alten Eliten wieder an der Macht. Das letzte Bollwerk der Weimarer Republik war durch einen Staatsstreich von oben beseitigt worden.

Der „Preußen-Schlag" wurde natürlich auch von der Hitler-Partei begrüßt und der Staatsstreich nützte ihr. Nur wenige Tage später, bei den Reichstagswahlen vom 31. Juli wurden die Nationalsozialisten mit 37,4 % der Stimmen zur stärksten Partei und die Kommunisten erreichten 14,8 %. Damit verfügten die beiden extremen Parteien über eine „negative Mehrheit" im Reichstag, der damit als konstruktives Verfassungsorgan handlungsunfähig wurde und eine so genannte „Verfassungslähmung" eintrat.

In einem Artikel „Heinrich Brüning: Einsamer Kämpfer gegen Hitler" in der „Welt am Sonntag" vom 27. Mai 2007 zieht der Historiker Heinrich August Winkler Bilanz: „Unaufhaltsam war diese Entwicklung nicht. Hindenburg hätte nach seinem Sieg bei der Reichspräsidentenwahl im April 1932 Brüning im Amt belassen können und er war in keiner Weise gezwungen, den Reichstag aufzulösen. Eine Neuwahl stand erst im September 1934 an. Für diesen Zeitpunkt durfte man mit einer wirtschaftlichen Erholung, sinkenden Arbeitslosenzahlen und nachlassendem Zulauf zu den radikalen Parteien rechnen. In jedem Fall war es ein Gebot der Vernunft und der Verantwortung, die gemäßigte, parlamentarisch tolerierte Form der Präsidialregierung so lange wie möglich beizubehalten. Hätten sich Hindenburg und alle, die Einfluss auf ihn hatten, von dieser Einsicht leiten lassen, wäre Hitler vermutlich nicht an die Macht gekommen".

4.) 1933: Die Legende von der „legalen Machtergreifung".

In der letzten freien Reichstagswahl vom 6. November 1932 erlitten die Nationalsozialisten eine schwere Niederlage. Gegenüber den Wahlen vom Juli ´32 verloren sie über zwei Millionen Stimmen, ihr Anteil ging von 37,4 auf 33,1 Prozent zurück. Auch die SPD musste leichte Verluste hinnehmen, während die rechten Parteien DNVP und DVP ebenso zulegten wie die KPD. Goebbels notierte in seinem Tagebuch: „Wir haben eine schwere Schlappe erlitten".

Die Niederlage der Nazi-Partei weckte Hoffnungen bei demokratischen und republikanischen Politikern und Publizisten. Sie glaubten, nun sei der „Hitler-Spuk" zu Ende. So schrieb Carl von Ossietzky in der „Weltbühne" in einem „Wintermärchen" betitelten Leitartikel vom 3. Januar 1933: „Am Anfang des Jahres `32 stand die Nazidiktatur vor der Tür ... An seinem Ende wird die Hitlerpartei von einer heftigen Krise geschüttelt, sind die langen Messer still ins Futteral zurückgesteckt und öffentlich sichtbar nur die langen Ohren des Führers ... Der große völkische Führer mit dem Äußeren und den Allüren eines Zigeunerprimas mag seine Saison haben und mit dieser abblühen. Was er an bösen und hässlichen Instinkten hervorgerufen hat, wird nicht so leicht verwehen und für lange Jahre noch das gesamte öffentliche Leben in Deutschland verpesten. Neue soziale Systeme werden kommen, aber die Folgen Hitlers werden aufstehen, und spätere Generationen noch werden zu jenem Gürtelkampf antreten müssen, zu dem die deutsche Republik zu feige war".

Es sollte damals ein „Wintermärchen" bleiben, aber eines hatte Ossietzky richtig vorausgesehen, mit den Folgen von Hitler mussten sich in der Tat noch die Generationen bis heute beschäftigen.

Aber eines bleibt festzuhalten: Hitler und seine Partei haben niemals eine parlamentarische Mehrheit errungen, die zu einer legalen Machtübernahme hätten führen können. Die angeblich „legale Machtergreifung" ist und bleibt eine Legende, auch wenn heute noch dieser Begriff nach wie vor falsch verwendet und nicht, wie es historisch richtig wäre, von der „Machtübertragung" gesprochen und geschrieben würde.

Mit Recht schreibt der Historiker Hans Ulrich Wehler in seinem Buch „Scheidewege der deutschen Geschichte": „Es bedurfte der Kabalen und Intrigen von einflussreichen Repräsentanten der alten Macht-Eliten, die sich in ihrer Verblendung die ‚Zähmung' des ‚großen Trommlers' zutrauten, um die Machtübertragung an Hitler zu inszenieren. Sie ist jener klassischen Koalition zwischen Konservativen und faschistischen Rechtsradikalen zu verdanken, die bereits Mussolini den Weg ins Machtzentrum freigemacht hatten".

Es waren vor allem die Intrigen und Kabalen von Papen und Schleicher, der letztern beiden Reichskanzler vor dem 30. Januar 1933, denen es geschuldet ist, das Hitler an die Macht kam. Beide hingen der Illusion an, Hitler zu zähmen und dessen Massenbewegung für ihre Interessen nutzen zu können. Schleicher mit dem Versuch, die Nazi-Partei zu spalten und Hitlers Gegenspieler Gregor Strasser aus der Nazipartei in sein Kabinett einzubinden. Papen mit der Illusion, eine „Regierung der nationalen Konzentration" zu bilden, in dem Hitler zwar Kanzler werden, aber die alten Eliten das Sagen haben würden, um Hitler zu zähmen. Wobei für Papen dabei auch eine Rolle gespielt haben dürfte, dass die alten Eliten mit einigen Zielen Hitlers durchaus übereinstimmten.

Der Diplomat und Widerstandskämpfer Erich Kordt, der aus dem Auswärtigen Amt die Intrigen und Kabalen der „Hofkamarilla" um Hindenburg verfolgte, schildert in seinem Buch „Wahn und Wirklichkeit" die letzten Tage vor der Machtübertragung: „In den kritischen letzten Tagen benutzte Papen, um von seiner Wohnung, Wilhelmstraße 74 zur zeitweiligen Residenz des Reichspräsidenten Wilhelmstraße 77 zu gelangen, den Weg durch die hinter dem Auswärtigen Amt gelegenen Gärten, zu denen er Schlüssel besaß. Dadurch entgingen die vertraulichen Besprechungen zwischen Hindenburg, seinem Sohn Oskar, dem Staatssekretär Meißner und Papen den sonst wachsamen Augen Schleichers. Als in letzter Minute das Komplott ruchbar wurde, dachte Schleicher einen Augenblick daran, einen Staatsstreich zu machen. Da er jedoch der Reichswehr gegen den Reichspräsidenten nicht sicher sein konnte, ließ er der Entwicklung ihren Lauf“.

In diesen Besprechungen zwischen Papen, Meißner und Hindenburg fiel die Entscheidung, Hitler am 30. Januar 1933 die Macht in die Hände zu geben. Dabei waren es vor allem Papen und Hindenburgs Sohn Oskar, die für diese Entscheidung warben.

In seinem Buch „Wendezeiten der Geschichte“ schreibt der Historiker Karl Dietrich Bracher: „Dass Hitler zu einem Zeitpunkt zum Reichskanzler berufen und mit allen präsidialen Vollmachten ausgestattet wurde, als seine Partei in einer tiefen Krise steckte, das macht die Entscheidung vom 30. Januar und die Intrigen der dafür verantwortlichen Papen-Meißner-Gruppe zu einem der folgenreichsten Fehlhandlungen der Geschichte … In der Tat ist Hitler der Durchbruch zur Macht erst durch eine Reihe persönlicher Intrigen und Täuschungsmanöver möglich geworden. Er hat in freien Wahlen nie viel mehr als ein Drittel der deutschen Wähler gewonnen“.

Es bleibt die historische Schuld der Kamarilla um den Feldmarschall-Präsidenten von Hindenburg, dass sie Hitler die Macht ausgerechnet in dem Augenblick überantwortete, als die Nazi-Bewegung im November 1932 erstmals über zwei Millionen Stimmen bei einer Reichstagswahl verloren hatte, und manche glaubten, dass der Höhepunkt der Nazi-Bewegung damit überschritten und die Gefahr für die Zukunft gebannt sei.

Am 31. Januar 1933 schrieb Theodor Wolff in einem Leitartikel „Es ist erreicht“ im „Berliner Tageblatt“: „Es ist erreicht. Hitler ist Reichskanzler, Papen Vizekanzler, Hugenberg Wirtschaftsdiktator, die Posten sind so, wie es die Herren der ‚Harzburger Front‘ erstrebt hatten, verteilt. Die Nationalsozialisten haben, mit Frick und Göring, auch die beiden Innenministerien, das im Reich und das in Preußen, in die Hand bekommen … Die Zentrumsführer, die Herren Kaas und Brüning, haben gemeint, sich die Garantien für ein gesetzliches, parlamentarisches System auch unter Hitler verschaffen zu können. Wir haben mit Warnungen nicht gespart, und vielleicht werden die Optimisten heute bereits zu Pessimisten geworden sein und sich ihren Irrtum eingestehen. Man hat sie überrumpelt, und ehe sie von Hitler die ‚Garantien‘ erhalten konnten, die auch doch immer nur zerreißbare Zwirnsfäden gewesen wären, hat man schnell, ganz ohne sie, dieses Kabinett zustande gebracht. Ein Kabinett, in dem die Leute sitzen, die seit Wochen und Monaten verkündet haben, alles Heil – gemeint war das ihrige – liege im Staatsstreich, im Verfassungsbruch, in der Beseitigung des Reichstages, in der Knebelung der Opposition, in der unbegrenzten diktatorischen Gewalt".

Unter dem Titel „Kamarilla" schrieb Carl von Ossietzky am 31. Januar 1933 in der „Weltbühne": „Wichtiger als der leidende Held dieser Haupt- und Staatsaktion ist die Art, wie sie gemacht wurde. Sie demonstriert in schlagender Weise die Natur jenes präsidialen Regimes, das von servilen Juristen als gottgewollte deutsche Staatsordnung gefeiert wird ... Sobald der Präsident der Republik Befugnisse verlangt, die über die Verfassung hinausgehen, ist der Notstand da. Er wächst in dem Maße, in dem das Staatsoberhaupt von obskuren Gestalten beeinflusst wird, die als ‚Gutsnachbarn' oder alte ‚Regimentskameraden' sein geneigtes Ohr finden. Wenn nicht mehr das Vertrauen des Parlaments Kabinette trägt oder verabschiedet und alles vom Vertrauen oder Misstrauen des Reichspräsidenten abhängt, dann ist ein erheblicher Notstand nicht zu verkennen. Der staatliche Notstand ist vorhanden. Er heißt Hindenburg und nicht anders".

Bereits im November 1931 war Ossietzky verurteilt worden, weil er die geheime Aufrüstung der so genannten „Schwarzen Reichswehr" in enger Zusammenarbeit mit der Roten Armee der Sowjetunion aufgedeckt und öffentlich gemacht hatte. Von Mai 1932 bis zur Amnestie Weihnachten 1932 war er in Haft und wurde am Morgen nach dem Reichstagsbrand im Februar 1933 erneut festgenommen und in mehrere Konzentrationslager verschleppt. Am 23. November 1936 erhielt er den Friedensnobelpreis, durfte ihn aber nicht in Empfang nehmen. Er verstarb am 4. Mai 1938, von den Folterungen gezeichnet, im Berliner Nordend-Krankenhaus.

Theodor Wolff teilte mit vielen Nazi-Gegnern das Schicksal der Emigration, die ihn nach Nizza in Südfrankreich führte, wo er im Mai 1943 von der italienischen Besatzungsmacht an Hitlers Gestapo ausgeliefert wurde. Nach einer qualvollen Odyssee durch Gefängnisse und Konzentrationslager starb er am 15. September 1943 im Berliner Jüdischen Krankenhaus. Sein Sohn Rudolf Wolff verwaltete nach dem Krieg in Paris die Vermächtnisse seines Vaters und es ist ihm in Zusammenarbeit mit Professor Bernd Sösemann zu verdanken, dass die Schriften von Theodor Wolff nach dem Krieg mit Unterstützung des Verlegers Dietrich Oppenberg und der „Stiftung Pressehaus NRZ" wieder der Öffentlichkeit zugänglich gemacht wurden. Rudolf Wolff arbeitete nach der Gründung der WAZ viele Jahre für diese Zeitung, zusammen mit einem anderen Redakteur des „Berliner Tageblatts", George Wronkow, der für die WAZ als Korrespondent bei der UNO in New York tätig war. Mit Beiden verband mich als verantwortlicher außenpolitischer Redakteur der WAZ eine jahrelange freundschaftliche Zusammenarbeit.

Ich werde nie vergessen, wie mir George Wronkow bei meinem Studienaufenthalt an der Columbia-Universität in New York im Jahre 1968 erzählte, wie er den 30. Januar 1933 in der Redaktion des „Berliner Tageblattes" erlebte: Das Haus war bereits von der SA umstellt. Chefredakteur Theodor Wolff war bereits zum Rücktritt gezwungen worden. Der Redakteur des Wirtschaftsressorts erklärte auf einer Redaktionskonferenz: „Ich übernehme die Gesamtredaktion und wir nehmen eine korrekte Haltung ein und stellen uns hinter die neue Regierung". Viele der Kollegen von George trugen bereits das Parteiabzeichen, das sie wohl bisher verstohlen hinter dem Revers versteckt hatten. So auch Georges Sekretärin, die ihn aber ermahnte, sofort zu verschwinden, da er auf einer Verhaftungsliste stehe. Der Fahrstuhlführer des Hauses in neuer brauner Uniform erwies sich als Führer des SA-Sturms 66, der das Verlagshaus bewachte.

Auf seinem Schreibtisch fand er ein Schreiben des Verlagsdirektors Karl Vetter vor, der früher der Bewegung „Nie wieder Krieg" angehört hatte. In dem Schreiben wurde George mitgeteilt. „Da wir Ihre Zuverlässigkeit zur Neuen Staatsform bezweifeln müssen, kündigen wir Sie mit sofortiger Wirkung. Sollten Sie noch einmal das Verlagsgebäude betreten, so würden wir uns gezwungen sehen, die Polizei zu verständigen".

Nur mit Mühe gelang es George auf Umwegen das Verlagshaus zu verlassen. In einem Reisebüro kaufte er eine Wochenendkarte für den Dampfer „Odin" nach Kopenhagen. „Es war meine erste und einzige Reise mit der Nazi-Organisation ‚Kraft durch Freude'", erklärte mir George Wronkow lachend. Von Dänemark aus ging er nach New York in die Emigration.

Diese Schilderung von George Wronkow zeigt wohl in aller Deutlichkeit, wie sich bereits am Tage der Machtübertragung die Anpassung an das neue Regime vollzogen hatte.

Hitlers „Ermächtigungsgesetz".

Theodor Wolff sollte in der Einschätzung der Rolle des Zentrums Recht behalten. Dies zeigte sich vor allem bei dem von Hitler geforderten „Ermächtigungsgesetz", das den verschleiernden Titel trug: „Gesetz zur Behebung der Not von Volk und Reich", mit dem Hitler seine absolute Macht sichern wollte. Für die Verabschiedung dieses Gesetzes, über das am 23. März 1933 abgestimmt wurde, war eine Zweidrittelmehrheit notwendig, über die Hitlers Regierung nicht verfügte. Sie brauchte die Zustimmung des Zentrums.

Als sich der Reichstag am 23. März in der Krolloper zu der entscheidenden Sitzung versammelte, hatten sich vor dem Gebäude und innerhalb zahlreiche bewaffnete SA- und SS-Leute versammelt, die in Sprechchören die Zustimmung zum Gesetz verlangten. Die kommunistischen Abgeordneten, die zum größten Teil bereits verhaftet worden oder geflohen waren, wurden von Reichstagspräsident Göring erst gar nicht zur Sitzung geladen und von den 120 sozialdemokratischen Abgeordneten waren nur 93 erschienen, weil auch viele von ihnen bereits in Haft waren.

Über die Haltung des Zentrums in diesen entscheidenden Tagen schreibt Erich Kordt in seinem Buch „Wahn und Wirklichkeit": „Am unfasslichsten aber ist es, dass das Zentrum sich ebenso täuschen ließ wie die Helfershelfer Hitlers. Da Hitler die Stimmen des Zentrums für die Annahme des Ermächtigungsgesetzes brauchte, ließ er durch Göring und Frick Verhandlungen mit dieser Partei führe. Die nationalsozialistischen Unterhändler versprachen, von dem Ermächtigungsgesetz keinen Gebrauch zu machen, um die festgelegten Grundrechte, die Unabhängigkeit der Justiz und die Rechte der Volksvertreter zu schmälern. Es wurde am Tage vor der Abstimmung vereinbart, dass diese Zusagen in einem Brief an die Zentrumspartei niedergelegt werden sollten. Als zu Beginn der entscheidenden Reichstagssitzung der Brief noch nicht vorlag, stellten der Prälat Kaas und der ehemalige Reichskanzler Brüning die nationalsozialistischen Unterhändler. Göring und Frick äußerten, es sei ihnen unverständlich, dass der Brief sich noch nicht in den Händen der Zentrumspartei befände. Göring versicherte, er habe selbst gesehen, wie Hitler den Brief unterschrieben und zur Absendung gegeben habe. Die Zentrumsführer schenkten diesen Erklärungen Glauben und ihre Partei stimmte für das Gesetz. Der Brief Hitlers ist nie in ihre Hände gelangt". So kam das „Ermächtigungsgesetz" Hitlers durch Täuschung und Lügen zustande. Es bleibt das historische Verdienst der SPD, als einzige Partei gegen das Gesetz gestimmt zu haben.

Das Zentrum aber, das Hitler in seinem Buch „Mein Kampf" als „verführerischen politischen Katholizismus" verächtlich gemacht hatte, betrieb die Unterwerfung unter das Nazi-Regime weiter. Der ehemalige Reichskanzler Papen, sein Kollege Brüning und der Vorsitzende des Zentrums, Kaas, engagierten sich für den Abschluss eines Reichskonkordats zwischen dem Vatikan und der Hitler-Regierung, das am 27. Juli abgeschlossen wurde und als erster völkerrechtlicher Vertrag dem Regime zur internationalen Anerkennung verhalf.

Gegen die Preisgabe der christlichen Gewerkschaften, der christlichen Jugendverbände und der Zentrumspartei glaubte der Vatikan, damals vertreten durch den Kardinalstaatssekretär Pacelli, dem späteren Papst Pius XII., die Freiheit der Kirche in ihren inneren Angelegenheiten erhalten zu können. Das war ein weiterer Trugschluss, nur wenige Monate später wurden, wie ich selbst erlebte, die katholischen Jugendverbände verfolgt, die Kreuze aus den Schulen entfernt und durch „Bilder des Führers" ersetzt. Als Folge des Konkordats löste sich das Zentrum am 5. Juli 1933 selbst auf, für viele ihrer Mitglieder ein ungeheurer Schock.

In seinem Buch von 1976 unter dem Titel „Wie war es möglich?", der wohl nie enggültig zu klärenden Frage, schreibt Alfred Grosser: „Alle anderen Fraktionen, die nicht zur Regierung gehören, stimmten mit ja. Die fünf liberalen Abgeordneten, darunter Theodor Heuß, der spätere Bundespräsident, sowie die Bayerische Volkspartei, der traditionelle Verbündete des katholischen Zentrums und dieses selbst, dessen Votum den Ausschlag gibt. Hitler hat ihm einen Brief in Aussicht gestellt, worin die konfessionellen Freiheiten garantiert werden sollten – doch er wurde nie geschrieben. Im letzten Moment beschließt die Fraktion, geschlossen mit Ja zu stimmen. Vor und nach dem 23. März kam ihnen die Blindheit und Schwäche der Mehrzahl ihrer Gegner zugute. Bis zum Ende machten die Kommunisten sich Illusionen über die künftig von Hitler zu erwartende Repression. Die Sozialdemokraten protestierten nicht, als die Kommunisten verfolgt wurden. Die Liberalen und das Zentrum reagierten so gut wie gar nicht auf die Verhaftungen und Misshandlungen von Sozialisten, und die katholische Kirche kümmerte sich nur um ihre Mitglieder. Ein jeder glaubte, er würde verschont bleiben, wenn er sich nur nicht mit seinem jeweils Nächsten solidarisierte".

In einem Beitrag „Die Legalitäts-Legende" in den „Blättern für deutsche und internationale Politik" vom Februar 2008 weist der Richter am Bundesverwaltungsgericht, Dieter Deiseroth, nach, dass das Ermächtigungsgesetz wie viele andere Gesetze und Verordnungen der frühen Phase des Nazi-Regimes verfassungswidrig waren: „Hätte der deutsche Juristenstand 1933 die Weimarer Verfassung und das geltende Recht wirklich ernst genommen und angewendet, hätte er genügend Gelegenheit gehabt, eine Vielzahl von Gesetzes- und Verfassungsbrüchen der NS-Machthaber zu diagnostizieren und zu beanstanden. Dies betraf nicht nur die Hinnahme der höchst umstrittenen, von den Nazis als Voraussetzung ihrer Regierungsbeteiligung jedoch durchgesetzten und mit der geltenden Verfassung nicht zu vereinbarenden Notverordnung des Reichspräsidenten vom 1. Februar 1933 über die Auflösung des erst am 6. November 1932 gewählten Reichstages ... Dezidiert verfassungswidrig war schließlich auch das Ermächtigungsgesetz vom 24. März 1933. Denn der Reichstag war zu dieser bedeutsamen Sitzung nicht ordnungsgemäß zusammengesetzt und hatte nicht in der von der Verfassung vorgeschriebenen Weise frei, unbehindert und unbedroht beraten und abstimmen können ... Die Angehörigen des ‚deutschen Juristenstandes' sowohl in den Universitäten als auch in den Gerichten wären eigentlich dazu berufen gewesen, diese Maßnahmen näher unter die juristische Lupe zu nehmen. Stattdessen schaute man weg und strickte mit an der Legende von der ‚legalen Machtübernahme'. Wer heute diese Zusammenhänge nicht in den Blick nimmt, steht in der Gefahr, diese Legende weiter fortzuschreiben".

5.) 1934: Die Legende vom „Röhm-Putsch.

Im Februar 1934 hatte Hitler, nicht zuletzt durch das „Ermächtigungsgesetz" die meisten seiner innenpolitischen Ziele erreicht: die totalitäre NS-Herrschaft greift in alle Bereiche der Gesellschaft hinein. Gegner sind ausgeschaltet, die Parteien verboten, die Gewerkschaften zerschlagen und durch die so genannte „Reichsarbeitsfront" ersetzt. Aber Hitler will die absolute Macht. Dazu braucht er das Vertrauen der Wehrmacht, die er auch für seine in dem Buch „Mein Kampf" schon deutlich ausgesprochenen Ziele benötigt.

Dabei steht ihm der „Stabschef" der SA im Wege, der von einer „zweiten Revolution" faselt und die Reichswehr mit seinen SA-Sturmabteilungen zu einer Art „Miliz-Armee" zusammenfassen will, was natürlich auf den entschiedenen Widerstand der Reichswehrführung trifft.

Hitlers Konsequenz: Röhm und die Führung der SA muss verschwinden, dazu wird die Legende von einem bevorstehenden Putsch der SA unter Führung von Röhm gestrickt. Dazu helfen SS-Führer Heinrich Himmler, Gestapo-Chef Reinhard Heydrich und Göring, der spätere „Reichsmarschall", die alle auch eine persönliche Rechnung mit Röhm „zu begleichen" haben.

Am 28. Juni 1934 fällt in Essen die Entscheidung, wo sich Hitler und Göring auf der Hochzeitsfeier von Gauleiter Josef Terboven befinden. Hitler erhält einen dringenden Telefonanruf von Himmler, der ihm erklärt, der „Röhm-Putsch stehe unmittelbar bevor". Hitler eilt in seine Suite ins „Hotel Kaiserhof" und gibt seine Befehle. Viktor Lutze, der später Nachfolger von Röhm als Stabschef der SA wird, schreibt in seinen Erinnerungen: „Hier auf seinem Zimmer im ‚Kaiserhof' ging nun der Fernsprecher fast ununterbrochen. Der Führer überlegte stark, war sich aber klar darüber, dass er jetzt zuhauen musste".

Hitler befiehlt Röhm telefonisch für den 30. Juni eine SA-Führerbesprechung nach Bad Wiessee einzuberufen, was in der SA-Führung die Illusion weckt, er wolle auf Röhms Pläne eingehen. In Wirklichkeit diente die Tagung der leichteren Beseitigung der SA-Spitze. Göring wird von Hitler nach Berlin beordert, wo er auf ein Code-Wort eine weitere „Säuberungsaktion" durchführen soll.

Der Kommandeur von Hitlers „Leibstandarte", Sepp Dietrich, erhält den Befehl, sich am 29. Juni abends bei Hitler im „Rheinhotel Dreesen", in Bad Godesberg einzufinden. Unterstützt und bewaffnet von der Reichswehr, soll Dietrich mit zwei Kompanien der „Leibstandarte" die Mordaktion gegen die SA-Führer in München und Bad Wiessee durchführen.

In der Nacht zum 30. Juni fliegt Hitler mit seinen Begleitern von Bonn nach München. Nachdem er hier die Münchener SA-Führer hat erschießen lassen, fährt er nach Bad Wiessee und lässt Röhm und seine SA-Führer in der Pension Hanselbauer aus den Betten holen, verhaften und in das Gefängnis München-Stadelheim bringen, wo die Erschießungskommandos der Leibstandarte auf ihre Opfer warten. In seinen Erinnerungen berichtet Lutze, dass Hitler mit gezogener Pistole in Begleitung von Kriminalbeamten selbst in Röhms Zimmer eingedrungen sei und ihn einen „Verräter" genannt habe. „Adolf, bist Du verrückt geworden?", soll Röhm geantwortet haben, als er abgeführt und ins Gefängnis nach Stadelheim gebracht wird, wo er später auf Befehl Hitlers von dem Kommandanten des Konzentrationslagers Dachau, Theodor Eicke, erschossen wird.

In Berlin leiten Himmler und Göring die Mord-Aktion. Hier sind nicht nur SA-Führer die Opfer, sondern vor allem unliebsame Kritiker des Nazi-Regimes aus dem konservativen Lager: Hitlers Vorgänger als Reichskanzler, General Schleicher und seine Frau, weil sie angeblich „Widerstand geleistet" haben; Reichswehrgeneral von Bredow; der Leiter der katholischen Aktion, Erich Klausener, der frühere Mitkämpfer Hitlers Gregor Strasser und andere.

Am 3. Juni erließ das Kabinett mit den Stimmen seiner konservativen Minister ein Gesetz, mit dem die Verbrechen nachträglich „legitimiert" werden sollten: „Die zur Niederschlagung hoch- und landesverräterischer Angriffe am 30. Juni, 1. und 2. Juli vollzogenen Maßnahmen sind als Staatsnotwehr rechtens". Das findet natürlich auch die Billigung Hindenburgs und die Reichswehr nimmt die kaltblütige Ermordung zweier ihrer Generale hin.

Der konservative Staatsrechtler Carl Schmitt liefert eine nachträgliche Scheinrechtfertigung mit den Worten: „Der Führer schützt das Recht vor dem schlimmsten Missbrauch, wenn er im Augenblick kraft seines Führertums als Oberster Gerichtsherr unmittelbar Recht schafft. Der wahre Führer ist immer auch Richter".

Reichswehrminister von Blomberg dankte Hitler vor dem Kabinett für sein „entschlossenes und mutiges Handeln". Damit hatte auch die Reichswehr den Bruch mit der Rechtsstaatlichkeit sanktioniert.

Die Reichswehr wird auf Hitler vereidigt.

Hitler benötigte die Unterstützung der Reichswehr auch für ein anderes Vorhaben. Es ging um die Funktion des Reichspräsidenten als Oberbefehlshaber der Wehrmacht. Hitler selbst strebte diese Machtposition im Falle des Todes von Hindenburg an, der sich am 4. Juni, gezeichnet von schwerer Krankheit, auf sein Gut Neudeck in Ostpreußen zurückgezogen hatte. Niemand rechnete damit, dass er noch einmal nach Berlin zurückkehren würde.

Nur einen Monat nach dem Mordkomplott vom 30. Juni tritt das Ereignis ein, auf das Hitler gewartet hatte. Hindenburg stirbt am 2. August 1934 und Hitler vereinigt mit Zustimmung des Kabinetts und unter Duldung der Reichswehr das Amt des Reichspräsidenten mit dem des „Führers und Reichskanzlers". Noch bei der Beschlussfassung des Kabinetts erklärt Reichswehrminister von Blomberg, dass er die Soldaten der Wehrmacht nun auf den „Führer und Reichskanzler" vereidigen lassen werde.

Ohne jede gesetzliche Grundlage hatten Werner von Blomberg und Generaloberst Walter von Reichenau im vorauseilenden Gehorsam dafür auch bereits die Eidesformel vorbereitet: „Ich schwöre bei Gott diesen heiligen Eid, dass ich dem Führer des deutschen Reiches und Volkes, Adolf Hitler, dem Obersten Befehlshaber der Wehrmacht, unbedingten Gehorsam leisten und als tapferer Soldat bereit sein will, jederzeit für diesen Eid mein Leben einzusetzen".

Am 20. August 1934 richtete Hitler folgendes Dankschreiben an Blomberg: „Herr Generaloberst! Heute, nach der erfolgten Bestätigung des Gesetzes vom 2. August durch das deutsche Volk, will ich Ihnen und durch Sie der Wehrmacht Dank sagen für den mir als ihrem Führer und Oberbefehlshaber geleisteten Treueid. So wie die Offiziere und Soldaten der Wehrmacht sich dem neuen Staat in meiner Person verpflichteten, werde ich es jederzeit als meine höchste Pflicht ansehen, für ihren Bestand und die Unantastbarkeit der Wehrmacht einzutreten, in Erfüllung des Testaments des verewigten Generalfeldmarschalls und getreu meinem eigenen Willen, die Armee als einzigen Waffenträger der Nation zu verankern".

Mit diesem Akt hatte sich die Führung der Reichswehr endgültig mit dem NS-Regime identifiziert. Und wie sich später erwies, wurden viele Offiziere der Wehrmacht durch den Eid auf Hitler in schwere Gewissenskonflikte gestürzt, die ihnen den Weg in den Widerstand erschwerten.

In seinem Buch „Wendezeiten der Geschichte" schreibt Karl Dietrich Bracher zur Rolle der Reichswehr: „Entgegen den Hoffnungen auch vieler Konservativer hatte sie die Machtergreifung, die Ermordung der Generale von Schleicher und von Bredow, die Vereidigung auf Hitler, ohne Protest hingenommen. Mit der anfänglichen Zusicherung der militärischen Autonomie hat Hitler das Offizierskorps alten Schlages zu befriedigen vermocht. Hinzu kam die vermeintliche Gemeinsamkeit der militärischen und nationalsozialistischen Interessen: Rüstungspolitik, Beseitigung der Versailler Beschränkungen ... Als eine eigene Machtgruppe zu handeln, war der Wehrmacht schon nach dem Versagen von 1934 kaum mehr möglich ... Es zeigte sich, dass die deutsche Militärtradition im Grunde kein tragfähiges Fundament für einen politischen Widerstand bot ... Ihr Ansatzpunkt lag nicht in der Reichswehrtradition, sondern in der Gewissensentscheidung von einzelnen".

6.) 1936: Hitlers Einmarsch in die entmilitarisierte Zone des Rheinlandes – Die Westmächte sehen zu. Eine verpasste Chance, Hitler noch zu stoppen.

„Es ist ihre letzte Chance. Wenn Sie Deutschland jetzt nicht Einhalt gebieten, ist alles verloren. Wenn Sie nicht an dem Vertrag von Locarno festhalten, wird Ihnen nichts anderes übrig bleiben, als die Wiederaufrüstung Deutschlands abzuwarten, gegen die Frankreich nichts tun kann. Wenn Sie Deutschland heute nicht mit Gewalt zum Stillstand zwingen, ist der Krieg unvermeidlich". Mit diesen beschwörenden Worten versuchte der damalige französische Außenminister Flandin die britische Regierung für eine gemeinsame militärische Aktion zu gewinnen, als Hitler am 7. März 1936 unter Bruch der Verträge von Versailles und Locarno Truppen der Wehrmacht in die „entmilitarisierte Zone" des Rheinlandes einrücken ließ.

Die Welt hielt den Atem an, als Hitler am Morgen des 7. März in einer eilig einberufenen Sitzung des Reichstages verkündete, dass „in dieser geschichtlichen Stunde deutsche Truppen in den westlichen Provinzen des Reiches ihre künftigen Friedensgarnisonen beziehen". Würden Frankreich und England eingreifen, war die offene Frage.

In Frankreich gab es einen gewaltigen Proteststurm und einen Augenblick schien es, als würde sich die Regierung in Paris zu militärischem Eingreifen aufraffen. Aber schon nach wenigen Stunden wurde deutlich, dass es zwischen Paris und London große Meinungsverschiedenheiten gab und für eine gemeinsame militärische Intervention keine Aussicht bestand.

Winston Churchill schreibt in seinen Erinnerungen „Der zweite Weltkrieg": „Erster Impuls der französischen Regierung war, sofort mit einer allgemeinen Mobilmachung zu antworten. Wäre sie ihrer Aufgabe gewachsen gewesen, so hätte sie es getan, das hätte alle anderen gezwungen, sich neben Frankreich zu stellen. Aber Frankreich schien unfähig, ohne Englands Beispiel vorzugehen. Das ist eine Deutung, keineswegs aber eine Entschuldigung ... Wie immer es auch war, sie erhielten von England keine Ermutigung. Im Gegenteil, wenn sie zögerten dagegen einzuschreiten, so zögerten die britischen Verbündeten ihrerseits nicht im Abraten ... Die britische Regierung ermahnte die Franzosen zu warten ... Ein Samtteppich für den Rückzug".

Nach der Überzeugung Churchills wäre die französische Armee allein in der Lage gewesen, Hitler Paroli zu bieten, aber sie sei von er britischen Regierung, die den Weg des geringsten Widerstandes suchte, gedrängt worden sich mit einem Appell an den Völkerbund zu wenden.

Erich Kordt schreibt in seinem Buch „Wahn und Wirklichkeit": Niemand habe am Morgen des 7. März in der Londoner Downing Street mit ernsten Komplikationen gerechnet. „Deutschland habe mit der Axt eine Tür eingeschlagen, die sich ohnehin innerhalb kürzester Zeit geöffnet hätte". Der Chefredakteur der Londoner „Times", der am 8. März vom Premierminister Baldwin in die Downing Street gerufen worden war, sei über die Hilflosigkeit des leitenden britischen Staatsmanns erschüttert gewesen. Er beschrieb Baldwin als „einen Mann, der im Dunkeln tappt".

Die vorherrschende britische Auffassung, Hitler sei nur in „den eigenen Vorgarten einmarschiert" und es bestehe keine ernsthafte Bedrohung, kam sehr deutlich in der Rede des britischen Außenministers Eden am 9. März vor dem Unterhaus zum Ausdruck: „Gott sei Dank kann ich sagen, dass kein Grund besteht für die Annahme, dass der gegenwärtige Schritt der deutschen Regierung Feindseligkeiten einschließt oder solche hervorzurufen droht. Die deutsche Regierung spricht in ihrem Memorandum von ihrem unveränderlichen Wunsch nach einer wirklichen Befriedung Europas und erklärt ihre Bereitschaft, einen Nichtangriffspakt mit Frankreich und Belgien abzuschließen".

Eine gemeinsame Aktion Englands und Frankreichs kam nicht zustande. Später bekannte Hitler, dass „die 48 Stunden nach dem Einmarsch die aufregendste Zeit" in seinem Leben gewesen sei. „Wären die Franzosen damals ins Rheinland eingerückt, hätten wir uns mit Schimpf und Schande wieder zurückziehen müssen, denn die militärischen Kräfte, über die wir verfügten, hätten keinesfalls auch nur zu einem mäßigen Widerstand ausgereicht".

Zwar wurde Deutschland am 18. März 1936 auf der Londoner Sitzung des Völkerbundes des Vertragsbruchs für schuldig befunden. Aber Sanktionen wurden nicht verhängt.

Winston Churchill zog die Bilanz: „Niemand kümmerte sich darum, dass man ganz Europa den Beweis geliefert hatte, dass Frankreich nicht zum Kampfe entschlossen war und dass England es zurückgehalten hatte, selbst wenn es den Entschluss hätte fassen wollen. Diese Vorfälle stärkten Hitlers Machtstellung im Reich und brachten auf schändliche und für den deutschen Patriotismus entehrende Weise die Generale zum Schweigen, die Hitler hätten aufhalten wollen".

Die englische „Beschwichtigungspolitik" gegenüber Hitler, die bis 1938 fortdauern sollte, hatte begonnen. Seit 1935 war Hitler zielstrebig daran gegangen, sich durch eine Wiederaufrüstung die Voraussetzungen für seine aggressive expansionistische Außenpolitik zu schaffen. Am 16. März 1935 wurde die allgemeine Wehrpflicht wieder eingeführt. Schon dies ließen die Westmächte ohne Aktionen geschehen. Am 18. Juni 1935 wurde die Welt durch den Abschluss eines deutsch-britischen Flottenabkommens überrascht, das Hitler gestattete, die Stärke der deutschen Kriegsflotte bis auf 35 Prozent der britischen Seestreitmacht aufzurüsten.

Erich Kordt in „Wahn und Wirklichkeit": „Auch überzeugte Gegner Hitlers wurden irre, als das Ausland sich in steigendem Maße bereit fand, eine gewaltsame Abänderung ungerechter Bestimmungen des Versailler Vertrages durch Hitler fast ohne Widerspruch hinzunehmen, auch dann, wenn eine friedliche Revision vorher den demokratischen Regierungen Deutschlands hartnäckig, häufig mit den schlechtesten und schwächsten Argumenten verweigert worden war ... Wir haben schon wiederholt darauf hingewiesen, dass die Ziellosigkeit und Inkonsequenz der Westmächte Hitler zu immer neuen und immer gewagteren Abenteuern ermutigte".

Auch der Historiker Gordon Craig und der Politikwissenschaftler Alexander George schreiben in ihrem Buch „Zwischen Krieg und Frieden": Winston Churchill und andere „benannten zu wiederholten Male den neuralgischen Punkt der Appeasement-Politik: dass Diktatoren sich nicht mit Zugeständnissen würden beschwichtigen lassen. Sie wiesen darauf hin, dass Hitler nach wie vor von dem Verlangen nach ‚Lebensraum' beseelt sei, das er in ‚Mein Kampf' ausposaunt hatte".

Und Sebastian Haffner in seinem Buch: „Zwischen den Kriegen": „Die ganz außerordentlich verständnisvolle Haltung des westlichen Auslandes – besonders Englands und Frankreichs, die der demokratischen Republik erst in herrischer Siegerhaltung. später immer noch mit Misstrauen begegnet waren, waren Hitler gegenüber wie ausgewechselt – hat viel dazu beigetragen, dass die große Mehrheit der Deutschen in den mittleren dreißiger Jahren innerlich vor Hitler kapitulierte und alle Vorbehalte fallen ließ".

In seinem Standardwerk „Das vergangene Reich – Deutsche Außenpolitik von Bismarck bis Hitler" schreibt der Historiker Klaus Hildebrand zur Situation von 1936: „Hitlers Strategie ging auf. Gewaltsame Tatsachen zu schaffen und verlockend von der Verständigung zu sprechen, den Westen barsch zu überrumpeln und scheinbar entgegen zu kommen ... Bis zum Ende des Jahres 1938 jedenfalls verfing der diabolische Schachzug ein ums andere Mal. Daher wurde der März 1936 für Hitler zum Triumph. ‚Der Führer strahlt', vertraute Goebbels seinem Tagebuch schon am 8. März an, ‚England bleibt passiv. Frankreich handelt nicht allein, Italien ist enttäuscht und Amerika uninteressiert. Wir haben wieder die Souveränität über unser eigenes Land.' In der Tat, Hitlers Zuversicht wurde nicht enttäuscht. In den westlichen Hauptstädten verdrängte vordergründige Betriebsamkeit überlegtes Handeln. Das lag nicht zuletzt daran, dass die Westmächte sich nicht darüber einig waren, was zu tun sei. England sah schon seit dem Jahre 1935 keine Veranlassung Krieg zu führen, wenn die Deutschen, wie der Empirepolitiker Lord Lothian bemerkte, ihren ‚eigenen Hintergarten' wieder betraten. Stimmen, die zur Aktion mahnten, fanden kein Gehör. Der Friede schien Premierminister Baldwin ‚fast jedes Risiko wert'".

7.) 1938: Die Blomberg-Fritsch-Krise, die Sudeten-Krise und die „verlassenen Verschwörer".

„Die Befehlsgewalt über die gesamte Wehrmacht übe ich von jetzt an unmittelbar persönlich aus. Das bisherige Wehrmachtsamt im Reichskriegsministerium tritt mit seinen unmittelbaren Aufgaben als Oberkommando der Wehrmacht und als mein militärischer Stab unter meinen Befehl". Diesen Erlass Hitlers vom 4. Februar 1938 feierten das „Kampfblatt" der Nazi-Partei und die gleichgeschaltete Presse als „stärkste Konzentration aller Kräfte in der Hand des Obersten Führers".

Generalfeldmarschall Werner von Blomberg, Reichskriegsminister und Oberbefehlshaber der Wehrmacht, und Generaloberst Freiherr von Fritsch, Oberbefehlshaber des Heeres, reichten aus „Gesundheitsgründen" ihre Demission ein. 16 Generale wurden in den Ruhestand versetzt.

Diesem Erlass war eine Schmierenkomödie vorangegangen, die von der Gestapo in Zusammenarbeit mit Himmler und Göring inszeniert worden war, Blomberg wurde beschuldigt, eine Frau mit einer „zweifelhaften Vergangenheit" geheiratet zu haben, was für einen hohen Offizier der Wehrmacht „nicht standesgemäß" sei und Fritsch wurde durch einen gedungenen Spitzel beschuldigt, homosexuelle Beziehungen zu unterhalten, was sich später eindeutig als Fälschung herausstellte.

Aber Blomberg und Fritsch waren für Hitler unbequem geworden, weil sie auf einer Tagung der militärischen Führung am 5. November 1937 gegen die von Hitler erläuterten Pläne für die Besetzung Österreichs und die „Liquidierung der Tschechoslowakei" Einwände erhoben hatten.

Am 4. Februar 1938 wurde auch Hitlers Kabinett umgebildet. Anstelle von Freiherr von Neurath übernahm Joachim von Ribbentrop das Außenministerium, Walter Funk anstelle von Schacht das Wirtschaftsministerium. Damit waren auch im Kabinett die letzten „konservativen Kräfte" ausgeschaltet.

Im Sommer 1938 bildete sich gegen die Kriegspläne Hitlers eine Widerstandsgruppe, an der neben führenden Militärs, Männer aus der Beamtenschaft und aus den Geheimdiensten, vor allem aus der Abwehr von Admiral Canaris teilnahmen.

Dazu schreibt Erich Kordt in „Wahn und Wirklichkeit": „Einige der leitenden Männer setzten ihre Hoffnungen auf eine offene und aufrechte Weigerung, die Hitlersche Politik mit zutragen. Unter ihnen stand an erster Stelle der Generalstabschef, General der Artillerie Beck, eine soldatische Gelehrtennatur. Ende Mai 1938, als Hitler die Weisung erteilt hatte, eine Invasion der Tschechoslowakei vorzubereiten, stellte Beck in einer Denkschrift die Gründe zusammen, aus denen eine solche Politik ins Verderben führen müsse. Sollte Hitler aber auf seinem Vorhaben beharren, müsse er Beck um Entlassung von seinem Posten nachsuchen. Beck hatte sich vorher versichert, dass der Oberbefehlshaber des Heeres, von Brauchitsch, und die höheren Truppenführer seine Ansichten teilten, und sich mit ihm solidarisch erklärten … Becks Plan aber scheiterte vollständig. Eine Diktatur wie die Hitlers ist nicht durch einen ‚Generalstreik der Generale' zu stürzen".

Becks Denkschrift war auch an die „höchsten Führer der Wehrmacht" gerichtet, in der seine Auffassung mit den berühmt gewordenen Worten begründet hatte: „Ihr soldatischer Gehorsam hat dort eine Grenze, wo ihr Gewissen und ihre Verantwortung die Ausführung eines Befehls verbietet". Doch die Solidarität der angesprochenen „höchsten Führer der Wehrmacht" blieb aus. Hitler weigerte sich, diese Denkschrift auch nur im Kreis der Wehrmachtsführung diskutieren zu lassen. Am 18. August 1938 reichte Beck sein Rücktrittsgesuch als Generalstabschef ein. Hitler hatte das Gesuch schon erwartet und genehmigte es umgehend.

Trotzdem nahm der Plan eines militärischen Staatsstreichs, wie Erich Kordt in seinem Buch berichtet, im August 1938 feste Gestalt an: „Die Verschworenen sahen die einzige Chance für die Gewinnung allgemeiner Unterstützung für einen Sturz des Regimes erst dann als gegeben an, wenn es gelungen sein würde, Hitlers böswillige Absichten vor aller Welt über jeden Zweifel klarzustellen. Der Staatsstreich sollte deshalb erst in dem Augenblick durchgeführt werden, wenn der tatsächliche Angriffsbefehl durch Hitler erteilt sein würde. Niemals seit 1933 waren die Aussichten für eine Befreiung Deutschlands und der Welt von der größten, die Zivilisation bedrohenden Gefahr, besser gewesen als zu diesem Zeitpunkt".

Deshalb arbeiteten die Widerstandsgruppen mit aller Kraft daran, mit den westlichen Regierungen Verbindungen aufzunehmen und vor allem die britische Regierung zu einer eindeutigen Stellungnahme zu bewegen, dass für sie ein Angriff Hitlers auf die Tschechoslowakei den Kriegsfall darstellen würde. Die Verschwörer versicherten ihren britischen Gesprächspartnern, falls die britische Regierung eine solche eindeutige Erklärung abgeben würde, werde es nicht zum Kriege kommen und Hitler gestürzt werden.

Bei diesen Bemühungen sollte Erich Kordt, der die Widerstandsgruppe des Auswärtigen Amtes leitete, neben anderen eine führende Rolle spielen.

In seinem Buch „Die verlassenen Verschwörer – Der deutsche Widerstand auf der Suche nach Verbündeten 1938–1945" hat der Historiker Klemens von Klemperer die Bemühungen der deutschen Widerstandsgruppen um eine Zusammenarbeit mit den westlichen Alliierten in allen Einzelheiten nachgezeichnet: „Eine Reihe von Bemühungen in Richtung Großbritannien ging vom Auswärtigen Amt aus. Und auch hier war General Oster (der die Widerstandsgruppe der Abwehr unter Admiral Canaris leitete) der Katalysator. Er besaß ein gutes Verhältnis zu Staatssekretär von Weizsäcker und insbesondere zu dessen Chef des Ministerbüros, Erich Kordt. Durch die Fritsch-Affäre war Kordt dem Kreis um Oster näher gerückt, in dem er den Aktivsten unter den Oppositionellen sah".

Für Erich Kordt war es nicht schwierig, über seinen Bruder Theo Kordt, der Botschafter in London war, die Verbindung mit der britischen Regierung herzustellen. Oster und Erich Kordt entwarfen den Text, der der britischen Regierung übermittelt wurde: „Wenn uns die britische Regierung durch eine energische Erklärung Argumente, die auch dem einfachen Mann einleuchten, an die Hand gibt, so können Sie der britischen Regierung erklären, dass die militärische Fronde um Beck an der Spitze einen Kriegsausbruch zu verhindern wissen wird. Dann wird es keinen Hitler mehr geben".

Erich Kordt wollte selbst in Berlin bleiben. Er beauftragte seine Cousine Susanne Simonis, die als Kurier nach London geschickt wurde, den Text auswendig zu lernen, da eine schriftliche Information zu gefährlich war.

Botschafter Theo Kordt informierte am 7. September 1938 den Ratgeber der britischen Regierung in außenpolitischen Fragen, Lord Halifax. Der Lord versprach, den britischen Premierminister zu informieren, wobei er bei Theo Kordt den Eindruck vermittelte, dass seine Vorstellungen einen positiven Effekt hatten und dass in Kürze eine entsprechende Erklärung der britischen Regierung erfolgen werde.

Eine ähnliche Aufgabe unternahm der Theologe und Widerstandskämpfer Dietrich Bonhoeffer über seine Verbindungen zur Ökumene. Er arbeitete unter General Oster in der militärischen Abwehr unter Canaris. Bonhoeffer übermittelte die Ziele der deutschen Widerstandsgruppe über seine Verbindungen in der Ökumene vor allem an Bischof George Bell von Chichester, der sie ebenfalls an die britische Regierung weiterleitete. Andere Versuche wurden von Helmuth James Graf von Moltke, dem Leiter des Kreisauer Widerstandskreises und anderen unternommen. Doch alle diese Versuche blieben erfolglos.

Marion Gräfin Dönhoff, die viele der Widerstandskämpfer persönlich kannte und mit ihnen sympathisierte, schreibt in ihrem Buch: „Um der Ehre willen – Erinnerungen an die Freunde vom 20. Juli": „Immer wieder vor und während des Krieges haben die Verschwörer Kontakte mit den westlichen Alliierten aufgenommen, auch mit Amerika, aber auch in Washington blieb die Regierung dabei, keinen Unterschied zwischen Deutschen und Nazis zu machen, obgleich dies für die Opposition von allergrößter Wichtigkeit gewesen wäre".

Der Termin für den Staatsstreich gegen Hitler war für die Zeit zwischen dem 14. und 16. September festgelegt, wenn zu diesem Zeitpunkt die entschiedene Erklärung der britischen Regierung erfolgt wäre, die auch über die deutschen Sendungen des britischen Rundfunks verbreitet werden sollte.

Doch eine solche Erklärung gab es nicht. Stattdessen flog der britische Premierminister Chamberlain, ein entschiedener Verfechter der so genannten „Beschwichtigungspolitik" während der Sudeten-Krise, mehrfach zu Aussprachen mit Hitler, und im Münchener Abkommen vom 29. September 1938, bei dem Erich Kordt Protokoll führen musste, stimmten die Westmächte und Italien der Abtretung des Sudetenlandes an Hitler zu. Delegierte der Tschechoslowakei waren zu den Verhandlungen nicht zugelassen worden. Sie konnten sich nur im nachhinein das beschlossene Ergebnis anhören.

Damit waren für die Verschwörer die Voraussetzungen für den geplanten Staatsstreich gegen Hitler hinfällig geworden.

In unsrem völkerrechtlichen Seminar an der Universität Köln in den 50er Jahren schilderte Erich Kordt die dramatischen Stunden des September 1938, wie alle Vorbereitungen für den „Staatsstreich" getroffen worden waren und wie sehnsüchtig die Verschwörer auf eine energische Erklärung aus London und Paris warteten. Erich Kordt vom Auswärtigen Amt und General Oster, die eng zusammenarbeiteten, trafen sich oft in diesen Tagen und hier kam auch zum ersten Mal die Diskussion um ein Attentat auf Hitler auf. Kordt, der gelegentlich Zugang zur Reichskanzlei hatte, war bereit ein solches Attentat durchzuführen, aber die Beschaffung von Sprengstoff gestaltete sich schwierig. Kordts Bereitschaft, es mit einem Pistolen-Attentat zu versuchen, lehnte Oster aber entschieden ab, weil es zu unsicher war und die Möglichkeit seiner Ausführung durch die scharfe Bewachung durch die SS-Leibstandarte in der Reichskanzlei sich als sehr schwierig erweisen würde. In seinem Buch „Die Verschwörer – General Oster und die Militäropposition" beschreibt Graf von Thun-Hohenstein die dramatischen Tage des September 1938 und die Bemühungen von Kordt und Oster, die Generale zum Handeln zu bewegen, in allen Details.

Nach der Münchener Konferenz erklärte Lord Halifax zu Erich Kordt: „Wir sind nicht imstande gewesen, so freimütig zu Ihnen zu sein, wie Sie zu uns waren. Zu der Zeit, als sie uns ihre Botschaft übermittelten, erwogen wir bereits, die Entsendung Chamberlains nach Deutschland".

Mit Recht schreibt Klemens von Klemperer in seinem grundlegenden Werk über „Die verlassenen Verschwörer", dass die Frage, was wäre geschehen, wenn die Alliierten für die Initiativen der deutschen Opposition empfänglicher gewesen wären, genau so gerechtfertigt ist, wie jede andere Frage nach vernünftigen politischen Alternativen".

Und Marion Gräfin Dönhoff fragte in ihrem zitierten Buch: „Man wagt gar nicht, sich zu fragen, welchen Verlauf die Weltgeschichte genommen hätte, wenn die Engländer tatsächlich mit der deutschen Opposition kooperiert hätten und es zu einem Anschlag auf Hitler gekommen wäre".

Literatur

Benz/Granl: „Biographisches Lexikon zur Weimarer Republik", München 1988

Bracher/Schulz/Sauer: „Die nationalsozialistische Machtergreifung" drei Bände, Köln 1960

Bracher, Karl Dietrich: „Wendezeiten der Geschichte", Stuttgart 1992

Bracher, Karl Dietrich: „Zeitgeschichtliche Kontroversen", München 1984

Bracher, Karl Dietrich: „Zeit der Ideologien – Eine Geschichte des politischen Denkens im 20. Jahrhundert", Stuttgart 1982

Bonhoeffer, Dietrich: „Widerstand und Ergebung", Gütersloh 2002

Brakelmann, Günter: Helmuth James von Moltke, München 2007

Broszat/Schwabe: „Die deutschen Eliten und der Weg in den Zweiten Weltkrieg", München 1989

Churchill, Winston: „Der Zweite Weltkrieg", München 1985

Craig, Gordon: „Deutsche Geschichte 1866–1945", München 1980

Craig, Gordon/Alexander, George: „Zwischen Krieg und Frieden", München 1984

Craig, Gordon: „Das Ende Preußens", München 1985

„Die Weltbühne", Zeitschrift, Jahrgänge 1918, 1919, 1925, 1932 und 1933

Deisroth, Daniel: „Die Legalitäts-Legende", in „Blätter für deutsch und internationale Politik", Nr. 2 von 2008

Döblin, Alfred: „Schriften zur Politik und Gesellschaft", Freiburg 1972

Döblin, Alfred: „November 1918, 1. Band Verratenes Volk", München 1948

Döblin, Alfred: „November 1918, 2. Band Heimkehr der Fronttruppen", München 1948

Donat/Wild: Carl von Ossietzky – Republikaner ohne Republik", Bremen 1986

Dönhoff, Marion Gräfin: „Um der Ehre willen – Erinnerungen an die Freunde vom 20. Juli", Berlin 1994

Eggebrecht, Axel: „Das Drama der Republik", Königstein 1979

Fischer, Fritz: „Hitler war kein Betriebsunfall", München 1992

Glaser, Hans-Georg: „Des Kaisers geschlagene Generale drückten sich vor der Verantwortung – Zum 60. Jahrestag der Revolution 1918", WAZ vom 11. November 1978

Glaser, Hans-Georg: „Die letzte Chance Hitler zu stoppen – Rheinlandbesetzung vor 50 Jahren", WAZ-Themenseite vom 6. März 1986

Glaser, Hans-Georg: „Die Blomberg-Fritsch-Krise vor 50 Jahren", Themenseite der WAZ vom 16. Februar 1988

Glaser, Hans-Georg: „Der ‚Röhm-Putsch', eine Legende", Themenseite der WAZ vom 8. Juli 2004

Glaser, Hans-Georg: „Die ‚Weltbühne', ein Spiegel der Zeit", NRZ vom 4. April 1993

Glaser, Hans-Georg: „Dem Rad in die Speichen fallen – Zum 100. Geburtstag des Theologen und Widerstandskämpfers Dietrich Bonhoeffer", in „Borbecker Nachrichten" vom 2. Februar 2006

Glaser, Hans-Georg: „1933: Nazis zerschlagen die Opposition im Revier – So eroberte Hitler vor 70 Jahren die Macht im Ruhrgebiet", WAZ-Themenseite vom 26. März 2003

Glaser, Hans-Georg: „Theodor Wolff: Ein Mahner gegen die ‚Tempelhüter der Unwahrheit'", Themenseite der WAZ vom 7. Juni 1984

Glaser, Hans-Georg: „Des Kaisers Millionen finanzierten Lenin auf dem Weg zur Revolution", Themenseite der WAZ vom April 1992

Glaser, Hans-Georg: „Lenin war Ludendorffs Geheimwaffe'", WAZ vom 21. April 1987

Glaser, Hans-Georg: „Theodor Wolff und Carl von Ossietzky. Zwei Journalisten, die die ungeliebte Republik retten wollten", Themenseite der WAZ vom 22. September 1973

Graf von Thun-Hohenstein: „Der Verschwörer – General Oster und die Militäropposition", München 1984

Graml, Herrmann: „Europas Weg in den Krieg – Hitler und die Mächte 1939", München 1990

Grosser, Alfred: „Wie war es möglich", München 1978

Grossmann, Kurt: „Ossietzky – Ein deutscher Patriot", München 1965

Hagen-Schulze: „Weimar–Deutschland 1917–1933", Berlin 1982

Haffner, Sebastian: „Von Bismarck zu Hitler", München 1987

Haffner, Sebastian: „Die deutsche Revolution 1918/19", München 1970

Haffner, Sebastian: „Zwischen den Kriegen", München 1999

Hildebrand, Klaus: „Das vergangene Reich – Deutsche Außenpolitik von Bismarck bis Hitler", Stuttgart 1995

Höhne, Heinz: „Die Machtergreifung", Hamburg 1983

Höhne, Heinz: „Mordsache Röhm", Hamburg 1984

Hermand/Trommler: „Kultur der Weimarer Republik", München 1978

Jäckel, Eberhard: „Das deutsche Jahrhundert", Stuttgart 1996

Kordt, Erich: „Wahn und Wirklichkeit", Stuttgart 1948

Klemperer, Klemens von: „Die verlassenen Verschwörer", Berlin 1994

Lill/Oberreuter: „20. Juli – Portraits des Widerstandes", Düsseldorf 1984

Madrasch-Groschopp: „Die Weltbühne – Porträt einer Zeitschrift", Königstein 1983

Michalka, Wolfgang: „ Die nationalsozialistische Machtergreifung", Paderborn1984

Ossietzky, Carl von: „Schriften", drei Bände, Berlin 1966

Overesch/Saal: „Die Weimarer Republik – Eine Tageschronik", Augsburg 1992

Rosenberg, Arthur: „Geschichte der Weimarer Republik", Frankfurt 1978

Rosenberg, Arthur: „Entstehung der Weimarer Republik", Frankfurt 1977

Rosenberg, Arthur: „Demokratie und Sozialismus", Frankfurt 1962

Rosenberg, Arthur: „Geschichte des Bolschewismus", Frankfurt 1975

Ruge, Wolfgang: „Hindenburg", Berlin 1974

Schulz, Gerhard: „Weimarer Republik – Eine Nation im Umbruch", Würzburg 1987

Stern, Fritz: „Verspielte Größe – Essays zur deutschen Geschichte des 20. Jahrhunderts, München 1996

Sösemann, Bernd: „Theodor Wolff – Der Journalist – Berichte und Leitartikel", Düsseldorf 1987

Sösemann, Bernd: „Theodor Wolff – Der Publizist – Feuilletons, Gedichte und Aufzeichnungen", Düsseldorf 1995

Suhr, Elke: „Zwei Wege – ein Ziel. Tucholsky, Ossietzky & Die Weltbühne", München 1986

Ullrich, Volker: „Die nervöse Großmacht 1871–1918", Frankfurt 1997

Wehler, Hans-Ulrich: „Scheidewege der deutschen Geschichte", München 1984

Wein, Martin: „Schicksalstage – Stationen deutscher Geschichte", Stuttgart 1993

Winkler, Heinrich August: „Arbeiterbewegung in der Weimarer Republik," drei Bände, Berlin 1984

Winkler, Heinrich August: „Weimar 1918–1933", München 1993

Winkler, Heinrich August: „Das Ende der ersten deutschen Republik war nicht zwangsläufig", Frankfurter Rundschau vom 30. Januar 1989

Winkler, Heinrich August: „Heinrich Brüning – Einsamer Kämpfer gegen Hitler", Welt am Sonntag vom 17. Mai 2008

Winkler, Heinrich August: „Streitfragen der deutschen Geschichte", München 1997

Wolff, Theodor: „Die Wilhelminische Epoche", herausgegeben von Bernd Sösemann, Frankfurt 1989

Wolff, Theodor: „Die Juden – Ein Dokument aus dem Exil", herausgegeben von Bernd Sösemann, Königstein 1984

Nachwort
Dr. Manfred J. Foerster:

Geschichte ist nach wie vor eine lebendige Geschichte, deren Spuren sichtbar bleiben.
Lässt sich Vergangenheit bewältigen?

In seiner Novelle *Unordnung und frühes Leid* lässt Thomas Mann seinen Geschichtsprofessor Cornelius wissen, dass Professoren der Geschichte die Geschichte nicht lieben, sofern sie geschieht, sondern erst dann, sofern sie geschehen ist. In der distinguierten Attitüde einer weltabgewandten Vornehmheit, die dazu verleitet sich auf die Niederungen politischer Ereignisse nicht einzulassen, werden geschichtliche Umwälzungen der Gegenwart als gesetzlos, beliebig und unhistorisch empfunden. Cornelius Einstellung als Professor der Geschichte und Angehöriger des Bildungsbürgertums spiegelt in frappierender Ähnlichkeit Thomas Manns Politikferne wider, als er zu Beginn des 20. Jahrhunderts seine *Betrachtungen eines Unpolitischen* verfasste. Auch Thomas Mann sah seinerzeit, wie seine Figur des Professor Cornelius, die historischen Brüche und Verwerfungen seiner Epoche aus der Distanz, weit ab von ihren politischen Konsequenzen und deren verhängnisvollen Folgen.

Untersucht man geschichtliche Ereignisse als empirische Fakten, die sich aus den jeweiligen politischen und gesellschaftlichen Konstellationen scheinbar wie von selbst ergeben, so gelten sie nicht mehr als bloße historisierende Beschreibungen von Zeitläufen, in denen zwar Außerordentliches geschah, was sich jedoch einer moralischen Bewertung entzieht. Die Funktionalisten unter den Historikern neigen dazu, politisch-historische Ereignisse als Folgen von Sachzwängen und nicht vorhersehbaren Konflikten zu interpretieren und hierbei deren ideologische Motive, die dazu geführt haben, auszublenden. Dem liegt die Auffassung eines wertfreien und positivistischen Wissenschaftsverständnisses zugrunde, welches sozialpsychologische und historische Phänomene unter den Kriterien naturwissenschaftlicher Gesetzmäßigkeiten beobachten möchte und sich jeder wertenden Stellungnahme verweigert.[1] Historische Ereignisse erscheinen als Ergebnisse von ineinander verflochtenen strukturellen Voraussetzungen, welche unter spezifischen politischen Einflüssen sich verselbständigt haben und nicht irgendeiner Intention verhaftet sind. Es hat sich einfach so ereignet, weil bestimmte Sachzwänge dahinter standen. Der Holocaust erscheint unter diesem Blickwinkel als eine zufällige Kette unabdingbarer und nicht kalkulierbarer Imponderabilien und von außen herangetragenen Sachzwängen. Die Täter sind gewissermaßen von den Ereignissen überrollt worden, ohne dass eine intentionale Absicht erkennbar gewesen wäre. Auf die Analyse geschichtlicher Katastrophen lässt sich eine solche Betrachtungsweise nur unter Vorbehalt anwenden, da sie den moralischen und politischen Implikationen und deren mitunter verheerenden Wirkungsweisen nicht gerecht wird und zugleich die Verursacher in politischer und moralischer Hinsicht entlastet. Beispielsweise ließe sich durch eine solche Untersuchungsmethode der millionenfache Völkermord der Nazis durch die außer Kontrolle geratene Expansionspolitik der Wehrmacht in den besetzten Ostgebieten erklären. Die Intentionalisten unter den Historiker gehen hingegen davon aus, dass der millionenfache Völkermord der Nazis von vorneherein geplant und der Krieg ein vorgeschobenes verdeckendes Unternehmen darstellte, vor allem die Feldzüge gegen Polen und der Sowjetunion, zumal sich hinter den Frontlinien die Völkervernichtung von der Öffentlichkeit relativ unbemerkt durchführen ließ. Insbesondere entzündete sich dieser wissenschaftliche Streit an der nachträglichen zeitgenössischen Bewertung des millionenfachen Völkermordes im Dritten Reich. [2]

Im Zuge einer Neubewertung der Verbrechen im Dritten Reich als Gegenstand deutscher Geschichte ist auch die Tendenz nach Normalität zu sehen, in der nicht nur Historiker einschwenken. So trieb es den bayerischen CSU Politiker Franz Josef Strauß anlässlich eines Festkommers zum 130jährigen Bestehen des Kartellverbandes der katholischen deutschen Studentenverbindungen um, den Anspruch der Deutschen auf Normalität anzumahnen, denn auf Dauer könne „kein Volk mit einer kriminalisierten Geschichte leben".[3] Den Verbrechen in Auschwitz und anderswo versuchte er die Erfolgsleistungen des deutschen Nachkriegswirtschaftswunders relativierend gegenüberzustellen, denn kein Volk hätte es verdient, angesichts dieser Leistungen noch immer mit Auschwitz konfrontiert zu werden. Entgegen der funktionalistischen Position im Historikerstreit nannte Jürgen Habermas die Versuche, dem Dilemma zwischen Sinnstiftung und Wissenschaft im Umgang mit dem Nationalsozialismus entgegenzuwirken, als „eine Art Schadensabwicklung", um die deutsche Geschichte von ihren unübersehbaren Verwerfungen und moralischen Brüchen zu entlasten.[4] Solcherart Versuche, auf die Habermas hinweist, die unheimliche und dennoch wirkliche Geschichte deutscher Vergangenheit zu klittern, gab es zahlreiche und mitunter von kompetenter Seite. Aber offensichtlich ist es hierbei nicht gelungen, jene Kluft zwischen einem empirisch-historischen Wissenschaftsanspruch und moralischer Betroffenheit zu überbrücken. So signalisierte der sogenannte Historikerstreit Mitte der achtziger Jahre, dass die Beschäftigung mit dem Nationalsozialismus künftig im Zeichen seiner Historisierung zu stehen habe, indem nicht mehr eine Konsensstiftung über den Abscheu der inhumanen Praktiken eines kriminellen Regimes in den Vordergrund der Debatten zu stehen habe, sondern die Einordnung der nationalsozialistischen Epoche in den gesamten historischen Zusammenhang. Hitler steht daher in einer Reihe vergleichbarer Despoten, wie Alexander der Große, Napoleon oder Stalin. Somit historisch bereinigt stellt sich das Dritte Reich nur als eine Epoche deutscher Geschichte dar, die zwar aus den vorhergehenden entstanden ist, aber im Wesentlichen nicht aus diesen herausragt. In dieser Lesart wird das Dritte Reich mit den anderen europäischen faschistischen Systemen gleichgesetzt – vor allem im direkten Vergleich mit dem Stalinismus –, deren autoritäre Herrschaftsformen aus den gesellschaftlichen Fehlentwicklungen der Modernen und des Frühkapitalismus hervorgegangen sind.[5] Demzufolge wird dem Dritten Reich und seinen Verbrechen in politischer und moralischer Hinsicht Singularität abgesprochen. Vor der Gefahr einer historischen Relativierung warnte bereits Hannah Arendt, den Nationalsozialismus als logische Folge und geradezu selbstverständlich aus vorhergehenden kultur- und geistesgeschichtlichen Epochen ableiten zu wollen, ihn gewissermaßen bei „Adam und Eva" beginnen zu lassen, anstatt dessen Verbrechen in der Verantwortung seiner Täter und Helfershelfer zu sehen.[6] Mit gewissen Einschränkungen mag eine solche, von moralischen und ethischen Imperativen befreite Sichtweise der Dinge auch einer gewissen Logik nicht zu entbehren, da sich das Dritte Reich mit seinem „Hitlerismus" letztlich aus der Verrohung bürgerlicher und kulturellen Tugenden extrapolieren lässt. Insofern mag Sebastian Haffners These vom direkten Weg von Bismarck zu Hitler seine Berechtigung haben, bedingt durch die Kontinuität politischer Machtkultur, welche das Deutsche Reich im wilhelminischen Obrigkeitsstaat über die Weimarer Republik hinweg in das Dritte Reich stets begleitet hat. Auch unter den demokratischen Vorzeichen der Weimarer Republik waren diese obrigkeitsstaatlichen und autoritären Machtstrukturen in Militär, Verwaltung, Wirtschaft und Hochschulen sowie teilweise in den politischen Parteien weithin wirksam geblieben. Innerhalb dieser Debatte wird freilich leicht übersehen, dass die inhumanen ideologischen Formationen des 19. Jahrhunderts durch die Adaption der Nationalsozialisten eine unvergleichlich negative Steigerung erfahren haben, die in moralischer und teilweise auch in politischer Hinsicht mit den ursprünglichen Absichten der national-völkischen Ideologien wenige Gemeinsamkeiten aufweisen. So lag es beispielsweise nicht in der Absicht der Volkstumsideologie eines Friedrich Wilhelm Riehl im 19. Jahrhundert, auf die sich später die Nationalsozialisten beriefen, etwa die Vernichtung anderer Völker oder Rassen zu betreiben, ganze Ethnologien auszulöschen, um sich in deren Besitz und Boden zu bringen. Insofern zeichnet den nationalsozialistischen Faschismus nicht nur eine ideologische Weltanschauung aus, die neben anderen Faschismen wie im Spanien Francos oder im Italien Mussolinis unvergleichlich ist, sondern vor allen anderen Totalitarismen durch die Verwirklichungspraktiken eines systematisch betriebenen, millionenfachen Völkermordes.

Einen unrühmlichen Höhepunkt im Historikerstreit Mitte der achtziger Jahre lieferte der Historiker Ernst Nolte mit seiner geschichtlich unhaltbaren These, dass Hitlers Konzentrationslager ihre Vorbilder in den stalinistischen Gulags in Sibirien gehabt haben und diese erst den Diktator auf die Konzeption einer fabrikmäßig betriebenen Massenvernichtung gebracht hätten. Nolte ging sogar noch einen Schritt weiter, indem er Nationalismus, Rassismus und Faschismus in erster Linie als Reaktion auf die vorhergehenden Revolutionen des 18. und 19. Jahrhunderts versteht. Denn, so Nolte: „dem Glauben des militanten Universalismus und Internationalismus (der russischen Revolution) musste der Gegenglaube des militanten Partikularismus und Nationalismus gegenübertreten".[7] Aus Noltes Sicht ist selbst der Antisemitismus nicht von vorneherein verwerflich gewesen, im Gegenteil, in der verengten Sichtweise eines apologetischen Funktionalisten vermag er ihm noch moralische Qualitäten zu unterstellen. Folgerichtig war er „als solcher nicht die Ausgeburt kranker Hirne". Wie auch der Antikommunismus war er „weder historisch grundlos" noch „moralisch unberechtigt".[8] Eine derartige Relativierung, einer von vornherein geplanten Vernichtung des europäischen Judentums, wie Hitler sie des Öfteren in öffentlichen Reden selber betonte, kam sowohl den neonazistischen als auch den revisionistischen Kreisen entgegen. In ihrem Interesse liegt schon immer die Absicht verborgen, den Nationalsozialismus in seinen verbrecherischen Dimensionen zu relativieren um eigene gesellschaftspolitische Legitimitätsansprüche zu reklamieren, die unter den Bedingungen einer demokratischen Diskurskultur des Political Correctness schlechterdings öffentlich nicht durchzusetzen wären. Aber im Zeichen eines neu erstarkten Nationalitätsgefühls, welches sich mit einem unkritischen Patriotismus verbindet, verwischen allmählich die Spuren der Vergangenheit im öffentlichen Bewusstsein. Und diese sorgfältig kalkulierte Rechnung der neonazistischen, revisionistischen und rechtskonservativen Kreise scheint allmählich aufzugehen. Wie wir sehen werden, sind diese Absichten, teils mit unschwer zu erkennenden Gemeinplätzen, aber auch mitunter mittels juristischer Argumentationsketten in vollem Gang. Wer indes diese Gefahr unterschätzt, wie es gelegentlich immer wieder mit Verweis auf die relativ bedeutungslosen Wahlergebnisse rechtsradikaler Parteien von Seiten der Medien suggeriert wird, so wird sie ihm eines Tages wie ein Bumerang um die Ohren fliegen. Allerdings wird bei aller Unterschiedlichkeit der Positionen deutlich, dass die gegensätzlichen Interpretationen des Nationalsozialismus Teil der fortlaufenden Neueinschätzung der politischen Identität und politischen Zukunft der Bundesrepublik sind. Innerhalb dieses ideologischen Spannungsfeldes sind die Bestrebungen revisionistischer Kreise zu sehen, die Vergangenheit zu schönen um die Gegenwart und Zukunft zu retten.

Gewissermaßen am äußersten rechten Rand des Historikerstreites, der zwischen den unterschiedlichen Positionen eines von vorneherein gewollten Intentionalismus der Machthaber im Dritten Reich hinsichtlich der Planung, Organisation und Durchführung des nationalsozialistischen Völkermordes diskutiert wurde und den sogenannten Funktionalisten, die den Holocaust als unübersehbare Folge kriegsbedingter Umstände ansahen, bewegen sich die Revisionisten. Für Letztere geht es in der Sache nicht darum, den Völkermord in Auschwitz und anderswo irrationalen und unvorhersehbaren Sachzwängen anzulasten; vielmehr liegt deren erklärtes Ziel darin, ihn in seinen historisch singulären Dimensionen grundsätzlich zu leugnen, die Täter als verführte Opfer eines wahnsinnigen Diktators hinzustellen oder ihn zumindest in die alleinige Verantwortung Hitlers oder Himmlers einzuordnen, um somit die Masse der Täter, Helfershelfer und Mitläufer von deren Verantwortung und Schuld zu entlasten. Hierzu gehört auch die Legende, dass Hitlers *Mein Kampf*, zwar in millionenfacher Drucklegung unter die Bevölkerung gebracht, aber nicht gelesen wurde, man also nicht wissen konnte, auf welchen inhumanen und verbrecherischen politischen Positionen man sich einlassen würde. Der Essener Journalist und langjährige Leiter der außenpolitischen Redaktion der Westdeutschen Allgemeinen Zeitung Hans Georg-Glaser hat in einem demnächst erscheinenden Essay[9] deutlich gemacht, dass diese Behauptung mit zu jener Legendenbildung einer verführten Bevölkerung gehört, wie sie in jüngster Zeit des Öfteren von rechtskonservativen Kreisen vorgebracht wird. Glasers These, dass es schlechterdings unvorstellbar sei, dass ein solches Machwerk in millionenfacher Auflage von allen seinen Besitzern beiseite gelegt worden ist, wird neuerdings durch die jüngere historische Forschung gestützt. Denn nicht nur Hitlers *Mein Kampf* wurde unter die Leute gebracht, sondern es gab darüberhinaus massenweise Auszüge und Zitate in allen möglichen Zeitschriften und zu allen möglichen populistischen Gelegenheiten, denen sich die Masse der Bevölkerung und erst recht die Anhänger kaum entziehen konnten. An Litfaßsäulen, Mauern öffentlicher Gebäude und Wandtafeln klebten Plakate mit Zitaten und Auszügen. In Schulbüchern und Anleitungsbroschüren für Wehrmachtsangehörige, ganz zu schweigen von den Ausbildungskatalogen für SS und SA-Anwärtern wurde aus Hitlers Machwerk zitiert. In den „Ordensburgen" der SS und Nationalpolitischen Erziehungsanstalten galt *Mein Kampf* als nationalpädagogische Standardliteratur.

Beides, die Auschwitz-Lüge, ein infames Unwort, und die Behauptung, man habe von Hitlers frühzeitig kriminellen Absichten nichts gewusst, erfüllen eine der zentralen programmatischen Funktionen im Konzept des „Revisionismus", jener Ideologie des Negierens der Verbrechen des NS-Staates, an der sich nicht nur Hitler Apologeten, Alt- und Neonazis, sondern auch nationalistische Überpatrioten beteiligen. Darüberhinaus, und das ist das eigentliche Novum des bundesrepublikanischen Revisionismus, wird mit geschichtlicher Ignoranz unter dem Deckbegriff gesellschaftlicher Kultur der Freiheit, Vergangenheitsentsorgung betrieben, verbunden mit ordnungspolitischen und sozialpolitischen Perspektiven, die sich bei näherem Hinsehen als Rückgriffe auf kleinbürgerliche Idylle entpuppen und einer liberalen Vorstellung von offener Gesellschaft zuwiderlaufen. Mit der geschichtlichen Verleugnung einschlägig bekannter Verbrechen im Dritten Reich möchte man sich von millionenfacher individueller Schuld befreien, andererseits soll der nachträgliche Versuch unternommen werden, ein ganzes Kulturvolk hätte nicht wissen können, was da auf es zukommen würde. Alle diese mehr oder weniger erfolgreichen Versuche der Entsorgung einer unbeliebten Vergangenheit, die für manche gar nicht mal so unbeliebt war, dienen in ihrer unterschiedlichen Diktion dazu, die deutsche Vergangenheit zu entkriminalisieren und die deutsche Geschichte und insbesondere deren kulturpolitischen und geistesgeschichtlichen Schienenstränge um die Sequenz von zwölf Jahren zu demontieren, um die Geschichte der Bundesrepublik ungebrochen an die Weimarer Jahre anknüpfen zu lassen. Insofern entstand kurz nach dem Zusammenbruch des Dritten Reiches der Mythos von der Stunde Null, als fundamentaler Neubeginn deutscher Gesellschaftsmentalitäten. Selbst ein renommierter Historiker wie Joachim Fest fiel am Ende seiner Biographie *Hitler* einer Selbsttäuschung anheim, indem er vermutete, dass angesichts der angerichteten Katastrophe und in Kenntnis der politischen und vor allem der moralischen Untaten mit dem Zusammenbruch 1945 eine grundsätzliche Bewusstseinwandlung eingesetzt habe. Für ihn als konservativ liberaler Denker, der das Dritte Reich in der besagten Biographie nicht ohne Abscheu kommentierte, mag er diesen Wandel auch herbei gewünscht und vielleicht auch so empfunden haben, da er sich aus seiner bildungsbürgerlichen, kulturgeschichtlichen Tradition heraus, eine tragfähige gesellschaftliche Zukunft nur unter den Voraussetzungen einer heilenden Katharsis vorzustellen vermag. Andererseits haben kritische Geister, wie der evangelische Theologe Gollwitzer, die Schriftsteller Heinrich Böll und Wolfgang Koeppen sowie der Philosoph Karl Jaspers beklagt, das auf unheimliche Weise, teils verborgen und teils offenkundig, in diesem Staat jener Geist weitergelebt hat, den man durch die westdeutsche Demokratie überwunden glaubte. Karl Jaspers sah 1966 das Fortwirken der nationalsozialistischen Funktionseliten als ein „Grundgebrechen der inneren Verfassung der Bundesrepublik" an.[10] Jenes geräuschlose Weiterwirken reaktionärer und in jüngster Zeit restaurativer und neokonservativer Kräfte wirft den größten Schatten auf den geschichtlichen Umgang in der gegenwärtigen Situation und gibt Anlass zum Nachdenken über die nicht enden wollenden Schatten einer dunklen Vergangenheit in die heutige Gegenwart.

Wie selbstverständlich fügten sich seinerzeit Staatsdiener und Funktionseliten des Dritten Reiches in die bürokratischen und politischen Strukturen eines demokratischen Rechtsstaates ein. Indes haben sie dies in der loyalen Weise getan, wie sie sich auch dem NS-Staat zur Verfügung gestellt haben. Manche sahen sich aus Gründen der Opportunität nur als „Zwangsdemokraten". Gleichwohl trugen auch sie mehr oder weniger zum Aufbau der demokratischen Nachkriegsgesellschaft bei, deren Spuren bis heute weiterwirken. Allerdings zeigte sich hierin ein Paradoxon der Geschichte, dass das politische Lernen durchaus die moralische Läuterung außer Acht lassen kann. Und so war unter den sensiblen Beobachtern und Zeitgenossen die Enttäuschung groß, dass aus der Katastrophe nicht eine vollständig neue Gesellschaft mit geschichtsbewussteren Menschen hervorgegangen war, sondern vielmehr die rasche Rückkehr zur Normalität der frühen Bundesrepublik den Weg ebnete und dabei übersehen ließ, wie sehr die verdrängte Vergangenheit in den gesellschaftlichen Institutionen fortdauerte und sich derzeit nicht mehr nur heimlich, sondern in offenen Diskursen zu Wort meldet. Innerhalb dieser Diskurse oder Debatten, sind inzwischen die Konzepte der Revisionisten und jener Leugner der historischen Zusammenhänge, insbesondere wenn sie auf Patriotismus insistieren, hoffähig geworden. Und dies ist mehr als nur bedauerlich, denn es mag durchaus ein Anzeichen dafür sein, dass die alten Geister, welche weiterspuken durften, sich aus ihren „Gräbern" zurückgemeldet haben. In Abwandlung des bekannten Zitats von Hannah Arendt, dass man vor dem Antisemitismus nur noch auf dem Monde sicher sei, ist man jedenfalls in diesem Land vor den Geistern der Vergangenheit nicht mehr sicher, da uns ein Mond nicht zur Verfügung steht.[11] Jedenfalls haben diese unseligen Geister ihre Hexenmeister überlebt und sind dabei, sich in den nachfolgenden Generationen einzurichten. Längst überwunden geglaubte Weltbilder melden sich wieder zu Wort und werden in Zeiten wirtschaftlicher Rezession wieder vernommen. Es zeugt, wie zerbrechlich demokratische und liberale Grundlagen einer offenen Gesellschaft inzwischen durch wirtschaftliche und sozialpolitische Verwerfungen geworden sind. Dabei ist dies keine neue Erfahrung, sondern hat ihre Vorgeschichte im Zerfall der ersten deutschen Demokratie, der Weimarer Republik. Schon damals verschärfte sich der Interessenstreit der tragenden demokratischen Parteien durch ähnliche wirtschaftspolitische Verwerfungen, die als Folge weltweiter Rezessionen eine hohe Arbeitslosigkeit, Verarmung der bürgerlichen Mittelschicht und den Preisverfall landwirtschaftlicher Produkte verursachten. Bereits Ende der zwanziger Jahre wurden in sozialpolitischer und ideologischer Hinsicht die Weichen für eine grundsätzliche Radikalisierung der politischen Argumentationen gestellt, die es den Nationalsozialisten relativ leicht gemacht haben, in diesem aufgeheizten Klima an die Macht zu gelangen.

Der Versuch einer Historisierung der nationalsozialistischen Vergangenheit wurde von vielen kritischen Zeitgenossen, an deren Stelle nur der Frankfurter Sozialphilosoph Jürgen Habermas zu erwähnen wäre, als eine unter dem Deckmantel historischer Forschung betriebene Relativierung und Verharmlosung verstanden, um dem „Makel der Einmaligkeit" des millionenfachen Völkermordes durch ein bis dahin anerkanntes Kulturvolk zu entgehen. Aus diesem Reservoir deutscher Kultur versucht die Historisierungsthese und im Anschluss daran die Revisionisten, diejenigen Anteile zu sichern, die eine positive Identifizierung mit der Vergangenheit ermöglichen, um dem westdeutschen Nachfolgestaat des Deutschen Reiches einen historischen Sinn mit Zukunftsperspektiven zu stiften. Jedoch lässt sich Zukunft nicht mit Sinn erfüllen, wenn die Vergangenheit nicht aufgearbeitet ist. Jene Historiker, die das mit Verve getan haben, galten bislang als „links" oder zumindest „liberal". Außerdem waren es zumeist jüdische Historiker, wie Saul Friedländer, Daniel Goldhagen, Raul Hilberg, Fritz Stern und Julius H. Schoeps, die den Holocaust seiner Historisierung entrissen haben und ihn als herausragendes Ereignis in der deutschen Geschichte beurteilten. Bereits Anfang der sechziger Jahre trug der Historiker Fritz Fischer dazu bei, dass der Historismus an Einfluss verlor und sich das Geschichtsdenken wandelte. In seinem Buch *Der Griff nach der Weltmacht* 1961 zeigte er die machtpolitische Kontinuität der traditionellen Eliten nach dem Ersten Weltkrieg auf, welche die expansionistische Politik des Kaiserreiches mit den Welteroberungsplänen der Nationalsozialisten in einer historisch tendenziellen Linie verbanden. In dieser Kontinuität erscheint der Zweite Weltkrieg mit allen seinen Folgen und Begleitumständen des Völkermordes aus Sicht der Nazis, als die logische Fortführung des verlorenen Ersten Weltkrieges. Gleichzeitig ist mit seinem Ende und der vollständigen Niederlage des Deutschen Reiches auch die unselige Kontinuität eines zerstörerischen und stets expandierenden Nationalismus zusammengebrochen.

Spätestens nach Richard von Weizsäckers Rede zum 40. Jahrestag des Kriegsendes und im Zuge der Wehrmachtsausstellung Mitte der 90er Jahre wurde die Auseinandersetzung mit Deutschlands dunkelster Vergangenheit zur politischen und diskursiven Kultur, wie Jürgen Habermas sie schon lange eingefordert hatte. Gerade die Wehrmachtsausstellung hat mit dazu beigetragen, dass der Diskurs und die ungeschminkte Auseinandersetzung mit der jüngeren deutschen Geschichte den akademischen Elfenbeinturm verlassen haben und auf die Ebenen der persönlichen Betroffenheit von Überlebenden, der Tätergeneration und deren Nachkommen sowie kritischen Zeitzeugen angekommen sind. Die sogenannte Enkelgeneration, kritische und gleichwohl betroffene junge Menschen, denen man heutzutage an den Universitäten begegnet und welche sich in sozialwissenschaftlichen Seminaren mit den traumatischen Folgen der Nachkommen der Täter- und Opfergeneration thematisch auseinandersetzen, stellen die Fragen und tragen mit dazu bei, Vergangenheit nicht als museale Versatzstücke zu betrachten, sondern sie als Verantwortung für die Gegenwart als eine immerzu lebendige Geschichte zu sehen. So zu tun, als sei die dunkle deutsche Vergangenheit endgültig bewältigt, ist nicht nur eine unkritische, sondern gleichfalls eine zynische Position. Bewältigen lässt sich solches Unrecht nicht, man kann sich nur damit auseinandersetzen und hoffen, dass die Lehren, welche man hieraus zu ziehen gewillt ist, irgendwann auf fruchtbaren Boden fallen. D. h. mit anderen Worten, dass auch der hybriden deutschen Überheblichkeit, da wo sie noch wirksam ist, endlich der Garaus gemacht wird. Die in den späten achtziger Jahren angestoßene Debatte um einen enttabuisierten Umgang mit Deutschlands dunkelster Vergangenheit, dem sich auch etablierte Institutionen hinsichtlich ihrer Rolle im Dritten Reich stellen mussten, rief andererseits Gegenstrategen auf den Plan, um einer restlosen „Beschämung" deutscher Historie entgegenzutreten.

Revisionismus als „Vergangenheitsbewältigung"

In staatstragenden Institutionen, wie in Teilen der deutschen Justiz, scheint indes Revisionismus zum Charaktermerkmal des juristischen Umganges mit den Überresten der ewig Gestrigen und Holocaustleugner zu gehören und fester Bestandteil eines zweifelhaften Geschichtsverständnisses zu sein, in dessen Substanz sich seit den Frankfurter Auschwitzprozessen und anlässlich der nachfolgenden NS-Verbrecherprozessen vor deutschen Gerichten nichts Wesentliches geändert hat. Abgesehen davon, dass, wenn solche juristischen Praktiken auftreten, mit den demokratischen Regeln eines Rechtsstaates nichts mehr gemein haben. Hierzu liefert der Fall „Deckert" vor gar nicht langer Zeit ein Musterbeispiel des Umganges der Justiz mit historischen und moralischen Problemen, die sich nicht nur auf einer weitverbreiteten Unsicherheit historischer Fakten gegenüber bewegt, sondern ebenso Anlass dafür ist, über die moralische Substanz höchster deutscher Gerichtsbarkeit in Bezug auf die Aufarbeitung einer dunklen Vergangenheit nachzudenken. Am 15. März 1994 hatte der Bundesgerichtshof einem Revisionsbegehren des verurteilten NPD-Chefs Deckert wegen Volksverhetzung stattgegeben.[12] Das Mannheimer Urteil aus dem Jahre 1992 wurde aufgehoben und an eine andere Kammer des Landgerichtes Mannheim verwiesen. In dem ursprünglichen Urteil ging es um eine Verurteilung Deckerts wegen Verleugnung des Massenmordes in den Gaskammern der Konzentrationslager im Osten. Das höchstrichterliche Urteil stieß auf erheblichem öffentlichen Protest, obwohl darin bestätigt wurde, dass der Massenmord an Juden als geschichtliche Tatsache unumstößlich sei und eine Beweisführung hierüber, wie sie Deckert verlangt hatte, nicht mehr notwendig sei. Die Gründe für die Zurückweisung des Mannheimer Urteils gegen Deckert lagen einzig in der juristischen Formulierung begründet, weil es zu pauschal gefasst war und der Nachweis, dass sich der Angeklagte mit der nationalsozialistischen Ideologie identifiziere, nicht erbracht wurde. Nach gängiger Rechtsprechung ist dieser Nachweis die juristische Grundlage zur Verurteilung wegen Volksverhetzung. Diese Einschränkung, die im Zweifelsfalle nur schwer erbracht werden kann, zeigt schon, wie apologetisch die deutsche Justiz gewillt ist, in besonders prägnanten Fällen der Auschwitz-Lüge die Entsorgung der Vergangenheit zu betreiben. Bar jeder moralischen Verantwortung zählen nur die nachweisbaren, jedoch in psychologischer Hinsicht oftmals im Kryptischen verborgenen Fakten. Das Mannheimer Urteil war also im Wesentlichen nicht aus substantiellen, sondern als formalen Gründen aufgehoben worden. Die Mannheimer Richter hatten sich offensichtlich nicht einer allzu großen Mühe unterzogen und die öffentliche Aufregung schien nicht gerechtfertigt. Zum Skandal wurde die ganze Angelegenheit erst mit dem neuen Urteil der 6. Strafkammer des Mannheimer Landgerichts vom 22. Juni 1994. In dessen Begründung wurde der Angeklagte als „charakterstarke, verantwortungsbewusste Persönlichkeit mit klaren Grundsätzen" beschrieben. Die politische Überzeugung sei ihm eine Herzenssache und seine „Tat" sei „von seinem Bestreben motiviert, die Widerstandskräfte im deutschen Volk gegen die aus dem Holocaust abgeleiteten jüdischen Ansprüche zu stärken".[13] Nicht außer Acht gelassen wurde auch die Tatsache, dass Deutschland auch heute noch, rund fünfzig Jahre nach Kriegsende, weitreichenden Ansprüchen politischer, moralischer und finanzieller Art aus der Judenverfolgung ausgesetzt ist, während die Massenverbrechen anderer Völker ungesühnt blieben, was jedenfalls aus der politischen Sicht des Angeklagten, „eine schwere Belastung des deutschen Volkes darstellt".[14] Abgesehen davon, dass im Urteilstext Begriffe wie „deutsches Volk" und „Widerstandskräfte des deutschen Volkes" auftauchen, die mit eindeutig völkisch-rassische Konnotationen aus der Arsevatenkammer eines faschistoid geprägten Nationalismus des späten 19. Jahrhunderts hervorgeholt wurden, zeigt die einfühlende Sympathie der Richter mit dem ideologischen Weltbild eines chronischen Rechtsradikalen zugleich deren Intention, eine historische Realität zu verkleinern zugunsten eines angeblich verletzten Nationalgefühls. Zum anderen ist die Tradition der systematischen Adaption antisemitischer Stereotypen an den allgemeinen Sprachgebrauch sichtbar sowie der untaugliche Versuch, zwischen einem handfesten Antisemitismus und den typischen Vorurteilen den überlebenden Juden gegenüber, im Sinne eines gutgemeinten Verhaltenskodex, der sich von nationalen Gefühlen leiten lässt, zu trennen. Denn in dem besagten Urteil heißt es weiter: „Der politisch rechtsstehende Angeklagte ist kein Antisemit im Sinne der nationalsozialistischen Rassenideologie, die den Juden in letzter Konsequenz das Lebensrecht abgesprochen hat, er verurteilt vielmehr die Entrechtung und Verfolgung, der die Juden deutscherseits in den Jahren 1933 bis 1945 ausgesetzt waren. Aufgrund seiner betont nationalen Einstellung jedoch nimmt er den Juden ihr ständiges Insistieren auf dem Holocaust und die von ihnen aufgrund desselben auch noch nach nahezu fünfzig Jahren nach Kriegsende immer noch erhobenen finanziellen, politischen und moralischen Forderungen Deutschland gegenüber bitter übel ... Im Übrigen bekennt sich der Angeklagte zum Revisionismus, d.h. er hält es für geboten, auch als gesichert geltende historische Thesen immer wieder mittels der Forschung zu überprüfen".[15]

Solcherart Begründungen, zumal sie gerichtlich vorgetragen werden, dienen der offiziellen Chiffrierung neuer Formen eines unverhohlenen Antisemitismus, der sich nicht neuerdings mehr zu verstecken braucht, sondern im Sprachgebrauch administrativer Vorgänge eingeflossen ist. Das Leugnen des Holocaust ist somit nicht nur mehr Ausfluss nationalistischer oder gar neonazistischer Fantastereien. Rechtsradikales, neonazistisches und revisionistisches Gedankengut, auch wenn es naiv und unkritisch vorgetragen wird und somit in die postnationalsozialistische Falle tappt, wird längst nicht mehr nur von den bekannten rechtsradikalen Vereinigungen ausgesprochen, sondern ist längst in der Mitte der Gesellschaft angekommen.[16] Dahinter mag der verzweifelte Versuch stehen, der deutschen Gegenwart eine historische Sinnstiftung zu geben, die von allem Dämonischen und Verbrecherischen weitgehend gereinigt erscheint. Das Gericht in Mannheim sah sich deshalb bemüßigt, ein durch die Wiedergutmachungsforderungen verletztes Nationalgefühl wiederherzustellen, um endlich der bundesrepublikanischen Gegenwart jenen Sinn zu vermitteln, den es durch die ständige Beschäftigung mit der dunklen Vergangenheit bedroht sieht. Insofern stimmten die Gefühlslagen des Gerichtes mit denen des Angeklagten überein.

In einer ähnlichen Art restaurativer Sinnstiftung wusste auch der Politologe Arnim Baring auf dem Kongress der Hessischen Christdemokraten in Wiesbaden 2007 den historischen Umstand zu beklagen und beharrte darauf, den Nationalsozialismus lediglich als eine bedauerliche Entgleisung der deutschen Geschichte zu sehen und sich statt dessen auf jene kulturellen und geistesgeschichtlichen Traditionen zu berufen, die vor dem Dritten Reich das deutsche Geistesleben beherrschten. Ihm war bei seinem Versuch der Sinnstiftung durch Vergangenheitsentsorgung offensichtlich entgangen, dass zur Verrohung humaner Tugenden gerade jene inhumanen, sozialdarwinistischen und nationalistischen Prospekte des deutschen Bildungsbürgertums im 19. Jahrhundert beigetragen haben, welche die Saat in den Boden des späteren Völkermordes legten.

Die restaurative Rolle nach rückwärts als Zukunftskonzept

Eine weitere, pikante Variante der Vergangenheitsentsorgung fügte der Verfassungsrichter Udo Di Fabio der aktuellen Debatte um Schuld und Verantwortung des nationalsozialistischen Völkermordens hinzu. Bemüßigt, sich als Jurist auch um die Kultur der Freiheit zu sorgen, so lautete der Titel seines Werkes, kam er allerdings bei der Bewertung kollektiver Schuldanteile über die übliche formale Begrifflichkeit juristischer Argumentationsketten nicht hinaus. Mit Udo Di Fabio betritt der konservative „Star" unter den Verfassungsrichtern die Bühne zeitgenössischer neokonservativer Gesellschaftskritik, die gerne wieder an die traditionellen Versatzstücke von Nation, Volk, Familie und Religion mit deren impliziten Sekundartugenden anknüpfen möchte. Zuvor hatte er seinen juristischen Standpunkt als Mitglied des Bundesverfassungsgerichtes vom Verfassungsverbot der NPD sowie über das Zuwanderungsgesetz, zum Visa-Untersuchungsausschuss und schließlich zum Europäischen Haftbefehl dargelegt. Im Falle der Europäischen Haftbefehlsgesetzgebung ist dieser unter Juristen umstritten. Die Europäische Haftbefehlsgesetzgebung sieht vor, künftig mit seinem Inkrafttreten auch Straftaten rückwirkend zu erfassen, für die es zuvor keinen Straftatbestand gegeben hat. Dies verstößt gegen den Grundsatz nulla poena sine lege – keine Strafe ohne Gesetz. Demnach darf der Staat nur solche Taten bestrafen, die er zuvor selber als Unrecht definiert hat. Als Berichterstatter fungierte Di Fabio anlässlich der bundeshofrichterlichen Entscheidung zu Schröders umstrittener Vertrauensfrage, die von ihren parlamentarischen Regularien her gesehen, einen Verfassungsbruch darstellte, die sodann von Bundespräsident Köhler abgesegnet wurde.

Vermutete man zunächst, angesichts des allgemeinen neokonservativen Trends uneingeschränkte Zustimmung zu Di Fabios Versuch die „Kultur der Freiheit" rechtslastig einzudämmen, so erstaunte dennoch, dass selbst die nationalkonservativem Gedankengut nahestehende *Frankfurter Allgemeine* dem Autor einen peinlichen Verriss nachsendete. So bezichtigte Patrick Bahner Di Fabio des „Petainismus", sprich der französischen Variante des europäischen Faschismus. Dies musste sogleich Aufsehen erregen und Di Fabio als aufrechten Konservativen diskreditieren. Dass der Rezensent der *Süddeutschen Zeitung*, Heribert Prantl ihn gar in den Dunstkreis der neonazistischen Intellektuellengazette namens *Jungen Freiheit* rückte, war weniger spektakulär und verstand sich aus der grundsätzlich liberalen und gesellschaftskritischen Einstellung sowohl des Rezensenten als auch der Tageszeitung und insofern als nahezu selbstverständlich. Hingegen gar nicht selbstverständlich und daher wenig einleuchtend waren Di Fabios unverständliche Bemühungen, entgegen dem allgemeinen und inzwischen anerkannten historisch-wissenschaftlichen Kontext, die Person Hitlers von der Nähe zur deutschen Volkszugehörigkeit zu entfernen. Seine Behauptung, dass die Deutschen von Hitler lediglich verführt worden seien und dieser im normativen Sinn auch kein richtiger Deutscher gewesen sei, zeugen von unglaublicher und zugleich unverantwortlicher Schönfärberei der deutschen Geschichte, als auch von einer unhaltbaren Konzeption des Nationalitätenbegriffes.[17] Hitler erscheint bei Di Fabio nicht wegen seiner österreichischen Herkunft nicht als Deutscher, sondern da er über wesentliche deutsche Tugenden nicht verfügt habe. So habe er weder den Anstand des preußischen Staatsdieners, noch ein Heimatgefühl entwickelt, geschweige die typische Lebensfreude des bayerischen Katholizismus besessen, was immer auch darunter zu verstehen ist. Außerdem besaß er keine Neigung zu harter Arbeit und Fleiß, keinen Sinn für deutsche Lebensart, (obwohl es die so nicht gibt, Anm. d. d. Verfasser) bar jeder bürgerlichen Vorlieben und fern aller christlichen Traditionen. Er war, so Di Fabio, „ein Gaukler aus der Gosse" und „die tödliche Krankheit eines anfälligen Organismus – nicht aber die Konsequenz deutscher Geschichte".[18] Damit spricht Di Fabio dem dauerhaften historischen deutschen Nationalismus jene Kontinuität ab, die ihn über verschiedene Etappen nationalistischer Spielarten getragen von völkischen, romantischen, imperialen, rassistischen und antisemitischen Strömungen schließlich in den Nationalsozialismus einmünden ließen. Zugleich widerspricht er sich selbst, indem er diese Kontinuität leugnet, aber gleichzeitig von einem „anfälligen Organismus" spricht, der bekanntlich eine spezifische pathologische Entstehungsgeschichte aufweist. Di Fabios Verführungsthese suggeriert, dass der millionenfache Völkermord und die millionenfache Schuld von Individuen, die an ihm beteiligt waren, lediglich auf den läppischen juristischen Tatbestand eines motivierten moralischen Verbotsirrtums reduziert und damit entsorgt werden. Denn die deutschen Eliten haben ihr Volk „einem größenwahnsinnigen Dilettanten ausgeliefert, der sie in weiten Teilen mit allen Mitteln der modernen Propaganda verführt und belogen hat. Was man ihnen vorzuwerfen hat und woraus sie lernen müssen, ist der Umstand, dass sie sich haben verführen und belügen lassen".[19] Di Fabios Versuch, historische und psychologische Fakten miteinander zu vermischen, sodass die historische Wahrheit auf der Strecke bleibt, ist indes für Kundige leicht zu durchschauen. Bereits Sebastian Haffner hat in seinem vielbeachteten Essay *Anmerkungen zu Hitler* einige, von Di Fabio vermissten Tugenden aufgezeigt, freilich mit dem entscheidenden Unterschied, sie nicht als nationalistisch-völkischen Eigenheiten zu interpretieren, sondern deren Vorhandensein als Ausdruck eines tiefen und warmen menschlichen Lebens zu bezeichnen, über das Hitler nicht verfügte. Di Fabios Geschichtsklitterung möchte indes über den Umweg über Hitlers fehlende Charaktereigenschaften, die er als typische deutsche Tugenden definiert, diese einfordern, um den lange entbehrten restaurativen Tugendkatalog der sogenannten Sekundärtugenden wieder hoffähig zu machen. In diese Kerbe schlägt auch Buebs Buch *Lob der Disziplin*, welches in pädagogischer Absicht den alten Autoritätsbegriff, gekoppelt mit den durch die jüngste Vergangenheit diskreditierten Sekundärtugenden, auf der Grundlage von Macht und Herrschaft wieder einführen möchte.

Di Fabio propagiert fünf Wertebereiche, die er für den Fortbestand postmoderner Gesellschaften für unverzichtbar hält und von denen seine Kultur der Freiheit zehrt – bezeichnenderweise gehört Demokratie nicht dazu – jedoch: wirtschaftlicher Fleiß und Unternehmungsgeist, Brüderlichkeit anstelle von gesetzlich geordneter Gleichheit, Familienorientierung, zudem neue Wertschätzung der Religion sowie, wie könnte es anders sein Patriotismus, den er freilich positiv besetzt sehen möchte. Den Kern seines Wertegerüstes bildet die traditionelle Trias von Familie, Nation und Religion, die bereits in der rassisch-völkisch kontaminierten Volkskunde eines Friedrich Wilhelm Riehl im späten 19. Jahrhunderts eine bedeutsame Rolle spielte und die sozialen Ungerechtigkeiten des Frühkapitalismus ideologisch überdecken sollten.[20] Aus der Evolutionsgeschichte sogenannter vaterländischer Kulturgüter wissen wir inzwischen, dass nationalistische Begriffe wie Vaterland, Nation und Patriotismus immer positiv besetzt erschienen oder durch entsprechende Sprachregelungen zu ihnen umgewandelt worden sind, ansonsten wären nicht Millionen junger begeisterter Deutscher in den Ersten Weltkrieg gezogen, begleitet von den völkisch-nationalistischen, lyrischen Hymnen bedeutender Vertreter des damaligen deutschen Geisteslebens. Ganz in die Nähe von Riehls problematischer Volkskunde mit ihren irrationalen, archetypischen Urgründen gerät der Autor dann, wenn er davor warnt, dass die Bürger ihre Orientierungsmarken für die eigene Beurteilung verlieren, „wenn sie nicht mehr in dem Bezugsrahmen einer eigenen historisch gewachsenen öffentlichen Kultur, mit ihren Tiefenschichten der Legenden, Sagen und Märchen, ihren kollektiven Erfahrungen, ihren Sprichwörtern, Klugheitsregeln und dem Geist der eigenen Sprache mit ihren komplexen Verweisungen, Konnotationen und Evidenzen politische Fragen beurteilen können".[21] Allen Ernstes behauptet er, dass der Verlust solch kollektiver Weisheiten, die bereits in den dreißiger Jahren des vorigen Jahrhunderts den Schweizer Tiefenpsychologen C. G. Jung zu spekulativen individual- und kollektivpsychologischen Deutungen über den Nationalsozialismus veranlasst haben, an den Legitimationsgrundlagen der Demokratie zehre.[22] Vor dem Hintergrund derartiger irrationaler Begründungszusammenhänge, mit denen man postmodernen Gesellschaften Sinn verleihen möchte, wird der stete Ruf der Neokonservativen nach einer deutschen Leitkultur verständlich. Eröffnen sich doch hierdurch zugleich die Frontlinien des Kampfes der Kulturen und des richtigen Begriffes von bürgerlicher und gesellschaftlicher Freiheit. Eine Freiheit die weder religiös und national geprägt ist, sich hingegen individualistisch versteht, Traditionen feindlich gegenübersteht und Institutionen ablehnt, wird sich selbst gefährden. Daher muss man die tragende Kultur wollen, will man Freiheit erhalten, so der Autor, dem offensichtlich entgangen ist, dass Kulturen oft hybride, komplexe und mitunter auch selbstwidersprüchliche Gebilde sind, deren Symbolik und semantische Bedeutungen nicht einheitlich interpretiert werden können.[23] Auch hierin fällt Di Fabios Kulturbegriff in die völkisch-nationalen Prospekte des deutschen Bürgertums im 19. Jahrhundert zurück, die den Kulturbegriff im nationalistischen Sinne immer partikularistisch und nicht universell interpretiert haben.

Mit Di Fabios *Die Kultur der Freiheit* liegt eine den rechtskonservativen und restaurativen Kräften der bundesdeutschen Gesellschaft willkommene Vorlage zur Restauration der Gesellschaft im Sinne einer Neuorientierung an wirtschaftsliberaler Gesellschaftspolitik und zum langerwarteten selbstbewussten Patriotismus vor, damit endlich die unangenehmen Seiten der deutschen Geschichte ein für allemal zugeklappt werden können. Einmal in Fahrt, fordert er in einem Atemzug deshalb den Abbau staatlicher Leistungen und wiederholt damit die uralte Forderung wirtschaftsliberaler konservativer Kräfte. Jene argumentieren seit erdenklichen Zeiten stets mit der gleichen These, dass der Staat sich aus dem Regelwerk einer kapitalistischen Wirtschaftsordnung herauszuhalten hat und statt dessen Bedingungen bereitstellen soll, die das freie Spiel der Märkte fördert. Dazu gehört eben auch der Abbau staatlicher Leistungen, die nach Meinung der Neoliberalen diese freien Kräfte lähmt. Das freie Spiel der Märkte erfordert eben auch jenen anthropologischen Typus des sich selbst bestimmenden Individuums, das frei darüber entscheiden darf, ob es an diesem Spiel teilnimmt und vor allem auch kann, oder ob es sich damit begnügt, im wahrsten Sinn des Wortes in der Gosse zu liegen.

Auch Di Fabios Postulat nach wirtschaftlichem Fleiß als Voraussetzung einer Kultur der Freiheit und in seiner Lesart die Grundlage einer demokratischen Gesellschaftsordnung, die er den wirtschaftlichen Verwerfungen im Vorfeld des Dritten Reiches entgegensetzt und vor der er warnend die Stimme erhebt, da sich Gleiches wiederholen könnte, hat mit den historischen Fakten, die zur Unfreiheit und damit in den Totalitarismus des Dritten Reiches führten, nur sehr bedingt zu tun. Da, wo die wirtschaftliche Prosperität fehlt, oder, wie im Falle der Weltwirtschaftskrise seit 1929, abhanden gekommen ist, hat die wirtschafts- und sozialhistorische Forschung deutlich gemacht, dass dies zwar der Katalysator, nicht aber die eigentliche Ursache zum Verfall demokratischer Freiheiten und somit zum Aufstieg des Nationalsozialismus gewesen ist. Die Antworten, welche Di Fabio der Verteilungsgerechtigkeit im globalen Spätkapitalismus gibt, folgen einem Muster, welches bereits vom Rechtshegelianismus vorgegeben wurde. Hegel sah ein, dass die Moderne einen bürgerlichen Individualismus hervorgerufen hatte, der auf Eigennutz und Wahrung des Besitztums ausgerichtet war. Aus diesem Grunde hielt Hegel sowohl einen Sozialstaat als auch eine auf Familiensinn beruhende Sittlichkeit zur Verwirklichung der Vernunft für unerlässlich. Das Erstere war für ihn notwendig, da sich durch einen ungehemmten merkantilen Individualismus die Gesellschaft auf Dauer selbst zerstören musste. Hegel war sich dessen bewusst, dass bürgerliches Privatrecht, Familie, Religion und Patriotismus alleine keinerlei Bestand vorweisen können, um dem drohenden Verfall der Gesellschaft, hervorgerufen durch die sittliche „Verpöbelung" der unteren Schichten mittels sozialpolitischer Programme, entgegenzuwirken. Bei Di Fabio wird hingegen für eine Begrenzung des Sozialstaates und der Begrenzung seiner Leistungen zugunsten einer gesellschaftlichen Mitverantwortung des Individualismus plädiert, die seiner Meinung nach, auf freiwillige Solidaritäten beruht.

226

Di Fabio ist der irrigen Ansicht, dass die Menschen von ihrer individuellen Freiheit einen wirtschaftlich vernünftigen Gebrauch machen und somit die Freiheit des Marktes auch die sozialen Belange in Balance hält. Jene Vermutung Marx, dass der Kapitalismus gerade dann Armut und Ungleichheit befördert, wenn alle von ihrer Freiheit ökonomisch betrachtet, vernünftigen Gebrauch machen, d. h. sich den freien Marktgesetzen unterwerfen, scheint Di Fabio zu übersehen, denn entschieden streitet er gegen eine staatliche Einmischung in das Kräftespiel einer neoliberalen Wirtschaftsordnung. Die Idee des Sozialstaates soll nicht nach der bürgerlichen Idee der Gleichheit entfaltet werden, sondern einzig auf das Gebot der christlichen Nächstenliebe, dem Gedanken der Brüderlichkeit im Sinne der Barmherzigkeit basieren. Seine eigentümliche Fixierung auf die klassische bürgerliche Familie erinnert an Riehls pädagogische Volkskunde. In ihr wurde der Familie der Stellenwert sittlicher Rekonstruktion der Gesamtgesellschaft anempfohlen. Nur innerhalb der bürgerlichen Familie konnten die erforderlichen sittlichen und nationalen Tugenden gelegt werden, die den Fortbestand von Volk, Nation und Rasse garantieren. Im Zeitalter der Patchwork-Familien und angesichts der steigenden Zahlen von Alleinerziehenden ein schwieriges Unterfangen. Daher ist im Sinnverständnis Di Fabios die Auflösung der Familienkultur und in deren Folge die kinderarme Gesellschaft eine tendenziell unfreie Gesellschaft. Sein Rezept gegen die schleichende Zersetzung der Gesellschaft ist der ideologische Rückgriff auf eine vitale Gesellschaft, die er zu Zeiten der Kanzlerschaft Konrad Adenauers in Westdeutschland sieht, „einer Leistungsgesellschaft, die individuelles Glück und Lebenssinn regelmäßig nur mit Kindern, mit Familie, mit einer Lust an der Bindung denken mochte, Alleinsein mit persönlicher Tragik oder den großen Katastrophen des Jahrhunderts in Zusammenhang brachte, aber beileibe nicht mit einem erstrebenswerten Lebensstil".[24] Nur eine Gesellschaft, in der die traditionelle Familie die tragende Rolle übernimmt, scheint der Kinderreichtum gesichert, der konservativem Gedankengut entsprechend, erst das Überleben der Gesellschaft, oder revisionistisch formuliert, der Nation sichert. Ob allerdings der Staat dafür Sorge zu tragen hat, die notwendigen Rahmenbedingungen zu schaffen, um den erstrebenswerten Kinderreichtum für die Zukunft der Gesellschaft zu nutzen und hierzu die Bildungsvoraussetzungen unter den Bedingungen von Chancengleichheit bereit zu stellen, spielt in diesen Konzeptionen keine Rolle. Wenn der Staat die Bildungsmöglichkeiten seines Nachwuchses fördern soll, dann nur in denjenigen Familien, die ohnehin über diese Ressourcen verfügen, d. h. ihren Kindern die erforderlichen Schlüsselqualifikationen bereits im Rahmen der familialen Sozialisation vermittelt haben.[25] Eine solche Haltung wird mit der derzeitigen Familienpolitik unterstrichen, die den Kindernachwuchs aus einkommensstarken Familien steuerlich unterstützt. Angesichts leerer Sozialkassen, über deren ursächliche Plünderungen er sich keinerlei Gedanken machen möchte, sollen die kleinbürgerlichen Idylle der Adenauer-Ära wieder hergestellt werden, die nach dem Zusammenbruch des Dritten Reiches, auch dessen Familienbild und insbesondere die Rolle der Frau fortwebten.

Di Fabios Revisionismus ist von besonderer Art, und zwar in zweifacher Hinsicht. Erstens, weil er die millionenfache Verantwortung und Schuld in historisch unverantwortlicher Weise auf den Tatbestand eines Verbotsirrtums reduziert und damit die unzählige Schar der Täter, Helfershelfer und Organisatoren des Holocaust entlastet und von individueller Schuld posthum freispricht. In ähnlicher Weise hat Jahrzehnte zuvor Albert Speer mit seinen „Erinnerungen" und deren Ausflüchte praktiziert, wie man sich aus der individuellen Verantwortung herausstehlen kann, wenn man sich auf die Rolle eines politisch neutralen und nur der Sache dienenden Experten zurückzieht. Damit hatte seinerzeit Speer zur kollektiven Schuldverleugnung erhebliches beigetragen. Zweitens, bezieht sich Di Fabios Revisionismus auch auf jene Gesellschaftsbilder, welche im Besitzbürgertum des 19. Jahrhunderts die Umverteilung des gesellschaftlichen Reichtums einleiteten und somit die sozialen Ungleichheiten befördert haben und die in rechtkonservativen Kreisen zunehmend Beachtung finden und auf ihre Renaissance hoffen. Aber nicht nur dort, sondern sie passen ebenso in Merkels Konzept einer „Neuen Gründerzeit" auf der Basis eines gesteigerten Leistungs- und Entbehrungswillens bei gleichzeitigem Abbau staatlicher Sozialleistungen. „Jeder ist seines Glückes Schmied" soll nach den Vorstellungen rechtskonservativer Ideologen die Losung einer postmodernen Wirtschafts- und Gesellschaftsordnung sein, will diese sich in der globalen Welt behaupten. An dieser Konzeption, so ist zu befürchten, werden nicht nur die sozial Schwachen, die Randgruppen einer Gesellschaft und die Generationen mit Migrationshintergrund zerbrechen, sondern auch die durch den Verdrängungswettbewerb bedrohten mittelständischen Unternehmen und die Angehörigen der Mittelschicht, welche traditionell die bürgerlich-liberalen Strukturen demokratischer Gesellschaften bilden.

Auf der Basis eines Familienromans hat Thomas Mann in seinen *Buddenbrooks* den Zerfall einer Kaufmannsfamilie im Lübeck der Gründerjahre des Frühkapitalismus mit den typischen Verdrängungsmechanismen einer merkantilen Leistungsethik, anhand des Konfliktes zwischen dem Senator Thomas und seinem Bruder Christian, dargestellt. In der Absicht des gesellschaftsfernen Autors lag es bei Abfassung seines Romans nicht zugleich hierdurch auf die sozial- und wirtschaftspolitischen Folgen der damaligen Epoche hinzuweisen. Jedoch mehr oder weniger unbeabsichtigt hat Thomas Mann in den *Buddenbrooks* neben der luziden psychologischen Schilderung eines Familiendramas auch den Blick auf die Lebenswelten unter der Verdinglichung des Frühkapitalismus freigelegt. Obgleich in den *Buddenbrooks* in erster Linie das Familiendrama der Lübecker Kaufmannsfamilie aufgezeigt wird, in welchem sich auch eigene Familienangehörige des Autors widerspiegeln, so lässt sich der Roman gleichwohl als eine sozialkritische Studie des Frühkapitalismus lesen, in der freilich nicht die Ungleichheit von Kapital und Arbeit in den Vordergrund gerückt wurde, sondern der Focus auf die fragile Ich-Verfassung der Protagonisten gerichtet ist. Ohne Thomas Mann psychologische Absichten zu unterstellen, so war es gerade seine Entfernung von den wirklichen kapitalistischen Ausbeutungsbedingungen, die ihn zu solchen Scharfblicken verleitete und somit seine eigene Introspektion umso unverstellter das neurasthenische Leiden der damaligen Zeit wahrnehmen ließ. Technischer Fortschritt und ein gnadenloser Wirtschaftsliberalismus mit kryptischen sozialdarwinistischen Implikationen, der jedem seines eigenen Glückes Schmied werden ließ, brachten die bisherigen gesicherten bürgerlichen Strukturen ins Wanken. In der zusammenbrechenden Welt der Buddenbrooks kündigen sich die Vorboten des heutigen „Raubtierkapitalismus" an, der ohne Rücksicht individuelle und kollektive Existenzen zerstört.

Im Zentrum des Romans beschreibt Thomas Mann den Konflikt um das Familienerbe der Buddenbrooks. Christian, eine unstete und labile Künstlernatur, wird mehr und mehr zum Clown, den keiner mehr ernst nimmt und der Zweifel aufkommen lässt, ob er das Familienerbe nach dem Tode der Konsulin übernehmen kann. Seine fragile psychische Wesensart, die psychologisch gesehen ein Protest gegen die Zwänge einer unerbittlichen Leistungsethik ist, wird ihm als Verantwortungslosigkeit unterstellt und zum Vorwurf gemacht. Thomas fordert ihn auf, sich seiner Verantwortung zu stellen: „Arbeite! Höre auf, deine Zustände zu hegen und zu pflegen und darüber zu reden! ... Wenn du verrückt wirst – und ich sage dir ausdrücklich, dass das nicht unmöglich ist – ich werde nicht imstande sein, eine Träne darüber zu vergießen, denn es wird deine Schuld sein, deine allein". Aber wie kann er sich durch Arbeit selbst heilen, wenn ihm die Voraussetzungen dazu fehlen. „Arbeite!" So ruft er verzweifelt aus. „Wenn ich aber nicht kann? Wenn ich es nun auf Dauer nicht kann, Herr Gott im Himmel?!" Vergeblich dringt sein Ruf nach der Allmacht Gottes, die in vergangenen Zeiten auch noch irdische Ausweglosigkeit durch ihre Vorsehung ins Gleichgewicht brachte. Inzwischen ist die transzendente Hoffnung auf göttliches Walten säkularisiert und der einzige Ausweg aus dem individuellen Dilemma bietet ein gnadenloser Wirtschaftsliberalismus unter dem Postulat: „übernimm selbst die Verantwortung für dich, indem du arbeitest und Erfolg hast. Jeder ist seines Glückes Schmied". Scheitern ist Ausdruck persönlicher Schwachheit, wenn die Formel „Fördern und Fordern" nicht greifen kann, wenn die Hilfe zur Selbsthilfe deswegen versagt, weil die wirtschaftspolitischen Rahmenbedingungen überhaupt erst keine Selbsthilfe initiieren können.

Die Aktualität individueller Schuldzuweisung am eigenen materiellen Unglück ist unter den gegenwärtigen Bedingungen, und wie neoliberale und revisionistische Kreise sie wieder gerne herbeiführen möchten, nicht zu übersehen. Der in seinen

Grundsätzen unveränderliche Kapitalismus ist heutzutage in seinen Grundmustern des 19. Jahrhunderts deutlich erkennbar. Heutzutage heißt es „Selbstverantwortung" und „Recht auf Arbeit", auch da, wo es keine mehr gibt. Im Roman ist es Christian Buddenbrook, der diese Maximen nicht erfüllen kann; in unseren Tagen ist es der Chor der Langzeitarbeitslosen und „Ein-Euro"-Jobber, die das Recht auf Arbeit und die Ideologie, eines auf sich selbst verwiesenen Individualismus einer spätkapitalistischen Wirtschaftspolitik widerlegen.

Anmerkungen

1   Vgl. Hierzu: Jürgen Habermas: Erkenntnis und Interesse, S. 204 ff.
2   Hierzu: Geschichtswissenschaft und Öffentlichkeit. Der Streit um Daniel J. Goldhagen, Hrsg.: Johannes Heil und Rainer Erb, S. 11
3   Geschichtswissenschaft und Öffentlichkeit, S. 11
4   Zitiert in: Geschichtswissenschaft und Öffentlichkeit, S. 11
5   Hierzu ausführlich: Hannah Arendt: Elemente und Ursprünge totaler Herrschaft
6   Hannah Arendt: Was ist Politik? Fragmente aus dem Nachlass, Hrsg.: Kurt Sontheimer
7   Ernst Nolte: Deutsche Identität nach Hitler, S. 185
8   Nolte, S. 159
9   Hans-Georg Glaser: Hitlers „Mein Kampf". Man hätte es wissen können, in: Spuren des Gewesenen, erscheint demnächst, London 2009
10 Ralf Kadereit: Karl Jaspers und die Bundesrepublik Deutschland
11 Hannah Arendt: Vor dem Antisemitismus ist man nur noch auf dem Monde sicher, S. 159
12 Hierzu ausführlich: Wolfgang Benz: Realitätsverweigerung als antisemitisches Prinzip: Die Leugnung des Völkermordes, S. 126 ff.
13 Zitiert in: Benz, S. 128
14 Ebenda
15 Benz, S. 127
16 Hierzu auch: Ignatz Bubis: Alles was Recht(s) ist. Wenn die Justiz versagt: Das Mannheimer „Deckert-Urteil" und seine Folgen
17 Hierzu: Micha Brumlik: Das Konservative Manifest
18 Di Fabio: Kultur der Freiheit, S. 207 f.
19 Di Fabio, S. 205
20 Heinrich Wilhelm Riehl: Die Volkskunde als Wissenschaft
21 Di Fabio, S. 55
22 Ebenda
23 Hierzu: Micha Brumlik: ebenda
24 Vgl. hierzu: Di Fabio, S. 155
25 Di Fabio, S. 127

Literaturverzeichnis

Arendt, Hannah: Elemente und Ursprünge totaler Herrschaft, München 2005

Arendt, Hannah: Was ist Politik? Fragmente aus dem Nachlass. Hrsg. von Ursula Ludz und Kurt Sontheimer, 1993

Arendt, Hannah: Vor dem Antisemitismus ist man nur noch auf dem Monde sicher, München 2004

Benz, Wolfgang (Hrsg.): Antisemitismus in Deutschland. Zur Aktualität eines Vorurteils, München 1995

Brumlik, Micha: Das Konservative Manifest, in: Blätter für deutsche und internationale Politik, Bonn 2005

Bubis, Ignatz: Alles was Recht(s) ist. Wenn die Justiz versagt: Das Mannheimer „Deckert-Urteil" und seine Folgen, in: Allgemeine Jüdische Wochenzeitung vom 25. 8. 1995

Di Fabio, Udo: Die Kultur der Freiheit, München 2005

Fest, Joachim: Hitler. Eine Biographie, Berlin 1996

Fischer, Fritz: Der Griff nach der Weltmacht, 1961

Foerster, Manfred J., Hans-Georg Glaser, Astrid Schollenberger: Spuren des Gewesenen, erscheint demnächst, London 2009

Foerster, Manfred J.: Das Drama des Bürgertums. Über das bürgerliche Selbstverständnis im Spiegel seiner Kultur, Aachen 2009

Frey, Norbert: Das Dritte Reich im Überblick. Chronik, Ereignisse, Zusammenhänge, München/Zürich 2001

Glaser, Hans-Georg: Hitlers „Mein Kampf". Man hätte es wissen können, in: Spuren des Gewesenen, erscheint demnächst, London 2009

Habermas, Jürgen: Erkenntnis und Interesse, Frankfurt/Main 1973

Haffner, Sebastian: Anmerkungen zu Hitler, Frankfurt/Main 1996

Heil, Johannes und Erb, Rainer (Hrsg.): Geschichtswissenschaft und Öffentlichkeit. Der Streit um Daniel J. Goldhagen, Frankfurt/Main 1998

Kadereit, Ralf: Karl Jaspers und die Bundesrepublik Deutschland. Politische Gedanken eines Philosophen, 1999

Mann, Thomas: Buddenbrooks Verfall einer Familie, 1901

Mann, Thomas: Unordnung und frühes Leid,

Riehl, Heinrich Wilhelm: Die Volkskunde als Wissenschaft, 1859

Allgemeine Jüdische Wochenzeitung

Frankfurter Allgemeine Zeitung, 25. Juli 2005

Süddeutsche Zeitung 17. Juli 2005, 25.August 1995